产业发展与区域经济增长研究

宋敬敬　丁纯刚　潘继元 ◎ 著

线装书局

图书在版编目（CIP）数据

　　产业发展与区域经济增长研究 / 宋敬敬，丁纯刚，
潘继元著. -- 北京 ：线装书局，2021.8
　　ISBN 978-7-5120-4589-7

　　Ⅰ. ①产… Ⅱ. ①宋… ②丁… ③潘… Ⅲ. ①区域经
济发展－产业发展－研究－中国 Ⅳ. ①F127

　　中国版本图书馆CIP数据核字(2021)第171288号

产业发展与区域经济增长研究
CHANYEFAZHAN YU QUYUJINGJI ZENGZHANG YANJIU

作　　者：宋敬敬　丁纯刚　潘继元
责任编辑：林　菲
出版发行：线装書局
　　　　　地　　址：北京市丰台区方庄日月天地大厦 B 座 17 层（100078）
　　　　　电　　话：010-58077126（发行部）010-58076938（总编室）
　　　　　网　　址：www.zgxzsj.com
经　　销：新华书店
印　　制：廊坊市海翔印刷有限公司
开　　本：787mm×1092mm　16
印　　张：18.25
字　　数：400 千字
版　　次：2023年 6 月第 1 版第 1 次印刷

线装书局官方微信

定　　价：88.00 元

前　言

区域经济学是以区位理论为基础，借助经济地理学的许多概念，运用微观的、中观的、宏观的经济理论以及多学科综合分析的方法，并且吸收了许多其他学科的研究成果而发展起来的新兴学科。

随着社会经济的快速发展，人们对新常态下区域经济转型发展的研究更加重视。同时，随着区域经济和信息化经济的整体进步，社会经济发展面临更多挑战，在区域经济转型发展的背景下，加强对相关理论和实践的综合分析研究十分必要。区域经济是在一定区域内由经济发展的内部因素与外部条件相互作用而产生的生产综合体。每一个区域的经济发展都受到自然条件、社会经济条件和技术经济政策等因素的制约。水分、热量、光照、土地和灾害频率等自然条件都影响着区域经济的发展，有时还起到十分重要的作用；在一定的生产力发展水平条件下，区域经济的发展程度受投入的资金、技术和劳动等因素的制约；技术经济政策对于特定区域经济的发展也有重大影响，它是指在特定地域范围内，对与经济要素及其分布密切结合的区域发展实体，区域经济转型在资源配置和经济发展方式上进行的转变，包括发展模式、发展要素、发展路径等，其核心是产业结构的调整与升级。

经济领域竞争的实质，是人才的竞争；而人才的培养，有赖于教育，尤其是培养高素质专业人才的高等教育。目前直至今后相当长的一个时期内，我们还缺乏一大批理念先进、勇于创新、善于管理、精通业务，既熟悉现代市场经济运行规则，又精通专业知识，适应国内经济发展和国际竞争需要的高级经济类、管理类专业人才。教育是当代科技生产力发展的基础，是科学技术转化为现实生产力的条件，是培养高素质专门人才和劳动者的根本途径，也是实现管理思想、管理模式、管理手段现代化的重要因素。其中人才的培养离不开教材，教材是体现教学内容的知识载体，是进行教学的基本工具，更是培养人才的重要保证。

本书在编写过程中，曾参阅了相关的文献资料，在此谨向作者表示衷心的感谢。由于水平有限，书中内容难免存在不妥、疏漏之处，敬请广大读者批评指正，以便进一步修订和完善。

目　录

第一章 概　述

区域经济学与产业经济学均属于国民经济学中重要的应用经济学学科，是除了宏观总体经济与企业微观经济以外的中观经济范畴。区域经济学是运用现代经济学基本理论与一般方法，研究一个国家内不同地区的经济发展、空间组织结构及其演化，以及区域经济政策等问题的一门应用经济学；产业经济学则是运用经济学理论与方法，以产业为对象，揭示产业的发展变化，产业之间、产业内部企业之间的相互关系及其本身特有规律的一门应用经济学。虽然分属于不同的经济学科，但是，两者之间却存在十分密切的联系。首先，两者是"条条"与"块块"的结合。区域经济属于"块状经济"，而产业经济多属于"条状经济"，因此，两者之间在客观上存在密切联系与交叉融合的可能性，即任何一个区域经济发展体现为特定空间的产业经济发展，一般以产业体系作为基本表现和支撑；而任何一个产业发展一般要以区域生产要素和技术、资本为产业发展的基础，以特定空间结构作为基本依托。例如，城市产业体系或者西部地区产业结构等均是区域产业经济学的内容。其次，两者体现出形式与内容的统一。区域经济学中一定的地域条件多以空间结构与形式表现出来，而处于地域空间结构的内容多以不同产业及其相互关联得以体现。由此，区域经济与产业经济的融合既存在理论上融合的合理性，也存在现实的可能性，区域产业经济学这门交叉学科则有其内在逻辑关联性。

第一节 区域经济理论演进中的产业经济主线

区域经济学自 19 世纪 30 年代产生以来，从古典区位理论到现代区域经济学的演变与发展，其中一个重要特征是以产业经济作为主要研究内容与演进发展的主线，包括杜能的农业区位论、劳恩哈特和韦伯的工业区位论、克里斯塔勒和勒施的市场区位论，到了第二次世界大战以后，现代区域经济学的产生与发展也同样遵循着这一传统。例如，佩鲁和布代维尔的增长极理论、诺斯的输出基础理论、胡佛和费雪的区域经济增长阶段论，均把产业作为其理论的重要内容加以阐释。

一、古典区位理论中的产业问题

（一）农业区位论中的产业问题

农业区位理论是研究农业经济活动的空间分布规律的一种学说。19世纪20年代，德国经济学家约翰·杜能（Johann Heinrich von Thünen）的《孤立国同农业和国民经济的关系》一书的出版，标志着农业区位论的产生，并由此开启了德语系国家经济学者对于空间经济问题的关注。

杜能农业区位论是19世纪初期德国普鲁士社会经济条件的产物。在普鲁士农业经济理论领域盛行泰尔的合理农业论，认为改变普鲁士农业落后状况的出路是将三圃式农业作业法改为轮作式作业法。针对泰尔的合理农业理论，杜能试图论证不同地域条件下轮作式农业并非否是有利的。杜能有十多年经营农场的实践经验，对于农业生产与农场布局十分熟悉，其理论虽然比较抽象，但是其合理性是不容置疑的。

杜能农业区位论从一个被称为"孤立国"的假想空间出发，探讨不同地域空间状况之下农业生产布局的规律，从一个城市市场中心出发，研究不同距离对于农业生产方式配置的影响，其中重点是地租与运费、距离、农产品产量、农产品市场价格之间的比例关系。他发现，对同样的农产品而言，地租随着市场距离的增大而减少，每种农作物均有一条地租曲线，其斜率大小取决于运费率大小，不容易运输的农作物的地租曲线一般斜率较大，反之则较小。农业生产以追求地租最大化为目标，因此，农场主一般会选择能够获取最大地租收入的农作物进行生产，从而形成农业土地利用与生产布局的"杜能环"结构。

杜能还分析了农业生产空间组织结构。他认为，在城市近郊应该种植那些不易运输的笨重而体积大的农作物，因为其运输成本很大，如果从远地供给不划算；其次是种植那些容易腐烂的鲜活农产品。对于距离城市较远的地方，应种植相对其价值而言，运输费用最少的农产品。他还指出，城市周围将会形成一些界线分明的同心圈，每个同心圈内有各自的主要产品，这种同心圆式的结构也被称为"杜能圈"，它从里到外的农作物依次是自由式农业、林业、轮作式农业、谷草式农业、三圃式农业、畜牧业等农业圈层。

杜能首次从空间分布视角研究人类经济活动，不仅聚焦于农业生产与土地利用方面，而且对于城市土地利用也具有重要意义，为以后工业区位论和市场区位论的分析开了先河，同时，后来的空间组织理论、中心城市地域结构论均以杜能的理论作为出发点。

（二）工业区位论中的产业问题

19世纪80年代，德国学者威廉·劳恩哈特（Wilhelm Launhardt）发表《确定工商业的合理区位》一文，首次提出在资源供给和产品销售约束下，使运输成本最小化的厂商最优定位问题及其解决办法，即工业区位论的基本思想。此外，他还研究了铁路运费理论，提出铁路运费按照边际成本定价的主张，该理论在其著作《网络规划理论》一书中得到系统的阐述。其中，第三篇内容是运输对于生产和消费的影响，建立了确定统一密度市场供货的单一销售者的产量和价格的"劳恩哈特漏斗"，即如果不同产品的销售者在一个人口密度均匀的平原上进行竞争，他们各自的市场范围将由环境决定分别呈现椭圆形、双曲线或者直线，这样，劳恩哈特先于霍特林44年研究了位于同一街区不同地点的两个销售商在假定对方销售价格已经确定情况下如何使自己盈利最大化的问题。后来，劳恩哈特还研究了市场供给的区域问题及其租金决定，提出如果相同城市按照等边三角形布局，其供给市场呈现六边形的设想。

20世纪初，德国经济学家阿尔弗雷德·韦伯（Alfred Weber）出版了《工业区位论：区位的纯理论》一书，以工业（制造业）生产活动为研究对象，比较系统地论述了工业生产活动的区位选择问题，建立了具有一般意义的工业区位理论。韦伯首先提出了其理论的核心范畴——"区位因子"，指出区位因子是指经济活动发生在某个特定地点或若干地点上，而不是发生在其他地点所获得的优势。"优势"就是成本的节约，即在这个点上进行工业生产一定比其他地方生产成本低。区位因子分为一般因子和特殊因子。一般因子是与所有工业有关的区位因子，如运费、劳动力、地租等；特殊因子是只与特定工业有关的因子，如空气湿度等。一般区位因子按照其作用方式又分为区域性因子（如运费和劳动力）和集聚、分散因子。区域性因子决定工业区位基本格局；集聚、分散因子会引致工业区位格局发生偏移。

韦伯工业区位论是建立在原料地、消费地和劳动力三个条件已知的假定前提下的。在此基础上，韦伯将工业区位论分为三个阶段。

第一阶段：运费指向论。侧重于研究在原料地和消费地给定条件下运费最小的区位选择问题。包括：（1）运费决定因素（运费主要取决于货物重量和运输距离）、原料指数与区位重量。按照原料空间分布特点分为广布原料和地方原料，区位论一般研究地方原料，根据地方原料转化为产品过程中重量变化特点又分为纯原料和粗原料。韦伯将产品重量中地方原料重量所占比例称为原料指数，即地方原料重量/产品重量。（2）运费指向定律根据原料指数和区位重量提出一般性工业区位运费指向的最小运费原理，分为三种情况，即原料指数小于1、区位重量小于2时，地方原料重量小于产品重量，此时属于消费地指向区位；当原料指数大于1、区位重量大于2时，属于原料指向区位；当原料指数等于1、区位重量等于2时，属于自由指向区位，原料地、消费地及两者任何一点运费相同。（3）区位三角形的运费最小点。生产过程中，原料地为两个，市场地为一个，其区位图为一个三角形，即区位三角形。根据运费指向论，工厂应该布局在运费最小点。

第二阶段：劳动力成本指向论。由运费指向转向劳动力成本指向带来的节约大于为此追加的运费的情况，即在劳动力成本较低地点布局带来的劳动力成本节约比由最小运费地移动产生的运费增加额大时，劳动力成本指向才居于主导地位。韦伯分析了等运费曲线下劳动力成本问题，区分了决定劳动力成本指向的劳动力成本指数和劳动力系数，分析了人口密度、运输价格、文明程度等决定劳动力成本指向的环境因素。此外，还探讨了技术进步与劳动力成本指向的关系。

第三阶段：集聚指向论。韦伯将集聚分为两个阶段：第一阶段是通过企业扩张促进工业的地方化集中，由大规模生产所产生的规模经济所形成；第二阶段是由多个企业在空间上集中所产生的集聚，源自企业之间的分工协作和基础设施的共同利用。集聚可以分为纯粹集聚和偶然集聚两类，纯粹集聚由技术性和经济性因素所产生；偶然集聚由运费指向和劳动力成本指向所形成。分散与集聚作用方式相反，其强度和方式与集聚大小相关，分散是为了消除集聚带来的地价上涨、原料、劳动力成本上升等。

（三）市场区位论中的产业问题

这里主要介绍德国的两位区域经济学家克里斯塔勒和勒施的城市市场或商业的区位论。

20世纪30年代，瓦尔特·克里斯塔勒（Walter Christaller）出版了《德国南部中心地原理》一书，全面系统地分析了城镇地理学的理论基础，中心地的确定方法，德国南部中心地的数量、规模与分布。探讨了城镇为什么存在，决定城镇形成发展的因素有哪些，以及不同城镇在区域中的排序特点，等等。

克里斯塔勒认为，中心地是指向周围区域的中心，即为周围区域消费者提供各种商品和服务的地点。它可以是一个城市或一个镇，也可以是一个大的居民集聚点或商业服务中心。中心地具有中心性和等级性。中心性就是中心地对于周围区域的重要程度，即中心地发挥中心职能的程度。中心性表现为中心地为周围区域供给水平或服务的总量。等级性表现为中心地由于服务范围大小所产生的高级、中级或低级的商品和服务，在每个高级中心地一般会附属几个中级中心地，而每个中级中心地又由几个低级中心地所组成，这样形成大小中心地不同的等级体系。中心地商品和服务供给范围大小主要是以经济距离来体现。经济距离是以货币价值换算以后的地理距离，主要由费用、时间、劳动力来决定。

中心地原理的一个重要内容是中心地空间结构理论。克里斯塔勒认为，中心地空间分布受到市场因素、交通因素和行政因素的制约，形成不同的中心地空间结构。市场是形成中心地的基础，市场原则比较适用于由市场及其市场区域构成的贸易交换所在地的商品供给；交通原则适用于工业人口较多、文明程度较高的新开发区、交通沿线或集聚地呈现线状分布的区域；而行政原则比较适用于以行政组织为基础的社会，或者是与城市相阻隔的山区内所形成的以某一中心地为核心的自给区域。

克里斯塔勒强调，高级中心地对于远距离交通具有强烈需求，因此比较适合交通原则布局，而中级中心地按照行政原则布局需求比较明显，低级中心地布局则以遵循市场原则较为理想。

德国另一位区域经济学家奥古斯特·勒施（August Losch，也译奥古斯特·洛什）出版了《经济空间秩序》一书，把经济空间问题从局部均衡转向一般均衡。其理论的基本假定是人口和原料地完全且均等地分布，在此基础上对于一个空间经济结构进行一般化分析，以美国中西部地区经验加以验证，并证明其假定基本上是现实的。该书第二篇《经济区论》是极具独创性的成果，勒施构造了一个圆锥体的市场区位论，探讨了市场区位中若干因素，如市场价格、距离、运费和销售量的关系。

勒施研究了在人口连续分布和不连续分布下的市场网状组织，分析了市场区域形状从大的圆周到小的六边形发展的规律。其结论包括，一是单一市场区以有规律的六边形环绕每个消费中心或生产中心；二是每一类生产均可以找到相对应的市场网络组织；三是不同市场网络组织表现出一定的等级体系；四是这些市场网络组织分布具有一定规律性。在此基础上，勒施从经济地区差（包括价格的地区差、生产物的地区差和运费地区差）、自然地区差（包括生产率地区差、交通便利的地区差）、人的因素地区差（包括企业间差别、国民性差别）以及政治上的差别等"若干新因素"的方面，分析了这些因素对于市场区限制或影响。在此基础上，勒施找到了经济区的三种类型，即单一市场，区域网状组织和区域体系。单一市场可以被看成是供给圈或销售圈，而网状组织是生产同一产品的全部区域市场的总体，区域体系也被认为是一种"经济景观"，它是"不同的诸市场的一个体系，一个有机体，不单单是一个器官"。

二、现代区域经济学中的产业问题

如果说区位论主要体现第二次世界大战以前区域经济学研究的中心课题，其中的产业问题集中在农业、工业或者商业的区位选择与空间组织结构方面，那么，第二次世界大战以后，随着世界经济格局与地区经济的新变化、新发展，在理论界，尤其是战后发展经济学的一枝独秀，使得更多的区域经济理论与增长和发展理论相互借鉴、相互影响。20世纪50年代以来所形成的现代区域经济学理论比较重要的包括增长极理论、输出基础理论、区域增长与发展阶段论、地理二元经济理论、累积因果循环理论。因为本书主要研究区域经济中的产业问题，因此，在此仅介绍前三种理论。

（一）增长极理论中的产业问题

20世纪50年代，法国经济学家弗朗索瓦·佩鲁（Francois Perroux）在《略论增长极概念》论文中，首次提出"增长点"或"增长极"的概念，而此前佩鲁在论文《经济空间：理论与运用》中已经把经济空间分为计划空间、极化空间和匀质空间，在极化空间中首创"极"的概念，论述"极"的形成与作用机制。佩鲁认为，增长并不是同时在所有地方出现，而以不同强度首先出现在增长点或增长极，然后通过不同的渠道扩散，而且对整个经济具有不同的终极影响。佩鲁在60年代撰写的《20世纪的经济》一书中对于增长极理论作了更为充分的阐述，与此同时，欧美不少学者对增长极理论从多个方面进行了诠释与拓展。80年代，佩鲁去世前两年在《发展极概念在经济活动一般理论中的新地位》一文中提出"发展极"思想，并对"增长极"与"发展极"两个概念又加以区分，还引入了"增长诱发型单元""发展区""发展轴""一体化"和"一体化轴"等概念，从而丰富了增长极理论内涵。

佩鲁从产业关联及其相互依存入手研究增长极形成机制，重点关注经济空间中具有支配效应和创新特征的产业与产业综合体，它们又构成带动国民经济增长的主要力量。佩鲁从推进型产业与增长、关键产业与增长、增长极的增长与国民经济的增长三个方面阐述了增长极理论。

首先，区分了推进型产业与被推进型产业。佩鲁指出："当一种产业扩大它的销售（和对生产性服务的购买）时，它具有增加另外一个或几个产业的销售（和服务的购买）

的性质，我们称前者为推进型产业（Propellent Industry），后者为被推进型产业（Impelled Industry）。"佩鲁认为，推进型产业增加其销售能够带来固定资本充分运用与生产成本下降，并逐步达到最优产出水平。一旦达到这种水平，处于竞争市场之下，推进型产业就会进一步降低市场价格，诱致被推进型产业销售进一步增加。

其次，引入关键产业概念。关键产业（Key Industry）是佩鲁在论述产业综合体与增长关系时提出的一个新概念。它是在划分推进型产业与被推进型产业基础上，在"更大的集团中，譬如在整个国民经济中，它诱致的销售总量增加远远地大于它自己销售量的增加"。也就是说，那种能够使得整个国民经济总产出的增长超过自身产出增长的产业就是关键产业。佩鲁指出，关键产业形成以后，当市场的空间扩张来源于地理上的集中时，出现与均等对立的增长，首先是通过生产资料在增长点的集中，然后是从这里向外辐射交换而进行的。技术变化、政治变迁、世界交通在主要增长极之间流动促进了各种集中形式的产生。

最后，增长极增长与国民经济的增长。佩鲁认为，国民经济增长是由相对积极的推进型产业、地理上集中的产业和活动极与被动集合体（如依赖地理集中的增长极的被推进型产业或地区）构成的，前者引致后者的增长现象。

总之，增长极是极化空间中的推进型产业或关键产业，它们可以是原材料、能源、交通等，也可能是其他产业，其中某一产业增加会引起另外一个或数个产业产出增长，并通过影响被推进型产业来实现经济增长。

佩鲁在《区域推进型企业和推进型区域》一文中明确指出"增长极是在特定环境中的推进型单元"的增长极定义。推进型单元是与周边经济环境相适应，对其他经济单元施加不可逆转并产生支配效应的推进型单元，包括大型企业或企业集团。为进一步说明推进型单元，佩鲁引进并区分了区域推进型企业和推进型区域的概念。

区域推进型企业是那些在地区生产总值中占60%的区域大型企业，而其余40%是由众多独立中小企业创造的，它们作为被推进型企业而存在。区域大型企业会对区域供给与需求产生较大影响，通过区域投资带动引起规模变化与生产结构变动以及消费预算的改变。

推进型区域则是指从企业向地区的一种延伸。要成为推进型区域，通常要具备三个因素，即城市集聚体、引进后适应环境的推进型企业以及新兴产业。当具备这些特征的区域经济增长引起其他区域投资和消费持续增长时，该区域相对于其他区域便成为推进型区域。

此时，佩鲁十分重视创新在增长极形成与发展中的作用，认为创新效应是形成推进型单元的最大特点。他指出，并非所有企业都具有创新能力，只有那些"带头产业"的厂商在经济空间对于其他厂商和产业具有支配诱发和推进功能，才会产生支配效应和扩散效应。

（二）输出基础理论中的产业问题

输出基础理论最初由美国经济学家道格拉斯·诺斯（Douglass C. North）于20世纪50年代提出，在一篇题为《区位理论与区域经济增长》的论文中，诺斯以太平洋西北岸作为其实证研究的对象，其结论是区位对于木材、毛皮、面粉、小麦等产品需求的扩大，不仅会影响到那里的绝对收入水平，而且也会影响到诸如辅助性产业的特征、人口分布、城市化模式以及收入与就业的波动范围等。他进一步指出，对区域输出需求的增加能对区域经济产生乘数效应，这不仅会导致输出产业投资的增长，还会引致其他经济活动的投资增长。因此，一个区域要发展，关键是能否在该区域建立起输出基础产业，而特定区域能否成功建立起输出基础产业，又是由其在生产和销售成本方面是否对于其他区域所拥有的比较利益而定。查尔斯·M·蒂博特（Charles M. Tiebout）在其于 1956 年发表的《输出与区域经济增长》论文中提出了相类似的大宗商品输出理论，指出特定区域经济发展往往开始于该区域发现了一种诸如矿产品等特殊自然资源，或者区域自然条件特别适合于生产某种出口农作物，如果此时有资本、劳动力输入该区域，便能够形成供出口的大宗商品生产，而地方工业和地区市场会随着其出口生产的发展而发展起来。该理论可以被看成是输出基础理论的发展或者变形，可以划为广义的区域输出基础理论。后来，佩洛夫、博尔顿等人进一步发展了输出基础理论，使其更为成熟完善。

输出基础理论的主要思想是一个区域经济的增长取决于其中输出产业的增长，区域外生需求的扩大是区域经济增长的主要动力源，而区域在输出其产品和服务的同时启动着一个乘数过程，其乘数值等于区域输出产业与非输出产业收入或就业量之比。一个区域输出产品和服务量（或者输出额）越大，其输出产业收入也就越多，还能满足区域内的生产和服务，在输出产品和服务的同时，还相应带动区域内非输出产业的发展，因为输出产业与非输出产业之间需要建立一种相互关联的分工协作关系。因此，输出产业越发达，区内生产和服务越会得到更大发展，输出额越大，区域经济规模与市场也就会越大。

诺斯认为，所谓区域输出基础指的是一个区域所生产的可供输出的商品总和。而可供输出商品主要是指第二三产业生产的输出产品。区域经济增长的决定性因素就是输出产业的发展状况与水平。输出产业发展既决定该区域绝对收入水平与人均收入水平，也决定着区域产业的数量与规模。而决定一个区域输出产业的主要因素包括区位优势、自然资源禀赋以及交通运输状况，此外，其他区域收入与需求变化和技术进步也会对输出产业起到重要推动作用。

可以看出，输出基础理论重点分析区域产业经济问题，其主线是将一个区域经济发展与其中具有基础性作用的某类产业——输出产业发展紧密联系起来。区域经济能否取得与其他区域竞争的优势主要由输出产业发展水平所决定，而所谓输出产业的实质就是产业经济学所研究的外向型产业。只不过这里是指区域之间的输出及输入，而不是国与国之间的对外经济关系。

（三）区域经济发展（增长）阶段论中的产业问题

20世纪40年代末，美国区域经济学家胡佛（E. M. Hoover）和费希尔（J. Fisher）发表了《区域经济增长研究》一文，最早提出了区域经济增长阶段理论，认为任何区域经济增长都存在着"标准阶段次序"，他们从三次产业演进与发展视角，分五个阶段探讨了区域经济增长。

第一阶段：自给自足经济阶段。此为区域经济增长的初始阶段。区域产业几乎都是农业，区域人口绝大部分为农业人口，区域经济呈现封闭状态，区域间缺乏经济联系，经济活动随农业资源呈均匀分布。

第二阶段：乡村工业兴起阶段。随着农业和贸易发展以及交通运输的改善，乡村工业开始出现并在区域经济增长中逐步居于主导。由于以自然资源为主要加工对象，此时的乡村工业多以农产品加工为主并以农村市场和吸收农村剩余劳动力为基础，其分布与农业人口分布相适应。

第三阶段：农业生产结构转变阶段。新工业兴起与区际贸易扩大，区域农业生产方式发生改变，逐步由粗放型农业向集约型农业转变；由畜牧养殖转向果蔬、园艺、奶制品生产。

第四阶段：工业化阶段。该阶段以矿产品开发为起点，逐步向制造业发展。一般而言，工业化分为前后两个时期，前期为农林产品加工业，发展食品、木材加工和棉纺业；后期发展以工业原料为主的冶炼、石油加工、建材工业、金属材料加工、化学工业等。

第五阶段：服务业输出阶段。此为区域经济增长的最终阶段，服务业超过工业迅速成长，成为区域经济增长的重要动力，通过向区域外输出资本、技术、人才和提供专业化服务，推动区域经济实现良性可持续增长。

胡佛和费希尔的区域经济增长阶段论反映出一个国家或者地区经济发展的一般规律。一是区域经济发展是一个从自给自足的封闭型经济向开放型商品经济转变的历史过程，其中区际贸易的扩大与运输成本的下降起到了关键性作用；二是区域经济发展表现为区域三次产业结构变化过程，即必须完成从以农业、采掘业为主的初级产品生产加工向以制造业为主的第二产业占主要地位的工业化社会过渡，并且最终实现以服务业为主的第三产业占主导地位的产业结构转变。其中，区域政府实施区域工业化战略是实现这一转变的根本性举措。该理论的缺陷在于缺乏对于区域经济发展的制度性分析，只是一种状态描述，如果将制度分析考虑在内将没有一个国家或者地区的发展存在所谓的"标准阶段次序"。

三、区域科学中的产业问题

区域科学是美国学者瓦尔特·艾萨德（Walter Isard）于20世纪50年代中期创立的一门独立的区域学科。以50年代出版《区位与空间经济》一书为标志之一，艾萨德尝试建立涵盖所有分布在空间中的经济活动的一般理论，即系统总结前艾萨德时期各种主要的区位理论以及土地利用、贸易、城市结构等理论，以达到建立空间经济的一般均衡论的学术目标。《区位与空间经济》的核心思想是从区域发展演化的一般过程出发，将投入和产出的地理分布以及价格和成本的地理变化纳入一般均衡框架，提出一个区位与空间经济的一般理论，从而实现区位理论、市场区理论、土地利用理论、贸易理论、城市结构理论与传统的一般均衡理论的有机统一。

关于区域科学中的产业问题，《区位与空间经济》一书中主要有以下两个方面的体现。

一是扩展了农业区位理论。艾萨德认为，韦伯的工业区位论思想主要是分析单个企业的分析工具，将其用作对于农业企业的分析，并且，农业企业应该置于各种区位力量在农业中的聚合水平的相互作用背景下进行考察。艾萨德指出，农业区位论中地租差别占据着中心位置。由于农业企业内部空间范围相对较大，土地价格差别及与之联系的不同空间位置的差别是主要的区位因子。因此，探讨地租与运输成本之间替代关系相当重要。对于纺织行业来说，应该检验劳动力支出与运输支出之间的替代关系；对于铝工业来说，要强调电力支出与运输支出之间的替代关系。从这个角度讲，区位论对于农业企业来说与工业企业没有多大差别，其比较成本费用差异以及几种不同支出之间的替代关系对于两者来说都是一样的。艾萨德分析了农业企业中租金、农产品价格与运输成本之间的关系，并进一步探讨了改变农业企业区位以后，企业与市场之间在距离位置方面的租金和单位土地种植密度之间的关系，即企业距离市场越近，单位土地租金和单位土地种植密度越高；反之则相反。

关于艾萨德的农业区位理论扩展中的另外一个思想是农业企业应该置于一个聚合水平上进行考察，认为农业区域应该放在一个可能的区位、农作物与农作物系统中，作为一个整体施加到农业的供给、需求、价格、收入及其相关变量中间，便能够得到农业内部一般均衡下的土地利用格局，以及杜能空间的更加精确的决定模式。

二是全面发展了韦伯工业区位论。在《区位与空间经济》一书的第四章，艾萨德研究了运输投入及相关的空间基本理论问题，重点分析了运输投入与资本投入之间的对比关系和运费率，在此基础上发展了韦伯的工业区位理论。

首先，全面探讨了企业区位均衡理论。从运输指向、劳动力指向以及其他指向等方面拓展了工业区位。在运输指向上，艾萨德根据不同商品的性质制定了研究方法，重点考查了个别的、小型的生产者层面的运输指向问题，以及不同商品类型之间的替代关系的可能性。在简化条件下的运输指向均衡研究中，艾萨德不仅考虑了三角形状态，而且考察了多边形（如四边形）的情况，不是从距离变量不变来考虑问题，而是从保持距离变量不变的总运费支出不变来着手。在真实运费率结构下的运输指向均衡中，重点研究了运费结构与成本之间的复杂关系。艾萨德放弃了运往原料地和运往消费地产品重量相同的假设，解除了运费与距离成正比的假定，通过构建合适的价格比率线或等支出线，很好地体现出表明一般性的现代运费率结构对企业空间均衡的意义。在有关劳动力指向和其他指向方面，艾萨德引入要素成本和收益潜力差异两个概念，从各种支出之间、各种收益之间以及各种支出和收益之间的替代方面来考虑问题，从而将这些差异纳入对于企业的一般区位分析中。因为韦伯所讨论的劳动力指向中企业并没有坐落于最优运输投入组合的运输最优点上，而是坐落于一个最廉价劳动力点上，当这两个点不相等时，在其他条件不变情况下，企业就会花费更多的运输投入，增加运费支出，而同时保持劳动力投入不变但是减少劳动力支出。这里，替代不是发生在运输投入和劳动力投入之间，而是发生在运输支出和劳动力支出之间。艾萨德改变了这一经典理论，认为只需要设置一条支出替代线，观察是否有一个代表廉价劳动力区位的点比代表运输最优区位的点位于更低的等支出线上。此外，艾萨德还考察了除去劳动力指向以外的如能源成本差别、矿产和人力资源不均等对于空间生产与分布的影响问题。

其次，深入研究了市场区与供给区及竞争的区位均衡。艾萨德在拓展了工业区位论以后，将企业服务由一个点状市场扩展到一个面状市场，即考察市场区情况。并且，市场区分析是与供给区及其他区位理论综合起来进行的，艾萨德指出，在没有竞争的情形下，如果地形、地理分布、消费者收入和偏好及其他因素均为"均一"时，则企业市场区呈现为环形。如果市场区最初不是环形，通过某一个运输投入替代另一个方向的运输投入，则最终能够形成这样一个环形市场区，其办法是通过减少对于距离最远处消费者的销售，扩大对于新的近距离消费者的销售，就可以实现这样一个替代。从全社会来看，在投入生产和运输的劳动力和资源数量给定条件下，通过运输投入在不同方向上的替代将非环形市场转变为环形市场区，就可以最大化社会产出及商品消费。在关于供给区分析中，艾萨德假定某个工业消费者从多个供应原料地获得原料而不面临竞争，如果这些原料地在平原上均匀分布，每个原料地都以相同的固定单位生产成本生产，而且没有一个产地能够以等于单位生产成本的价格提供所有原料，那么该工业消费者的供给区将形成环形。进一步地，艾萨德指出，即使是在更加符合实际情况的原料供给成本上升的情况下，工业消费者供给区也将会趋向于环形，因为每个原料地供给工业消费者的边际单位原料的到货价格是一样的，任何两个原料地边际成本的差额与其单位运输费用的差额相等，于是，原料地开发利用的强度将随着工业消费点距离的增大而减小。一般情况下，如工业消费者由少数原料地供给或者工业消费者原料采购面临其他工业消费者竞争时，甚至于社会将原料地从一个工业消费者供给腹地转向另一个工业消费者供给腹地时，在有关运输投入与边际生产支出之间进行替代的经济可行性仍然存在。当然，如果存在物理上的限制，便会从根本上排除这种可能性。

最后，丰富了集聚经济分析的内容。韦伯关于工业区位理论中提出的三种基本区位因子之一是集聚经济与不经济，作用是在任何一个给定区位中形成产业的集中与分散。美国区域经济学家胡佛把集聚因子归纳为三种类型：第一，规模经济，对于单一企业而言，是随着其内部生产规模扩大到某一点时形成的；第二，地方化经济，对于某一地区或某一行业内的所有企业而言，是随着该地区该行业的总产出的扩大形成的；第三，城市化经济，对于某一地区所有行业的所有企业而言，是随着该地区经济总量（人口、收入、产出或财富）的扩大而形成的。艾萨德充分认同胡佛的这种主张，并对于三种集聚经济进行了分析。

关于规模经济，艾萨德的结论是，在任何一个区位决策中，产出规模都是几个基本的相互依赖的变量中的一个，当规模发生变动时，位于任何一组运输支出之间的替代点、任何两对运输支出之间的替代点以及任何运输支出和收入替代点等，都会发生变动。这与他关于企业区位均衡论的思想是完全一致的。

关于地方化经济，艾萨德认为，集聚经济理论中的这一部分仍然可以整合到一般替代框架中，他指出，韦伯的区位论中假定三个生产单位考虑原料与市场问题，一般会将每一种产品的生产安排在运输成本最佳的区位，或者把这三个单位放置在集聚中心并使其相互靠近，从而实现地方化经济，但是可能会导致更高的运输成本。艾萨德的主张是，每个生产单位在向集聚中心移动时，用运输支出替代某种或者其他生产支出，这就解决了运输成本更高的问题。同时，艾萨德指出，在企业向集聚中心转移过程中，对于每一个生产单位来讲，应该尽可能避免偏离最佳运输区位。集聚中心将不会出现在新的多边区位总运费最小点上，而是趋向于靠近与具有更大讨价还价能力企业的共同相交部分。由此，艾萨德提出博弈论是解决讨价还价并由此引起生产重新布局关键的思想。

关于城市化经济，艾萨德认为城市化经济面临的背景主要有两点：一是更高水平地利用城市基础结构（如运输设施、水气干线等），以及经济活动更加精细组织带来的经济；二是由生活费用和货币工资，在收益递减条件下生产地方性材料的成本、时间成本和其他运输成本，土地价值和租金等上升带来的不经济，一个城市地区积累的固定资产投资及其与之相关联的既有的社会制度，造成了地理上的不流动和僵化，并在很大程度上阻碍了城市的重新布局。这样，有关城市化经济便不如地方化经济容易处理。艾萨德分别分析了电力经济、运输经济、教育经济、劳动力经济等产业经济与城市规模的关系，指出仅仅是把城市各种经济简单相加是错误的，应该考虑更为复杂的倍数关系，在方法上要采用加权方法、引入弹性和非标准化方法。

四、新经济地理学中的产业问题

20世纪90年代，美国经济学家保罗·R·克鲁格曼（Paul R. Krugman）发表了《历史与工业区位：美国制造业产业带的案例》《报酬递增与经济地理》《历史与预期》三篇论文，当年即出版了《地理和贸易》专著，后来又出版了《发展、地理学与经济理论》一书，试图将传统地理学与现代主流经济学理论融为一体，改变现代主流经济学中缺乏空间结构分析的固有问题，把空间范畴引入现代主流经济学中，研究经济活动发生在何处以及为什么发生在此处。克鲁格曼认为，经济活动的区位对于经济发展与国际经济关系十分重要，过去由于缺乏有关因地理上的集中带来的生产收益递增的研究工具而使主流经济学长期不够较好地解释这些问题。克鲁格曼等人以产业组织理论的垄断竞争市场结构（即迪克西特和斯蒂格里茨垄断竞争市场模型）为基础，综合其他技术工具，找到了有关报酬递增的模型，以这些成果为标志，新经济地理学由此诞生。90年代末，克鲁格曼与维纳布尔斯、藤田昌久合作，在麻省理工学院出版社出版了《空间经济：城市、区域和国际贸易》一书，总结了过去十年空间经济学发展状况，将经济活动的区位与克鲁格曼80年代的新贸易理论结合起来，建立了许多新颖而精致的空间经济模型，其中不少是有关区域或空间的产业经济模型，涵盖产业集聚与扩散、产业集群、产业组织与结构等。

D-S模型与新贸易理论是新经济地理学或者空间经济学的理论基础。这一理论也是产业组织理论的核心模型之一。它体现了规模经济和多样化消费之间如何形成均衡的框架。由于其垄断竞争的市场结构，几乎反映出真实的市场结构形态，所形成的规模经济是具有多样化产业支撑的地方化或者城市化经济，尽管其产品并不相同，但产品之间具有相互替代性，这样，每种产品的生产都具有一定垄断能力但是又不能独占市场，而产品之间的替代性又使得厂商总想扩大自己产品的市场份额，为此厂商之间展开激烈的市场竞争；而消费者具有多样化的消费偏好，总是想选择多样化产品，以满足自己的最大效用需求。这样做的结果就是，对于生产者来讲，产品种类越少越好，因为单个厂商进行单一产品生产具有资源最大化利用与规模经济效应；而对于消费者而言，产品种类越多越好，因为产品越多消费者选择余地越大，且产品价格会下降。这样就会产生一个两难冲突，市场竞争则能够解决这个冲突且实现垄断竞争均衡。扩大人口规模和可利用资源的增加，也就是统一市场规模的扩大，更加有利于发挥规模经济优势，使得产品种类与生产效率同时增进，从而扩大两难冲突解决的空间范围。而产业多样化是促进规模经济形成的必然选择。

新经济地理学的核心模型是"中心—外围"理论。其理论基础就是迪克西特—斯蒂格里茨的垄断竞争市场模型。考虑两个区域的经济系统，在该经济系统中存在两个部门，一个是农业部门，另一个是工业部门。农业生产使用不可流动的农业劳动力，规模收益不变，农业劳动力在两个区域均匀分布，农业部门生产同质产品，在两个部门之间进行交易，但农产品没有区际贸易；工业部门为现代部门，使用可以流动的工业劳动力，规模收益递增，工业产品为差异化的产品，产品之间存在一定替代性，每个企业具有一定程度的垄断性。在这种假设条件下，克鲁格曼创立了新经济地理学基础性的消费者理论和生产者理论，提出了带有"冰山运输成本"的区域均衡方程组，得出短期均衡条件是两地工业劳动力之间名义工资率相同，而长期均衡条件则是两个区域相对实际工资，实际工资决定工业劳动力的区际流动，工业劳动力分布决定着区域之间工业劳动力实际工资差异，这种相互作用决定经济活动的空间分布模式。"中心—外围"理论（或称为"核心—边缘"模型）是要说明一个最初的对称空间结构通过制造业人口（工人）的迁移逐步向工业核心区与农业边缘区并存的空间结构转变过程。其演变关键在于，当广义运输成本和贸易成本降低到一个特定临界值时，制造业必然向两个区域中的其中一个区域集中，而且这一集聚过程一旦形成就会自行持续并不断自我强化，直到形成"核心—边缘"区域为止。

新经济地理学深刻分析了区域产业集聚与扩散问题。关于产业集聚，如果产业前后关联的成本节约足以抵消集聚导致的工资成本上升，产业集聚将会维持下去，而如果出现核心区工资成本持续上升，核心区生产利润逐步下降并开始变得无利可图，此时，核心区企业便会将企业向边缘区转移，出现产业扩散现象。并且，这种产业扩散是有规律的依次转移过程，并非同时扩散，一般先向边缘区具有初始工业化基础和优势的地区转移，承接产业转移的边缘区把本地资源、劳动力成本优势与转移产业的资本、技术结合起来并形成本身的产业发展优势。

新经济地理学的几个相互关联的核心结论均与区域产业集聚与转移有关。如新经济地理学强调产业的"门槛效应""区位黏性"与集聚租金。产业集中到了某一区域而产生的集聚效应具有很强的"惰性"，力度较小的区域政策是难以改变产业区位选择与产业布局的，因为产业集聚而产生集聚租金，企业宁可选择具有租金的区位而不愿意选择产业转移，除非某种政策力度超过区域"门槛"临界值，超过区域获得的集聚租金，企业将会选择产业转移，离开原来的区位而选择新的区位。随着企业转移，原来区位的集聚租金开始下降，区位就会缺乏吸引力，产业扩散便会出现并日益加剧。从另外一个角度看，产业的所谓"惰性"可以理解为一种产业的"区位黏性"，即一种路径依赖。一旦形成路径依赖，产业将会附着在特定区位上面，一般区域政策难以改变这种区位选择。通过实施产业补贴或者对产业进行征税，必须把补贴水平定在高于集聚租金水平，即超过"门槛"临界值，否则，任何小于"门槛"临界值的补贴都不会对产业转移起任何作用，但是一旦超过"门槛"临界值，则会发生急剧变化。再看征税。如果产业集中在一个区域，由于存在集聚租金，如果贸易自由度足够高，区域劳动生产率水平高于征收高额税收，即使是对于集聚区域资本（产业）进行征税也不会导致产业转移，相反，如果产业没有集中在一个区域，某个区域提高税率，则将会由于征税预期导致人口与产业从原来区位流出，从而形成税基的缩小，如果原来区位的集聚力越大税基损失则越多，反之则越小。在这种不对称状态下，产业规模较小的地区处于不利状态，因为产业规模小导致经济总量偏小，地方政府无法提供更多的公共产品。

第二节 产业经济发展中的空间分布与演变

作为一门以产业为主要研究对象的产业经济学，其主要包括产业组织与产业结构两个方面。产业组织理论是现代微观经济学的重要组成部分，是指生产同类具有密切替代关系的产品的厂商在同一市场内的集合。而产业结构层面上的"产业"指的是使用相同的原材料、工艺或生产产品用途相同的企业的集合，以此产业作为基本分析单位，研究经济系统中不同产业之间的经济技术联系及企业之间的中间产品或者最终产品供给与需求的相互关联。与产业结构相关的产业关联、产业创新、产业竞争力、产业集群等，均属于产业结构层面上的产业经济范畴。在产业经济运行实践中，无论是产业组织或者是产业结构均与一定地域空间即区域因素相关。产业组织体现为市场的地方化因素及产业组织的具体市场形态，其中必然包含区域因素；产业结构及产业关联和区域空间条件与背景存在密切联系，区域空间因素必然影响到产业结构与产业关联的形态、特点与实现方式。

一、产业结构理论中的区域因素

产业结构理论主要研究一个国家范围内产业与产业之间的经济技术联系与数量比例关系，通过产业之间质与量的关系分析，发现产业之间相互关联的规律性，寻求产业结构优化与升级的路径与机制。

产业经济学中已经形成了不少经典性的理论，诸如配第—克拉克定理，通过对 40 多个国家和地区不同时期三次产业中劳动力结构、收入结构的变化，揭示出产业结构变动与人均国民收入之间的演变规律。美国经济学家里昂惕夫（Wassily Leontief）创立了投入—产出理论体系，包括投入—产出分析方法、投入—产出模型与投入产出表，用来研究一个国家与地区产业结构与产业关联。美国发展经济学家艾伯特·O·赫希曼（Albert O. Hirschman）提出不平衡发展理论，其中关联效应和发展次序理论是其经济发展战略的主要思想，成为研究产业关联与专业化的重要工具之一。美国发展经济学家 W·A. 刘易斯（W. A. Lewis）的"二元经济"发展理论，研究国家发展进程中农业与工业化之间的关系，通过工业化带动农业人口转变为城市人口（工业劳动力），即实现工业化的必要条件。美国经济学和经济史学家沃尔特·惠特曼罗斯托（Walt Whitman Rostow）提出的经济成长阶段理论，研究不同发展阶段主导产业选择与变化历史，成为产业发展阶段论的最重要的代表理论之一。这些理论属于一般性经济理论，更多以国家层面作为分析对象，以全国的数据资料作为分析依据，主要反映一个国家不同发展阶段经济结构和产业经济的演变发展规律。

但是，我们也要看到，国家产业结构与地区产业结构之间具有某种程度的相似性，尤其是地域空间范围比较大、经济规模比较大、地区人口比较多的区域，其产业结构比较完整，产业之间的发展演变与国家层面产业结构变动具有较强的关联性与相似性，揭示国家层面产业结构变化的理论与方法在一定条件下也可以运用到地区产业结构变化规律的分析上。

正因为如此，产业经济学从来不排斥对于区域经济因素的研究，甚至将产业布局理论作为产业经济学的组成部分，这鲜明地体现出产业经济学与区域经济学两者之间的紧密联系，这是形成区域产业经济学的主要依据之一。产业布局既是一个产业问题又是一个区域经济问题，产业布局离不开具体地域空间，一定要落实到特定的空间范围之内，与区域自然资源、基础设施、劳动力、地区经济发展联系起来，分析区域产业布局的基础、条件、原则和规律，寻求实现产业与资源空间配置效益的最大化目标。

然而，本书所讲的产业经济结构中的区域因素主要指的不是区域产业经济结构问题，而是产业经济结构演变与优化升级过程所导致的空间分布变化相互作用的机制与路径。围绕区域产业结构变动、优化升级与产业空间分布的演变，研究产业结构理论中的区域因素问题，这里主要以日本经济学家赤松要的雁行形态理论和美国经济学家弗农的产品生命周期理论进行说明和阐述。

（一）雁行形态理论

20 世纪 30 年代，日本经济学家赤松要提出了著名的雁行形态理论，主要着眼于不同国家和地区之间产业结构调整升级与产业空间布局变动的内在关系。赤松要以日本棉纺织业发展为例，发现其中规律性的现象：当现代棉纺织业在日本尚未发展起来时，西方国家棉纺织品大量进入日本市场；随着国外棉纺织品的进口，日本开辟与拓展了棉纺织品市场，为日本棉纺织工业发展准备了市场条件；日本国内市场与生产技术、低工资成本的组合，促进了日本国内棉纺织业的起步与发展；随着日本国内棉纺织业生产规模扩大，棉纺织业的规模经济逐步形成，加上低工资，使得日本国内棉纺织业生产成本大幅度下降，在国际棉纺织品市场上开始具有价格优势，成为日本重要出口产品；国际棉纺织品市场的拓展与稳定增长，使得日本进一步扩大其出口规模与国际市场占有率，从而推动日本棉纺织业生产规模的不断扩大与进一步发展。

通过进口—国内生产—出口的发展模式，促进棉纺织业产业结构优化升级，同时也体现出棉纺织业产业布局在不同国家或地区之间的不断变化。三个阶段就像三只飞翔的大雁：第一只大雁是进口的浪潮，第二只大雁是国内生产的浪潮，第三只大雁是由国内生产所引发的出口浪潮。这是雁行形态理论的基本模式，还有两个变型：一是产业发展次序，一般从消费资料产业发展到生产资料产业，从农业到轻工业再到重工业的产业优化与升级过程；二是工业生产从初级产品到制成品的转变，从加工工业向重化工业转变。雁行形态理论一般被用来描述产业转移过程，其实，这一过程蕴含着在产业转移中实现产业优化升级的意义，并且，这一转变还与产业空间布局变动，即同一产业在不同国家与地区重新分布与配置紧密相关。因此，我们可以把雁行形态理论看成是产业结构在动态调整过程中的区域性因素具有某种意义的一种理论。

（二）产品生命周期理论

与赤松要的雁行形态理论相似的是美国经济学家弗农的产品生命周期理论。但是，该理论是以本国新产品市场开发为出发点和目标的。产品生命周期理论表现为几个相互关联的产品循环过程：一是新产品出现。新产品开发并进入市场直到饱和。二是产品走向成熟。国内市场饱和以后，该产品出口到国外市场并逐步扩大其市场份额。三是形成标准化产品。国外市场形成与成熟以后，技术、资本出口开始出现并扩大，这些技术、资本与输入国的廉价劳动力结合起来，在输入国生产该产品；国外生产能力形成以后，又会使这种产品以更为低廉的价格回到本国市场，导致本国新产品的开发与产业结构升级。因此，新产品开发—国内市场形成—出口—资本与技术出口—进口—新产品开发，便会形成一个完整的产品循环，这一过程不仅是一个产品更新换代过程，同时也是一个与新产品开发相匹配的国内或地区产业结构优化与升级的过程，其中，也必然包含有产业空间布局变化与转移内容。也有研究认为，产品生命周期理论是按照产品档次与产业布局进行动态调整，随着产品生命周期的演化，新产品不断充实到高档产品中，部分中高档产品则降格为中低档产品，并且，外国投资者将高档产品放在本国生产，中档产品部分在国外组装，部分产品则连同生产线和技术转移到国外；而低档产品则完全转移到国外生产。这一演变过程使得国内外不同区域产业结构与空间布局均发生相应变化，国内产业结构向高级化转变，国外产业结构也出现升级并合理化；与此同时，同一产业空间布局也从国内生产布局向国外生产布局转变，产业结构变动与空间布局变动相辅相成，融合互动。

二、产业组织理论中的空间问题

产业组织理论主要研究市场经济结构中特定产业的企业之间的竞争与垄断关系。在产业组织理论发展过程中，有极少数经济学家把垄断竞争理论与经济空间因素联系起来，分析产业组织的区位模型。20世纪20年代末，哈罗德·霍特林（Harold Hotelling）提出了价格竞争模型，他将产品差异化看成是处于不同空间位置上的差异化，这种位置上的差异被归结为消费者对于不同区位的产品提供者支付不同的运输费用。假设在一个1英里（1英里=1 609.344米）长的海滩上有两个卖冰激凌的小贩，分别处于海滩的两头，即使是两个小贩提供相同的冰激凌，消费者也很少不加区别地任意购买其中一个小贩的冰激凌。如果两个小贩的冰激凌的销售价格相同，那么消费者会选择就近购买，除了走到一个小贩的成本不同于走到另外一个小贩的成本以外，两种冰激凌产品完全一致，但是，消费者对于小贩的评价却并非相同，每个消费者根据其所在位置来评价销售者。这里，区位有两种，一种是特定的物理位置，消费者支付价格是商品价格加上走到商店的交通成本；另外一种是将位置解释为一个特定消费者理想品牌与实际品牌之间的差异，消费者根据不同产品价格加上选择产品的交通成本，从而构成产品实际销售价格。70年代末，塞洛普建立了一个圆形城市选址模型。通过考察若干个企业价格竞争，得出企业将会通过竞争实现在圆环上等距离选址的均衡。而波尔于90年代末证明，无论是伯德川价格竞争，还是古诺产量竞争，两个企业会选择圆周直径的两端定位。他于 21 世纪初推导出，假设有一组企业在市场上进行两个阶段竞争，其结果是一半企业集聚在一点，另外一半企业集聚在圆环上与之对称的那个点上。产业组织理论中的有关分析以企业空间定位与空间集聚为视角，是产业经济学与空间经济学结合的开端。

产业组织理论关注空间问题的代表性文献当属 A·K·迪克西特（A. K. Dixit）和约瑟夫·E·斯蒂格里茨（Joseph E. Stiglitz）于 20 世纪 70 年代发表在《美国经济评论》上的一篇著名论文《垄断竞争与产品多样化》，解决了传统区域经济学与区域科学长期不能够解决的垄断竞争市场中的规模报酬收益递增问题，将其应用于空间经济分析当中，并配合采用了萨缪尔森的"冰山成本"处理方法，即将货物在运输过程中进行"融化"的办法，只有一部分能够到达目的地，而没有到达目的地、在途中损失的那部分便构成运输成本，从而避开直接设置运输成本进行建模的办法。由此，一个考虑规模报酬递增与运输成本之间进行权衡的空间经济理论便产生了。按照新经济地理学创始人克鲁格曼的说法，经济地理就是生产的空间区位，区域经济学与部分城市经济学是以经济地理为研究对象的。但是，生产的空间区位还可以看成是产业经济（或产业组织）与空间结构、分布与集聚的一种融合，产业组织体现出企业之间的市场竞争关系，而这种竞争总是发生在特定地点上，即一定的区位空间上面，因此，关于企业网络及其相关的产业链、产业集群、企业联盟等，在形成之初总是一种地域空间的生产组织形式。这便是我们所研究的主题——产业经济学的组成部分。

第三节 区域产业经济学的研究对象与内容

区域产业经济学是研究特定地域空间下的产业结构状况与优化升级和产业组织模式与市场竞争的应用经济学交叉学科。根据区域经济与产业经济结合的实践，我们认为，区域产业经济学主要内容至少应该包括区域产业分工、区域产业结构、区域产业集聚、区域产业组织模式、区域产业创新、区域产业转移、区域产业竞争力和区域优势特色产业等理论与实践的重大问题。

区域经济学与产业经济学均属于国民经济学中重要的应用经济学学科，是除了宏观总体经济与企业微观经济以外的中观经济范畴。区域经济学是运用现代经济学基本理论与一般方法，研究一个国家内不同地区的经济发展、空间组织结构及其演化，以及区域经济政策等问题的一门应用经济学；产业经济学则是运用经济学理论与方法，以产业为对象，揭示产业的发展变化，产业之间、产业内部企业之间的相互关系及其本身特有的规律的一门应用经济学。虽然分属于不同的经济学科，但是，两者之间却存在十分密切的联系。区域经济与产业经济的融合既存在理论上融合的合 +654 理性，也存在现实的可能性，区域产业经济学这门交叉学科则有了其内在逻辑关联性。本书以产业经济为主线，回顾了古典区位论、现代区域经济学、区域科学和新经济地理学中的产业经济问题，然后从产业结构与产业组织两个方面，分析产业结构升级与市场竞争带来的产业空间分布及其演变。

区域产业分工的形成与演进是区域经济增长与发展的重要源泉。从区域层面上来看，参与地区之间的产业分工，能使各个地区充分发挥各自在资源、要素、区位等方面的优势，进行专业化生产，实现集聚经济和规模经济，提升区域竞争力。本书系统研究了区域产业分工的内涵、特征、理论基础和形成机理，还就区域产业分工衡量方法进行了全面介绍。

以 W·罗斯托（W.Rostow）为代表的结构主义经济增长理论认为，区域经济发展的根本原因在于区域内部产业结构的不断演变和升级。在一个地区内部，各个产业的生产效率之间存在差异性，由技术进步导致的区域产业结构演化升级使区域总体生产效率得以逐步提升，继而体现为这一地区经济总量的持续增加，因而现代经济增长在本质上是一个结构转换过程。由此看来，区域产业结构的转型升级是一个地区经济发展的重要内容，而区域产业结构问题也理所当然地成了区域经济发展研究的重要任务之一。

随着经济全球化和科学技术的突破性发展，人们的沟通和交流越来越便利，地球显得越来越小，整个人类社会向"地球村"变化，甚至有学者发出"距离之死"的感叹。但是，在经济发展中，空间的重要性并未降低，而是出现逐步加强的趋势。本书从空间、密度、整合的三维视角出发，分析经济活动空间集聚现象，介绍了马歇尔的早期产业集聚理论，新经济地理学的产业集聚理论，分析了产业集聚的动力机制及其形成发展的机理，还对产业集聚的衡量方法进行了介绍，并提供一些案例供读者参考。

区域产业组织模式即产业的空间组织方式与运行机制，在不同的经济体制下，其产业空间组织方式具有明显差异。从世界范围产业经济发展来看，主要存在传统计划经济下的区域产业组织模式，其中以苏联地域生产综合体为代表；现代市场经济体制下的区域产业组织模式，即通行于当今全球的开发区产业空间组织模式和兴起于 20 世纪 70 年代末 80 年代初的新产业区产业组织模式。

在全球化时代，国际经济竞争越发激烈，区域的重要性更加凸显。第二次世界大战后一些新崛起区域的经验表明，区域的整体优化功能能够为企业发展提供更好的平台，能够更好地形成产业集聚，实现创新发展，美国硅谷、日本筑波、韩国大田、印度班加罗尔、我国台湾地区新竹等地莫不如此。区域的整体形象已经超越了企业形象，世界分工将在更大程度上通过提升区域竞争力、促进区域产业创新来进行，区域产业创新已成为促进区域发展的决定性因素。本书首先界定了区域创新与产业创新，分析了两者之间的相互关系，重点研究了区域产业创新的模式选择、体制机制与能力建设问题，介绍了美国硅谷、韩国大田的园区产业创新，并以案例形式分析了我国西部地区的产业创新与高新技术发展问题。

经济全球化与区域经济一体化导致大量生产要素在世界范围配置资源并快速流动，产业的跨地区转移成为区域经济联系的一种重要现象与形式，基于比较优势所进行的产业转移能够促进区域间贸易往来、技术扩散与产业互补口。本书从产业转移的基本理论与范畴界定出发，研究了区域产业转移的条件，区域产业转移的效应，区域产业转移的政策与实践，重点分析了产业承接地的比较优势与基础条件，确定了产业承接地的政策着力点与实现路径。

竞争是市场经济的主旋律，生产者通过竞争革新生产技术，发展社会生产力，推动整个社会的不断进步。大到一个国家、一个地区小到一个人，都是在不同的层次，以竞争者的身份参与到市场活动中。国家竞争力研究是从宏观角度着手，而国家由千差万别的区域构成，每个区域都有自身的地理特征和文化历史，区域竞争力的研究可以从更具体的角度，因地制宜地研究适合本区域发展的竞争力政策。产业是区域经济的重要支撑，区域产业竞争力表现在产业配置、产业系统和产业政策上，能够对区域经济的劳动力、科技、资本等诸多方面产生影响，从而对整个区域竞争力的塑造起到决定性的作用。

区域经济存在的一个理论基础是建立在资源禀赋差异条件下的劳动地域分工或区域分工，正是这种地域分工形成了不同地域发展的初始条件：从区域经济发展实践来看，各地根据自身的资源禀赋条件与经济基础，发挥比较优势，扬长避短，发展社会主义市场经济，探索出各具特色的地区经济发展道路。本书所要研究的区域优势特色产业正是建立在不同地域资源禀赋基础上的具有其独特条件、现实或潜在优势，且具备未来成长性的产业。对于区域优势特色产业的研究，一是研究时间较短；二是实践操作层面分析较多，理论研究不足，结果是难以形成一致性的看法。有研究者将区域优势产业与特色产业看成一个概念，不加区分进行运用。有的研究者虽然区分了优势产业与特色产业的不同，但是对其内涵与外延的认识仍然不清晰，因此，有必要对此进行比较全面的梳理与界定。本书将区域优势产业与区域特色产业分开加以研究，首先，界定了区域优势产业，从比较优势向竞争优势转变角度梳理了区域优势产业的理论基础，分析了区域优势产业的形成机制，区域优势产业评价方法与选择依据，提出发展区域优势产业的原则并建立区域优势产业的政策支持体系。其次，从把握区域特色产业的内涵出发，对区域特色产业的特征进行了明确界定，对于区域特色产业与区域优势产业、区域主导产业、区域支柱产业、区域战略性新兴产业等进行了区分。

第二章 区域产业分工

区域产业分工的形成与演进是区域经济增长与发展的重要源泉。从区域层面上来看，参与地区之间的产业分工，能使各个地区充分发挥各自在资源、要素、区位等方面的优势，进行专业化生产，实现集聚经济和规模经济，提升区域竞争力。从国家层面来讲，形成合理的区域产业分工，有助于通过要素合理流动和商品服务贸易提高资源的空间配置效率，进而优化国家经济空间布局，协调区际经济关系，引导区域经济协调发展，最终使国民经济发展的总体效益得以提高。因此，在经济学家眼里，分工和专业化的功效是少有的没有争议的问题之一。

第一节 区域产业分工概述

一、区域产业分工的内涵

（一）分工与区域分工

分工是经济学范畴最古老的内容之一，其理论源远流长。在经济学文献中，分工的思想最早可以追溯到古希腊哲学家柏拉图（Plato）关于体力劳动与脑力劳动分离的论述。他认为，分工取决于人的天性，一些人天生适合从事体力劳动，而另外一些人则天生适合从事脑力劳动，这种基于天性的分工能够提高生产力。随后，亚里士多德（Aristotle）继承和发展了柏拉图的分工思想，将奴隶制度下的分工视为合乎人的天性的"自然"分工。英国经济学家威廉·配第（William Petty）在其专著《政治算术》中对分工的经济性进行了分析，他认为，分工能够降低生产成本，促进劳动生产率提高。然而，真正系统地对分工进行分析的是亚当·斯密（Adam Smith），他认为："劳动生产力上最大的增进，以及运用劳动时所表现的熟练、技巧和判断力，似乎都是分工的结果。"斯密关于分工的观点可以归纳为三点：一是分工可以提高劳动效率，其主要原因是分工可以提高熟练程度、节约工序转换时间和推动机器发明；二是分工的起因是人性中物品交易的倾向，分工使得人与人之间的才能差异变得有用；三是分工受市场范围限制，而市场范围与运输成本有关。在一般意义上，分工是指两个或两个以上的个人或组织将原来一个人或组织的生产活动中所包含的不同职能的操作分开进行，这里的分工也称为劳动分工。

基于古典经济学的一般分工理论思想，一些经济学家通过引入空间维度创立了国际贸易理论、地域分工理论和空间分工理论等，使分工理论进一步深化。国际贸易理论以国家为分析单位考察空间分工问题，依次经历了古典贸易理论、新古典贸易理论和新贸易理论三个发展阶段，分别将国与国之间的分工归因于成本优势、要素禀赋和规模经济。托伦斯、西尼尔和马歇尔分别考察了由自然条件差异决定的地区专业化，陶西格将这种"不同的地区由于气候和资源的禀赋的原因而选择生产某种物品"的现象称为"地理分工"。英国人文地理学家朵琳·麦茜（D. Massey）首次提出"空间分工"，并将其区分为区域产业分工和区域职能分工，基于微观视角利用分工解释区域非平衡发展问题。

马克思继承了古典分工理论的思想，再次从形成分工的基础根源出发，将分工区分为两个基本类型：自然分工与社会分工。马克思指出："不同的公社在各自的自然环境中，找到不同的生产资料和不同的生活资料，因此，它们的生产方式、生活方式和产品，也就各不相同，这种自然的差别，在公社相互接触时引起产品的相互交换，从而使这些产品逐渐变成商品，交换没有造成生产领域之间的差别，而是使不同的生产领域发生关系，并把它们变成社会总生产的相互依赖的部门。"由此可见，马克思进一步深化和发展了斯密的"交换—分工"思想，将分工的产生逻辑拓展为"自然分工—交换—社会分工"。在马克思看来，社会分工就是自然分工之后以产品或商品交换为基础的分工，也称为劳动分工或劳动社会分工。马克思又指出，分工"既包括部门间、企业间和企业内部的分工，也包括把一定生产部门在国家一定地区的地域分工"。在这里，马克思所指的"地域分工"就是区域分工。它是指国内各个区域在充分利用区域内优势的基础上实行区域专业化生产，并通过区际交换实现其专门化部门生产的产品价值与满足自身对本区域不能生产或生产不利的产品的需求，从而扩大区域的生产能力，增进区域利益。区域分工的形成与发展有其自然基础，但不是自然而然形成的，而是社会生产力与生产方式发展到一定阶段的产物，而且区域分工的产生与发展具有内在的客观性。

（二）区域产业分工的内涵

区域产业分工与劳动分工、区域分工的内涵既有联系，又有区别。区域分工是社会经济活动依据一定规则在地域空间上的有机组合。社会分工或者劳动分工首先表现在部门分工上，而部门分工又要落实到空间上，这种按地域的分工就是区域产业分工。区域产业分工是社会分工在经济地理空间上的表现形式。区域分工就是社会分工的空间形式的观点，认为区域产业分工是指相互关联的社会生产体系，受一定利益机制支配而在地理空间上发生的变异。由于不同劳动部门代表的是各个不同的产业，所以劳动部门分工即被认为是产业分工，劳动地域分工即是区域产业分工。它们之间的关系是劳动部门分工（产业分工）是劳动社会分工的基础，而区域产业分工则是劳动社会分工在地域上的表现与落实。

由以上分析可以看到，区域产业分工不仅具有分工的一般意义，还被赋予了空间内涵，是通过实施各种经济行为，将不同产业部门表现和落实于一定地域空间内，实现分工、空间、生产力三要素的耦合。它更侧重于特定空间中分工与专业化生产问题的研究，不仅有其客观规律性，而且包含丰富的地域空间经济和产业经济内涵，成为选择区域产业分工模式、合理产业分布和区域分工定位、协调区域经济联系、调整区域产业结构的重要理论基础。因此，区域产业分工可以一般地表述为：在生产力"趋优分布"规律作用下，一国各地区在充分利用区域内优势的基础上，为获得各种区域利益，在地理空间上形成产业空间结构的客观过程和分异状况。这一概念包括以下五个方面的内涵。

第一，区域产业分工是区域分工的主要物质内容。从单个区域角度看，区域分工表现为各个地区就某种产品或某一类产品，甚至是产品的某一部分进行专业化生产，且产量超过本地需求量，从而形成区域的专业化生产部门；从相互关联的区域体系来看，区域分工又表现为不同区域或以较大地域空间内的不同次级区域之间，通过区际交换形成的全社会的专业化生产体系。这种专业化生产部门和由此形成的专业化生产体系在一定地域上的组合，便形成了区域产业分工。

第二，区域产业分工的客观基础是区域资源禀赋差异。自然资源、区位条件与环境的差异是导致区域产业分工的重要客观前提。由人类社会发展历史可知，自然资源禀赋差异对早期的区域分工影响甚大，随着经济社会的不断发展与科学技术的日益进步，自然资源禀赋对生产力发展与空间分布的约束力不断减弱，但资源禀赋状况至今仍对地区之间产业分工的形成与演进产生重要影响。

第三，区域产业分工的动力机制是追求区域利益最大化。人类从事生产活动的目标就是追求相应的经济利益，人类在生产过程中将经济活动落实在一定的地域空间内，形成了基于区域活动的差异性区域利益。从理性的角度讲，任何一个地区参与产业分工都是在追求自身利益最大化。区域经济主体通过参与产业分工，实现专业化生产的分工经济性从而追求区域利益最大化。

第四，区域产业分工的形成机制是市场机制和政府调控共同作用。市场机制是区域产业分工形成与发展的基础性作用机制。区域经济主体为追求规模经济，在市场机制作用下遵循生产力"趋优分布"规律，通过区域间技术、劳动、资本等要素不断流动，众多关联的经济主体在经济区内聚集，并不断扩大生产规模，提高劳动生产率。因此，在以外部经济和范围经济为主要内容的规模经济效应作用下，地区之间形成了结构复杂的区域产业分工体系。但是，由于外部性、垄断性、公共性以及信息非对称性的存在，市场本身的缺陷使市场机制在资源配置的某些领域存在"失灵"，这就需要政府通过宏观调控与微观监管行为，对区域产业分工和发展的目标与方向实施干预，以弥补市场机制在此过程中的不足之处。

第五，区域产业分工的表现形式是区域产业结构差异性。在区域产业分工体系中，不同的地区基于自身优势，进行着各具特色的专业化生产，它们的产业类型、产业比例关系以及在产业链体或产品价值链条上的位置存在差异，所有这些最终都体现为地区之间的产业结构差异。

（三）区域产业分工的特征

1.专业化生产

地区生产的专业化是区域产业分工的重要表现形式，也是区域产业分工形成与发展的原动力。在区域利益最大化的驱动下，各个地区根据自己的优势参与区域产业分工，当分工达到一定规模时就形成了地方专业化生产部门。众多地区的专业化生产，构成了全社会的专业化生产体系。

2.经济联系性

由于专业化生产是以与区域外的商品进行交换为目的的，为了满足日益增长的产品需求，在区域产业分工体系中，每个地区都基于自身优势进行专业化生产。由此一来，进行专业化生产的地区需要通过区际交换将自己生产的专业化产品从本区域输出以实现其价值，同时也要通过区际交换从区域外部输入本区域需要而自身不能生产或没有生产优势的产品。与此同时，各个地区在专业化产品的交换过程中也存在着各种生产要素的流动与生产协作等形式的经济联系。

3.层次性

区域产业分工具有层次性，既包括国际分工的各种形式，也包括国内不同地域空间范围内的区域分工。随着专业化生产的发展，区际交换和商品贸易规模也在不断扩大，在区域之间经济联系的地域范围不断扩大过程中，产业分工由较小地域尺度向更高级地域空间扩展，从局部性地方分工到国内各个地区之间的分工，以至扩展到国际范围的产业分工，又在众多较高一级地域空间的分工中相互交叉、融合，形成结构更为复杂的分工体系。

二、区域产业分工的性质

（一）经济性

区域产业分工的经济性是建立在对分工经济进行分析的基础上的，而分工经济又以专业化为基础。因此分析分工经济，首先要利用生产函数来定义专业化经济，而专业化经济只有在个人的产出范围内生化的模型中才能严格定义。

1.个体情形

现假定一个人生产两种产品 x 与 y，l 代表其投入 i 商品的劳动份额，即专业化水平。其生产函数可假设为：

$$x^p \equiv x + x^s = l_x^a$$

$$y^p \equiv y + y^s = l_y^a$$

式中，$l_x^a + l_y^a = 1$；x^p 与 y^p 分别为两种产品的产量；x 与 y 为自给量；x^s 与 y^s 为销售量，专业化经济程度参数 $a > 1$。按照公式推导，生产函数显示边际或平均劳动生产率与其在此活动中的专业化水平一同增长。也就是说，若 $a > 1$，此生产函数显示专业化经济；若 $a = 1$，则显示专业化报酬不变；若 $a < 1$，则生产会呈现出专业化报酬递减，为专业化不经济。

无论 $a>1$，$a=1$，还是 $a<1$，分工经济都会存在。这里我们只分析在内生比较优势条件下的分工经济。

当两个人的外生条件完全一样时，即两个人具有相同的生产函数和时间约束，可以得到两个函数式：

$$x_1^p = l_{1x}^a \quad y_1^p = l_{1y}^a \quad l_{1x} + l_{1y} = 1$$
$$x_2^p = l_{2x}^a \quad y_2^p = l_{2y}^a \quad l_{2x} + l_{2y} = 1$$

由上式可以看出，个人在选择完全专业化的情况下，$x_i^p = 1$ 或 $y_i^p = 1$，而在自给自足的情况下，即每个人两种产品都生产的情况下，$x_i^p < 1$，$y_i^p < 1$。如果分工使至少一个人专业化的增加，那么只要有分工的存在，社会的总产出都比在自给自足的情况下大，因为存在分工时，至少有一个人的产出等于 1，而在自给自足情况下任何一方的产出都小于 1。这种情况下，分工使双方都可能具有对对方的比较优势，从而产生分工经济。这种由于选择了不同专业化方向的决策造成的事后生产率差别被称为内生比较优势。分工经济不同于规模经济，它的取得是由于生产结构的变动，而非技术进步造成的。

由于分工是一种以专业化为基础的组织结构。个人的专业化水平以及专业之间的差异度的上升会促进分工的发展。因此，专业化和多样化是分工的两个方面。具体来说，分工的积极性主要表现为四个方面。

第一，分工能直接地提高劳动生产率。由于分工，劳动力专门从事某种操作，其会在边干边学中不断提高劳动的熟练程度和对生产资料的利用效率。同时分工节约了劳动转换时间，并节省了不分工时重复的学习成本，劳动者可以将更多的时间用于更有效的学习，有利于技术创新，从而提高所有产品的劳动生产率。

第二，分工将复杂的劳动分解为简单的甚至机械式劳动，使得劳动者的工作在既定的技术水平条件下变得较为简单；无形之中也降低了企业管理的复杂程度，从而提高了管理效率。同时这种标准化的机械操作为工具和机器取代人力提供了可能性。

第三，分工所引起的生产工具的变革，直接促进了迂回生产方式的发展。迂回生产方式，即人类生产活动将资源投入生产资料的生产上，而不直接投入对消费资料的生产上，这样反而使消费资料的生产具有比原来更高的劳动生产率。阿瑟·杨格（Arthur Young）将这种由分工所引起的生产率的大幅度提高称为迂回经济。同时，分工所造成的越来越迂回的生产方式，也促进了投资方式的出现和发展。

第四，正如任何事物均有正反两个方面的影响一样，分工在带来经济性的同时也产生了不经济——分工时人们局限于少数的操作，因而丧失了全面发展自己智力的机会。马克思认为，分工产生了劳动的异化。虽然分工存在多方面的不经济性，但其经济性的一面是主要的。

总之，分工经济是劳动生产率提高的主要来源。分工在某种程度上被看作是生产力发展的代名词。经济发展被看作是生产方式变革的结果，而分工的发展是这种变革的重要特征。

2.区域层面

区域产业分工也是建立在专业化生产的基础上的。区域产业分工的经济性是指通过这种地区专业化生产所带来的区域利益。它具有以下特点。

第一，区域产业分工使各地区具有比较优势的资源条件得到充分利用，从而提高区域经济发展水平，并增加区域经济福利。

第二，区域产业分工可以产生规模经济和集聚经济效益。专业化生产是区域分工的具体形式，它有利于企业规模的扩大和同种企业在地理上的集中。这样，企业可以通过共同利用基础设施和商业服务设施，减少分散布局所需的额外投资，节省相互间物质和信息流的运输费用。同时，这种同行业的地理集中，有助于促进区域技术创新、人力资本的积累以及企业间相互合作和竞争，从而形成较大的规模，这种由于区域分工所产生的规模经济和聚集经济，又会进一步加强区域的专业化分工效应，从而形成一种正反馈循环。

第三，区域分工有助于范围经济的形成。范围经济是约翰·C.潘萨尔（John C.Panzar）和罗伯特·D.威利格（Robert D.Willig）等人为解释多产品生产企业的经济学问题提出的。当两个或多个产品生产线联合在一个企业内，生产比把它们分散到只生产一种产品的不同企业中更为节约时，就存在范围经济。范围经济主要来源于可用于多种输出的共用要素的充分利用，由于共用要素具有不可分割性，把多种输出集中在一个企业生产就更为节约。范围经济概念用于区域经济研究中，它主要指的是分工演进推动着区域内新产业的衍生，以及区域内部相关辅助产业的发展，从而带来的区域生产率的增长。区域分工的细化将不断衍生出越来越多的新企业，这些具有前后关联的企业以及相关支撑结构在空间上的聚集，有利于企业集群的形成和发展，从而增强了区域的竞争优势。

（二）外部性

外部性现象普遍地存在于现实的经济生活之中，区域产业分工中也存在外部经济问题。区域产业分工的外部性是指，在区域产业分工体系中，区域间形成的不由单个区域考虑或承担的对其他区域所造成的正面或负面的影响。如果把社会理解为两个以上区域的交互行为体系，外部性就反映了这种个体行为与集体行为的受益或受损效应。区域产业分工的外部性主要来自区域间在分工基础上的合作与竞争。这种外部性主要表现为三个方面。

1. 区域产业分工可以带来整体功能效应

在区域经济发展过程中，合理的空间分工机制带来了相当显著的国民经济区域化与专业化现象，这种建立在比较优势基础上的区域产业分工，使得区域间的相互依赖日益深化，区域间相互交流的规模不断扩大，从而形成高效有序的社会经济网络系统，它所产生的空间效应是单个区域无法替代的。从系统论的角度来看，区域也是作为系统而存在的，其整体功能不是各个区域子系统功能的简单相加，而是通过各区域子系统之间的耦合而取得"整体大于部分之和"的效应，使区域经济大系统的功能更加完备。

这种总体协作效应发挥的作用包括两方面，一方面，有利于巩固和提高区域专业化水平。区域之间存在的这种协作关系，有利于提高区域之间的相互开发度，增强区域经济的发展活力，为进一步深化产业分工创造了条件。另一方面，它可以使分散的局部地区优势转化为叠加的综合经济优势，形成一种新的生产力，这种新的生产力所发挥的作用实际上体现了各个区域的合力效应。总之，合理的区域产业分工不仅对参与产业分工的各方有利，而且对社会整体效益的提高也十分有利。

2. 具有相对优势的区域

在产业分工发展过程中，可以通过区位因素在空间经济活动中所产生的乘数效应，带动周围区域产业以及整体经济发展。区域之间的这种相互作用遵循"距离衰减规律"，即相互作用的强度会随距离增加而减少。

在两个存在差异的区域之间，相对发达的区域的某些内部性因素向区域外部扩散和辐射，在一定范围内和一定程度上对那些相对落后的区域形成了正面的外部性，对这些区域经济发展的内部机制产生积极影响，并引发一系列的波及效应，使区域外部性的总体水平不断提高，不仅推动了外部区域的经济发展，而且也推动了区域自身的经济发展。

同时，从区域间的这种相互作用中可以看出，区域间可以通过某些因素的相互传递使不发达地区外部性内部化，同时使发达地区内部性外部化，从而促进整体经济的发展。因为对发达地区而言，它的内部性因素向区域外的辐射和扩展，既在一定范围内改造了区域外部性，又开拓了本区域的生存和发展空间，在一定层次和一定程度上使区域的外部性和内部性都发生了蠕变，从而实现了区域内部性的外部化。对不发达地区来说，这种区域传递主要是相对发达地区的外部性因素向区域内的渗透式波及，在一定层次和一定程度上使区域内部性发生蠕变，从而实现了区域外部性的内部化。

3. 合理的区域产业分工有利于生产要素的区际自由流动

促进技术的创新及其在区域之间的传播。要素的空间流动带有明显的增值倾向，它对区域产业分工的形成与发展具有重要的作用，要素流动也是区域间实现产业分工利益的基础和动力。同时，区域产业分工格局形成后，又会使得要素流动在空间经济方面所具有的各种"放大效应"得到更好的发挥。要素流动的这种效应对区域空间结构而言，既可以促进趋同，也可以促进趋异。

技术创新及其区际流动是区域产业发展的重要源泉。技术创新在空间的扩散会导致创新源地于被扩散的同时受益和效益增值。对一个区域而言，它的技术进步不仅取决于区域自生的创新能力，而且还在于接受其他区域创新技术的传播。当一个区域自身创新能力有限时，其接受其他区域创新技术传播就对区域利益增进具有十分重要的意义。技术在区际的转移有助于消除本区域与其他区域之间的技术差距，使得整个区域在较高起点上通过掌握创新技术获得较大的经济效益。

三、区域产业分工的模式

在经济社会发展进程中，区域之间的产业分工在区域差异演变、区域比较优势动态变化以及区域政策变迁等影响因素的综合作用下表现出多种形式。基于不同的研究视角，按照不同的分类标准，区域产业分工模式可以划分为不同的类型。

（一）按照分工所处的地位不同分类

区域产业分工体系中的各个地区因拥有不同的发展基础与发展条件，而在劳动生产率和经济发展水平等方面存在差异，进而使得各个地区在产业分工体系中所处的地位有所不同。根据各个地区在产业分工体系中的地位差异，可以将区域产业分工模式划分为三种类型，即区域产业垂直分工、区域产业水平分工和区域产业混合分工。

1. 区域产业垂直分工

区域产业垂直分工是指拥有不同的劳动生产率水平和经济发展水平的地区之间的产业分工。经济技术发展水平相对落后的区域只能独立完成那些对技术、工艺等要求较低的生产活动，而经济技术发展水平相对发达的区域即使能够更有效地完成这些生产活动，也会考虑将投入于这些较低级生产活动的各要素投入更高级的生产活动中时的机会成本。通常情况下，这一机会成本都使得相对发达区域寻求与相对落后区域的合作，于是，发展水平不同的区域之间的分工合作便在技术垂直差距的基础上建立起来。

区域产业垂直分工可以分为两种类型：一是相关区域因处于同一生产过程中不同生产阶段所形成的产业分工形态；二是相关区域因处于不同生产水平所形成的产业分工形态。

不同生产阶段的产业分工是指关联地区在同一个生产过程的不同生产阶段进行专业化生产而形成的分工格局。一般而言，一个完整的生产过程由初级产品生产、中间产品生产、最终产品生产三个主要阶段构成，同时还需要有关的配套服务，由于区域之间在发展条件方面存在差异，有的区域只能进行初级产品生产，有的地区只适合进行中间产品生产，有的区域则可以进行最终产品生产，还有的区域只能进行有关的配套服务生产。虽然存在某个区域可以同时进行所有阶段生产的情况，但是对于某一个产业，一个区域最合适其发展的只有某个或某几个生产阶段。这样一来，区域之间就形成了垂直分工关系。

具体而言，不同生产阶段的产业分工包括三种形式：一是部分地区供给初级原材料，而另外一部分地区供给制成品的分工形态，这是不同区域在不同部门或行业间的垂直分工；二是同一部门内生产高级技术密集型产品与生产低级技术密集型产品的区域之间的分工，即不同区域在同一产品、不同产品间的垂直分工；三是在同一产品的生产过程中承担高技术密集型工序与承担低技术密集型工序的区域之间的分工，即不同区域在同一产品、不同工序之间的垂直分工。

不同生产水平之间的分工是指在经济发展条件和发展水平上相差悬殊的地区之间的产业分工。最常见的情况是，发达地区以技术密集型产品和资本密集型产品为主，而中等发达地区与欠发达地区则以劳动密集型产品生产为主，比如城市与乡村地区、我国东部发达地区与西部欠发达地区之间的分工等。所以，不同发展水平区域之间的分工常常是一种垂直分工。

从目前来看，区域产业垂直分工，特别是同一部门、不同产品间和同一产品、不同工序间的垂直分工是发达地区与欠发达地区之间最主要的分工模式。

2. 区域产业水平分工

区域产业水平分工是与区域产业垂直分工相对的一种分工模式，指经济技术发展水平相同或接近的区域之间的区域分工。要素禀赋相近的地区，或者处于区域比较劣势而采取了适当保护措施的地区，由于保留了具有较大发展潜力和较猛发展势头的高级生产要素密集型产业，经过较长时期的分工合作和经济发展过程，这些地区之间的经济技术发展水平差距不会太大。任何一个区域都不具备对其他区域均有能力生产的产品，或者均有能力参与的产业进行垄断的实力。因此，这些地区可以就同一产品的不同设计、品牌、服务进行分工，或就各自侧重的技术含量相近的产业进行分工，这样一来所形成的分工模式就是产业水平分工。

区域产业水平分工可以分为两类：一是相关区域生产具有差异的同类产品所形成的分工形态，即产业内水平分工，又称为差异产品分工；二是相关区域发展不同的经济部门所形成的分工形态，即产业间水平分工。产业内水平分工是指同一产业内不同厂商生产的，虽有相同或相近的技术含量，但在造型设计、内在品质、规格、品牌、价格或者售后服务等方面有所差异的产品，在不同区域间进行的分工生产和区际交换。这种水平型分工既可以是不同区域在生产同一种类但不同品种、不同规格的最终产品上形成的最终产品专业化水平分工；也可以是不同区域分别生产同一最终产品的各部分技术含量相近的零部件，最终完成整个生产过程的零部件专业化水平分工；还可以是不同区域在同一生产工艺流程中，各道技术含量相近的工序上的工艺专业化水平分工，它反映了各区域寡头企业之间的竞争性以及消费者偏好的多样化。而且，随着科技的发展和经济的增长，产业内专业化生产程度将越来越高，最终产品部门的分工、零部件的分工、加工工艺的分工也将越来越细。

产业间水平分工是指各个地区选择技术水平要求相同或相近的相互关联的不同产业的分工。即使不同区域间技术水平、生产工艺等方面相差无几，其各自侧重的产业也各有不同，各区域通过输出其重点产业的最终产品以交换非重点产业的最终产品。不同最终产品的生产在不同区域的分工合作不断向纵深发展，由此形成水平型区域分工。

3. 区域产业混合分工

区域产业混合分工是指在区域经济发展过程中，区域之间的产业关联有时候会出现"垂直分工"与"水平分工"同时存在所形成的产业分工形态。也就是说，该区域以垂直分工的模式同与其经济技术发展水平相差较大的区域进行分工合作，而同时又以水平分工的模式参与到同其经济技术发展水平相近的区域之间的分工合作中。这种分工模式通常很容易被相对发达的区域采用，这些发达区域以经济技术发展水平作为参照，与同它们发展水平相当的区域采取水平分工模式，而对比它们发展水平落后的区域则采取垂直分工模式。

（二）按照分工的演化历程分类

在人类社会发展进程中，分工在促进劳动生产率提高与经济社会发展方面功不可没，与此同时分工本身也在不断地向前发展演化。但是，分工只能是渐进的过程，而不能一下子从自给自足跳到极高的分工水平。当生产力发展到要求社会劳动分门类进行时，劳动分工便产生了。农业、手工业、商业作为产业各自独立分离出来，在企业内部，劳动者根据自身的要素禀赋进行生产、管理或监督职责的分工。分工和专业化是一个事物的两个方面，此时与劳动分工对应的是工人的技术专业化，随着社会进步与经济发展，分工与专业化从个人或企业层面向产业层面和国家（或地区）层面扩散，就形成了产业分工和国际（地区）分工，分工与专业化不断向深度演化。此时，分工中考虑了空间因素，使得分工与专业化附加了地缘广度，产生了地域分工，也即是社会劳动分工的空间形式，而与之对应的是地方专业化。当世界经济进入工业化阶段之后，为获取生产的规模经济，在要素禀赋相似的国家之间产生了产业内分工，每个国家根据自身的优势分别生产某一产业的差别性产品，继而进行贸易，此时与之对应的是产品生产的专业化。随着科学技术的突飞猛进，产品的技术含量不断提高，生产加工日益高度化和复杂化，这使得价值链上的增值环节变得越来越多，分工越来越细。由此劳动分工进一步深化为产品内分工，即产品价值链分工，与之相对应的是垂直专业化。

基于空间视角纵观劳动分工的演化历程，可以将其大致划分为三个阶段，与之对应的三种区域产业分工模式别是分产业间分工、产业内分工和产品内分工。区域产业间分工是指参与分工的各区域基于不同部门和行业的分工，也就是不同行业和部门生产的区域专业化。区域产业内分工是指参与分工的各区域基于同一部门和行业的分工。区域产业内分工和区域产品内分工是区域内生产部门分工的两个层次。其中，区域产业内分工是同一部门、不同产品生产的区域专业化；区域产品内分工则是指同一产品、不同生产环节生产（或服务）的区域专业化。

从产业间分工、产业内分工向产品价值链分工的发展，是分工不断深入和细化的过程。产业间分工、产业内分工是分工发展的前两个阶段，已有较长的发展历史，称为传统分工。以产业链为主要形式的分工，称为新型区域产业分工，并加以界定，即新型区域产业分工是产业在区域间分工的一种形式，它表现为特定产品从研发、制造到销售服务等一系列过程中，不同工序或区段在空间上产生分离，从而形成一种跨区域的产业链分工状态。它是经济全球化和知识经济背景下区域和产业分工的发展趋势，既可以在国内不同区域进行，也可能跨越国界，在全球范围内进行。

新型区域产业分工的形成主要源于两方面：一是科学技术发展和区域间流动性加强，使产业链环节在技术和空间上达到了可分离的要求；二是同类工序或环节在特定区域形成规模集聚，使得区域专业化产生的经济效应得以实现，即区域专业化满足了经济可行性要求。新型区域产业分工的出现是分工发展史上的一次变革，它与以往的分工形式有较多不同的特点。专业化又是与分工密不可分的另一方面。分工发展的第一阶段，产业间分工形成了产业专业化，这一次分工的界限明确，比较优势理论和要素禀赋理论对此做出了解释；分工过渡到产业内分工或产品间分工阶段，即在同一产业内部由于产品差异产生了分工和贸易往来，由此形成了产品专业化，新国际贸易理论通过规模经济等要素的引入对其进行了解释。当前出现的新型区域产业分工，主要以产业链分工的形式表现出来，形成了区域的功能专业化。

第二节 区域产业分工的理论基础

区域产业分工理论的产生与发展，是伴随着国际贸易理论的形成与演进而发展起来的，其永恒主题是区域之间为什么会发生产业分工。从亚当·斯密的绝对成本优势理论到克鲁格曼的新贸易理论，以及马克思主义的地域分工理论都是围绕这一主题展开论述，探究区域分工发生的缘由所在。本节将对区域产业分工的理论基础进行简要回顾。

一、成本优势理论

（一）绝对成本优势理论

绝对成本优势理论是区域分工理论的思想源头，它是由亚当·斯密在 18 世纪 70 年代出版的《国家财富的性质和原因的研究》中提出来的。该理论从区域之间生产成本的绝对差异揭示了区域分工是如何发生的，以及区域之间应该怎样开展分工才能对双方都有利。

绝对成本优势理论基于以下几个假设：一是区域之间可以进行自由贸易，且没有交易成本；二是劳动是唯一的生产要素，劳动与劳动产品处于完全竞争市场；三是任何一个地区都有自己的绝对成本优势。绝对成本优势理论认为，各个国家的地理条件、自然禀赋以及后天生产条件上的差异，形成了某些商品生产成本的绝对差，一国可集中资本和劳动生产具有绝对成本优势的产品，同另一个国家具有绝对成本优势的产品相互交换，这样贸易双方都可获得最大的利益，而要取得最大利益，只有在自由贸易的条件下才能实现。绝对成本优势理论从劳动分工的生产领域强调以绝对成本优势参与国际分工与贸易，是对国际贸易理论的重大贡献，但它无法解释任何产品生产都处于劣势的国家（或地区）参与分工与贸易的现实。

绝对成本优势理论也适用于区域产业分工，任何地区都应该按照其绝对有利的生产条件进行产业选择和专业化生产，然后进行区域交换，这样会使得各个地区的资源实现更有效率的空间配置，从而提高区域劳动生产率。但是绝对成本优势理论的一个致命缺陷是它同样无法说明那些没有任何绝对优势的地区将如何参与产业分工，并从中获得发展机会这一现实问题。

（二）比较成本优势理论

比较成本优势理论是由大卫·李嘉图（David Ricardo）在 19 世纪初出版的《政治经济学及赋税原理》一书中提出的，它依据"优中选优，劣中选劣"的思想，比较区域之间生产成本的相对优势，提出各区域要利用生产成本的相对有利条件进行产业分工，发展专业化生产，开展区际贸易。

比较成本优势理论认为，由于资本与劳动在国家之间不能自由移动，支配一个国家进行商品交换的价值规律并不能支配国际商品的交换，故通过自由贸易，各个国家可以集中资本和劳动生产并出口"两优取其重"或"两劣取其轻"的商品，这样可以增加产品总量，节约劳动和资本，形成互利的国际贸易格局。

比较成本优势理论也是以国际分工为研究对象的，但同样适用于区域产业分工分析。比较成本优势理论弥补了绝对成本优势理论的不足，对于区域产业分工的重要意义在于，区域产业分工并不要求各区域具有绝对成本优势，主要是对区域相对成本优势的利用；一个区域即使在各方面都具有绝对成本优势，但是也要通过与其他区域比较，选择生产成本最低的商品进行生产；一个区域即使在各方面都不具有绝对成本优势，仍然可以通过与其他区域比较，选择生产成本相对低的商品进行生产；在比较成本基础上所形成的区域产业分工，不仅可以使各区域获得更高的收益，也可以增加区域经济发展的总体收益。但是对发展中国家和欠发达地区来说，如果一味地单纯以自己的比较优势来确定分工格局和贸易结构，就有可能跌入"比较利益陷阱"。

二、资源禀赋理论

赫克歇尔（Eli Filip Heckscher）在其发表的论文《对外贸易对国民收入之影响》中，提出了资源禀赋论的基本观点。其学生俄林（Bertil Ohlin）秉承师意，在 20 世纪 30 年代出版的《区际贸易与国际贸易》一书中比较全面地提出了要素禀赋学说。所以后人就把要素禀赋学说称之为赫克歇尔—俄林模型或 H-O 理论。

资源禀赋理论认为，产生比较优势差异的原因有两个：一是两国的要素禀赋不一样；二是生产不同商品所使用的各种生产要素组合不同，也就是说不同产品生产过程使用的要素比例不同。由于要素禀赋不一样，区域之间同类要素的价格就存在差异。生产不同的商品所需要的要素种类和数量不同，因此，一个区域应该更多利用那种当地大量拥有、价格便宜的，且在生产总成本中占比大的要素去生产商品。也就是说，区域分工的基本原则是，从生产来看，一个区域大量拥有某种价格低的生产要素，就应该利用这种要素进行专业化生产；或者说，一个区域不应该使用当地稀缺、价格高的要素进行专业化生产；从贸易来看，一个区域应该进口本地稀缺、价格高的要素所生产的商品。要素禀赋理论自创立以来，虽然受到里昂惕夫等学者的质疑，对古典学派李嘉图比较成本说构成了重大挑战，但仍被奉为当代国际贸易理论的开端。

无论是比较成本优势理论还是要素禀赋理论，都建立在比较利益的基础之上，它们主要利用资源禀赋差异理论来解释国际分工与贸易的发生。20 世纪中后叶，发达国家之间的资源禀赋越来越相似，而发达国家与欠发达国家之间的资源禀赋差异越来越大。根据资源禀赋理论，发达国家之间的贸易应该越来越少，而发达国家与欠发达国家之间的贸易应该越来越多，然而事实恰好相反，"里昂惕夫之谜"的提出敦促经济学家对国际分工与贸易产生原因进行进一步思考。一些经济学家在 H-O 理论的基础上，通过对其关键假设进行修改或突破，以期从不同的角度对国际分工与贸易进行解释，并形成了一些有影响的分工理论。

1.技术差距理论

技术差距理论是波纳斯（Holger Bonus）于 20 世纪初提出来的，其研究主题是区域的创新能力、经营能力和劳动技能等相关问题。该理论认为，一个技术要素丰富的地区总是领先进行技术革新和新技术产业化，因而在技术密集型产业方面具有比较优势，以此形成的产业分工可以使其处于市场的垄断地位。然而，技术总是要传播到其他区域，被其他区域所接受和使用，这样就会导致技术创新区域的技术优势逐渐丧失，在区域之间由于技术差异所形成的分工格局也随之发生变化。

但是，地区之间技术差距的缩小需要经历一个过程，其他区域要学习和使用该项技术，并达到技术创新区域的水平，需要一定的时间。这个过程分为两个阶段。一是需求滞后期，即技术创新区域运用新技术生产新产品，但是并不向其他区域输出新产品。其他区域需要对该产品进行了解，逐渐产生消费需求；因此，从新技术开始使用到新的消费需求形成之间存在一定的时间间隔。二是仿造滞后期或模仿滞后期。技术创新区域向其他区域输出新产品，引起了其他区域对该技术的学习和产品仿造。这之间也存在着一定的时滞。这个时间段将从其他区域的技术和生产优势内消失，在此基础上所形成的区域分工格局也发生了变化。

2. 产品周期理论

美国学者雷蒙德·弗农（Raymond Vernon）在其发表的《产品生命周期的国际投资和国际贸易》一文中提出了产品生命周期理论。他把一项产品的生产根据其生产技术变化分为三个时期，即新产品的开发期，在这个时期，生产技术处于创新阶段，新产品的市场还处于培育阶段；产品成长期，在这个时期，新产品市场形成，生产技术逐渐标准化，并开始向其他区域扩散，接受扩散的区域是其他经济和技术水平高的区域；产品成熟期或标准化生产期，此时该产品的生产技术已经成为标准化技术，产品市场也已经全面形成，一般的区域都有能力生产这种产品，并向欠发达地区输出。20 世纪 60 年代，汤普森（JH. Thompson）在《经济地理》上发表了《对制造业地理的几点理论思考》，将产品生命周期理论思想引入区域经济学研究之中，提出了区域生命周期理论。他认为，一个工业区的发展是按照年轻期、成熟期、老年期的次序有规则地发展。

产品生命周期理论"重视研究创新的时间选择、规模经济的影响以及不确定性对贸易的影响"，从动态角度研究了技术对区域比较优势的影响，解释了随着产品技术含量的变化而出现的生产区域转移与技术传播的规律。该理论对于区域产业分工的意义在于，它指出了某一项新产品生产的区域分工是动态变化的，区域分工格局会随着其技术的成熟与传播以及其市场的形成和变化发生相应的改变。

3. 偏好相似理论

古典理论和新古典理论均从供给方面和成本方面来解释国际分工和国际贸易，而偏好相似理论则从需求结构的相似性角度对区域分工与区域交易的理论进行解释。由于假设需求是不变的，所以很难解释现实世界中收入水平相近、资源禀赋相近的国家或地区间形成大规模分工和贸易的事实。针对这种现象和问题，瑞典的经济学家林德（S.B.Linda）提出了偏好相似理论，从需求角度探讨了国际或区际贸易的成因。林德认为，一种工业品要成为潜在的出口产品，首先必须在国内形成消费需求，为此他将工业品的需求分为国内需求和国外需求。他认为产品出口的可能性主要取决于产品的国内需求，因为只有在国内产品需求趋于饱和时，产品出口才有可能。两个国家或地区的需求结构越相似，它们之间形成的贸易量就可能越大，因为两个国家或地区的发展水平越接近，其相应的收入水平也就越接近，由此导致的需求结构和需求偏好也越相近，它们之间就越容易形成贸易，贸易量也就越大。

三、新贸易理论

针对第二次世界大战后国际贸易领域出现的"里昂惕夫之谜"，产业内贸易和发达国家之间贸易与直接投资增加等一系列现象，克鲁格曼、赫尔普曼、艾泽尔、布兰德等人以不完全竞争、规模报酬递增和外部性等概念和思想，运用产业组织理论和市场结构理论构筑了新的国际贸易理论——新贸易理论。

新贸易理论认为，国际贸易发生的原因不仅仅在于比较优势，而且还在于规模收益递增；要素禀赋差异决定着产业间的贸易，而规模经济决定着产业内部的区际贸易。在不完全竞争的市场结构中，由于规模经济的存在，即使在各个国家的偏好、技术和要素禀赋都一致的情况下，也会产生相似产品之间的产业内贸易，并且国家（或地区）之间的差异越大，产业间的贸易量就越大；而国家（或地区）间越相似、产业内的贸易量就越大。作为对要素禀赋理论的扩展，产业内贸易理论认为，由于规模经济和产品多样化的存在，即使两国要素禀赋相同，双方也可以分别专业化生产某种产品之后再进行交换，即进行产业内分工，仍然可以获得比较利益。另外，克鲁格曼论证了在许多情况下比较优势来源于自我加强的外部经济，而不是源于一国潜在的资源条件。当一个国家在激烈的国际竞争中被排除在其原本可以建立比较优势的产业之外，或者使其不能保持应有的比较优势，就需要政府给予适当的产业政策予以支持。在外部规模经济驱动下，区域发展具有自我强化过程，一些偶然性和不确定性因素、历史和特殊事件、某种偏好以及某种生产要素的天然的可获得性等都可能对区域格局的形成产生决定性作用，经济格局一旦形成，就会通过生产的关联性和要素的流动性产生积累效应，使得区域经济发展具有很强的路径依赖。

新贸易理论以实证研究的方式，为发达国家之间贸易增长、大规模产业内贸易发生等贸易现象提供了理论依据，但理论研究由于基于市场机制下高度发达国家经济运行环境，故不能完全适用于发展中国家（或地区）之间的贸易现象解释。

四、竞争优势理论

20世纪90年代，美国哈佛商学院教授迈克尔·波特（Michael E.Porter）在其出版的《国家竞争优势》一书中提出了国家竞争优势理论，旨在从优势产业的建立和创新来阐释国家的国际竞争优势所在。

波特认为，一个国家的竞争优势并不一定来源于整个国民经济总量的不断增大，而是依赖于竞争优势产业的建立和发展。一个国家如此，一个地区亦是如此。波特认为国家竞争优势主要取决于"钻石模型"的四因素，即生产要素、需求状况、相关产业以及企业战略和组织。在一个国家的众多行业中，最有可能在国家竞争中取胜的是国内"四因素环境"特别有利的那些行业。首先，生产要素可以分为具有资源禀赋性质的基本生产要素和具有稀缺性的高等生产要素。虽然基本生产要素在某些关键行业发展中的贡献越来越小，但是高等要素在其发展过程中的重要作用则与日俱增，然而高等要素是不可能在短时间内形成的，只有经过长期投资和培育才能创造出来。由此一来，要提升国家竞争优势，最关键的就是创造一种有利于高等要素不断生成的环境，其次，在日益国际化的消费市场中，苛刻的国内消费者对国内消费品生产厂商不断提出新的需求标准，迫使本国企业努力达到产品高质量标准和产品创新，从而形成具有特定优势的产业，进而形成和增强国家竞争优势。再次，对于一个国家而言，一个特定优势产业的形成，需要一系列相关产业支撑。当形成产业集群时，生产率会更高，而且增长加快。相关产业的发展通过产业间的紧密合作、互补产品之间的需求拉动和企业密集程度与信息环境质量来对国家竞争优势产生影响，它们决定着企业和整个产业的创新能力及市场开拓能力。最后，国家竞争优势来自对企业战略、结构和竞争的选择与搭配，激烈的国内竞争是创造和保持竞争优势最有力的刺激因素。另外，在国家竞争优势理论中，机遇和政府作用也对国家竞争优势机制起着辅助作用。政府在提高国家竞争优势中起一种催化和激发企业创造欲的作用，其政策实施关键就在于为企业竞争创造一个有利于公平竞争的外部市场环境。

以国家为分析对象的竞争优势理论的基本思想依然适用于区域层面的竞争优势培育和发展，如果比较优势理论是基于区域的资源禀赋的产业发展指导思想，那么竞争优势理论则是以市场为导向指导产业发展。在现代贸易条件下，单纯的比较优势不一定能成为竞争优势，因此需要实现由比较优势向竞争优势的转化，通过区域分工创造产业竞争优势，竞争优势理论为发展中国家和落后地区的发展提供了新的思路。

第三节 区域产业分工的形成机理

纵观人类经济社会发展的演进历程，我们不难发现，地区之间的产业分工不是偶然发生的，而是基于一定的客观基础与前提条件，在一系列影响因素的共同作用下得以实现的，并且伴随着生产力的发展与人类社会的进步而不断深化。

一、区域产业分工的客观基础

（一）自然与历史性基础

区域差异是区域产业分工的自然与历史性基础。所谓的区域差异，是指不同区域之间的自然资源与环境和其他生产要素的禀赋差异性，以及发展结构与水平的不同。区域差异是各个地区参与市场竞争、开展区域产业分工的前提和基础，倘若各个地区的发展基础与发展条件完全一致，经济发展结构与水平则毫无差别，那么区域产业分工就不可能出现。然而，事实上并非如此。按照区域差异的形成机制，可以将区域差异分为自然性差异和历史性差异两种类型。

1. 自然性差异

地区之间的自然性差异是指各个地区之间在自然条件和自然资源禀赋上存在的差异性。西方古典政治经济学家和马克思主义经济学家已经认识到，自然性差异是早期区域产业分工形成的重要原因，不同的公社在各不相同的自然环境中，找到不同的生产资料和不同的生活资料。因此，其生产方式、生活方式和产品也就各不相同。然而，在不同产业和不同经济发展阶段，自然条件和自然资源所起的作用是不一样的。从总体来看，第一、二、三次产业对自然条件和自然资源的依赖程度逐渐增强，因此，随着经济社会的发展，三次产业在区域产业结构中的主体地位不断更替，自然性差异对区域产业结构的影响程度逐渐减弱。但是，就目前来说，自然条件和自然资源仍然是制定区域经济发展战略、确定区域产业结构和布局模式所必须考虑的重要因素之一。

2.历史性差异

地区之间的历史性差异是指各个地区在劳动力资源、资本状况、科学技术水平以及发展水平等方面的差异，这些差异是历史发展的结果。历史性差异是区域产业分工的重要原因，这最显著地体现在历史性因素在不同要素密集程度产业的区位选择上。落后地区一般是简单劳动力丰富但劳动力素质较低、资本不足、技术水平低的区域，劳动密集型产业所占比重较大；而发达地区一般拥有较高素质劳动力、资本充裕、技术水平高，资本密集型产业与技术密集型产业所占比重较大。劳动力、资本、技术之所以影响分工，是由于它们在一定程度上存在区域间的不可流动性，即存在区域间流动的障碍。要素的不可移动性可以通过分工合作促使商品在区域间充分流动来弥补。

无论是自然性区域差异，还是历史性区域差异，都只是为地区之间的产业分工提供了一种可能性，是区域产业分工的必要前提条件。但区域产业分工的形成与发展，还取决于其他一些前提条件。

（二）动力性基础

追求经济利益最大化是区域产业分工的动力性基础。这里的经济利益不仅包括区域经济利益，还包括全国整体性经济利益。区域产业分工是人类在地域空间上长期分化组合的动态结果，这种地域空间上的动态分化组合是由经济利益最大化的内在机制决定的。人们总是想从区际产业分工中获得尽可能多的利益，这促使产业分工在区际形成和发展。这其中涉及两个方面的内容：一是各个区域具备参与产业分工的意愿；二是各个区域具备参与产业分工的能力。

1.参与产业分工意愿

从根本上讲，区域产业分工体系的建立是各个区域生产方式决策、专业化产业、产品选择及差异化功能定位的结果。尽管区域产业分工可以使区域经济主体获得专业化经济、规模经济、聚集经济、协同效益、总福利和总产出扩大等多方面的"分工经济"，但在市场经济条件下，要保证"理性"经济主体的参与意愿，必须要有增值约束和参与约束，即分工体系所创造的总价值大于分工体系建立前各个区域单独创造的价值之和；各个参与方在分工体系中获得的收益大于分工前其各自获得的收益。特别是在垂直分工模式下，由于各个地区经济发展水平、技术实力及资源禀赋、市场化程度、流通政策等多方面的差异，分工过程伴随着发达地区对欠发达地区的控制和利益侵占，使得分工体系所创造的经济价值在各参与方之间的分配严重失衡，欠发达地区获得利益远远低于发达地区，甚至低于本地参与分工体系前的水平，这将极大地损害欠发达地区参与分工的意愿和积极性。因此，在区域产业分工体系的塑造过程中，需要构建区域利益平衡机制，满足处于不同发展水平的各个地区的产业分工参与意愿。

2.参与产业分工能力

区域产业分工还必须建立在欠发达地区具备参与分工的实际能力的基础上，即欠发达地区专业化产业、产品在成本、功能、质量等方面具有一定的竞争优势并为其他地区所需要，否则，该区域势必被排斥在分工体系之外，陷入自给自足的低水平经济循环之中。从长期看，发达地区与欠发达地区间利益分配的不平等，遏制了欠发达地区的资本、技术积累和综合实力的增强，不利于其结构升级和专业化生产的进一步发展，这势必加大地区间的发展差距，致使建立在合理梯度条件下的区域产业分工体系最终因梯度过大、低梯度地区不具备参与分工所需要的技术、资本等必要条件而发生破裂。

（三）市场性基础

市场容量和交易费用是区域产业分工的市场性基础。"斯密定理"指出，分工源于交易的需要，分工程度受市场广狭的限制，而交易能力的大小又影响分工的发展。因此，拥有足够大的市场容量，实现交易费用最小化，也是区域产业分工形成的客观基础。

1.市场容量足够大

亚当·斯密早已对市场容量与分工之间的关系进行过论述，即分工起因于交换能量，因此分工程度总受交换能力的大小限制。这里所谓的交换能力其实指的就是市场容量。斯密指出，市场要是过小，那就不能鼓励人们专门从事某一种职业，因为在这种状态下，他们不能用自己消费不了的自己劳动生产物的剩余部分，随意换得自己需要的别人劳动生产物的剩余部分。换句话说，如果市场容量足够大，以至于专业生产者足以将其剩余产品用于交换其他必需品，实现由产品向商品的跨越，那么分工才会产生。这意味着，市场容量足够大是分工产生的首要前提。对区域产业分工而言也是如此。当同一市场整体需求很大时，某一地区才有可能进行专业化生产，进而通过交换实现对其他商品的满足。因此，市场容量大也是区域产业分工的客观基础。

一般说来，影响市场容量的因素有三个：市场的地理范围、人口数量和人均收入。人口数量增长意味着潜在交易主体的增加，而人均收入是购买力的基础，因此简单来看，这两者与市场容量之间具有一种正相关关系。后两个因素对市场容量的影响不具有突破性意义。因为人口数量和人均收入之间是一对相互制衡的因素，经常是呈相互反向变动的。当总量一定时，人口增长带来人均收入的下降，进而影响购买力；而人均收入的下降带来人口增长的停滞，于是又会使人均收入增长。除非经济总量增长的速度高于人口增长（这在社会分工最初产生的前现代社会根本不可能出现），否则人口数量和人均收入对市场容量的影响将是相互抵消的。所以，作为分工产生前提的市场容量扩张，主要归因于市场范围的扩大。由此一来，我们可以得出这样的结论，区域产业分工作为社会分工的空间形式，其形成需要区域统一市场的建立和不断扩大，进而实现市场容量足够大。

2. 交易成本足够低

分工产生于人们倾向于相互交换的本性，是一种没有强烈功利色彩、物物交换、以货易货和用一种东西交换另一种东西的倾向，而分工发展带来专业化和专业的多样化，又必然要求人们互通有无、相互交易。区域产业分工的发展使得区域专业化水平得以提高，这必然伴随着区域间交易范围的不断扩大和交易频率的日渐提高。然而交易是有成本的，于是便形成了区域产业分工发展（区域专业化）与区域交易成本扩大化之间的两难冲突。

在新兴古典经济学的分析框架下，交易成本的大小直接决定了经济主体专业化与否的行为选择，只有当交易成本足够低从而采取专业化生产方式可以获得更多的福利时，他们才会放弃自给自足转而进行劳动分工。也就是说，区域间交易成本足够小，是区域产业分工产生和发展的又一重要前提。

（四）技术性基础

生产的空间可分性是区域产业分工的技术性基础，也就是说不同部门、不同产品或产业链上不同环节生产的空间可分性也是区域产业分工体系得以形成的必要前提。这种空间可分性具有经济和技术意义上的双重内涵。其中，经济内涵可以表述为地区专业化产品的生产成本与运往消费地的运输费用及交易费用等其他费用之和，必须小于在消费地区生产相同产品的成本，即经济上的合理性。无论区域部门间分工、产品间分工还是产品内分工，都必须满足经济上的空间可分性。

另外，对于区域产品内分工而言，还特别需要具备技术上的空间可分性，即在技术上保证产业链中各个环节能够实现分解和空间分置。技术决定了产业链上可被分解的最小单位的大小，从而间接地影响了产品内分工的迂回程度。不同生产环节、工序的空间可分性越强，实现区域产品内分工的潜在可能性就越大。

二、区域产业分工的影响因素

从本质上讲，区域产业分工既是区域经济主体进行要素的流动和资源配置决策的过程，也是这一决策过程所形成的结果。在此过程中，区域经济主体不仅对地区所拥有的资源进行开发和利用，也对资源及要素在地域空间范围上进行趋优配置。为了获得最大化的区域经济利益，区域经济主体在决策中要考虑诸多因素的影响，并对各种因素综合作用下区域经济效益作出预测。从区域角度分析，这些因素大致可以分为不依赖于分工的外生因素和分工演进过程中形成的内生因素。不同因素具有不同的内容，对区域产业分工所产生的影响也存在差异。

（一）外生因素

外生因素是指在区域内部客观存在的自然与历史条件，是区域经济发展的外生变量，包括自然资源、区位条件、人口与劳动力资源，以及作为历史知识载体的文化等。外生因素是区域外生比较优势的重要来源，在区域产业分工形成的早期阶段发挥重要作用。

1. 自然资源

区域空间范围内的自然资源是影响区域产业分工体系最基础的因素之一。自然资源禀赋基础形成静态比较优势，是依附于一定地域空间而存在的，缺乏可流动性，是经济活动可资利用的基础要素。静态比较优势为区域产业分工的形成与发展提供了自然基础。自然资源禀赋的差异影响区域内经济主体最初产业发展道路的选择，以及区域产业分工体系的构建。在产业分工伊始，各地根据自身自然资源禀赋的比较优势，进行合理的产业分工，通过互换，实现资源重新整合与优势互补，可使参与区域产业分工的经济主体的效益得到"帕累托最优"改进。

国际贸易分工理论也表明，区域资源差异以及由此形成的禀赋差异是产生区域分工与合作的重要客观基础。在区域产业分工上，地区经济活动主体将依据本地区所拥有的资源禀赋状况的不同，决定对原料开采加工业、能源工业、农林牧渔业等基础产业及其关联产业的选择；而在区域合作上，为了实现不同利益主体的优势互补以获得更大的经济利益和社会利益，不同地区间各利益主体会依据本地区自然资源禀赋的富贫余缺，选择需要与区外相关产业进行合作的对象，实施合作行为，形成共同一致的经济行动和行为目标。

当然，自然资源禀赋具有静态性和绝对比较优势的特性，在动态的经济发展过程中，自然资源禀赋并不是区域产业分工形成的唯一决定因素，相反区域产业分工是由多种要素共同作用形成的。

2. 区位条件

区位条件是指对特定的区域主体的空间选择起重要作用的各种因素的总和。不同地区处于不同的地理位置上，具有不同的地理条件。由此所决定的方面，包括与周边地区形成的地缘关系、地理位置在物质要素和人员流动中所处的交通地位、由区位所决定的要素指向等。对区域产业选择和发展以及地区间交流与合作都具有无法替代的作用。但是如果因此认为存在的区位必定是合理的，否则它便不能存在，这是危险的。如果是这样，那么正确区位的任何理论的决定，便变成无用的了。区位选择的合理与否取决于由其区位条件所带来的区位利益水平的高低，只有合理的区位才能够给主体带来最大化利益，由此产生了区位选择决策问题。区位条件的优劣是区位选择决策的重要参考标准。

在经济系统中，由于生产要素的非完全流动性、社会经济活动的非完全分割性以及分工与交易的地域性，各个地区在发展过程中都面临着来自市场、资源、技术、成本、环境等方面的约束，约束程度的不同导致经济空间区位优势的非均衡性，区位有优劣之分。优势区位将给经济主体带来额外的经济利益，而劣等区位的经济利益则相对较小：拥有优越的区位条件，可以获得更大的经济利益，增大资本积累和扩大再生产的可能性；较差的区位条件往往不利于地区资本的积累与经济发展，因而区位条件成了影响区域产业分工形成的重要因素之一。

3.人力资源

在生产过程中，人力资源不仅本身被视为一种生产投入要素，而且是其他生产要素配置的决策者，因而地区人力资源的数量和质量对这一地区的产业发展，以及参与区域产业分工的广度和深度起着决定性作用，进而对区域经济发展产生影响。不同的人力资源状况，决定着区域产业分工的参与方式，如地区人力资源丰富，则可以发展劳动密集型产业或发展劳务输出。作为投入的生产要素，地区人力资源的数量、技能结构和知识结构等在区域产业分工与合作模式选择中具有重要影响：若地区具有较高素质的人力资源，例如较高的技能结构、较高的知识结构，则具有大力发展知识或技术密集型产业的人才条件。而人力资源的质量和数量状况在很大程度上受地区的教育水平、生育观念、发展条件、历史文化传统等多方面因素影响。

4.基础设施

区域产业分工是商品经济发展的产物，其实质也是交换经济发展的产物。从经济学的角度来看，基础设施通过影响区域内商品交换与区际生产要素流动的时间和成本，进而影响区域产业分工网络体系和分工的开展。基础设施建设包括交通运输、通信、水利及城市综合设施等。要成功实现地域间的交换，必须克服商品流动和信息传递的空间距离障碍，如果不能克服这一障碍，要素的流动则无法实现，区域间的合作也无法实现，此时的产业分工只能在一个相对封闭的区域内进行，这不是真正意义上的区域产业分工与合作。交通条件的优劣影响着区域内和区域间物质流动和人员流动的水平，从而也决定和影响着区域合作的水平。通信条件的优劣影响信息传递和到达的速度。其他基础设施如经济活动所需的能源、供水等条件同样是区域产业分工与合作的保障性条件。实践表明，基础设施越好、越发达的地区，专业化分工越深化，其区域经济便发展得越快，地区对外经济联系也越密切。

（二）内生因素

内生因素是指在一定时期内，由区域经济系统自身决定的经济发展变量。具体来说，每个地区的专业化水平、生产率、贸易依存度、商品化程度、生产集中度、市场化程度、经济结构的多样化程度，人与人之间的相互依赖程度等都是分工演进中的重要内生因素。人们对内生因素的认识有一个不断深入的过程，在区域内部分工和外部分工内生演进的过程中，由于人们对经济发展的认识程度不同，人们所认识的内生变量也是不同的，如技术、制度等在以前就不被认为是内生的。内生因素决定了区域的内生比较优势，内生比较优势会随着分工的发展而不断地被创造和增进，同时在很大程度上决定着一个时期的分工格局。

1.技术因素

科学技术影响着经济社会发展的各个方面，技术在区域产业分工与合作中同样扮演着重要的角色。地区科学技术水平对区域产业分工与合作的影响主要从两方面考察：一是地区具有的科技实力和水平；二是地区拥有科技成果的数量。新技术的产生和出现意味着新产业的兴起或对于原有产业的改造，使原有产业向专业化、高度化方向发展。同时，任何区域合作的内容都需要借助一定的科学技术手段来完成，所以，在区域产业分工中，科学技术是最重要也是最活跃的要素之一。技术的外溢性使科学技术能够通过其扩散作用和外溢作用使具有差异和梯次的区域实现协同发展，较高的地区科技水平同样可以推动区域比较优势的形成。

2. 制度因素

从理论上说，社会劳动地域分工与经济主体追求地区比较利益必然导致经济合作，但现实中区域分工与合作的发展需要一定的制度条件。纵观我国区域经济分工与合作的发展过程可以发现，体制改革与制度创新对其发展起了关键性的推动作用，而区域分工合作又反过来在区域利益增进与区域制度创新方面发挥巨大促进作用。因此，在区域产业分工发展过程中，首先要考虑现实的制度因素。

3. 政策因素

目前在我国，行政区域边界对经济主体行为的影响还是比较明显的。政府是我国经济发展中一个重要的主体，无论是政府政策引导还是政府投资，都会对区域产业分工产生影响。改革开放初期的经济特区，京、沪、津、渝等直辖市的设立，到如今中央提出要继续实施区域发展总体战略，深入推进西部大开发，全面振兴东北老工业基地，大力促进中部地区崛起，积极支持东部地区率先发展。这些政策的出台和实施，引导块状经济突破"行政区经济"的束缚，向跨行政区的大产业区发展，加速区域产业分工的进程。

事实证明，政府制定区域经济合作政策对规范市场秩序，促进生产要素的合理流动和交换，优化区域经济结构，降低交易成本有着明显的影响，有助于加强区域内企业之间的经济交流和形成错位分工的格局。但是地方政府出于财税收入最大化、政绩考核等因素的考虑，也有动力制定一些有利于本地经济发展的措施和地方法规，保护区域内利润较高的产业，追求本地短期经济利益最大化。这些往往对区域产业分工的合理发展造成影响。

总之，在分工发展的初期，外生因素是区域分工的驱动力，但随着经济的发展，交易效率的改进，外生因素对区域分工的作用越来越小，而知识、技术等内生因素在区域竞争优势的形成和发展中的作用越来越大。区域经济的发展越来越取决于，而且根本上也来源于内生因素的作用。也就是说，在一个分工越来越细、组织化程度越来越高的经济体系中，区域将主要通过专业化来获得内生比较优势和经济社会的持续发展。

三、区域产业分工的形成机理

区域经济主体在区域经济利益的驱动下、在区域产业分工与合作的资源配置过程中，充分发挥区位优势，在分工与合作中"扬长避短"，实现互利互赢，并考虑全国总体经济发展战略是区域产业分工与合作的重要形成机理。

（一）追求区域经济效益最大化

区域产业分工与合作的发展过程，是由自发走向自觉的过程，是由自组织过程走向组织的过程，同时也是由低级走向高级的过程。而推动这一过程不断发展的根本动力是区域经济利益，即追求地区经济发展和效益最大化，这是区域产业分工与合作形成的基本动力机制。

当区域内各地区选择具有较大地区比较优势的生产要素进行生产时，就会形成与该比较优势要素相关联的产业部门和部门的专业化生产，从而形成不同的区域产业间分工模式；当各地区经济主体选择通过合作能够获得规模经济和范围经济的不同因素进行投入时，一方面在地区产业内产业链的上下游之间形成与生产要素相关的分工生产和产业分工模式，另一方面则在区域资源整合和优势互补中不同要素通过不同结合方式形成不同的合作模式。由此，区域生产要素对区域产业分工与合作的作用机理表明，区域投入对区域经济效益具有决定性作用，而区域投入的选择则是对区域产业分工与合作的影响因素体系中，具有地区比较优势从而能够降低区域投入成本的因素和能够实现区域优势互补以获得规模经济和范围经济的因素的选择，这些选择又决定了区域产业分工与合作的内容及其模式形成。

（二）充分发挥地区比较优势

在区域产业分工与合作中，地区经济主体无论如何都会选择与区位优势相联系的资源和要素投入相关产业的发展中，不断以适宜的做法和架构寻求着相对合理的产业布局，形成区域产业分工；同时，也不断以适宜的做法和架构寻求着区域间的优势互补，形成区域合作。因此，扬长避短，充分发挥地区比较优势，构成了区域产业分工合作的重要形成机理。区域产业分工的客观基础是各地区客观存在的禀赋差异。在影响区域产业分工与合作的因素体系中，与地域因素相关的自然资源禀赋因素、人力资源状况、基础设施条件和地理条件因素，与经济因素相关的资本要素以及与科技因素相关的技术要素等方面对地区要素禀赋差异的形成起着决定性作用。不同地区拥有不同的要素禀赋差异，便使得各地区获得了各不相同的比较优势，从而成为区域产业分工中区域投入选择的客观基础性作用力量。

（三）寻求与国家总体区域发展战略一致性

国家区域发展总体战略是区域产业分工与合作选择的重要政策依据，是区域产业分工与合作不可忽略的形成机理。政府制定的区域总体发展战略是区域发展因素体系中的重要内容。无论是政府还是私人经济主体参与区域产业分工与合作的经济活动，都必须在原则上与全国总体经济发展战略相一致。地区在与产业布局、产业转型、产业结构调整和优化相关的产业分工选择与合作中，将会依照全国总体经济发展战略，并根据本地区自身条件，以恰当的模式，选择适宜的、符合未来发展趋势的区域产业分工和合作格局。

（四）区域产业分工发展的路径依赖

区域产业分工的形成与发展具有很强的路径依赖特征。克鲁格曼提出，由于区域发展是一个经济空间在规模经济的驱动下的自我强化过程，某种偶然性和不确定性因素、历史和特殊事件、某种偏好、某一便捷的区位、一些微小的经济波动或某些生产要素的天然的可获得性，都可能在自我强化的过程中趋于不断放大而对区域分工格局的形成和区域经济的发展产生决定性作用。分工格局一旦形成，又会通过生产的前向和后向关联以及要素的流动产生积累效应，使得非理性的经济分布具有"锁定"效应。因此，在现实世界中，自动向最优空间格局发展的趋势并不存在。某一区域产业分工格局一旦形成，很难在短时间内进行调整，而且将对区域发展产生深远影响。

总的来说，由于历史和偶然的原因，一个区域可能存在获取某个产业或产品上的竞争优势，从而具有推动区域良性发展的可能性。一旦这种区域专业化格局形成，将会具有很强的路径依赖性，进入良性的发展循环。但是，如果区域发展一旦进入"低效率"的发展路径，就会迅速进入衰退和停滞路径；如果进入锁定状态，要想摆脱困境将十分困难。

第三章 区域产业结构

一个地区的经济发展不仅体现为经济指标在较长时间跨度内的持续增长，也体现为区域产业结构的不断调整转型与优化升级。以 W·罗斯托为代表的结构主义经济增长理论者认为，区域经济发展的根本原因在于区域内部产业结构的不断演变和升级。在一个地区内部，各个产业的生产效率之间存在差异性，由技术进步导致的区域产业结构演化升级使区域总体生产效率得以逐步提升，继而体现为这一地区经济总量的持续增加，因而现代经济增长在本质上是一个结构转换过程。这也就意味着一个地区的经济发展直接受制于由技术进步诱使所产生的区域产业结构的调整转型与优化升级，区域产业结构的转型升级是经济发展的基础，对区域经济发展有良好的支撑作用。

一个地区的经济发展始终伴随着区域产业结构的转型升级，而区域产业结构的发育状况也在一定程度上代表着这一地区的经济发展水平。由此一来，区域产业结构的转型升级成为一个地区经济发展的重要内容，而区域产业结构问题也理所当然地成了区域经济发展研究的重要任务之一。

第一节 区域产业结构理论

一、区域产业结构的基本概念

（一）产业结构的概念

"产业"是区域经济研究中使用频率较高的概念之一，它是伴随着社会生产力的发展和社会分工的深化而生产与不断扩展的。在人类社会发展早期，社会生产力水平极其低下，人们的劳动内容基本相同，社会分工不明显，也就不存在所谓的"产业"。随着社会生产力的不断发展，人类劳动的专业化水平不断提高，社会分工日益明显，众多从事不同类型劳动的部门逐渐分化为不同的产业。将"产业"定义为"凡是分工基础上形成的、具有使用相同原材料、相同工艺技术或生产产品用途相同的企业的集合"，众多不同类型的企业归属于多个不同的集合体，就是国民经济中不同的产业。从宏观层面看，产业是整个国民经济的组成部分；而从微观层面看，产业又是同类企业的集合体，因此产业作为经济单位，属于中观经济范畴。

与产业概念相比，产业结构可以说是一个新的概念。20世纪40年代，产业结构的概念开始应用到研究领域，但其内涵和意义相当混乱。20世纪90年代，产业组织理论的创始人J·S·贝恩（J.S.Bain）在其著作《产业结构的国际比较》一书中，将产业结构阐述为产业内的企业关系，实际指的是产业组织的市场结构。而在日本，20世纪50年代中期的经济发展战略讨论中，产业结构这一概念被用来概括产业之间的关系。随着对产业经济研究的不断深化，产业结构的概念和研究领域逐步确定下来。一般认为，产业结构是指一个经济体的社会再生产过程中，产业的构成以及它们的比例关系和结合状态。

按照产业结构研究的内涵和外延不同，对产业结构研究有"广义"和"狭义"之分。狭义产业结构的主要内容包括：构成产业总体的产业类型与组合方式，各产业之间的本质联系，各产业之间的技术基础、发展程度及其在国民经济中的地位和作用。广义产业结构除了上述内容之外，还包括各个产业在地域空间上的分布结构等相关内容。在本章中，我们将讨论范围限定为狭义产业结构。

（二）区域产业结构的含义

区域产业结构是指一定区域内各个产业之间的组合状态，以及它们之间的相互联系和比例关系。它反映了这一地域空间内部各种经济要素之间的相互联系、相互作用的方式。

区域产业结构从质和量两个方面反映一个地区内部各个产业之间的相互联系和比例关系。从质的角度看，一个区域内各个产业在质量上的相互适应性，反映了分布在各个产业的经济资源的相互联系、相互依存和相互提升，资源配置效率的动态关系决定了资源要素在各个产业之间的利用效率，直接涉及区域产业结构的高级化和合理化问题。从量的角度看，一个区域内各个产业之间在数量上的相互适应性，反映了各个产业所占用的资源要素在"投入"与"产出"过程中的比例关系，这一关系决定了资源要素在各个产业间配置的合理均衡性。在一个地区内部，区域产业结构通过各个产业之间质的组合和量的规定，体现了资源要素在各个部门的配置结构，它不仅包括了产业间的数量比例关系，也是产业间质的联系的有机耦合。

区域科学创始人沃尔特·艾萨德（Walter Lard）指出："一个有意义的区域的概念，取决于我们要研究的社会问题，而这一问题又取决于我们认为重要的社会和个人的面貌特征。"区域是一个随研究主题而变化的构架，其概念的内涵和外延应该根据研究课题的主要目标和要求来确定。

从地域空间范围大小看，区域产业结构大致可以划分为五个层次，即县域产业结构、地（市）域产业结构、省域产业结构、国家产业结构和跨国经济体产业结构。在一个国家内部，区域产业结构研究常常关注那些地域相邻、经济相融、交通相连的两个或两个以上地区所形成的经济区域的产业结构状况，或由县域行政单位所形成的经济区域，如县域产业集群以及各地级市的新区等；由地（市）级行政单位所形成的经济区域，如沈阳经济区、成都经济区、北部湾经济区、淮海经济区、关中—天水经济区、中原经济区等；由省级行政单位所形成的经济区域。根据区域产业结构的特征，我们认为适合进行区域产业结构分析的最小行政区划单位是县域，县级以下行政单位由于地区内经济容量过小和产业种类单一，使得对其产业结构分析缺乏实际意义。

（三）区域产业结构的类型

根据区域资源特点和开发利用程度，区域产业结构可以划分为资源型、加工型和资源—加工混合型三种基本类型。

1. 资源型产业结构

资源禀赋是区域产业结构形成和演变的基础，资源富集地区依靠当地资源，大力发展工农业，并在此基础上形成相应的产业结构，即属于资源型产业结构。这里所说的资源是指天然形成且客观存在的自然资源，包括工业自然资源与农业自然资源。如我国东北三省、山西省等地区工业自然资源丰富，逐渐形成了以采矿业、冶炼业和化工业等工业为主的资源型产业结构；河南、河北等省份具有发展农业的自然资源优势，逐渐形成了农业占比重较大的资源型产业结构。

2. 加工型产业结构

一些地区虽然缺乏工农业发展自然资源，但依靠其较高的生产力发展水平、先进的生产技术、优越的区位条件和高素质的人力资源，往往形成加工型的区域产业结构。如我国珠江三角洲、长江三角洲等。

3. 资源—加工混合型产业结构

资源—加工混合型产业结构类型是资源型向加工型转型与过渡的类型。一些地区虽然拥有某些自然资源，且具有实际开发意义，但是资源种类不全，只能引进区外的资源发展加工工业，如山西的钢铁冶炼业。还有些地区，原来是资源型经济地区，但由于某些资源逐渐枯竭，利用区外资源的比例逐渐增加，从而形成资源—加工型产业结构，如我国东北老工业基地、内蒙古乌海市等。

二、区域产业结构的分类

对区域内部产业类型进行科学合理的划分，是研究区域产业结构的基础和前提。区域产业的分类为顺利进行区域产业结构研究而服务，区域产业结构研究主题与研究目标的差异性，要求在研究过程中从不同的角度对区域产业进行分类，从而形成多种多样的产业分类方法。

（一）两大部类产业分类法

两大部类产业分类法是马克思在其经典著作《资本论》中，为研究资本主义简单再生产与扩大再生产如何实现平衡，也就是研究在社会再生产过程中，怎样使社会总产品既实现价值补偿又实现实物补偿问题时所创立的一种产业分类方法。马克思根据产品在社会再生产过程中的不同作用，从实物形态上把社会总产品按其最终使用方向划分为生产资料和消费资料，相应地把社会生产也分为两大部类：即生产生产资料的第一部类，其主要产品是各种生产工具、设备、原材料和材料等生产性资料；生产消费资料的第二部类，其主要产品是各种个人消费品。

两大部类的划分有利于研究社会再生产的实现条件以及各个部类结构变动对区域产业整体结构的影响，从而成为研究区域产业结构的理论基础，其他产业分类法都是这一方法的拓展和延伸。但是两大部类产业分类法是对社会再生产过程的高度概括和科学抽象，且没有将非物质生产部门包括在内，缺乏完整性，因而其实用性不高。

（二）三次产业分类法

20 世纪 20 年代，在新西兰和澳大利亚的理论著作与政策文件中，"第一产业"和"第二产业"两个概念已经开始频繁出现。20 世纪 30 年代，英国经济学家、新西兰奥特哥大学教授阿伦·格·费尔希在其《安全与进步的冲突》一书中提出"第三产业"概念，他认为人类社会的经济活动可以划分为三个产业：第一产业，即与人类第一个初级生产阶段相对应的农业和畜牧业；第二产业，即与工业的大规模发展阶段相对应的，对原材料进行加工并提供物质资料的制造业；第三产业，即以非物质产品为主要特征的，包括商业在内的服务业。在此基础上，英国经济学家和统计学家科林·G·克拉克（Colin G. Clark）于 20世纪 40 年代在其著作《经济进步的条件》中运用三次产业分类法，对经济发展与产业结构变化之间的规律进行了研究，使三次产业分类法随此书的出版而得以传播，因而此分类法又被称为"克拉克大分类法"。

所谓三次产业分类法，就是以经济活动与自然界的关系作为分类的标准，将全部经济活动划分为第一次产业、第二次产业和第三次产业。

第一产业是指那些产品直接取决于自然的物质生产部门，包括广义的农业和矿业。

第二产业是指那些加工取自于自然的产品的物质生产部门，主要有广义的工业和建筑业。

第三产业是指那些衍生于有形财富生产活动的无形财富生产部门，即除第一、第二产业以外的所有的社会经济活动，提供服务是其主要特征。由于第三产业门类庞杂，人们在克拉克对三次产业划分的基础上，对第三产业做了进一步划分，将其划分为三个部分，即主要为生产服务的第三产业、主要为生活服务的第三产业和社会性的基础设施产业。

虽然三次产业分类法是世界上使用最广泛的产业分类法，但各国的产业划分也不尽一致，三次产业缺乏统一的划分标准和界定范围。其原因在于各国对一些过渡性和边缘性产业的认识和划分不一样，如有学者认为第二产业由工业和建筑业构成，而不应包括采矿业，其中工业包括了煤气、电力和供水等行业；但也有学者将煤气、电力和供水等行业划归第三产业等。

为了统一各国对三次产业的划分范围，世界经济合作与发展组织提出了自己的划分方法。

农业为第一次产业，其生产活动是直接利用资源的活动，主要包括种植业、畜牧业、猎业、渔业和林业。

工业为第二次产业，其生产活动是对自然资源进行加工或再加工，主要包括制造业、采掘业、矿业、建筑业、公用事业。

服务业是第三次产业，其活动是为了满足人民精神物质需要，主要包括运输业、通信业、仓储业、批发零售业、外贸、金融业、房地产业、数字咨询、科学研究、教育卫生、广播电视、公共行政和国防以及社会事务、娱乐和个人服务等。

近年来，也有一部分学者将第三产业中的金融、教育、科学研究、信息业绩各类技术服务等单列，称为第四产业。20世纪70年代，波拉特提出了产业划分的四分法，即把数字业从服务业中独立出来，整个国民经济由工业、农业、服务业和数字业组成，数字业即人们所说的第四产业。美、日等国的一些经济学家继第四产业概念之后，开始提出第五产业的概念，但目前尚无定说。按照日本的说法，第五次产业一般是指以精神享受、娱乐消遣、心理刺激为中心的服务业，其范畴大致包括娱乐业、趣味业、时装业、美容业、旅游业等。

三次产业分类法因其较强的理论解释力和实际操作性，而成为产业结构理论研究中最重要的分类方法之一。但该分类法将社会再生产过程描述得过分笼统和简单；在具体划分现实的经济活动上，尚存在不少难以自圆其说的矛盾；第三产业的内容过于庞杂，把性质上相去甚远的部门行业混杂在一起，难以分析第三产业的变化实质等。

（三）农轻重产业分类法

农轻重产业分类法的理论思想源于马克思等古典经济学家关于生产劳动与非生产劳动的划分，是马克思两大部类产业分类法在实际工作中的运用。它将社会生产划分为农业、轻工业和重工业三个产业大类。其中，农业包括种植业、畜牧业、渔业等；轻工业是生产消费资料的工业，包括纺织、食品、缝纫、制革、毛皮、家具、印刷等工业部门；重工业是生产生产资料的工业，包括钢铁、煤炭、石油、化工、电力、机械等工业部门。

农轻重产业分类法具有直观、简便地显示社会再生产两大部类的比例关系的优点，对于制订短期国民经济计划及研究社会工业化的实现进程也具有一定的实用价值。因此这种产业分类法不仅在苏联、中国等社会主义国家被应用，也被美、日等资本主义国家所采用。联合国工业发展组织在其研究报告中采用过这种分类法，该组织认为按轻重工业来考察制造业，有助于说明制造业各部门总的发展情况。

农轻重产业分类的局限性在于其体系上的不完备性和统计上的不准确性，而且也缺乏在不同经济发展阶段或不同经济发展水平国家之间的普遍适用性。具体地说，一方面由于农轻重产业划分并没有包括所有社会生产部门，随着经济的进步和服务业的发展，它越来越不能反映国民经济总体情况；另一方面，后发展起来的许多生产部门越来越难以简单地归入农业、轻工业或重工业之中，因此影响了该分类法的实际应用性。

三、区域产业结构的演进规律

（一）配第—克拉克定律

英国经济学家威廉·配第（William Petty）在其 17 世纪 70 年代出版的《政治算术》一书中通过对当时英国、法国、荷兰 3 个国家的考察得出如下结论：工业比农业收入多，商业又比工业的收入多，这种收入的差异会促使劳动力由低收入部门向高收入部门转移。

20 世纪 50 年代，英国经济学家科林·G. 克拉克在配第产业结构的思想和费希尔三次产业划分法的基础上，通过对 40 多个国家和地区不同时期三次产业劳动投入和总产出的对比分析，发现劳动力在三次产业中的结构变化与人均国民收入的提高之间存在着一定规律性：随着经济的发展，人均国民收入的不断提高，劳动力首先由第一产业向第二产业转移，进而再向第三产业转移；从劳动力在三次产业之间的分布状况看，第一产业的劳动力比例逐渐下降，第二产业特别是第三产业劳动力的比重则呈现出增加的趋势。这就是配第—克拉克定律。

这一规律之所以被称为"配第—克拉克定律"，是因为克拉克认为自己的研究只是印证了配第的观点，并以定理的形式表达出来，因而称其为"配第定律"。后来人们考虑到两者对此定理的提出均有不可磨灭的贡献，故将该定律称为"配第—克拉克定律"。根据配第—克拉克定律，我们可以进一步推导出，如果一个地区的人均国民收入水平越高，那么其第一产业劳动力在全部劳动力中的比重就越低，而第二产业与第三产业的劳动力比重就越大；反之亦然。

由于区际贸易和生产要素区际流动的存在，以国家作为基本分析单位得出的配第—克拉克定律，并不能直接应用到区域层次，区域产业结构的变动可能并不符合配第—克拉克定律。但对于推动产业结构变动的两个基本因素，即需求因素和效率因素却是推动产业结构变化的基本动因，也同样是影响区域产业结构变动的主要因素。因此，在对特定区域产业结构进行分析时，有必要在借鉴配第—克拉克定律的同时，充分考虑这一地区具体的产业发展基础和经济运行环境，对区域产业结构的演进规律和影响因素进行深入分析。

（二）库兹涅茨法则

美国经济学家"GNP 之父"西蒙·库兹涅茨（Simon Kuznets）将第一、二、三次产业分别称为农业部门（农业、林业、渔业）、工业部门（矿业、制造业、建筑业、煤气、电力、供水、运输、邮电等业）和服务部门（商业、银行、保险业、不动产业、政府机关、国防及其他服务业）。他在克拉克研究成果的基础上，利用 20 多个国家的大量统计数据，对劳动力和国民收入在产业间的分布变动进行分析，得出了劳动力和国民收入在三次产业间分布结构的演变规律，即三次产业结构的演变规律。

第一，随着经济发展水平的日益提高，农业部门的国民收入相对比重和劳动力相对比重都处于不断下降之中，而且国民收入相对比重下降的程度超过了劳动力相对比重下降的程度。

第二，工业部门的国民收入相对比重普遍呈上升趋势，而劳动力相对比重却因不同国家工业化水平不同而有所差异，但总体上表现出微增或没有太大的变化。由此可见，工业化达到一定程度后，工业部门发展具有较高的收入增长效应，但就业效应较弱。也就是说，在一个国家的经济发展过程中，工业部门对国民收入特别是人均国民收入的增长有较大贡献，但不可能大量吸收劳动力。

第三，服务部门的相对国民收入一般处于下降趋势，但劳动力的相对比重是不断上升的。这表明，服务部门有很强的吸收劳动力的特性，但劳动生产率的提高并不快。一般而言，服务部门是这三个产业中规模最大的一个，无论劳动力的相对比重，还是国民收入的相对比重，都超过一半。

上述三条演变规律被称为"库兹涅茨法则"。库兹涅茨法则依然是以国家作为基本分析单位，但这一基本分析单位需要以下三个条件：①实行市场经济的国家或地区；②具有较大的经济规模；③经济具有相对独立性等。库兹涅茨指出："因为像这样小的国家经济增长是难于独立的。诚然在一切国家间都存在着相互依存的因素，即使是最大的国家也不可能看成是完全独立的。但有一个依赖度问题。在现代经济世界中，极小国家的卫星地位使其经济增长纪录和其他国土较大、依赖性较小的国家的经济增长纪录相比较时，在分析上就显得不合适。"但他对区域经济规模的大小以及经济依存性并没有给出确切的标准。一些幅员辽阔的超大国家内部的次级区域，颇具经济规模，而且具有一定的经济独立性，因而库兹涅茨法则对此类经济区域产业结构依然具有一定的适用性。

（三）霍夫曼定理

20世纪30年代，德国经济学家 W·霍夫曼在《工业化的阶段与类型》一书中，根据十多个国家工业化的时间序列数据，分析了制造业中消费资料工业和资本资料工业的比例关系，即霍夫曼比例。

霍夫曼认为，在工业化的第一阶段，消费资料工业的生产在制造业中占统治地位，资本资料工业不发达；在第二阶段，与消费资料工业相比，资本资料工业获得了较快的发展，但消费资料工业的规模比资本资料工业的规模大得多；在第三阶段，消费资料工业和资本资料工业的规模大致相当；在第四阶段，资本资料工业规模将大于消费资料工业规模，但在20世纪20年代，还没有国家进入这一阶段。

四、区域产业结构的影响因素

区域产业结构的形成和演变是一个由多种影响因素综合作用所决定的经济过程。一般来说，影响区域产业结构演变的因素主要包括以下几个方面：自然条件、技术进步、劳动力供给状况、需求因素、区际贸易因素。

（一）自然条件

1.自然资源禀赋

在一个地区内部，自然资源的分布状况和丰裕程度对区域产业结构的形成与发展产生重要影响，这一重要性首先体现在农业和农矿产品加工业的行业类型与生产技术上。一个地区内的降水、日照、气温、地形地貌、土壤类型等资源状况，直接决定着这一地区农作物的品种、种植方式和耕作技术；煤铁组合必然导致以钢铁工业为主的区域产业结构的形成。另外，自然资源禀赋对区域产业结构转换也会产生影响。石油输出国组织（OPEC）成员国的产业结构与澳大利亚、新西兰、韩国等国家在产业结构转换的过程中，确实受惠于其国内的自然资源禀赋。也有研究表明，资源丰裕度的增加会提高产业结构的合理化，阻碍产业结构的多元化，但对产业结构高级化没有显著影响。

但自然资源禀赋绝不是区域产业结构形成与演变的决定性因素，而且自然资源对区域产业结构的影响程度在经济发展的不同阶段有所不同。自然资源的拥有状况往往并不被一些经济学家视作为一国或地区工业化发展与结构转换的道路，如日本、新加坡、中国香港等。特别是日本这样自然资源奇缺的国家却在30年时间里跻身于世界经济强国前列，而"资源诅咒"命题的提出则说明拥有大量自然资源并不能保证区域产业发展。从纵向发展过程看，对于大部分国家而言，作为工业化发展与经济增长的初始条件或先决条件，自然资源禀赋在一国产业结构转换过程中的不同阶段，其作用与影响是不同的。随着产业结构层次的升级，区域自然资源结构对产业结构的影响程度逐渐减弱。

2.区位条件

自然条件直接影响着区域产业结构的发展和布局。在各种自然条件中，降水、气温、光照等要素，往往能够决定某种农业产品的布局区域。"宜农则农、宜林则林、宜牧则牧、宜渔则渔"的区域农业发展原则，就是自然条件在农业发展中起决定性作用的重要表现。在大农业内部，依据自然条件不同所决定的农、林、牧、渔业的经济效益存在差异，而且即使对同一农业产业来说，自然条件不同，其能够实现的经济效益也相差很大，具有较好自然条件的地区能够选择经济效益相对较高的农业产业进行生产，从而更容易形成资本积累，更容易实现农业技术的创新。与此同时，自然条件还影响着区域工业的发展与布局。工业企业对用水、用地、生态环境质量以及一些特殊环境的要求，必然使工业布局受自然条件的影响。地质、地貌条件、气候状况以及风向、光照等自然条件，都能够决定某些工业产业能否在一些特定的地域布局。另外，自然条件也会对区域产业的发展规划产生影响。

（二）技术进步

科学技术是决定区域产业结构的最重要因素之一。西方经济增长理论的各主流学派无不把技术进步当成是经济增长的源泉。新古典经济增长理论的创立者索洛认为，长期的经济增长仅仅取决于技术进步。然而技术进步促进经济增长的作用过程，实际上是指技术进步促进产业结构本身功能的不断优化而带来的经济增长量的扩大过程；科学技术进步对产业结构的影响是通过以下方式实现的：促进新兴企业和新兴部门的产生和发展；加快对原有企业和部门的技术改造；促进原有部门的分离；引起部门之间生产联系的改变等。

从技术角度看，区域产业结构表现为一定的生产技术结构。区域生产技术水平及其结构现状，在很大程度上决定着区域产业结构的现状。而技术的进步又是推动区域产业结构演进的动因，是区域产业结构合理化的先导，是产业之间相互联系的本源。从历史上发生过的产业结构变动过程中，我们可以清晰地了解技术进步对产业结构变动的巨大影响。每一次技术进步的出现，总会引起产业结构的某些变化和调整，而且随着新技术革命的发展，技术因素对区域产业结构的作用将日益扩大。

（三）劳动力供给状况

劳动力是生产力中最具有能动性的生产要素，区域人力资源的数量和质量都极大地影响着区域产业结构。从劳动力数量上看，若区域劳动力资源富集，劳动力价格就会降低，产业投资劳动密集型产业更加有利可图，投资者就会向劳动密集型产业投资，从而促进该类产业的发展；若劳动力资源短缺，劳动力价格就会上升，产业投资劳动密集型产业利润较低，投资者就会倾向于将资金投向劳动力运用较少的资金密集型产业，从而推动资金密集型产业较快发展。在质量上，区域劳动力资源整体素质较低必然会阻碍区域产业结构向高级发展，而只有高素质的劳动力比重的不断增加，才能推动区域产业结构的高度化演变。

（四）需求因素

1.消费需求

生产的最终目的是满足人们的需求，因此需求内容和需求结构的变化对产业结构的变动影响最为直接，由需求层次理论可知，随着人均收入水平的不断提高，需求重点便会逐步从低层次向高层次转移。为适应不断升级的需求结构转换，区域产业结构在市场力量作用下也不断实现转型升级，在满足区域内部消费者消费需求的同时，向区外输出能够满足高层次消费需求的产品，维持或扩大市场份额。消费需求结构的变动，对供给产生一种强制性的结构调整力量，促进产业结构全面调整和产业全面升级。因此，消费需求结构是产业结构演变的根本动因。

2.投资需求结构

投资结构是指一定时期投资总量在国民经济和社会发展各产业、各地区的分配比例以及相互关系，是经济结构的重要组成部分。投资在各产业部门的分布是改变已有产业结构的直接原因，投资也是通过产业结构增量变化来调整产业结构存量的途径的。投资结构对产业结构的重要影响在于产业结构是由投资结构塑造出来，并由投资结构决定的。投资通过形成固定资产决定各产业的生产能力，通过技术进步和产品创新影响各产业间的关联和各产业产品的需求。一般来说，投资结构的变化是与整个需求结构变化相一致的，同时它还受到生产工艺、生产技术以及资本有机构成变化的影响。

3.中间需求比例

消费和投资的比例关系直接决定了消费资料产业与资本资料产业的比例关系。根据霍夫曼经验法则可知，在工业化初期，消费资料工业在制造业中的比重较大，随着工业化进程的不断推进，资本资料工业获得了较快的发展，最终超过了消费资料工业的生产规模在制造业中占据统治地位。这说明，相对于人们的收入水平提高的幅度，消费资料产业的收入需求弹性的提高小于人们对生产资料产业需求收入弹性，从而生产资料产业不断发展，推动着产业结构的逐步高度化。

另外，消费支出结构与生产投资结构的变动及其交互影响，也对产业结构演变产生影响。根据恩格尔定律可知，随着人们收入的不断提高，关于需求价格弹性较小商品的支出在总的消费支出中的比重越来越小；而那些需求价格弹性相对较大的商品支出比重就会越来越高。厂商为了能使自己的产品得到更为广泛的社会认可，就必须生产那些社会所需要的产品，并调整生产规模和产品类型以适应社会对其产品的需求。区域经济系统内各种类型的企业都在力图调整自己的生产规模和产品类型，这样就会带来区域产业结构变动。最终，产业结构的发展水平在需求、供给以及技术的三重作用下逐步向高度化方向发展。

（五）区际贸易

区际商品的贸易对区域产业结构的形成与发展有重要影响。一方面，商品贸易通过对需求规模和需求地域结构改变本区域生产产品的需求状况，进而改变区域产业结构。单纯地增加所生产产品的市场规模，可以增加该部门在整个产业结构中的比例，由于不同区域之间经济发展水平、消费习惯的差异，各区域的需求结构也会存在很大不同，通过区域之间的贸易可以生产不符合本地需求结构的商品。另一方面，商品贸易通过改善本区域的收入状况来对区域产业结构产生影响。通过区际商品贸易可以实现区域产业分工，使各个区域集中发展具有比较优势的产业，获取产业集聚的利益、增进福利，进而改善区域内部的收入状况，提升消费结构，促进产业结构的优化升级。

除上述影响因素外，国家经济发展战略、区域发展规划、区域利益分配机制，以及区域内的法律环境、风俗习惯等因素，也都会对区域产业结构的形成与演变产生影响。各种区域产业结构的影响因素都不是孤立地影响产业结构，它们相互促进、相互制约，综合地影响和决定着区域产业结构的形成及其演变过程中的调整转型与优化升级。

第二节 区域产业结构优化升级

区域经济长期持续发展的根本原因在于区域产业结构的调整演变。区域产业结构的优化升级不仅决定着区域经济的发展速度与发展质量，也会对人民生活水平、社会发展与生态环境保护产生重要影响。在市场机制和计划机制作用下，实现要素资源合理配置，进而推动区域产业结构优化升级，是区域经济发展的主要任务之一。

一、区域产业结构优化升级的含义

区域产业结构优化升级是指通过产业结构调整，使得区域产业结构的整体效率和协调性不断提高的动态过程。区域产业结构优化升级是一个相对概念，它并不意味着区域产业结构水平要达到某一个确切的绝对高度，而是指在区域经济效益、生态效益和社会效益的最优目标下，根据区域内部和各种要素禀赋特点，按照正常的经济发展历史和逻辑序列、一般的产业结构演进规律和产业发展的内在要求，对区域产业结构采取一系列的调整活动，实现区域产业内、产业间比例关系和关联方式的优化调整，促进各种生产要素的最佳组合和各种资源的最佳配置，进而使各产业之间具有较强的互补和谐关系与相互转换能力。一般来说，区域产业结构优化升级包括两个方面内容：产业结构合理化和产业结构高度化。

（一）区域产业结构合理化

1. 区域产业结构合理化的内涵

区域产业结构合理化是指在一个地区内部，产业与产业之间协调程度和关联水平得以提高，并取得较好结构效益的产业结构优化过程。其中心内容和基本要求是"协调"，只有加强产业与产业之间的协调程度，才能提高其结构的聚合质量，使得产业之间相互作用产生一种不同于各个产业能力之和的整体能力，从而提高区域产业结构的整体效果。但区域产业结构合理化所要求的各产业部门的协调，不可能是绝对协调，而只能是相对协调。区域产业结构合理化是一个动态过程，它是对失衡的区域产业结构进行调整，使之恢复到协调有序状态的过程，其结果是实现区域产业结构合理性。

具体而言，区域产业结构合理化主要包括以下四个方面的内容：一是提升资源要素在区域内部各个产业之间的数量对称性和质量匹配性，促使资源配置由失衡走向有序，或者有序化程度提高，实现各个产业产出能力趋向协调；二是通过资源要素的重新组合和优化配置，在区域产业结构内部形成比较合理的层次性，使各产业相互间的主次与轻重关系由模糊转向清晰、由错位转向适当，从而大大提高产业之间相对地位的协调程度；三是各个产业在投入与产出联系的基础上相互促进或带动作用更大，形成互相服务、互相促进、共同有序发展的良性循环；四是区域主导产业与支柱产业的更替协调有序，区域产业结构具有较强的转换能力。总之，区域产业结构的合理化过程，就是产业间协调程度不断升级，资源要素配置合理性日益提高的过程。

2. 区域产业结构合理化的衡量

（1）国际比较法

以钱纳里的标准产业结构为基础，将区域产业结构与相同国民生产总值下的标准产业结构进行比较，其间偏差越小说明区域产业结构合理性越高，合理化过程的效果越好。但是这种方法只能进行大致判断，不能对区域产业结构合理化进行精确衡量。

（2）影子价格分析法

根据西方经济学理论，各种产品的边际产出相等，就表明资源得到了合理配置，各种产品供需均衡，产业部门达到最佳组合。因此，可以利用各个产业的影子价格与其整体影子价格平均值的偏离程度来衡量区域产业结构是否合理，偏离程度越小，产业结构就越趋于合理。

（3）需求判断法

判断公共产业的实际生产能力与相应的对该产业产品的需求是否相符合，若两者接近或大体接近，则目前的产业结构较为合理。

（4）需求适应性判断法

判断产业结构能否随着需求结构的变化而自我调节，使产业结构与需求结构相适应，实现社会生产的目的。其方法是，分别计算每一产业产品的需求收入弹性与生产收入弹性；若两者相等，则说明此产业与社会需求有充分适应性；若所有产业的需求收入弹性和生产收入弹性都相等，则说明区域产业结构与需求结构相适应，区域产业结构合理。

（5）结构效果法

以区域产业结构变化引起的国民经济总产出的变化来衡量产业结构是否向合理方向变动。若区域产业结构的变化使国民经济总产出获得相对增长，则说明区域产业结构的变动方向是合理的。

（二）区域产业结构高度化

1.区域产业结构高度化的内涵

区域产业结构高度化是指在经济发展的历史和逻辑序列顺向演化过程中，区域产业结构随着技术结构与需求结构的变化，而向更高一阶段演进的过程，也称为区域产业结构升级。在高度化过程中，区域产业体系在一定经济发展总量条件下实现了结构上量与质的双重转变，由区域产业结构体现的生产技术水平不断提高，资源要素在各个产业之间的分布状况与配置比例也发生了结构性变化，而且这种变化有利于提高区域整体经济效益。从一定意义上讲，区域产业结构高度化既是社会需求带动与技术进步推动的结果，同时它又为满足社会需求和技术进步创造条件。区域产业结构高度化也是一个相对概念，它是在一定经济阶段中，针对现有的社会生产力水平，尤其是科学技术发展水平而言的。

具体而言，可以从质与量两个方面来理解区域产业结构高度化的内涵。从量的角度讲，区域产业结构高度化包括以下三个方面的内涵：一是在区域三次产业结构中，由第一产业占优势逐渐向第二产业、第三产业占优势演进；二是产业结构中由劳动密集型产业占优势逐渐向资本密集型、技术（知识）密集型产业占优势演进；三是，在产品结构中由制造初级产品的产业占优势逐渐向制造中间产品、最终产品的产业占优势演进。从质的角度讲，区域产业结构高度化包括以下四个方面的内涵：一是产值结构高度化；二是资产结构高度化；三是技术结构高度化；四是劳动力结构高度化。从量的角度考察区域产业结构高度化，使产业结构高度化过程更为直观，而从质的角度考察区域产业结构高度化，则使我们对这一过程内涵的理解更为深刻。因此，在理论研究与实际工作中，有必要从质与量两个方面来把握区域产业结构高度化的内涵。

2.区域产业结构高度化的衡量

（1）标准结构法

将发达国家或地区的产业结构视为标杆，将区域产业结构与之比较，以确定该地区产业结构的高度化程度。标准化的产业结构可以参考库兹涅茨的标准结构、钱纳里的产业结构标准模式以及钱纳里—赛尔奎因模型等。

（2）比例指标法

通过计算产业结构相关比例指标来对区域产业结构高度化进行衡量，这类指标包括三次产业结构比例指标、霍夫曼比例指标、工业加工程度指标、智力技术密集集约化程度指标、新兴产业产值比例指标、基础产业超前系数等。另外，有学者根据产业结构高度化内涵，自行设定测度指标来衡量产业结构高度化。

（3）动态比较判别方法

通过建构某些特定的量化指标，用另一个经济体的产业结构系统作为参照系对所考察经济的产业结构高度进行判别。这一方法和标准结构法相似，仍用比较的方法测度所考察经济体的产业结构高度，区别在于动态比较判别方法能够动态地判定两个经济体的产业结构高度的相似性（离差）。这一类方法以结构相似性系数和结构变化值最为典型，分别代表着动态比较判别方法的两种类型：一种是相似判别法，即比较两个产业结构系统的相似程度，根据两者的"接近程度"衡量所考察经济的产业结构高度，包括结构相似性系数（又叫夹角余弦法）、相关系数法；另一种是距离判别法，即度量两个产业结构之间的差距，根据两者的"离差程度"判定所考察经济的产业结构高度，包括海明距离法、欧式距离法和兰氏距离法。

（三）区域产业结构合理化与高度化的辩证统一

合理化与高度化是区域产业结构优化升级的两个主要内容。区域产业结构合理化以高度化为进一步发展目标，追求合理化是为了促使区域产业结构向更高层次转化，失去这一目标，合理化就没有存在的意义。而区域产业结构高度化以合理化为基础，脱离合理化的区域产业结构高度化，不但达不到结构优化的目的，还有可能发生结构逆转，只能是"虚高度化"。

区域产业结构合理化与高度化具有内在统一性，两者相互制约、相互促进。在一个地区内部，如果区域产业结构长期处于失衡状态，产业链条无法合理运转，主导产业与支柱产业更替困难，关联产业发育不健全，基础产业配套层次低，产业结构不能转型升级，将阻碍区域产业结构高度化进程。如果区域产业结构长期处于低级状态，相关产业部门无法发挥替代效应，产业断层不能自我弥合，即使实现低水平的产业结构平衡，也无助于产业结构的合理化。

区域产业结构合理化与高度化又具有差异性，两者侧重点不同。虽然合理化与高度化都具有质与量两个方面的内涵，但合理化更强调产业结构之间的比例关系，以及资源要素在产业间配置数量关系的合理性，而高度化则是强调产业结构整体效益，以及要素资源利用效率的提高。另外，合理化可以建立在任何社会需求和生产技术水平上，而高度化只能在社会劳动生产力和社会需求程度不断提高的情况下实现。只有两者相结合，才能从质与量两个角度全面地阐释区域产业结构优化升级的确切内涵。

总的来说，区域产业结构优化升级是在社会需求牵引与科学技术拉动下，不断打破区域产业结构合理化状态，促进产业结构从低水平的合理化状态上升到高水平的合理化状态，也就是产业结构高度化。因此，只有在区域产业结构合理化过程中促进产业结构高度化，在区域产业结构高度化过程中努力实现产业结构合理化，才能推动区域产业结构优化升级。

二、区域产业结构优化升级的机制

在区域产业结构优化升级的过程中，存在支配其运动的内在与外在机制，即市场机制与计划机制。从理论上，这两种机制的作用形式有三种：纯粹的市场机制、纯粹的计划机制以及市场机制与计划机制相结合。

（一）市场机制

在市场经济体制下，微观经济主体根据市场信号的变化采取以利润最大化为目标的生产经营决策，使资源要素在各个产业之间得以流动、重组和配置，导致产业结构通过自身调整以满足需求结构变化。这是经济系统一种内在的自我调整过程，它主要通过价格机制来实现。由于外部因素冲击，抑或内在因素的改变，需求结构发生了变化，使某些产品市场出现了供求失衡，从而引起这些产品价格的波动。资源要素在趋利性驱使下，通过市场机制流出较低效益的市场部门，被配置到较高效益的生产部门，大量资源要素流入推动某些产业快速发展，由此成为区域的优势产业或优势产业集群。这样随着这些产品供给的不断增加，产品市场再次回归均衡状态。

由"理性人假设"与需求层次理论可知，随着经济发展水平和人民生活水平的不断提高，人们对好产品的需求是无限的，导致好产品的市场始终存在供给缺口，而好产品又来源于较高水平的产业结构，这就是区域产业结构优化升级的必要性所在。这样一来，生产好产品的产业就会在市场机制作用下迅速发展，其实质就是区域产业结构演变过程。

市场机制比较准确、稳妥，又具有较高的灵敏度；但其也有滞后性、成本大以及存在市场失灵等缺点，比如区域产业结构同构程度严重、跨区域污染治理难度大等问题。

（二）计划机制

在计划经济体制下，资源配置权由政府掌控，所有的资源配置和产业配置都是通过计划或行政指令来实现的，排斥市场机制在资源配置中发挥的作用。政府不仅可以通过间接调控手段促进区域产业结构的优化升级；还可以通过制定区域政策对区域产业结构进行宏观调控；此外，政府还可以直接参与某些产业的投资、经营活动，特别是基础产业领域。这种模式能够迅速地调动社会资源，支持重点产业发展，快速地转换产业结构。计划机制是一种理想化调节模式，它具有事前主动性、调整成本较小的优点，但也有精确度低、市场摩擦大等弊端。

（三）市场机制与计划机制相结合

市场机制与计划机制对区域产业结构演变的调节作用各有千秋，单独发挥作用都难以达到优化升级的目标，因此只有将两者结合起来，共同发挥作用。一方面，在市场机制发挥作用的同时，在必要的情况下伸出"有形之手"，以克服和弥补市场机制调整作用的缺陷，防止出现"市场失灵"另一方面，在计划机制发挥作用的同时，利用市场机制从微观上对产业结构进行调整，以克服政策调控作用的不足。大量实践证明，市场机制与计划机制相结合，才能实现区域产业结构的优化升级。

三、区域产业结构优化升级的基本模式

即使在一个国家内部，各个地区所处的经济发展阶段不同，所拥有的经济发展要素禀赋以及所面临的经济发展环境也有所差异，其产业结构优化升级的内容与方式必然会有所不同。按照所考察区域的经济发展水平，可以将区域产业结构优化升级模式分为欠发达地区产业结构优化升级模式、中等发达地区产业结构优化升级模式和发达地区产业结构优化升级模式；按照产业结构调整速度，可以将区域产业结构优化升级模式分为渐进式区域产业结构优化升级模式和跨越式区域产业结构优化升级模式。

（一）不同经济发展水平下的区域产业结构优化升级模式

1.欠发达地区

欠发达地区的经济发展落后，产业结构处于低级的资源导向阶段，农业在区域产业结构中占主导地位，工业专业化水平低，区域资源优势尚未通过开发转化为经济优势，经济发展的资金缺乏，自我发展能力水平极低。这类地区的产业结构优化升级，就要借助于外部资金、技术和人才的输入，并把外部输入与区内条件结合起来。资金投入的产业层次要立足于本地优势资源，技术层次要适合区内劳动力素质条件，选择能发挥本地有利条件、同时也有相当市场潜力的产业优先发展，利用外部输入把潜在资源优势转化为现实经济优势，启动区域经济快速发展。就我国欠发达地区的产业结构优化升级来说，首先要以资源开发为导向，扩大优势资源的开发规模，发挥规模经济效益，形成资源导向型的产业结构。随后，通过资源的综合开发利用发展加工制造业，构建以资源导向和结构导向为主的区域产业结构，加快工业化进程，摆脱自然经济格局。

2.中等发达地区产业结构优化模式

中等发达地区已进入工业化进程初级阶段，产业结构以结构导向为主，第二产业在区域产业结构中占据主导地位，地区优势已经形成或正在形成中，区内已形成较好的投资环境或正在建立若干"增长极"，整个地域经济呈现较强的增长势头。这类地域产业结构优化升级的方向包括以下四个方面：第一，进一步巩固、扩大主导产业部门，充分利用规模经济，增强优势产业和产品的竞争能力，提高市场占有率；第二，围绕主导产业发展的前向、后向和旁侧关联产业，形成结构效益良好的产业体系，特别重视后向加工环节的发展，以提高资源的综合利用水平，提高产品的附加价值；第三，抢先建立或移入发达地域效益递减或即将扩散的产业，引进技术加以改进创新；第四，重视贸易、金融、信息、咨询和科技等第三产业的发展。

3.发达地区产业结构优化模式

发达地区即将完成工业化，产业结构进入技术导向型阶段，第三产业也较发达，基础设施齐备，交通运输与信息已基本形成网络，在极化效应和乘数效应作用下，生产部门较齐全，协作配套条件优越，区内资金积累能力强，劳动力素质高，是国家经济核心区所在。但这类地区也存在着诸如土地和工资等生产要素价格上涨，一度领先的技术优势已不复存在，生产设备陈旧老化等衰退因素，因此同样面临着区域产业结构的优化升级问题。这类地域在区域产业结构优化升级上，一方面要果断淘汰（或转移）比较优势已经丧失的产品和产业，着力发展新兴产业，引进和利用新技术改造传统产业，不断开发出"高、尖、精"产品，实现产业结构高度化，形成产业结构动态递进的正常机制。另一方面，要大力发展外向型经济，参与区域分工与交换，促进区域产业结构素质的全面提高。进一步加强与欠发达和不发达地域的横向经济联系，建立合理的地域经济分工体系，促进发达地域资金和技术向欠发达和不发达地域转移，强化扩散效应，使不同地域产业结构相互协同，推动区域经济共同发展。

（二）渐进式和跨越式区域产业结构优化升级模式

1.渐进式区域产业结构优化升级模式

渐进式区域产业结构优化升级是指区域产业结构按照产业结构演进规律的内在要求而循序渐进，平稳地由低一级产业结构层次过渡到较高一级产业结构层次的过程，是区域产业结构优化升级的一般形态。纵观发达国家或地区的产业结构演进过程，可以看出渐进式产业结构优化升级模式下的产业结构演变路径是由一次产业为主导向三次产业为主导逐渐推进，即农业—采掘业、轻纺工业—重化工业—服务业。

一般来说，对任何一个地区来说，渐进式区域产业结构优化升级模式都是最为稳妥的产业结构发展方式，按此模式推动区域产业结构优化升级不会出现产业结构失衡、产业配套程度过低以及技术断层等问题，导致区域产业结构能适应长远发展。但此模式也不是完美的，按此模式推动区域产业结构优化升级，产业结构发展速度慢，需要一个很长的发展、积淀过程。在渐进式优化升级过程中，每当区域产业结构即将演进到一个新阶段时，由于新的具有推动力的技术变革需要重新积累和探索，就会出现发展的间歇期，直到产生新的革命性创新，并且带来新的需求和发展空间，产业结构才会继续向新的高度演进。

2.跨越式区域产业结构优化升级模式

跨越式区域产业结构优化升级是指区域产业结构打破常规的产业结构演进规律，超前配置产业或是几个发展阶段同时推进，以期在较短的时期内实现较高层次的区域产业结构状态的过程，是区域产业结构优化升级的特殊形态。实施跨越式区域产业结构优化升级模式的地区，要根据自身的发展基础与发展条件，设定目标性区域产业结构，对区域内一个或几个主导产业进行倾斜性扶持，推动其快速发展，以此在短期内形成理想的产业结构，实现区域经济发展质的飞跃。这种模式需要国家进行有效干预，以国家宏观调控政策为指导，通过引进技术、吸收国外资金和超前发展某些产业等途径，迅速建立起强大的基础工业和重加工工业体系，加速产业结构升级的进程。

具体而言，跨越式优化升级又包括两种方式：一是以较短的时间和较少的代价实现与先行国家或地区原来走过的发展历程相同的目标；二是在发展过程中跳过先行国家或地区曾经出现过而后进国不必再重复的若干阶段。由此可见，跨越式区域产业结构优化升级模式的优势在于，它在发展过程中能够节约资金与人力资本投入，可以避免技术创新风险，利用先进的发展经验，以尽可能短的时间实现产业结构优化升级。对欠发达地区的产业发展来说，这无疑是一种智慧的选择。

但采取跨越式区域产业结构优化升级模式来推动区域产业发展，并非是万无一失的上上策。在跨越式优化升级过程中，过度发展某一个或几个产业将会导致产业结构失衡；忽视产业发展关联性则会使产业结构出现断层，产业关联性降低将会限制产业结构升级；由于过多地模仿和引进外来技术，而自身发展缺少必要的理论与技术积淀，将会导致自主创新能力低下，从而制约了区域产业的长远发展。因此，在实施跨越式优化升级模式时，有必要在实施倾斜性产业政策对某些产业进行扶持的同时，注意区域产业结构的合理配置，推动关联产业和基础产业发展，增强产业关联性和配套水平；同时，注重引进技术的吸收、转化，以及自主创新能力的培养，为区域产业结构的长远发展积蓄力量。

第三节 区域产业结构配置

区域产业结构配置是指根据区域经济的发展基础和发展条件，运用区域动态比较优势原理选择能够充分发挥区域优势的区域主导产业，围绕主导产业发展关联产业，合理引导和组织基础产业发展，形成相互协调、关联度强的区域产业体系。区域产业结构配置合理与否，决定着区域产业结构能否实现优化升级，进而决定着区域经济发展速度的快慢与发展质量的优劣。为确保区域经济的长期健康发展，不仅要正确选择主导产业，并确保其能够顺利转换；也推动关联产业发展，尽可能实现其本地化；还要发展基础产业，为主导产业和关联产业提供良好的基础条件和生活服务设施。

一、区域主导产业选择

主导产业的概念最早是由美国经济学家阿尔伯特·赫希曼（Albert Otto Hirschman）在《经济发展战略》中提出来的，稍后 W. 罗斯托在其著作《由起飞进入持续增长的经济学》中对主导产业进行了系统研究。他认为，主导产业是在经济成长中起主导作用的新部门，这些部门能够有效吸收新技术，具有较高增长率和带动作用。由此可见，区域主导产业是指在区域经济各个发展阶段中，具有持续较高的产业增长率、科学技术创新率和新技术吸收率，对区域内其他产业存在着广泛、直接或间接关联效应，对一定阶段的技术进步和区域产业结构升级转换具有重大的关键性的导向作用和推动作用，对区域经济增长具有很强的带动性和扩散性的产业。

区域主导产业是区域产业结构的主体部分和产业结构演化的中心，在区域经济发展中发挥着举足轻重的作用。区域主导产业的选择与发展，不仅对区域产业结构的变化和转换起着骨干和导向作用，而且对该区域的产业发展以及整个区域的国民经济发展起着举足轻重的作用。区域主导产业选择得当且顺利转换，则能够为区域经济发展提供强劲的内在动力，促进区域经济持续、稳定、协调的增长；反之，选择不当或不能顺利转换则可能制约区域经济发展。

（一）区域主导产业的特征

一般来说，区域主导产业具有以下几个特征：第一，区域主导产业综合利用各种区域优势，具有较大的生产规模、较高的生产增长率和较好的经济效益，属于区域专业化部门，其生产总值在地区生产总产值中占较大比重，地区经济增长贡献率较大，能够较综合地反映区域产业发展方向和水平；第二，区域主导产业具有持续的产业增长率，行业增长速度较快，且具有较强的市场扩张能力，发展潜力大；第三，区域主导产业处于产业链的关键环节，对区域内其他产业具有较强的直接或间接经济联系，对区域内其他产业有很强的关联效应，能够直接或间接地带动其他产业发展；第四，区域主导产业具有较强的创新能力，能够获得与新技术相关联的新的生产函数，积极吸收外来新技术，实现"产业突破"；第五，区域主导产业具有动态性。随着区域优势条件和市场需求的变化，区域主导产业也会出现更替现象。

（二）主导产业的判定标准

对一个地区的某一特定产业而言，判定其是不是该区域的主导产业不仅要看这一产业对区域经济发展的贡献度，也要考虑这一产业在该区域内的发展状况以及在更大地域范围内的竞争力。因此，区域主导产业的判定主要从产业对区域经济发展目标的贡献和产业本身竞争力两个方面考察。

1. 对区域发展目标的贡献

一般来讲，可以从产业关联效应、资源利用率、就业效应、产出效应、出口潜力和环境影响六个方面来考察一个产业在区域发展过程中的贡献度。第一，对相关产业的带动影响。一个产业在区域产业体系中可以通过前向效应、后向效应和侧向效应与相关产业发生联系，带动相关产业发展，而主导产业应该对区域内部相关产业具有较强的影响作用。第二，对区域资源的有效利用。主导产业立足于区域优势，对区域内部各种资源的综合利用程度较高，具有资源占有量大、利用率高的特征。这里的资源概念是指广泛意义上的资源要素，既包括自然资源也包括人文资源，既包括有形资源也包括无形资源。第三，对区域就业的作用。主导产业应该是能够为区域创造较多就业机会的产业，也就是说，主导产业应该是占总就业人数较高的产业。第四，增加价值。主导产业应该具有较高的产业增加值，表现出良好的产业经济活动效果。第五，出口潜力。主导产业不一定是出口潜力最大的产业，但应该是市场潜力最大的产业。尤其在全球经济一体化的今天，主导产业的选择不能不考虑产业的出口潜力。出口潜力分析主要从产业生产出口产品的国际市场前景、当前供求状况及发展趋势进行预测，也要结合销售渠道、市场覆盖面、潜在竞争对手等因素进行判断。第六，环境影响。一个产业发展的环境影响是指在其发展过程中，对自然环境质量的影响程度以及治理该产业造成的环境问题的成本。

2. 产业竞争能力

一般来讲，一个产业的竞争能力可以从五个方面进行评价。第一，产业装备技术的先进程度，包括工艺、装备在内的产品制造技术水平。主导产业具有较高的技术创新能力和高新技术创新能力，因而具有较高的技术水平。第二，产品质量水平，包括产品质量与性能的优劣程度。第三，劳动生产率，指在这一产业的生产过程中，在单位劳动时间内所生产的产品数量或生产单位产品所耗费的劳动量。第四，市场占有率，主要从流通领域考察该产业产品在某一特定区域市场销售总额中的比重。第五，利税效果，根据销售产品的利润、税收与成本价格的比例进行判断。

在一个地区内部，如果某一产业能够在产业带动、资源利用、就业、产出、出口潜力和环境影响等方面表现不俗，而且具有强劲的市场竞争力，那么就可以判定这一产业是该地区的主导产业。

二、关联产业及其本地化

关联产业是直接配合和围绕主导产业发展起来的产业，它与投入产出或工艺、技术和主导产业的联系最直接也最密切，可以说是为主导产业发展而存在的。关联产业与主导产业相互影响、相互促进。一方面随着主导产业的发展，关联产业得到不同程度的发展。另一方面，关联产业发育状况良好，则有利于主导产业发展；反之，关联产业发展滞后，则会制约主导产业发展。

按照关联产业与主导产业的联系方式，关联产业可以分为前向关联产业、后向关联产业和侧向关联产业。前向关联产业指为主导产业部门提供投入的生产部门，由于这些产业主要是与主导产业的"上"行联系而形成的，也称为上游产业。后向关联产业是指利用主导产业的产品做原料或者加工利用"三废"所形成的生产部门，又称为下游产业。侧向关联产业是指与主导产业没有直接的投入产出关系，但与主导产业之间存在相互促进作用的生产部门。例如，对区域主导产业钢铁工业而言，采矿业为前向关联产业，汽车工业为后向关联产业，而交通运输业则是侧向关联产业，其原因在于交通运输业发展状况决定着原材料和产品运输成本的高低，钢铁工业的发展会促进区域内交通设施建设。

围绕区域主导产业发展提高关联产业配套程度，尽可能地推动关联产业本地化，这样不仅可以保障区域主导产业的发展需要，还可以获得其他产业发展效应。一是关联产业发展提高了中间产品本土化程度，以最大限度实现区域经济内循环，使得更多价值创造活动在区域内部完成，将更多产业增加值留在区域内部，加快区域资本积累。二是关联产业发展提高了区域产业多样性，有利于增强区域经济抵抗周期性经济危机或其他偶发性危机的能力，避免经济发展大起大落给企业生产经营和人民生活造成危害。三是关联产业发展能够提高资源的利用效率，使区域各种经济资源得到充分利用。因此，有必要在大力发展区域主导产业的同时，采取有效措施促进关联产业发展，实现关联产业本地化。当然对于那些本区域没有条件发展的关联产业，应该以寻求区际合作的方式来解决配套问题。

在进行关联产业配套时，应根据区域主导产业的发展需要，积极利用市场机制和科学规划，合理确定关联产业的发展规模与空间布局，保证关联产业与主导产业之间的发展规模协调性和空间布局合理性，避免因关联产业发展规模不合适与空间布局不合理而导致关联产业与主导产业陷入相互限制的局面。

对关联产业而言，不仅要合理引导其发展，避免关联产业之间重复建设和过度竞争；也要实现合理布局，以获得良好的集聚经济效益，避免因过度集中、布局无序而造成的集聚不经济。

三、基础产业配套

基础产业的概念最早运用到经济学分析中是在 20 世纪 40 年代中后期，它是目前在学术文献和政策文件中使用频率较高的经济学概念之一，但国内外学者对基础产业概念的内涵与外延并没有达成一致观点。一些学者根据自己对基础产业的理解，在研究过程中使用了与基础产业相对应的一些概念，比如基础设施、基础结构、基础部门、社会先行资本、社会间接资本等，其内涵和外延也不尽相同。

我们按照产业功能分类法，将基础产业界定为对区域经济发展和人民生活提供服务的部门、设施、机构的生产部门集合体。按照作用性质不同，基础产业可以划分为生产性基础产业、生活性基础产业和社会性基础产业，生产性基础产业是指为区域经济发展提供公共服务的基础设施和经营此类设施的部门总体，包括交通运输、能源供给、邮电通信、物资供应、情报信息等公共系统；生活性基础产业是指为人民生活提供公共服务的部门的总体，包括住宅与生活服务、公共设施及公用事业等；社会性基础产业是指那些既向区域生产部门，又向人民生活提供公共服务的部门的总体，包括教育、科研、卫生、环保等。

基础产业不仅是主导产业与关联产业发展的重要保障，也是区域经济发展的直接动力，就基础设施而言，最初在基础设施条件好的地区能够获得更多的直接生产活动投资，从而增加区域财政收入，进一步改善区域内基础设施状况，继而降低交通运输成本，有利于主导产业与关联产业发展。与此同时在基础产业产品的生产过程中，需要投入大量生产资料，这就对其他产业产品形成了巨大的投资需求。另外，生活性基础产业和社会性基础产业为社会发展和人民生活水平提高做出了重要贡献。因此，在区域产业发展过程中，有必要重视基础产业发展，形成完备的产业配套体系。

第四章 经济活动区位理论

第一节 区位与区位因子

一、区位

区位源于德文的 standort，是 19 世纪 80 年代由德国地理学家 W·葛茨（W.Gotz，又译高茨）在《柏林地理学会会志》上发表的《经济地理学的任务》中首次提出的。区位在 19 世纪 80 年代被译为英文 location。区位与位置不同，既有位，也有区，还有被设计的内涵。区位的主要含义是某事物占有的场所，但也含有"位置、布局、分布、位置关系"等方面的意义。区位是人类活动（人类行为）所占有的场所，既然如此，那么人类活动的领域和空间的扩展必然导致区位的发展与变化。

二、区位因子

区位因子或称区位因素是指影响区位主体分布的原因。韦伯称之为"区位因子"，R·哈特向（R.Hartshorne）与 M.L. 格林哈特（M.L.Greenhut）称之为"区位因素"，艾萨德称之为"区位力量"。最早提出区位因子的韦伯，将区位因子定义为经济活动在某特定地点进行时所得到的利益即费用的节约。从区位理论的角度看，即特定产品在那里比别的场所用较少的费用生产的可能性。相对于区位条件是由于场所不同而生产条件不同，区位因子对于生产者而言，则是由于场所不同表现出其生产费用或利益的差异。区位因子不仅包含能用货币度量的价值标准，也包含不能用货币测算的非经济因子。格林哈特在其《工厂区位》一书中的纯粹个人因子（purely personal factors）即为这种非经济因子。

考虑经济因子中的成本因子是区位理论研究的传统思维，也是最基本的研究方法。在韦伯工业区位论中，将成本归纳为三种，即运费、劳动力成本和集聚、分散所带来的成本变化。综合三者后的最低成本点就是最佳区位点。

韦伯之后的区位理论学者从各个方面对成本进行了研究，使其更加趋于理论化和系统化，如其后的胡佛和艾萨德等，都将成本因子作为一个区位理论的重要研究内容。成本因子又可分为运费因子和非运费因子。运费因子是以运输为主随距离的变化而有规律变化的因子，这些成本在各个场所以系统且可预测的方式变化，因此一直作为区位理论成本研究的基础；而非运费因子，包括诸如劳动力、动力、水、税金和资本的利息等与投入相关的各种因子以及能够产生集聚和分散经济的各种因子，这些因子一般相对比较固定，较少表现出随距离进行规律性的变化，其中的集聚和分散因子则只与经济活动的规模等有关。

尽管在区位决策过程中，经济因子中的成本以及收入因子都起着重要的作用，但有时与经济因子毫无关系或者说关系不大的一些非经济因子也在起作用，比如决策者的行为、区位政策、自然条件的作用和军事上的考虑等。在这些因子作用下进行的区位选择一般追求的不是成本最低，也不是利润最大，而是某种程度上的满足。

政府可通过改善区位条件、增加区位补助金和提出区位限制条件等手段吸引、诱导或改变个人或企业的区位投资。区位政策从区位理论的角度来看，可达到降低生产费用，包括固定费用和区位费用，同时也可扩大收入空间的效果，最终使利益空间界限发生变化。

区位决策者在决定各种经济活动的区位时，还受到一些非经济因素的作用，如决策者个人的偏好、决策者的出生地等。有些区位选择完全是自然条件作用的结果，如受自然条件限制较大的农业区位布局，不论生产技术发展水平多高，其区位经营也不能完全脱离自然条件的作用。

就区位因子而言，对区位主体的区位产生较大影响的是主要因子，相对影响较小的为次要因子。工业区位中，米勒（Merton Miller）将劳动力、资本、原料、能源、运输、市场作为主要因子，而将用水、研究开发、经营、税制、自然条件以及其他要素归结为次要区位因子。

第二节 杜能的农业区位论

一、背景与目的

约翰·海因里希·冯·杜能（Johann Heinrich von Thunen，又译屠能），德国经济学家，曾就读于格廷根大学，边际生产率说的前驱，被认为是经济地理学和农业地理学的创始人，19世纪20年代完成了《孤立国同农业和国民经济的关系》（简称《孤立国》）一书，奠定了农业区位理论的基础。

19世纪初，普鲁士进行了农业制度改革，所有的国民都可拥有动产，并可自由分割及买卖，取缔了所有依附于土地所有者的隶属关系，农民在法律上成为自由农民，可独立支配属于自己的农场。尽管这种农业制度改革取消了贵族阶级的许多特权，但贵族却成为大的土地所有者，并由此成了独立的农业企业家。同时，由于土地的自由买卖关系，在这一时期出现了大量的农业劳动者。由农业企业家和农业劳动者构成的农业企业式经营在此时出现，因此可以说杜能著《孤立国》的时代是企业型农业建立的时代。那么企业型农业建立时代的合理农业生产方式又是什么呢？杜能为了弄清这个问题，从一个假想空间，即"孤立国"出发，探索合理农业生产方式的配置原则。

二、理论内涵

（一）理论前提

杜能给"孤立国"设定了以下假定条件：第一，肥沃的平原中心只有一座城市；第二，不存在可用于航运的河流与运河，马车作为唯一的交通工具；第三，土质条件一样，任何地点都可以耕作；第四，距城市 50 英里之外都是荒野，并且与其他地区隔绝；第五，人工产品供应仅来源于中心城市，而城市的食物供给则仅来源于周围平原。

于是产生了下面两个问题：第一，在这样一种关系下，农业将呈现怎样的状态；第二，合理经营农业时，距离城市的远近将对农业产生怎样的影响。换句话说，为了从土地上取得最大的纯收益，农场的经营随着距城市距离的增加将如何变化。从需要解答的问题中可知，企业经营型农业是追求利益最大化（即合理的）的农业，因此，追求利益最大化也是其重要的前提条件。杜能考察问题的方法是"孤立化的方法"，即现在的演绎法。利用这一方法是为了排除其他要素（像土质条件、土地肥力、河流等）的干扰，而只探讨一个要素（即市场距离）的作用，即不考虑所有的自然条件差异，而只是考察在一个均质的假想空间里，农业生产方式的配置与城市距离的关系。

（二）形成机制

根据前述各种假设，以及运费与距离及重量成比例、运费率因作物不同而不同、农产品的生产活动是追求地租收入最大的合理活动等前提条件，杜能给出的一般地租收入公式如下：

$$R = pQ - CQ - KtQ = (p - C - Kt)Q$$

式中：R 为地租收入；p 为农产品的市场价格；C 为农产品的生产费；Q 为农产品的生产量（等同于销售量）；K 为距城市（市场）的距离；t 为农产品的运费率。

地租收入 R 对同样的作物而言，随市场距离增加运费增多而减少。当地租收入为零时，即使耕作技术可能，经济上也不合理，进而成为某种作物的耕作极限。在市场（运费为零）点的地租收入和耕作极限连接的曲线被称为地租曲线。每种作物都有一条地租曲线，其斜率大小由运费率所决定，不容易运输的农作物一般斜率较大，相反则较小。杜能对所有农业生产方式的土地利用进行计算的结果，得出各种方式的地租曲线的高度以及斜率。因农产品的生产活动是以追求地租收入为最大的合理活动，所以农场主选择最大的地租收入的农作物进行生产，从而形成了农业土地利用的杜能圈结构。

（三）农业生产方式的空间配置原则

农业生产方式的空间配置，一般在城市近处种植体积大、笨重的作物，或者生产易于腐烂或必须在新鲜时消费的产品。而随着距城市距离的增加，则种植相对于农产品的价格而言运费小的作物。在城市的周围，将形成在某一圈层以某一种农作物为主的同心圆结构，即随着种植作物的不同，农业的全部形态随之变化，以城市为中心，由里向外依次为自由式农业、林业、轮作式农业、谷草式农业、三圃式农业、畜牧业这样的同心圆结构。

1. 第一圈——自由式农业圈

此为最近的城市农业地带，主要生产易腐难运的产品。由于运输工具为马车，速度慢，且缺乏冷藏技术，因此需要新鲜时消费的蔬菜、不便运输的果品（如草莓等）以及易腐产品（如鲜奶等）等就在距城市最近处生产，形成自由式农业圈。圈的大小由城市人口规模所决定的消费量大小而决定。

2. 第二圈——林业圈

供给城市用的薪材、建筑用材、木炭等，由于重量和体积均较大，从经济角度必须在城市近处（第二圈）种植。

3. 第三圈——轮作式农业圈

没有休闲地，在所有耕地上种植农作物，以谷物（麦类）和饲料作物（马铃薯、豌豆等）的轮作为主要特色。杜能提出每一块地的六区轮作：第一区为马铃薯，第二区为大麦，第三区为苜蓿，第四区为黑麦，第五区为豌豆，第六区为燕麦。其中耕地的50%种植谷物。

4. 第四圈——谷草式农业圈

此为谷物（麦类）、牧草、休耕轮作地带。杜能提出每一块地的七区轮作。同第三圈不同的是总有一区为休闲地。七区轮作为第一区黑麦，第二区大麦，第三区燕麦，第四区、五区、六区为牧草，而第七区为荒芜休闲地。全耕地的43%为谷物种植面积。

5. 第五圈——三圃式农业圈

此圈是距城市最远的谷作农业圈，也是最粗放的谷作农业圈。三圃式农业将农家近处的每一块地分为三区，即第一区黑麦、第二区大麦、第三区休闲，三区轮作，即为三圃式轮作制度。远离农家的地方则作为永久牧场。本农业圈内全部耕地中仅有24%为谷物种植面积。

6. 第六圈——畜牧业圈

此圈是杜能圈的最外圈，生产谷麦作物仅用于自给，而生产牧草用于养畜，以畜产品如黄油、奶酪等供应城市为市场。据杜能计算，本圈层位于距城市51~80千米处。此圈之外，地租为零，为不能种植的荒地。

三、杜能农业区位论的应用

杜能农业区位论尽管是在众多的理论前提下演绎出的一般性理论，但由于抓住了问题的本质，可以用此理论来解释许多现实中的土地利用问题。主要研究实例涉及宏观尺度（国家或大洲范围）、中观尺度（城市范围）以及微观尺度（农村聚落范围）。杜能综合欧洲的人口密度，各种农作物、家畜、水果的分布与农业景观，以西北欧为中心划分出七大地带，分别为：第一地带（温室、花卉），第二地带（园艺、果品、马铃薯、烟草），第三地带（奶酪制品、肉用牛羊、饲料、纤维用亚麻），第四地带（普通农业地带），第五地带（面包用谷物、油用亚麻），第六地带（牧场），而第七带则为森林。纳瓦佛等人的研究表明，在发展中国家存在着以农村聚落为中心的同心圆状土地利用形态，从而验证了微观尺度的杜能圈模式。在中部非洲卢旺达的丘陵地带，围绕农村居住聚落呈现同心圆状的土地利用状态。这种围绕农村聚落为中心的土地利用形态是基于节约时间而出现的，即费时的耕作布局在村落附近。

四、杜能农业区位论评述

（一）意义

该理论为地理学、区位学、经济地理学创建了一种思维方法、研究方法，第一次从理论上系统地阐明了空间摩擦对人类经济活动的影响，有较高的理论研究价值，对实践有一定的指导意义（客观经济活动中也有范例）。农业活动、经济活动即使自然条件一致、投入的生产要素一致，但所获得的地租回报也会有一定的空间差异。任何活动都有相对的优势，没有绝对的优势。

（二）局限性与不足

现实中不存在杜能"孤立国"的条件现实中除运费、产品性质、消费市场影响农业配置外，还有其他的条件对现代状况不适合（许多都发生了变化）。没有考虑自给性农业经营的空间问题。追求最大地租收入的行为动机与现实不完全符合。技术与交通的发展使得杜能理论中的距离因素决定性作用制约变小。没有考虑到城市周围地区的土地利用。

第三节 韦伯的工业区位论

一、背景与目的

韦伯提出工业区位论的时代，是德国在产业革命之后，近代工业有了较快发展，从而伴随着大规模人口的地域间移动，尤其是产业与人口向大城市集中的现象极为显著的时代。在这种背景下，韦伯从经济区位的角度，探索资本、人口向大城市移动（大城市产业与人口集聚现象）背后的空间机制。在上述背景以及目的之下，韦伯在经济活动的生产、流通与消费三大基本环节中，挑选了工业生产活动作为研究对象。通过探索工业生产活动的区位原理，试图解释人口的地域间大规模移动以及城市人口与产业集聚的原因。韦伯在提出工业区位论之前，对 19 世纪 60 年代以后德国的工业区位进行了详尽调查，著有《工业分布论》一文，这成为其工业区位论研究的实证基础。

二、韦伯工业区位论内容

（一）基本概念与理论前提

1. 基本概念

在韦伯工业区位论中，有两个重要的概念，一是区位因子，二是原料指数。区位因子为经济活动在某特定地点所进行时得到的利益，利益即费用的节约。从工业区位论角度讲，即在特定区位进行特定产品生产可比别的场所用较少的费用。

区位因子分为一般因子和特殊因子。一般区位因子，即在区位因子中寻求与所有工业活动均相关的区域性因子。具体识别办法是通过分析某些孤立的生产过程与分配过程，找出影响工业生产与分配的成本因素。从工业产品的生产到分配过程中，主要成本包含如下方面：布局场所的土地和固定资产费（不动产与设备）、获取加工原料和动力燃料费、制造过程中的加工费、物品的运费。在整个生产过程与分配过程中，都必须投入资本与劳动，与资本有关的利率、固定资产折旧率，以及和劳动有关的劳动费也必须纳入生产与分配成本中。因此，一般成本因素如下：布局场所的土地费；固定资产（不动产与设备）费；获取加工原料和动力燃料费；劳动成本；物品的运费；资本的利率；固定资产的折旧率。

在上述七种成本因素中，固定资产的折旧率以及利率没有区位意义；土地费（地租）在考虑集聚、分散因素之前认为是一样的，因此不宜作为区域性区位因子；固定资产费主要反映在购入价格上，一般不与区位发生直接关系。因此，可以排除上述七种成本因素中的四种，只剩下以下三种：原料及燃料费、劳动成本、运费。获取同种同质量的原料与动力燃料的价格，因产地不同而不同。工厂区位接近价格相对低廉的原料、燃料地，将有利于成本的节约，因此原料、燃料费是一个区域性区位因子。劳动成本因各区域劳动力供给状况以及生活水准差异变化很大，这种差异水平直接影响到工厂区位是趋近还是远离某一地区，因此劳动成本是一个区域性区位因子。运费是原料、燃料获取以及产品分配过程中必不可少的成本，同时运费依据工厂区位不同而不同，因此运费也是一个区域性区位因子。由此可知，原料及燃料费，劳动成本，运费是三个影响所有工业的一般区位因子。

出于理论研究以及便于处理，可将原料、燃料价格的地区差异用运费差异来替代，这样，影响工业区位的一般区位因子分别为运费和劳动费。

2. 理论前提与构建步骤

韦伯工业区位理论是建立在以下三个基本假定条件基础上的：第一，已知原料供给地的地理分布；第二，已知产品的消费地与规模；第三，劳动力存在于多数的已知地点，不能移动，各地的劳动成本是固定的，在这种劳动花费水平下可以得到劳动力的无限供应。

在上述三种假定条件下，韦伯分三个阶段逐步构建其工业区位论。

第一阶段：不考虑运费以外的一般区位因子，即假定不存在运费以外的成本区域差异，影响工业区位的因子只有运费一个，此为韦伯工业区位论中的运费指向论——由运费指向形成地理空间中的基本工业区位格局。

第二阶段：将劳动费用作为考察对象，考察劳动费用对由运费所决定的基本工业区位格局的影响，即考察运费与劳动费合计为最小时的区位，即为韦伯工业区位论中的劳动费指向论。劳动费指向论可以使在运费指向所决定的基本工业区位格局发生第一次偏移。

第三阶段：将集聚与分散因子作为考察对象，考察集聚与分散因子对由运费指向与劳动费指向所决定的工业区位格局的影响，即为韦伯工业区位论中的集聚指向论。集聚指向可以使运费指向与劳动费指向所决定的基本工业区位格局再次偏移。

（二）运费指向论

在给定原料产地和消费地条件下，如何确定仅考虑运费的工厂区位，即运费最小的区位，是运费指向论所要解决的问题。运费主要取决于重量和距离，而其他因素，如运输方式、货物的性质等都可以换算为重量和距离。工业生产与分配中的运输重量主要来源于原料（包括燃料）以及最终产品的重量。

按原料的空间分布状况可分为遍地原料和局地原料。遍地原料即为任何地方都存在的原料，例如普通砂石等；而那些只有在特定场所才存在的原料，例如铁矿石、煤炭、石油等则为局地原料。根据局地原料生产时的重量转换状况不同，将其分为纯原料和损重原料。纯原料即在工业产品中包含有局地原料的所有重量，而损重原料则为其部分重量被容纳到最终产品中。

（三）劳动费指向论

运费随着空间距离的变化，表现出一定的空间规律性；而劳动费则不具有这种特性，它属于地区差异性因子，是使运费形成的区位格局发生变形的因子。在此所说的劳动费不是指工资的绝对额，而是指每单位重量产品的工资部分。它不仅反映了工资水平，同时也体现了劳动能力的差距。劳动费主要反映在地区间的差异性上。

劳动费指向受到现实中各种各样条件的影响，韦伯把这些条件称为环境条件。在环境条件中，人口密度和运费率对劳动费指向的作用较大。人口密度低的地区，劳动力的密度自然也低；人口密度高的地区，劳动力的密度也高。劳动费指向与人口密度相关，人口密度低的地区劳动费相差小，人口密度高的地区劳动费相差大。因此，人口稀疏的地区工业区位倾向于运费指向；人口稠密的地区则倾向于劳动费指向。

工业区位从运费最小地点转向廉价劳动力地点，取决于运费增加程度。当运费率低时，即使远离运费最小地点，增加的运费也不至于很多，因而增加的运费比节约的劳动费少的可能性就大。由此，可使工业区位集中在这个特定的劳动供给地。

综上所述，决定劳动费指向有两个条件：一是基于特定工业性质的条件，该条件是通过劳动费指数和劳动系数来测定的；二是人口密度和运费率等环境条件。

（四）集聚指向论

集聚因子就是一定量的生产集中在特定场所带来的生产或销售成本降低。与此相反，分散因子则是集聚的反作用力，是随着消除这种集中而带来的生产成本降低。

集聚因子的作用分为两种形态：一是由经营规模的扩大而产生的生产集聚。大规模经营相对于明显分散的小规模经营可以说是一种集聚，这种集聚一般是由"大规模经营的利益"或"大规模生产的利益"所产生。二是由多种企业在空间上集中产生的集聚。这种集聚利益是通过企业间的协作、分工和基础设施的共同利用所带来的。

集聚又可分为纯粹集聚和偶然集聚两种类型。纯粹集聚是集聚因子的必然归属结果，即由技术性和经济性的集聚利益产生的集聚，也称为技术性集聚；偶然集聚是纯粹集聚之外的集聚，如运费指向和劳动费指向的结果所带来的工业集中。

分散因子的作用是集聚结果所产生的，可以说是集聚的反作用。这种反作用的方式和强度与集聚的大小有关。其作用主要是消除由于集聚带来的地价上升造成的一般间接费、原料保管费和劳动费的上升。

（五）理论与现实

尽管韦伯工业区位论意义重大，但仍然具有局限性，不能期待它解释所有的工业区位现象。这主要是因为有如下方面的理论与现实之间的差距。

第一，韦伯工业区位论中的运费，是重量和距离的函数，并且成比例地增加，而现实中的运费制度则是区段增加并且是远距离递减；运费率往往因原料、产品的不同而不同，而不是韦伯工业区位论的统一的运价体系；同时，交通网以及运输线路的地形条件不同也影响运费；运输方式不同，即使运输同样的物品，运价体系也不同。

第二，韦伯假定的完全竞争条件也是非现实的。产品价格随着远离工厂的运费增加而上升，导致需求减少；需求减少，企业收入必将受到影响。企业家不仅关注最小成本的节约，更多的是追求最大利润。

第三，就工厂经营而言，有生计性的经营和企业性的经营。生计性经营一般为小规模作坊式经营，而企业性经营则是相对大规模的工厂式经营。生计性经营往往不太考虑生产成本的场所差异，也一般不会意识到最小成本，也不会受最小费用指向所左右；而企业性经营与其说关注成本最小，不如说关注利润最大的区位。

第四，工厂区位是由工厂经营者所选定的，而这种决定也取决于决策者的主观因素。即使完全同样的外部条件，不同的决策者也可以选择完全不同的区位。同时，对不同的工厂经营者而言，有关最适区位的信息获取是有差异的，不可能获取完全的信息。即使能够获取完全的信息，工厂经营者处理信息的能力也是有差异的。

第五，技术进步使得单位产品的原材料消耗下降，以及替代原材料的使用，都使最适区位发生变化，原料地指向弱化，消费地指向增强。技术进步使得产品从重、厚、长、大向轻、薄、短、小发展，加之交通手段的发展，使得运费对工厂区位的影响越来越小。

第六，交通发达使得在产品价格中的运费所占的比重越来越小。例如，电子产品（集成电路）中的运费所占比重只有1‰。现代工业生产对于安全、快速的交通运输体系的支持，加之产品的轻量化趋势的加强，使得工业区位选择的空间余地进一步加大，越来越多的工厂趋向于空港区位、高速公路出入口区位。

第七，其他诸如地域政策因素，政府在一些地区鼓励工业发展而在另一些地区则限制工业发展，直接影响了工业区位的选择。特别是在企业规模与分工经济日益发展的今天，生产和管理相分离，工厂决策更多取决于企业战略等。

总之，当今世界由于技术和交通运输的发展，带来了原料使用量和劳动费以及运费大幅度削减，本来属于原料地和劳动供给地指向的区位类型现在已变为消费地指向区位类型，特别是一些尖端技术工业布局受地域束缚极小，工业区位的选择范围扩大。在这种条件下，工业区位出现了新的指向型，如临空型、临海型和高智能型等区位类型。这些类型的工业区位不能直接套用韦伯的理论。尽管如此，韦伯工业区位论的意义还是不容忽视的。

三、韦伯区位论意义

如同农业区位论鼻祖杜能一样，韦伯是第一个系统地建立了工业区位论体系的经济学者。他的区位论是经济区位论的重要基石之一。他的两部区位论著作不仅是理论研究的经典著作，同时对现实工业布局也具有非常重要的指导价值。

综上分析，韦伯区位论具有以下特色：第一，韦伯首次将抽象和演绎的方法运用于工业区位研究中，建立了完善的工业区位理论体系，为他之后的区位论学者提供了研究工业区位的方法论和理论基础；第二，韦伯区位论的最大特点或贡献之一是最小费用区位原则，即费用最小点就是最佳区位点，他之后的许多学者的理论仍然离不开这一经典法则的影响，仅仅是在他的理论基础上的修补而已；第三，韦伯的理论不仅限于工业布局，对其他产业布局也具有指导意义，特别是他的指向理论已超越了原有仅仅论及工业区位的范围，而发展成为经济区位布局的一般理论。

第四节 中心地理论

资本主义经济的高度发展，加速了经济活动集聚的进程。城市在整个社会经济中逐渐占据了主导地位，它成为工业、交通的集中点，及商业、贸易和服务行业的聚集点。因此，许多经济学家、社会学家和地理学家把研究的焦点对准了城市。

一、背景与目的

中心地理论是由德国城市地理学家克里斯塔勒和德国经济学家奥古斯特·勒施分别于20世纪30年代和20世纪40年代提出的，50年代起开始流行于英语国家，之后传播到其他国家，被认为是20世纪人文地理学最重要的贡献之一，它是研究城市群和城市化的基础理论之一，也是西方马克思主义地理学的建立基础之一。克里斯塔勒从小就对地图具有浓厚的兴趣，20岁进入达姆斯塔特大学学习。德国的地理学特别是城市地理学的知识对克里斯塔勒的影响较大，他除了从事地理学的研究外，还学习了国民经济学，对韦伯的工业区位论尤其感兴趣。深厚的地理学知识和经济学功底对他创建中心地理论奠定了基础。他从经济学观点来研究城市地理，认为经济活动是城市形成、发展的主要因素。他不仅注意每个具体城市的位置、形成条件，而且对一个区域的城市总体数量、区位、发展和空间结构更加关注，这些早期的研究工作是他形成系统的中心地理论体系的基础。

克里斯塔勒敏锐地发现了这样的问题："人们探索这个原因，为什么城市有大有小？人们相信，城市一定有什么安排它的原则在支配着，仅仅是人们仍然不知道而已！"由此，他开始探索城市的分布规律。通过对德国南部城镇的调查，克里斯塔勒于20世纪30年代出版了《德国南部的中心地关于具有城市职能聚落的分布与发展规律的经济地理学研究》（中译本《德国南部中心地原理》）一书，系统地阐明了中心地的数量、规模和分布模式，建立起了中心地理论。克里斯塔勒的中心地理论的最大目的就在于探索"决定城市的数量、规模以及分布的规律是否存在，如果存在，那么又是怎样的规律"这一课题。克里斯塔勒中心地理论的产生同杜能的农业区位论具有类似性，也是在大量的实地调查基础上提出的。他跑遍了德国南部所有城市及中心聚落，获得了大量基础数据和资料。在研究方法上，克里斯塔勒作为地理学者，一反过去传统的归纳法，运用演绎法来研究中心地的空间秩序，提出了聚落分布呈三角形、市场区域呈六边形的空间组织结构，并进一步分析了中心地规模等级、职能类型与人口的关系，以及在此原则基础上形成的中心地空间系统模型。

二、基本概念

（一）中心地、中心商品、中心地职能

中心商品（含服务）是指在少数的地点（中心地）生产、供给，而在多数的地点消费的商品。一般而言，中心商品是在同消费者接触中实现的，故中心商品供应者，如百货商店，一般是在消费者容易到达的交通便利的少数地点布局。中心地职能为供给中心商品的职能。中心地为供给中心商品职能（中心地职能）的布局场所。

（二）中心性

中心性是指就中心地的周围地区而言，中心地的相对重要性，也可理解为中心地发挥中心职能的程度。中心性一般可用下式表示：

$$C = B_1 - B_2$$

式中：C为中心地的中心性；B_1为中心地供给中心商品的总量；B_2为中心地供给中心地自身的中心商品的数量。从上述公式可知，中心性即中心地供给自身中心商品后的剩余，也即从中心地供给其周围区域的中心商品的数量。

（三）补充区域

以中心地为中心的区域称为中心地的补充区域，也称市场区域或中心地区域。具体说，是中心地的周围从中心地接受中心商品供给的区域。在中心地，中心商品有剩余，而在中心地的周围区域则中心商品不足。中心地中心商品的剩余部分便用于补充周围区域的中心商品的不足部分，当两者（供给和需求）均衡时的区域范围也就成为补充区域的范围。

（四）商品服务范围

商品服务范围有上限与下限两种。商品服务范围上限是由对中心商品的需求所限定的，为中心地的某中心商品能够到达消费者手中的空间边界。从理论上说商品服务范围上限为补充区域的边界。商品服务范围下限是由中心商品的供给角度所规定的边界。中心地为供给某中心商品而必须达到的该商品的最小限度的需要量，叫作门槛值或最小必要需求量。下限为中心地内该最小限度的消费者的空间范围。

（五）中心商品与中心地职能的等级

根据中心商品服务范围的大小可分为高级中心商品和低级中心商品。高级中心商品是指商品服务范围的上限和下限都大的中心商品，比如高档消费品、名牌服装、宝石等；而低级中心商品则是商品服务范围的上限和下限都小的中心商品，如小百货、副食品、蔬菜等。供给高级中心商品的中心地职能为高级中心地职能；反之，为低级中心地职能。比如，专营某名牌服装的专卖店和经营宝石的宝石店是高级中心地职能，而经营小百货的便民商店则是低级中心地职能。

（六）中心地的等级

具有高级中心地职能布局的中心地为高级中心地，反之为低级中心地。比如，有宝石店的中心地是高级中心地，而仅有便民商店的中心地是低级中心地。低级中心地数量多、分布广、服务范围小，提供的商品和服务档次低，种类也少；而高级中心地数量少、服务范围广，提供的商品和服务种类也多。在两者之间还存在着一些中级中心地，其供应的商品和服务范围介于两者之间。

中心地的等级性表现在每个高级中心地都附属有几个中级中心地和更多的低级中心地。居民的日常生活用品需求基本在低级中心地就可满足，但如购买较高级的商品和寻求高档次的服务必须去中级中心地和高级中心地才能满足。不同规模等级的中心地之间的分布秩序和空间结构是中心地理论研究的中心课题。

克里斯塔勒实地调查了德国南部不同等级中心地的数量、服务范围、提供的商品种类和中心地人口等，发现最低等级的村镇级中心地M数量最多，达486个，服务半径仅4千米，提供的商品和服务种类为40种，中心地的人口及其服务区人口也较少。随着中心地等级提高，中心地数量也愈来愈少，服务半径却逐渐增大，提供的商品和服务的种类也随之增加。克里斯塔勒的中心地理论最大特征之一是中心地的等级和中心职能是相互对应的。最低等级的中心地具有最低的中心职能，而比其高一级的中心地不仅具有自己固有的职能，同时也兼有最低中心地的中心职能。依次类推，最高级的中心地具备所有等级的中心职能。同时，同一等级的中心地以一定的间隔布局。

（七）经济距离

决定各级中心地商品和服务供给范围大小的重要因子是经济距离。经济距离为用货币价值换算后的地理距离，是主要由费用、时间、劳动力三要素所决定的距离，但消费者的行为也影响经济距离的大小。因此，交通发达程度对于中心地的形成与发展意义重大。

三、中心地三原则

克里斯塔勒认为中心地的空间分布形态受市场因素、交通因素和行政因素的制约，形成不同的中心地系统空间模型。

（一）市场原则基础上的中心地系统

克里斯塔勒认为在市场原则基础上形成的中心地的空间均衡是中心地系统的基础。

市场原则基础上的中心地系统以下列条件为基本前提：第一，中心地分布的区域为自然条件和资源相同且均质分布的平原，人口均匀地分布，且居民的收入和需求以及消费方式都相同，中心地在区域内的任何地方都可布局；第二，具有统一的交通系统，且同一规模的所有城市，其交通便利程度一致，运费与距离成正比；第三，消费者都利用离自己最近的中心地，即就近购买，以减少交通费；第四，相同的商品和服务在任何一个中心地价格和质量都相同，消费者购买商品和享受服务的实际价格等于销售价格加上交通费；第五，供给中心商品的职能，尽量布局于少数的中心地，并且满足供给所有的空间（所有居民）的配置形式；第六，中心地职能在同一中心地集聚。

（二）交通原则基础上的中心地系统

交通原则基础上形成的中心地系统的特点是：各个中心地布局在两个比自己高一级的中心地的交通线的中点。比如 $m-1(m>1)$ 级中心地是布局在两个 m 级中心地连接线的中点。因此，如果同一级的中心地间铺设一条交通线，那么在这条交通线上布局着比它等级低的所有中心地。

（三）行政原则基础上的中心地系统

行政原则基础上形成的中心地系统不同于市场原则和交通原则作用下的中心地系统，前者的特点是低级中心地从属于一个高级中心地。其原因是，在行政区域划分时，尽量不把低级行政区域分割开，使它完整地属于一个高级行政区域。

四、意义和存在的问题

（一）意义

第一，克里斯塔勒的中心地理论是地理学由传统的区域个性描述走向对空间规律和法则探讨的直接推动原因，是现代地理学发展的基础。克里斯塔勒作为地理学者初次把演绎的思维方法引入地理学，研究空间法则和原理，无疑是对地理研究思维方法的一大革命。也正因为这样，他被后人尊称为"理论地理学之父"。

第二，中心地理论是城市地理学和商业地理学的理论基础。具体表现在：一是关于城市等级划分的研究；二是关于都市与农村区域相互作用的研究；三是关于城市内和城市间的社会和经济空间模型的研究；四是关于城市区位和规模以及职能为媒介的城市时空分布的研究；五是关于零售业和服务业的区位布局、规模和空间模型的研究。

第三，中心地理论是区域经济学研究的理论基础之一。中心地与市场区域（也可看作为腹地）间的关系，对研究区域结构具有重要的意义。在区域规划中，按照中心地理论可合理地布局区域的公共服务设施与其他经济和社会职能。在这方面，德国的研究成果和实践经验值得参考。

（二）存在的问题

克里斯塔勒的中心地理论尽管对地理学、城市经济学和区位理论做出了巨大的贡献，但仍然存在一些不足之处，当然这种缺陷是以现在的眼光来看的。

第一，克里斯塔勒只重视商品供给范围的上限分析，即中心地的布局是按照上限大小来决定。虽然他也提出了商品的供给下限，但缺乏详细分析。对各种商品得到怎样程度的超额利润论述也不明确。

第二，在克里斯塔勒的中心地系统中，K 值在一个系统中是固定不变的。事实上，由于区域的各种条件作用，所形成的区域模型各等级的变化用一个固定的 K 值无法概括。

第三，克里斯塔勒把消费者看作为"经济人"，认为消费者首先是利用离自己最近的中心地。但在现实中，消费者的行为是多目标的。因此，消费者更倾向于在高级中心地进行经济或社会行为活动。这样会导致高级中心地的市场区域范围扩大，使中心地系统结构发生变形。

第四，克里斯塔勒忽视了集聚利益。事实上，同一等级或不同等级的设施集中布局会产生集聚利益。

第五，克里斯塔勒的中心地理论对需求的增加、交通的发展和人口的移动带来的中心地系统的变化没有进行论述。

第五节 其他区位理论

一、廖什的市场区位理论

德国经济学家奥古斯特·勒施认为大多数工业区位是选择在能够获取最大利润的市场地域。他提出区位的最终目标是寻求最大利润地点。

以韦伯为代表的最小费用区位论，在假定需求给定，且对企业区位选择不产生影响即不考虑需求因子作用的条件下，认为单一企业区位的选择动机是追求费用最小。以哈罗德·霍特林为代表的区位相互依存学派，假定现状市场上存在着相互竞争的企业，认为能够占有更大的市场地域（销售量）的区位就是最佳区位。与此相反，以廖什为代表的利润最大化区位理论却从需求出发，认为最佳区位不是费用最小点也不是收入最大点，而是收入与费用差的最大点即利润最大点。韦伯假定需求和价格已给定，即把收入看作一定的，但事实上，需求会随着价格的变化和市场地域大小的不同而变化，同时也与选择的生产区位有关。如果各生产区位的生产价格不同，那么，各生产区位所占有的市场地域大小也不同，即总需求不同。总需求的差异将带来收入的不同，最终导致最佳区位的空间变动。总之，价格、需求和区位之间有密切的关系。

勒施市场区位论的特征在于确定理论上能够获取最大收益的地域。他在建立市场区位模型时，进行了如下条件假定：第一，在均质的平原上，沿任何方向运输条件都相同；进行生产必要的原料充足，且均等分布；第二，在平原中均等地分布着农业人口，最初他们的生产是自给自足，且消费者的行为相同；第三，在整个平原中居民都具有相同的技术知识，所有的农民都可能得到生产机会；第四，除经济方面的作用外，其他因素都可不考虑。

勒施最大利润区位论的市场不是韦伯学派的"点状"市场，也不是霍特林学派的"线形"市场，而是蜂窝状的正六边形"面状"市场。廖什的区位论在垄断竞争情况下，首先着眼于确定均衡价格和销售量，即平均生产费用曲线和需求曲线的交点，再以此来确定市场地域均衡时的面积和形状。

二、帕兰德的区位理论

继韦伯之后，瑞典经济学家托德·帕兰德（Tord Palander）是对区位论做出重要贡献者之一。帕兰德于20世纪30年代完成学位论文《区位理论研究》，提出了自己的区位理论。在其著作中，帕兰德试图把不完全竞争的概念引入区位论研究中，以价格为变量研究区位空间的均衡；同时在运费分析上，他提出了远距离运费衰减的规律，是对区位论发展做出的一大贡献。

（一）区位与市场地域

帕兰德在构建自己的区位理论时，首先将以下两个基本问题进行了区别：一是在假定原料的价格和分布地以及市场的位置已知的条件下，生产在哪里进行的问题，该问题也是韦伯努力要解决的问题；二是在生产地、竞争条件、工厂费用和运费率已知的情况下，价格如何影响生产者的产品销售地域范围。

关于市场地域大小如何决定的问题，帕兰德是通过自己设计的直线市场这一简单模型来说明的。他研究了在这一直线市场上只有两个生产同样产品的企业时其市场地域界线如何划定的问题。

在某地的价格如果等于生产地价格加上到消费地的运费，那么该地方价格（运费与距离成比例时）将随着离生产地的距离而增加，在所有的方向都会同样增加。用几何学来说，地方价格的高低呈漏斗状，漏斗的下端就是生产地。在所有的竞争地，其地方价格都呈漏斗状。在这些漏斗相交的地点，价格相等，而与购入地无关。这样，等竞争线可看作是两个漏斗相交部在平面上的投影线。

生产者占有的市场地域大小将对其获得的利润产生影响。在每单位产品的生产费和利润给定时，如果销售量与市场地域的大小有关，那么总利润将是生产地与其销售市场间的距离的函数。任意一个生产者的销售地域或利润都将会受到其竞争者的区位行为决定或其他行为的影响。

（二）运费与区位理论

帕兰德以空间竞争观点分析了市场地域之后，又研究了在原料的价格、分布地和市场给定时，生产区位在哪里布局的问题。他对这一问题的研究超越了韦伯，尤其是他对运费理论的发展所做出的贡献更是引人注目。

帕兰德为了说明运费对区位的影响，采用了韦伯的等费用线分析方法。但他不仅使用等费用线和等送达价格线，还提出了等距离线（从某一地点开始距离相同的点的连线）、等时间线（从某一地点开始运送时间相同点的连线）、等商品费用线（某商品所需要的费用相同地点的连线）和等运送费线（特定商品的运费相同地点的连线）等概念。

帕兰德对运费率与等费用线间的关系也具有浓厚的兴趣。他在假定运费是运送距离的函数的前提下，认为运费有两种形式，即距离比例运费和远距离递减运费。前者是指运费与距离呈等比例增加；后者是指随着距离的增加，单位距离的运费在递减。在这两种形式下，等运费线的表现形态也不相同。前者的等运费线是围绕给定的某一点呈一定间隔的同心圆状；后者的等运费线间隔会变得越来越宽。为了进一步说明这一问题，他研究了只有一个原料地和一个消费地的简单模型。结果认为，当运费率为均等运费率时，总运费在上述两地点（原料地和消费地）的连线上到处都相同；当运费率为可变运费率时，总运费在原料供给地和市场双方比其两地点中间的任意区位都低。在现实经济活动中运费率一般是可变的，那么，最佳区位选择在原料地或者市场的可能性更大。等费用线的分析方法也适用于多种原料供给地或不同运输手段情况下的复杂模式研究。

帕兰德认为，在区位选择时，运费最小地点当然是最佳的生产地。可是随着生产地的选择，其他所有的费用也在发生变化。因此，生产地的位置就不能只从运费最有利的角度考虑，最佳的生产地应该是生产的所有费用的总和最小。

三、胡佛的运输区位理论

在区位论研究中，美国空间经济学家胡佛特别重视运输结构的影响。他认为运输距离、运输方向、运输量以及其他交通运输条件的变化，往往会引起经济活动区位选择的变化。其在 20 世纪 40 年代出版的《经济活动的区位》一书中首先提出了运输费用结构理论，将运输费用划分为装卸费用和线路营运费用两部分。由于包括仓库、码头、营业机构、维修等开支的装卸费用不受运行里程影响，因此不同运输方式都存在不同技术特征的运输费用递减现象，从而修正了韦伯理论中运费与距离成比例的基本图形。

（一）运费率递减律

胡佛认为，运费最根本的问题是随着距离的增长，运费缓慢地增长，每单位产品运输单位距离（吨 / 千米）的运输价格与距离增加不按比例增长，而是随着距离的增加而递减，即运费率递减律。形成这个规律的原因包括以下三方面。

第一，与运输结构有关，运费可分为站场费和运行费两部分。站场费包括装卸费、保养维修费、经营管理费、仓库码头费等；运行费包括运输工具的折旧、线路的维修与管理、保险费、运行中的职工工资等。这两部分费用中，站场费大小只与托运货物的体积、重量、站场停放时间等有关，与运输距离无关。不论运输距离长短，从站场费看，运输距离越长，每吨公里分摊的站场费越小；运输距离越短，分摊的站场费越高。而运行费的大小与运输距离成正比。因此，每吨公里的运费随着货物运输距离的增加而相对递减。

第二，运行费也不是严格随着运距的增加而成正比例增长的。如铁路运输中，短途运输要用零担列车装载，沿途大量摘车、挂车，运行效率低。较长距离的大量货运，可用直达专列运输，行车效率高，途中费用也相对较低。

第三，许多国家和地区对长距离运输实行优惠政策，对运输距离越长的货物收费越低，使按吨 / 千米计算的平均运费进一步降低。

（二）发挥各种运输方式的优势

运费率递减律对各种运输方式都适用，但在不同的运输方式中，站场费和运行费所占的比重有很大差别。

任何一批货物只要进出站场一次，即使运输距离为零，也要付出同样多的站场费用。站场费用，水运最大，其次是铁路和公路运输；而运行费用则相反，公路最大，其次是铁路和水运。每种运输方式都有一定的距离运输优势。公路运输在运输距离短时运费最低，但随着距离的增加，运费增加很快，适合短途运输；铁路适合总长途运输；水运适合长距离大批量的货物运输。区域进行交通运输布局时，要根据当地的运输需要建设运输网，充分发挥各种运输方式的优势。

（三）运输区位论的实际应用

胡佛的运输区位论对产业布局的影响较大，许多国家应用胡佛的运费理论指导产业布局，取得了显著的经济效益和社会效益。

1.应用运费率递减律扩大企业规模，提高地区专业化水平

在多数情况下，扩大企业规模，提高地区专业化水平可以降低生产成本，但同时会增加原材料和产品的运输里程，增加运费开支。由于运费率递减律的作用，原料和产品的运距增大后，运输价格不会按同样比例增长，这就为企业扩大规模、提高地区专业化水平提供了有利条件。例如，日本在第二次世界大战后利用大型海运的运费率随运输距离增大而迅速下降的特点，依托先进的钢铁生产技术，在环太平洋沿海地区建立强大的钢铁专业生产区，从海外进口原料和燃料，出口钢铁产品，获得了巨大的经济效益，成为世界主要的钢铁生产国之一。

2.运输布局尽量避免转运

企业布局时，运距长的区位要优于运距短而有转运的区位，布局时应最大限度地削减站场费，形成最佳区位。例如，日本在第二次世界大战后，改变了战前的工业布局状况（内地设厂，以海运进口原燃料，转运到工厂），采用填海造陆方式，将大工厂设立在沿海地区，工厂与码头相结合，甚至直接用卷扬机将原料运到车间加工，有的运到工厂的原料码头，再用自动传送带运到车间，避免了转运，减少了站场费，降低了运费。这成为世界钢铁工业布局的成功模式之一。20世纪70年代末，我国上海宝山建设大型临海型钢铁厂，但是由于巨轮不能入港，只好改为从浙江省宁波北仑港转运，既延误时间又增加运费，影响了经济效益。

3.发展集装箱运输以降低站场费用

胡佛认为运输改革的最终目的是降低站场费和运行费。集装箱运输不仅极大地降低了站场费，部分降低运行费，并且可以将各种交通工具组成统一的运输体系，做到门对门的运输。采用集装箱运，减少了装卸时间，降低了装卸费用。美国的海陆公司，在最初尝试集装箱海运时，每吨货物的装卸费从58美元降到0.15美元，为原装卸费的1/37。现在集装箱已经在水运、公路、铁路、航空等领域广泛使用。

四、区位相互依存学派

该学派假定生产费一定，市场不是韦伯假定的点状市场，而是在地域中分布的市场（但在理论研究中，假定为线状市场）。企业的送达价格因区位不同而不同，各个企业都尽力以低于竞争企业的价格向消费者销售产品。而送达价格与克服企业与消费者间的距离所支付的运费大小有关。各个企业在选择区位时，都想尽量占有更大的市场地域，这样市场地域的位置和大小受到消费者的行为和其他企业的区位决定行为的影响。某企业如果能以低于其他竞争者的价格在某市场地域销售产品，那么，该市场就会被该企业所垄断。总之，该学派认为区位和市场地域间的空间模型产生于需求场所的差异和企业区位间的相互依存关系。

相互依存区位论主要是研究在不完全竞争条件下均衡状态的形成过程，探讨在直线市场条件下，存在两个竞争企业时，区位与市场地域的关系，其中比较有影响的是霍特林模式。

哈罗德·霍特林假定相互竞争的两个冰激凌销售者向沿海岸均等分布的顾客供给相同的产品，每个顾客每单位时间内购买一个冰激凌。在这种情况下，他得出的结论是，两个销售者将在海岸的中央部位相对布局，分别占有市场的一半。

他的结论是产生在这样的假定前提下：一是消费者在空间上均等地分布；二是对于产品需求是无限的而且是非弹性的；三是生产费在所有的区位都均等；四是产品的运费率在所有的区位都相等；五是生产者按照工厂生产价格销售，从工厂到消费者的运费由消费者承担。

第五章 区域经济增长理论与区域经济发展战略

第一节 区域经济要素

区域经济增长是多种影响要素相互作用的过程。对区域经济增长要素的分析，是研究区域经济增长的起点。区域经济增长要素理论主要涉及区域经济增长的影响要素、区域经济增长要素的分类标准等内容。

一、区域经济增长影响要素

区域经济增长要素对区域经济增长的作用各不相同，但又相互联系。如何区分各要素对区域经济增长的贡献，是一个重要而又困难的论题。区域经济增长理论一般侧重分析对区域经济增长起主要影响作用要素。

（一）自然条件和自然资源要素

广义的自然条件包括自然资源，狭义的自然条件即指自然地理位置、地质条件、水文条件、气候条件等，它作为环境因素，间接对区域经济增长产生作用。自然条件和自然资源作为区域经济增长的物质基础，是影响区域经济增长的基本要素，具体体现在对劳动生产率的影响、对区域产业结构的影响、对区域初始资本积累的影响等方面，亦即首先影响区域经济的投入结构，进而影响区域产出结构。

（二）劳动力资源要素

劳动力资源即指区域内人口总体中所具有的劳动能力的总和，是存在于人的生命体中的一种经济资源。劳动力资源的数量、质量是决定区域经济增长的重要因素。区域劳动力资源丰富，即为该区域经济增长提供了最基本的条件；劳动力资源缺乏，则直接影响区域经济增长所需人力资源的供给。劳动力投入量的增加，可提高区域经济的产出水平，并影响生产要素投入的结构。

（三）资本要素

资本是一种相对稀缺的生产要素，资本形成对经济增长具有决定性影响。资本存量的多寡，特别是资本增量形成的快慢，往往成为促进或阻碍区域经济增长的基本要素。资本的主要形成路径为：储蓄（私人、企业、政府储蓄）转化投资，进而形成物质资本（机器、设备、厂房、基础设施等）。区域经济增长并非单纯取决于储蓄和可投资资源的供给，而是主要取决于这些资源的合理利用。

（四）技术要素

技术是指解决生产、生活实际问题的手段、方法的总和，既包括知识、经验等软技术，又包括工具、装备等硬技术。技术要素已成为经济增长的重要内生变量，技术进步对区域经济增长的影响日趋跃居主导地位，区域技术能力已成为区域经济增长的核心要素。技术进步对区域经济增长的影响主要表现在：不同的技术条件决定了各种要素在经济活动中的结合方式；技术进步不断改变劳动手段（主要表现为生产工具，尤其是机器设备）和劳动对象；技术进步能促进劳动力素质的提升；技术进步能促进产业结构的优化升级。

（五）区际贸易要素

基于区域外部需求的区际贸易有广义和狭义之分。广义的区际贸易既包括一国范围内区域间的国内贸易，也包括区域跨国界的国际贸易；既包括区际商品贸易（商品输入和输出），也包括区际服务贸易（如旅游业等）。区际贸易也是影响区域经济增长的重要因素，对区域经济增长具有乘数效应。

（六）结构要素

区域内企业组织结构调整、产业结构优化配置及产业组织结构优化、空间结构的合理有序等，都是促进区域资源优化配置的重要途径，是促进区域经济增长的重要因素，影响区域经济的稳定增长。

（七）制度安排

政府通过正式制度安排（体制、政策、法规、组织、规划）可改变区域的要素供给特征和要素配置效率，影响区域经济增长速度。区域非正式制度安排（道德、伦理、观念、风俗习惯或文化传统、企业家精神）的差异可带来区域制度创新能力的差异，进而影响区域经济增长速度和质量。

二、区域经济增长要素分类

基于不同的视角，采用不同的分类标准，国内学者将区域经济增长要素分类方法归结为以下三类。

（一）基于各种要素性质、特征和作用的差异视角的分类

根据区域经济增长诸要素的性质、特征和作用的不同，将其分为区域性要素和一般性要素两类。一般性要素是国家和区域共有的增长要素，反映区域经济增长的共性特征；区域性要素是区域特有的增长要素，反映区域经济增长的个性特征。

按此分类标准，也可将区域经济增长诸要素分为供给面要素（生产要素）、需求面要素和作用于供、求方面的要素三类。供给面要素包括劳动、资本和土地等；需求面要素包括私人的消费需求和公共的消费需求、私人的投资需求和公共的投资需求；作用于供、求方面的要素包括技术进步、空间结构、产业结构、基础设施体系、国家产业政策和区域政策、政治体制、社会体制、法律、意识形态、文化历史传统等。

（二）基于各种要素的区域来源视角的分类

根据区域经济增长要素的区域来源，将其分为内部要素和外部要素两类。内部要素反映区域经济增长的潜力和自我发展能力；外部要素反映外部环境条件对区域经济增长的影响。

（三）基于各种因素与社会生产过程的相关程度视角的分类

根据区域经济增长诸要素与社会生产过程的相关程度，将其分为直接影响要素和间接影响要素两类。

直接影响要素即生产的要素，是指直接参与社会生产过程的要素，包括劳动力、资本和技术。直接影响要素对区域经济增长起着决定性的作用。间接影响要素即指通过直接影响因素对社会生产过程间接发生作用的要素，包括自然条件和自然资源、人口、科技、教育、经营管理、产业结构、对外贸易、经济技术协作、经济体制和经济政策等。间接影响要素一般通过改善生产条件、劳动力和生产资料的质量来影响区域经济的增长。

总之，影响区域经济增长的要素是多元的。区域经济增长要素分析应重点关注以下三大内容：第一，生产要素分析。即分析劳动力、资本、技术等生产要素对区域经济增长的决定性影响作用。第二，制度要素分析。制度分析是新制度经济学倡导的一种具有相当强解释力的分析方法；对一个区域而言，制度可分为正式制度和非正式制度。制度供给的有效性是影响区域经济增长速度及质量的重要因素。第三，结构要素分析。西方区域经济增长理论研究的侧重点是区域经济增长的动力机制及其区际差异问题，产业结构及空间结构一般被置于其理论框架之内，作为影响区域经济增长过程的一个变量。区域经济学尤其应重视分析区域产业—空间结构要素对区域经济增长速度和质量的影响作用。

三、经济活动区位理论的相关概念阐释

任何经济活动的进行都离不开一定的地域，无论是微观经济单位，还是中观层次区域经济，其经济活动都存在一个空间配置问题。虽然不同层次经济活动的区域（区位）选择

各有不同,但是,为各类经济活动寻找最佳的经济区位,则是区域经济研究的重要内容之一。

(一)区位的概念阐释

区位首先是指人类行为活动的空间。人类在进行生产经营活动的过程中,离不开一定的空间,即离不开区位。这些经济或社会活动都占据着一定的空间。这些空间并非自然存在,而是人类根据经济活动的空间选择的一种结果的表现。所以说,区位实质上是指企业、产业以及设施等在空间经济格局中的位置,有时特指其盈利位置或者最优的经营位置。

经济区位是指某一经济主体为其经济社会活动所选择、占据的场所。对于经济主体而言,不同区位具有不同的经济利益,因此经济区位往往被描述成距离某几个特惠地点的不同位置所反映的市场、供求、运输成本等方面的差异问题。

(二)区位理论

区位理论根据其产生与发展的先后,有古典区位论、近代区位论与现代区位论之分;从区位理论体系来看,有成本学派、市场学派和行为学派;从动态与静态来看,又有静态区位论与动态区位论之分;以产业而论,有农业区位论、工业区位论、商业区位论、交通区位论、城市区位论、服务业和住宅区位论等。通常应用的是按产业进行的分类。

(三)区位类型

人类自从产生以来就主动或被动地从事着各种行为活动,这些行为活动在空间上的多样化表现形态就构成了不同的区位类型。

各种区位类型是在一定的行为驱动下形成的。譬如,有的是追求经济利益最大化,有的是追求社会效益最佳,而有的则是寻求自我满足等行为的合理性。总之,人类的空间行为是有规律的,是自觉或不自觉地按照一定的法则来进行的。例如,产业区位形成的动机一般是追求利润最大化,住宅区位形成的动机主要是追求效用最佳,而都市设施区位通常是追求福利最佳化。

(四)区位条件

区位条件是区位(场所)所持有的属性或资质。从一般意义上理解,区位条件的内涵包括不同场所的区位条件不同。人类对于自身活动场所的选择,直接导致了区位条件的好坏,并且区位的主体不同,区位条件也不尽相同。区位条件还会随着时间的变化而变化。区位主体进行区位选择时,要考虑到主要区位条件这一影响较大的因素。就工业区位而言,主要的区位条件是指劳动力、资本、能源以及运输等,次要区位条件则是指研究开发、经营以及税制等方面的因素。

(五)区位因子

区位因子亦称区位因素,是指影响区位主体选择经济活动区位和区位主体空间分布的因素,也是区位单位(布局于某一区位上的某一社会经济统一体内的各组成部分)进行空间配置的外部约束因素。韦伯称之为区位因子，哈特向与格林哈特称之为区位因素，艾萨德称之为区位力量。最早提出区位因子的韦伯将区位因子定义为区位因子是对于区位主体而言的，它既包含可以用货币度量的价值标准，也包含不能用货币所测量的非经济因子。胡佛从影响区位的相对优劣角度将区位因素分为地区性投入因素、地区性需求因素、输入的投入因素和外部需求因素四类。从对区位主体行为活动的影响角度，可以将区位因素划分为经济因素（包括成本因子和收入因子）和非经济因素两大类。

（六）区位决策

区位决策是区位主体（亦即决策主体）对经济社会活动区位选择的决定行为，区位因子影响着区位决策的整个过程。那么，区位决策的依据或区位因子如何左右区位决策呢？区位决策正确与否主要取决于区位决策后能否带来经济利益、效用、个人（或社会）满足及社会价值等。而这一切又都取决于区位因子的影响，即如何降低费用（成本）、扩大销售、增加利润以及保持最大的稳定性或得到最大的满足度等。能够满足或符合上述条件的区位选择就可称为最佳区位。但是，这种经济行为决策具有滞后性，一旦形成一般很难再进行更改。因此，首先必须进行预测或进行多方案的优选。而选择和预测区位的理论根据就是区位原理，进行实地调查的项目或内容就是地理条件，将这些条件进行综合经济评价，评估、测定其对区位决策后果可能带来的效果，就属于区位因子研究的一部分内容，这部分内容也可称为区位因子的经济分析。此外，区位决策还取决于经营者的嗜好、国家的政策法规和公共福利等因子的作用，而这部分内容可称为非经济因素分析。总之，区位条件是通过区位因子作用于区位决策，区位决策正确与否取决于区位因子分析、评估、预测的准确程度。

区位决策是一个复杂的经济行为和社会行为过程，它与企业（组织）的历史、类型、现状、资金、竞争者、经济环境和经营者的能力等有关。一般而言，区位决策过程有三个阶段：第一是市场分析阶段，主要研究和决定企业的市场容量，包括产品的可能销售范围和服务的半径及销售量（销售额）等。同时，分析同类企业的区位分布状况、经营水平、产品的种类及所占有的市场容量等。这属于市场调查的内容，但也是区位决策的重要依据，只有不断地了解市场，对市场的相关内容进行详细分析，进行深入了解、全面把握，才能准确确定企业最终的投资区位，才能进一步确定企业的投资规模和发展方向。第二个阶段是地域选择阶段，这一阶段对于区位决策具有重要的影响，从市场的角度来看，进行地域的选择，就是要选择与市场环境相适应，并且能够在该市场中有进一步发展空间与竞争潜力的区域；从区位论的角度来讲，就是要选择能给企业带来最大利益的区位空间。最后一个阶段是地点决策阶段，这是地域空间的具体落实，在进行选择时，要严格按照区位论的基本原则进行最终的区位选择。

一般的区位决策过程是由上述三个阶段组成，但是，不同区位主体的决策过程是有一定差异的。同时，决策过程所处的决策阶段不同，其区位因子的重要程度也不相同。比如，在第一阶段，收入因子这一要素在决策过程中的影响比较大；在第二阶段，重要的影响因子可能就是收入和运费；在第三阶段，所有因子都会成为重要的研究内容。

四、经济活动的区位选择

选择什么样的区位进行生产经营活动，对企业的经营成果具有重要的影响。企业的区位决策要考虑到各种区位因素，是一个复杂的过程。

在区位理论中，关于企业的区位选择与经营效果的关系涉及两个方面的问题：一方面是企业区位的选择对企业经营效果有多大程度的影响，如对它的成本、收益、利润或者创新能力的影响；另一方面是企业对它周边环境的利益有什么样的作用，如对于就业岗位、收入水平或者其他企业的交互作用等。提出这些问题的背景是企业是一个开放系统，与它的经济、社会和自然环境之间以各种形式相联系。

企业在采购和销售市场上同对方不仅仅是交换货物和服务，也经常交换行情信息，如关于市场状况、技术革新、新产品、市场营销战略等信息。企业同重要的商业伙伴也许还保持着更紧密的联系，这种紧密联系可以从非正式的协议和具有合同义务的正式协定直到资本的融合（相互持股）。此外，一些社会的经济环境条件（如法律规定、税收以及政治惯例）都应在企业生产经营活动中受到相应的重视。同时，在进行经营活动的过程中，企业还必须注意资源的合理利用，必须关注其对自然环境的影响。

这些联系中，有很大的一部分是与区位相依存的，因而对于企业的区位选择具有重要的潜在影响。但是在诸多的要素中，最终对企业区位选择影响比较大的两个需要满足的条件就是：一，要在企业的生产成本方面有显著改善，或者对企业的收益具有明显的影响；二，这些相关的要素之间，要在价格、质量以及可拥有性方面存在一定差别。只有符合这两个条件，企业在区位选择的过程中，才会对具备不同条件的不同区位进行准确选择，因此，企业在进行区位选择的过程中，必须考虑到这些条件。

对大多数企业来说，同外部环境最为重要的联系是采购市场和销售市场。在这两个领域要求区域内主要有下列各种要素。

一是投入方面，包括自然资源（取决于矿藏以及环境状况）、劳动力（根据技能、工会组织程度和工资水平而变化）、货物和服务供应商（取决于企业聚集程度和部门结构）及信息密集度和有关创新信息的畅通程度（同研究机构、相关的信息服务和技术转让交易机构保持联系的可能性）等。

二是产出方面，由于区位不同，市场进入会有重大差别。这既涉及运输成本和市场潜力，也涉及开辟业务的信息和联络。由于市场进入，投入品的可拥有性和价格通常是根据区位而变动的，因此它们构成了区位决策的最重要的基础。与此类似的是信息，主要是对企业的创新能力和中长期竞争能力具有意义的那些信息。市场的区域结构取决于货物和服务延伸的范围，也就是说生产者能在什么样的范围内满足需求。通常可以把产品区分为地区市场、国内市场和国际市场，进入这些市场的可能性在区域上存在很大差别。通常在一个国家内部，法律制度、政治制度或者行业协会几乎没有什么差别和变化。但在国际上，这些因素则存在着重大差别。对于跨国公司来说，经济和政治上的稳定、工会组织程度、劳资关系融洽程度、法律体系的构成等，就成为它们在全球范围内进行区位决策的重要区位标准。一个企业的生产经营成果不仅取决于它选择的区位，也会影响到一个城市或地区的发展程度。通过企业对生产要素的需求，要素报酬和收入流进这些地区；通过对投入品（加工品）的需求，为其他企业开辟了市场；企业的产品和服务供给提高了这一地区的供给质量。

由于多种原因，区位决策是复杂而又困难的。其中一个重要原因是，一经确定的区位要予以改变，必须付出很大的成本。因此，区位选择可以说是不可逆的。所以，区位规划就要对一个区位的成本和收益状况进行评估，必须建立在企业的经济生命周期基础之上，原则上要 10 ~ 15 年。然而，在这个长远规划的视野里，包含着很大的不确定性，如投入品和产出品的价格、市场机会、新竞争对手的出现等，在长时期内很难估测；供应商、采购商和竞争对手在区域内的分布也会发生重大变化；新的生产工艺、运输和通信技术会使生产过程中要素的意义和作用发生变化。如此种种，都可能使目前的最佳区位在未来成为次优区位，甚至变成使企业亏损的最差区位。

由此产生了对于企业的区位规划相互矛盾的要求：一方面，区位决策的长远性和影响范围要求对影响企业区位规划的诸多因素进行全面分析，一旦选择了错误的区位就会大大减少新建企业的生存机会；另一方面，企业又难以通过精确的计算找到最佳区位，正由于问题的复杂性和不确定性以及面临一系列可选择的区位，促使企业的区位选择多采取"干中学"（learning by doing）的行为方式。

第二节 经济增长理论

一、区域输出基础理论

20 世纪 50 年代，道格拉斯·诺斯在论文《区位理论与区域经济增长》中，批评了艾萨德的区位理论和胡佛的增长阶段理论，认为他们没有解释区域增长的动力，并且关于区位的模型和关于增长的描述也存在问题。诺斯从经济史的角度出发，认为区域增长的阶段论中的阶段序列与经济史是断裂的，该理论是建立在中世纪欧洲封建自给自足型经济的假设之上的，近代美国的经济发展与区域增长的阶段论序列不相符合。诺斯认为，区域经济增长的动力来自外部需求的拉动，区域外部需求的增加是区域增长最为关键的初始决定因素。诺斯的思想后经蒂伯特等人的发展而逐步得到完善，成为解释区域增长的输出基础理论（export base theory）。

（一）输出基础理论的思想内核

在输出基础理论中，经济被划分为两个部门：一是基础部门（basic sectors），包括所有的区域外部需求导向的产业活动；二是非基础部门（non-basic sectors），包括所有的区域内部需求导向的产业活动。输出基础理论的思想内核是，一个区域经济的增长取决于输出的基础部门的增长，区域外部需求的扩大是区域经济增长的基本动力；因而增加区域的输出基础即区域所有的输出部门，将启动一个乘数过程，其乘数数值等于区域总的收入或就业量与输出部门的收入或就业量之比。

输出基础理论认为：一个区域对外输出（包括产品和服务）的总额越大，其输出部门的收入就越多，这部分收入除了补偿输出部门的生产费用外，可以用于满足区域内需求的产品的生产和服务业，以及用于扩大输出。同时，输出部门的生产活动需要许多区域非输出部门的配合和协作。这样，输出部门越大，区域内的生产和服务业就越会得到更大程度的发展。因此，输出生产和输出总额越大，区域经济的规模和相应的收益就越大。

（二）输出基础理论的特点

输出基础理论显然是凯恩斯的收入理论在开放的区域和长期分析中的应用。输出作为总需求的唯一外生影响因素，被提升到了核心的地位，其他可能的影响因素（消费函数、国内投资或政府支出水平的变化）被降低到了微不足道的位置。

该理论不关心出口需求增长的来源，将整个世界经济仅分为两个组成部分：区域和世界其他地区。出口的增加是源于邻近区域还是源于世界的其他地区都没有什么差别。

输出基础理论在分析区域增长时把各国需求的变化模式置于核心的位置。它强调，为了理解区域增长的机制，不能孤立地对一个区域进行研究。一个区域能否快速增长，不可能完全在它的边界内部决定。

输出基础理论的倡导者也认识到区域内部政府的较高支出水平将促进区域增长；非经济因素引起的迁移也会在不改变输出基础的情况下推动当地经济活动的扩张；进口替代型的当地活动的增加也会促进区域经济发展。此外，当地产业（例如为输出产业提供投入的那些产业）的效率改进能够通过提高输出基础部门的竞争力，而对区域活动产生显著影响。这一区域增长理论有助于对特定国家某区域历史发展的重要特征形成一个简洁的描述，但它存在着诸多缺陷，因此难以成为区域增长的一般理论。

（三）输出基础理论的缺陷

首先，输出基础理论简单地将各区域分为本区域和其他地区，这就掩盖了在增长过程中区域相互之间可能产生的重要作用。其次，作为区域增长预测的方法，输出基础理论的价值也是令人怀疑的。我们不大可能根据输出基础部门的变化，来估计它对区域增长的净效应。例如，从区域漏出的收入有多少再次以进口的形式输入，将取决于输出增长的确切形式和来源。这一理论的缺陷还包括：第一，过度简化了输出基础部门的影响，在一个由许多商品组成的世界里，当地活动的影响经常显著地从一个输出行业变动到另一个输出行业。输出基础不同组成部分的扩张，对区域增长具有相当不同的作用；第二，输出基础理论忽略了内部增长驱动力有可能是区域增长的关键因素的事实，从长期看，单纯强调输出是非常狭隘的，我们还需要考虑其他外生变量（政府公共支出措施、区域内的技术进步、生产函数或消费函数的变动等）的水平，它们在某些情形下对增长的作用较输出基础更为重要；第三，所研究的区域越大，这种忽略所引起的问题就越严重，随着所分析区域规模的扩大，输出的相对重要性将越来越小，增长的其他影响因素的重要性将相应地增大。另外，对于较大的区域来说，乘数的反馈作用可能更为显著，这就要求一种立足于区域间的分析方法；第四，在某些情形下，当地活动可能是区域收入增加的关键因素，例如将资源配置到当地活动也许比配置到输出部门更有效率（比如前者具有更高的技术进步率），在这种情况下输出活动的下降会促进区域收入的增加；第五，如果一个区域的贸易条件有显著的改进，那么即使其输出基础的规模没有提高，该区域也能够实现增长；第六，当涉及具有复杂的输出部门（其市场从有限制的区域到国家甚至整个世界）的多样化的区域经济时，输出基础这个概念的价值就会大打折扣。

二、新古典区域经济增长理论

20 世纪 50 年代，美国经济学家索洛（Solow）发表了一篇名为《对经济增长理论的一个贡献》的论文，成为经济增长研究历史上的一个里程碑。索洛成功地将新古典经济理论和凯恩斯经济理论结合在一起。对新古典模型做出贡献的还有英国经济学家 F·拉姆齐（F.Ramsey）和澳大利亚经济学家 T·斯旺（T.Swan）。由于索洛模型是新古典经济增长模型的最重要代表，我们常常把索洛模型与新古典模型作为同义词使用。新古典模型被广泛应用于各国区域经济增长分析中，一些学者还试图将空间因素引入新古典增长模型。例如，理查森把区域空间结构的变动对区域增长的影响引入新古典增长理论的标准增长方程式，提出了一个融合空间维的区域增长模型（Richardson）。

关于新古典生产函数，还有四个关键的假设条件：第一，规模报酬不变，该假设意味着生产函数对于两个自变量（资本和有效劳动）是规模报酬不变的；第二，忽略土地和其他资源对产出的作用，该假设认为资本、劳动和技术知识以外的投入是相对不重要的；第三，要素投入为正，且呈边际报酬递减；第四，生产函数满足稻田条件（Inada conditions），稻田条件是指随着资本或劳动趋于零，资本或劳动的边际产品趋于无穷大，当资本或劳动趋于无穷大，资本和劳动的边际产品趋于零。

三、凯恩斯区域乘数理论

乘数效应（multiplier effect）是一种宏观的经济效应，也是一种宏观经济控制手段，是指经济活动中某一变量的增减所引起的经济总量变化的连锁反应程度。在区域经济发展中它的概念是指通过产业关联和区域关联对周围地区发生示范、组织、带动作用，通过循环和因果积累，这种作用不断强化放大、不断扩大影响。凯恩斯区域乘数由标准凯恩斯国民收入—支出乘数模型改造而来。

区域经济在某种程度上与国民经济不同，有自己独特的性质，导致凯恩斯区域乘数也在一定程度上与标准凯恩斯国民经济乘数有所不同。标准的凯恩斯收入—总需求表达式应用于一个区域的情况下，可以表示为：

$$Y_r = C_r + I_r + G_r + X_r - M_r$$

式中：Y_r 代表区域收入，C_r 代表区域消费，I_r 是区域投资，G_r 是区域政府支出，X_r 是区域出口，而 M_r 是区域进口。

从区域乘数效应的角度研究和运用投资宏观调控决策体系，就是在已有凯恩斯投资乘数理论的基础上，基于经济体不同区域的社会边际消费倾向往往不相同的现实，结合空间区域细分概念，研究投资对经济体各相关区域经济发展乘数拉动效果的计量与最佳化问题，并应用到投资宏观调控的实践之中。显然，从区域乘数效应的角度就投资的宏观调控决策体系进行研究具有突出的理论意义和现实价值。

第三节 区域经济增长阶段

区域经济由不发达到发达是一个漫长的演化过程。在这一过程中，区域要素供给、产业结构、空间结构乃至资源配置方式均具有明显的阶段特征。区域经济增长（发展）阶段理论即通过对区域资源要素配置、经济增长、产业结构及空间结构演化等方面作用机制的分析，探究区域经济由低级到高级、由贫穷到繁荣的阶段性规律。基于所分析的区域类型特点，区域经济增长（发展）阶段理论可分为罗斯托的经济成长阶段论、一般区域经济增长（发展）阶段理论、特殊区域生命周期理论和约翰·弗里德曼（John Friedman）的区域空间成长阶段理论四大类。

一、罗斯托的经济成长阶段论

罗斯托在《经济成长的阶段》一书中，将人类社会发展划分为六个经济成长阶段。

（一）传统社会阶段

在这一阶段，社会生产力水平低下，产业结构单一，经济活动主要局限于传统的农业活动，其他产业不发达，区域经济增长缓慢。

（二）为起飞创造前提阶段

罗斯托认为，起飞指突破经济传统的停滞状态。区域经济要想实现起飞，必须具备以下三个条件：一是具有较高的资本积累能力，资本积累占国民收入的 10% 以上，可通过三个途径实现，即私人储蓄，政府发行债券、征税和出让公有土地，国外（或区外）资本输入；二是建立起飞的主导部门，该主导部门发展速度快，既能带动其他部门，又能赚取外汇，以便引进技术和购买外国产品；三是要有制度上的改革，即建立一种能保证起飞的制度。以上三个条件之所以是区域经济实现起飞的前提，罗斯托认为主要基于以下几个原因：第一，较高比例的资本积累可确保经济增长的资本需求；第二，主导部门的建立和发展带来的外汇收入，可用来引进先进技术，同时保障投资利益的制度变革的实行有利于外国直接投资建厂，带来新技术；第三，主导部门的建立会产生"连锁"效应，即主导部门的建立可带动其他部门的发展，从而引起区域经济的变化，为经济发展所需要的原料生产、交通运输、劳动力供给提供保证。

（三）起飞阶段

罗斯托认为，在人类社会经济成长的六个阶段中，起飞阶段相当于工业化初期，即一个具有决定性意义的转折时期。在这一阶段，基本经济结构和生产方式将发生剧烈变化，意味着技术的吸收并产生扩散性结果。罗斯托认为，经济的起飞主要是因为主导部门采用了先进技术，扩大了市场，增加了资本积累，从而带动整个国民经济的发展。但经过一段时间后，当初的先进技术及其影响已经扩散到整个经济部门中，必然会导致工业部门技术改造的缓慢，主导部门的"减速趋势"也不可避免。因此，一个社会要想保持较高的平均增长率，必须不断地采用新技术，产生新的主导部门。新主导部门通过技术扩散和利润的再投资可带动其他部门的发展，从而实现经济的另一次起飞。

（四）成熟阶段

罗斯托认为，经济实现起飞后，经过较长时间的持续成长才能达到成熟阶段。在这一阶段，经济中已经吸收了先进的技术成果并推广到其他部门，工业向多样化发展，主导部门为铁路、钢铁工业、通用机械、电力工业和造船工业等重型工业和制造业综合体系。从起飞阶段到成熟阶段，经济成长主要依靠对工业设备部门的投资，这种投资虽然能带动工业部门的增长，但也具有一定的局限性。这种局限性主要体现在：以对工业部门投资为基础的这种经济成长，在先进技术已被充分吸收并被应用于大多数生产部门之后，将不可避免地出现"减速趋势"，为了终止这种趋势，必须向更高级的新的成长阶段过渡。罗斯托认为，这种新成长阶段的出现并不是偶然的，在这一过渡过程当中，成熟阶段具有一定的诱导作用：一是经济的成熟带来了新型产品——汽车的出现；二是经济的成熟引起了劳动力结构的变化，城市居民人数和人们的收入均有所增加；三是随着收入的增加，人们对高档消费品的需求也随之增加，这促使社会必须投入更多的资源以满足人们需求的变化。在这些诱导作用的影响下，以汽车为主导部门的"高额群众消费阶段"必然形成。

（五）高额群众消费阶段

在这一阶段，工业高度发达，主导部门为汽车工业部门综合体系。该体系不仅包括汽车本身，还包括与汽车工业具有回顾效应的钢铁工业、橡胶轮胎工业、石油精炼工业等部门以及与汽车工业具有旁侧效应的私人住宅建筑、高速公路建设等部门。罗斯托认为，在高额群众消费阶段，必须保持相当高的消费者需求水平，否则耐用消费品生产部门和各相关部门将会开工不足，从而削减投资利益，经济成长将不能得到保证。

（六）追求生活质量阶段

罗斯托认为，由于存在主导部门的减速趋势，高额群众消费阶段同样也会被新的成长阶段所代替，这一新的成长阶段即为追求生活质量阶段。这一阶段的主导部门为教育、卫生保健、住宅建筑、城市和郊区的现代化建设、社会福利等提高人们生活质量的有关部门。

罗斯托经济成长阶段理论对发展中国家选择发展战略、发展重点和发展模式，揭示主导部门带动经济增长的作用及资本积累的重要性具有一定的指导意义。罗斯托所采用的部门总量分析方法是其起飞理论的核心和支柱，是他对发展经济学的一个重大创新和贡献。他用了大量篇幅来讨论主导部门的形成、扩散、更迭、持续增长与反减速等问题。他关于划分经济发展阶段的基本根据是资本积累率水平的研究以及关于技术创新的研究，对于分析和划分区域增长阶段具有很好的参考价值，对研究发展中国家的经济发展有很大的启示作用。

罗斯托关于起飞、主导部门以及经济成长阶段交替机制的研究，对分析和判断区域成长阶段具有一定的合理性，但该理论也存在一定的局限性。该理论是在分析发达国家经济演变的过程中形成，尤其是在美国的经济历史过程中形成的，它所描述的经济成长是一个直线形的概念，认为所有国家都遵循同样的发展路径，都选择同样的经济发展模式。但事实上，各国的历史、文化、制度和经济发展水平都存在很大的差异，不可能选择完全相同的发展道路。它是否适用于发展中国家，还有待历史的检验。此外，罗斯托理论的基本研究单位是国家，在进行区域经济演变历程的研究时不能完全照搬，还要根据区域经济发展的特点进行研究。例如，对于基础薄弱的区域而言，虽然其积累率很高，但其发展水平仍可能处于传统阶段；从主导产业来看，由于各地区存在较大差异，各区域主导产业的更替也会存在较大差异。因此，对区域成长阶段进行判断时没有统一模式，要根据区域发展的实际情况进行具体分析。

综上所述，可以总结一下罗斯托的经济成长阶段论的优缺点。

其优点：罗斯托的经济成长阶段论是在考察了世界经济发展的历史后提出的，它正确地强调了国际贸易对一国经济发展的重要性，对落后国家追赶先进国家具有重要的指导意义，所以是一种重要的现代化理论。一些国家在现代化进程中曾经自觉地实践了罗斯托的理论并取得了巨大的成功。

其局限性：一方面，罗斯托的经济成长论是一种线性的发展理论，不具备周期理论的预见性。人们注意到，罗斯托的理论中最初只包含了五个阶段，后来被他扩展成六个阶段，那么只要人类社会不灭亡，肯定就还会存在第七个阶段。这第七个阶段是什么？有什么特征？根据罗斯托的理论，人们无从知晓。所以，罗斯托的理论虽然对落后国家的发展具有重要的指导意义，但对发达国家的发展却没有多大参考价值。另一方面，罗斯托的理论忽略了多种经济发展模式存在的可能性。实际上，小的经济体，如新加坡这样的城市国家，完全可能以其他的路径实现现代化，或者实现跳跃性的发展。

二、一般区域的经济增长阶段

（一）胡佛和费希尔的区域经济增长五阶段论

美国区域经济学家胡佛和J·费希尔在《区域经济增长研究》一文中最早倡导区域经济增长阶段论。该理论认为，任何区域的经济增长都存在着"标准阶段次序"，具体包括五个阶段。

1.自给自足经济阶段

此为区域经济增长的初始阶段。其特征表现为：区域产业几乎全为农业，区域人口绝大部分为农业人口；区域经济呈明显的封闭性，区域间经济联系甚少；经济活动均随农业资源呈均匀分布。

2.乡村工业兴起阶段

随着交通运输业以及贸易的发展，乡村工业崛起并在区域经济发展中发挥重要作用。

3.农村生产结构转换阶段

随着区际贸易的扩大，区域农业生产方式逐渐发生变化，由粗放型农业向集约型、专业化农业转变，由畜牧养殖转向果蔬、乳酪、园艺生产。

4.工业化阶段

随着人口的增长、农业生产发展到相当规模后引致规模报酬的递减、采掘工业生产效益的下降，区域被迫谋求工业化。

5.服务业输出阶段（成熟阶段）

此为区域经济增长最后阶段，区域实现了为出口服务的服务业专业化生产，向区外输出资本、熟练技术人员和为欠发达区域提供专业化服务，专业性服务的输出逐渐成为区域经济增长的驱动力。

胡佛和费希尔的区域经济增长阶段理论是对传统经济区位理论的一种扩展，是对大多数欧洲国家区域经济发展历史过程的经验总结，所揭示的是在技术变化条件下区域产业结构变化的一般规律。该理论强调，任何区域的经济发展都必须经历两个相辅相成的转变过程。即：一方面，区域经济必须经历由自给自足的封闭型经济向开发型的商品经济转变的历史过程，在这一转变过程中，运输成本下降起着关键作用，区际贸易发挥着重要作用；另一方面，区域经济必须完成由第一产业向第二产业到第三产业的过渡，实施区域工业化战略是完成这一转变的关键，由农业、采掘业等初级产业向以制造业为中心的次级产业过渡，这是维持区域经济持续发展的唯一途径。

同样，胡佛和费希尔的区域经济增长阶段理论也存在明显的缺陷：该理论只是对区域经济发展的状态描述，没有涉及对区域经济发展的动力机制及其原因的解释；在理论的应用层面上，也并非每一个区域的经济发展都必须经历这样的"标准阶段次序"。

（二）陈栋生、魏后凯的区域经济成长（增长）四阶段论

陈栋生、魏后凯等在《区域经济学》《西部经济崛起之路》《现代区域经济学》等书中均倡导区域经济成长（增长）四阶段论。该理论认为，区域经济的成长（增长）是一个渐进的过程，可分为待开发（不发育）、成长、成熟（发达）、衰退四个阶段。

1.待开发（不发育）阶段

此为区域经济增长的初始阶段。其总体特征为：区域经济处于未开发或不发育状态，生产力水平低下，生产方式落后；产业结构单一，农业所占比重极高；商品经济极不发达，市场规模狭小，经济增长缓慢，长期停滞在自给自足甚至自给不能自足的自然经济状态中；

自我资金积累能力低下，缺乏自我发展能力；各种经济活动在空间上呈散布状态。处于这一阶段的区域经济发展途径为：将外部资金、人才、技术输入和区域内条件有机结合，形成自我发展能力，启动区域经济增长。

2. 成长阶段

当区域经济跨过工业化的起点且呈较强增长势头时，标志着区域经济发展进入成长阶段。其总体特征为：区域经济高速增长，经济总量规模迅速扩大；产业结构急剧变动，工业逐渐超过农业成为区域经济的主导部门；商品经济发育成长，市场规模不断扩大，区域专业化分工迅速发展，优势产业已形成或处于形成中；人口和产业活动迅速向城市集聚，形成启动区域经济发展的增长极或增长中心；伴随区域经济总量增长和结构性变化，区域社会文化观念也发生相应改变。促进区域经济发展从不发育阶段进入成长阶段的实现途径有外部推动型、国家投入型、自身积累型和边贸启动型。

3. 成熟（发达）阶段

区域经济经过成长阶段的高速增长后逐步进入成熟（发达）阶段。其总体特征为：区域经济增长速度趋缓，并渐趋稳定；工业化达到较高水平，服务业较发达，基础设施完善，交通运输、信息已形成网络；生产部门齐全，专业化分工程度高；区内资本积累能力强，人力资本丰富。处于这一阶段的区域通常是国家经济中心区所在。

4. 衰退阶段

由于运输地理位置的变更、产业布局指向的变化、资源的枯竭、技术和需求的变化，部分区域在经历成熟阶段后，有可能转入衰退阶段。其总体特征为：经济增长缓慢，原有的增长中心和主导产业发展势头丧失；传统的衰退产业所占比重大，区域主导产业链条在时序上缺乏有机连接，导致区域经济的结构性衰退，若结构调整滞缓，缺乏新兴替代产业，则区域经济将出现绝对衰退，逐步走向衰落。在区域沦为衰退区前，应适时调整区域产业结构，扶持新兴产业和替代产业，谋求经济的多元化，促进区域经济持续发展，进入新的成长阶段，开始新一轮成长过程。

（三）郝寿义、安虎森的区域经济增长四阶段论

郝寿义、安虎森等在《区域经济学》《区域经济学》等书中将一般区域的经济增长分为待开发、成长、成熟和高级化四阶段。

1. 待开发阶段

其整体特征表现为：一是经济结构落后。农业在经济结构中居绝对地位，以粮食生产为主的种植业是最主要的经济活动内容；工业所占比重极低；第三产业不发达。二是要素配置不合理。区域储蓄能力弱，资本形成不足，资本稀缺是区域经济增长最主要的制约因素；区域劳动力充裕，后备劳动力资源极为丰富，但素质低下；经济活动对自然的依赖性强，劳动生产率低。三是经济活动处于自给自足的封闭状态，与区外经济联系微弱。四是经济增长缓慢，经济发展水平低下。

2. 成长阶段

其总体特征表现为：一是区域工业化开始启动，经济结构明显改善。农业所占比重明

显下降，农业内部结构不断调整；工业成为区域经济的主导部门，资源密集型产业和劳动密集型产业占主体地位，资本密集型产业呈良好发展势头；服务业发展迅速。二是要素配置更为有效。区域人均收入水平明显提高，居民储蓄能力增加，促进了资本形成及区域资本供给能力提高；农业劳动力逐步向工业和其他产业转移，劳动力素质不断提高。三是劳动生产率不断提高，经济增长速度较快。

3. 成熟阶段

其总体特征表现为：一是区域经济基本实现现代化，第三产业的增长速度高于工业、农业等物质生产部门的增长速度，劳动力由物质生产部门向第三产业转移。二是推动区域经济增长的因素已由要素投入数量的增加转变为要素配置效率的提高和技术创新能力的增强。三是劳动密集型产业逐渐被资本、技术密集型产业取代，促使区域产业结构高级化。四是农业全面实现机械化，工业基本实现自动化，金融、保险、咨询、技术服务等新兴第三产业发展迅速。五是由于要素供给质量明显提高，技术创新能力增强、产业结构不断升级，区域经济快速增长。

4. 高级化阶段

其总体特征表现为：一是区域经济完全实现现代化，推动区域经济增长的主导因素已由要素投入的增加转变为技术和组织创新。二是大型企业集团迅速成长、扩张，日益成为区域经济发展的主导力量。三是区域和外部的经济联系更为密切，并向外输出技术含量高的物质产品以及技术、资本和其他服务；经济联系范围更加广阔，国际市场对区域产品的需求状况以及区域产品在国际市场的竞争能力，对区域经济增长影响甚大。四是消费结构发展根本性变化，物质消费退居次要地位，追求精神享受成为主流，服务于这一消费结构变化的第三产业快速发展，成为推进经济增长与发展的重要力量之一。

三、区域空间成长阶段理论

美国著名城市与区域规划学家约翰·弗里德曼的区域空间成长阶段理论以"空间规划"理论闻名于世。他通过对发达国家及不发达国家的空间发展规划的长期研究，在考虑区际不平衡较长期的演变趋势的基础上，将经济系统空间结构划分为核心和边缘两部分。在20世纪60年代出版的《区域发展政策—委内瑞拉案例研究》一书中，他首次提出了核心—边缘论，并在20世纪60年代发表的《极化发展的一般理论》一文中得到完善和升华，逐步发展成为一种普遍适用于发达国家与不发达国家空间规划基础的一般理论。

弗里德曼认为核心与边缘空间不平衡程度更多地与一个国家或地区的经济、社会和政治发展水平相关。在构建核心—边缘理论的基础上，弗里德曼以空间结构、产业特征和制度背景为标准，将区域经济发展分为四个主要阶段。

（一）工业化过程以前资源配置时期

这一阶段区域生产力水平低下，农业经济占绝对优势，城市规模较小，腹地之间的联系几乎没有或极其微弱，空间结构呈原始状态。

（二）核心边缘区时期

随着社会分工的不断深化以及区域贸易的日益频繁，区位条件好、资源优势突出、交通便捷的区域发展成为城市，即核心区，而广大的农村地区则成为边缘区。核心区由于发展条件较好、经济效益高而处于支配地位；而边缘区由于发展条件较差、经济效益低而受制于且依附于核心区，处于被支配地位，空间二元结构十分明显，核心区与边缘区的经济发展不平衡加剧。

（三）工业化成熟时期

随着经济的发展，核心区发展加快，核心区与边缘区的差距进一步加大，权力分配、资金流动、技术创新、人口迁移等都进一步向核心区集聚。

（四）空间经济一体化时期

当经济进入持续发展阶段，随着政府干预的加强、区际人口的转移、市场的扩大、交通运输的改善和城市层次的扩散等，核心区与边缘区的界限会逐渐消失，区域空间走向一体化。

弗里德曼的区域经济阶段论对区域非均衡发展理论研究的拓展有着重要影响，它反映出 20 世纪 70 年代初的区域理论研究大多将政治、文化等社会因素引入区域空间系统，打破了城市和区域发展的研究仅限于经济范围的束缚，揭示了经济发展的不平等性必然会在地区间及地区内经济中心和其他地区形成空间不平等关系。这种不平等不仅意味着人均收入和社会方式等发展水平上的差距，更重要的是造成了区域间竞争机会和竞争能力的不平等。这种不平等是处理地区关系所必须正视的重要问题，对区域发展理论的研究有着积极的意义。但是，弗里德曼的核心—边缘理论因其涉及因素较多而限制了实证研究。

第四节 区域趋同与趋异

自 20 世纪 80 年代中期以来，趋同（convergence）的概念已成为经济增长理论中的核心概念。从英文语义的渊源看，该词源于数学，含义是一个数列收敛于某一个值。而在经济分析中，趋同是指地区间或国家间的收入差距随着时间的推移存在着减少的趋势；当然，还存在与趋同相对应的概念——趋异（divergence），即不同的地区间或国家间存在着贫者愈贫、富者愈富的现象。

对趋同问题的解答，实质也就是对经济增长理论学者所面临的基本问题的回答。比如，为什么一些地区变得富裕，而另一些地区却依然贫穷？贫穷的地区是否能追赶上富裕的地区，还是被远远地抛在了后面？未来地区间的收入分布将会是怎样的？

一、四种趋同概念

（一）绝对 β 趋同

该趋同的含义是贫穷的区域往往比富裕的区域有更高的增长率，换句话讲，经济增长率和经济发展水平之间存在着负相关。并且，随着时间的推移，所有的区域将收敛于相同的人均收入水平。不过，绝对 β 趋同内含一个严格的条件，即假定各经济（区域）尽管彼此相互隔绝、封闭，但却具有完全相同的基本经济特征，包括投资率、人口增长率、资本折旧率和生产函数，从而也具有完全相同的增长路径和稳态。

（二）条件 β 趋同

条件 β 趋同放弃了各个地区具有完全相同的基本经济特征的假定，从而意味着不同的地区也具有不同的稳态。按照新古典增长理论，每个地区都收敛于自身的稳态，离自身的稳态越远，其增长速度也就越快。由于许多的外生变量对不同的地区产生了不同的作用，不同的地区也就具有异质的特征，亦即不同的增长路径和稳态。所以，条件 β 趋同所考察的是，如果这些外生变量保持不变，初始收入水平与增长率是否呈负相关，这是一个富有重要现实意义的概念。

（三）δ 趋同

δ 趋同是指各国或地区的人均收入水平随着时间的推移而趋于减少，一般用区域间的人均收入或产出的标准差、基尼系数或泰尔指数来衡量。这一概念最接近于现实中我们对趋同的直观理解。

（四）俱乐部趋同

俱乐部趋同或群体趋同（club convergence）是指结构特征相似且初始收入水平也相同的区域，它们的人均收入在长期内相互趋同。人们根据各地区经济增长的截面数据进行聚类分析，将那些基本经济特征和初始条件类似的地区划分在一个样本或群体中，比如中国的东部沿海地区或西部内陆地区，以此描述它们的群体趋同特征。实证分析表明，中国自 20 世纪 90 年代以来存在群体趋同的倾向，即东部地区向更高的人均收入水平趋近，而西部内陆地区的人均收入水平也逐步趋近。

以上四种趋同既有区别又有紧密的联系。首先，β 趋同意味着落后区域的经济增长速度快于发达区域，即增长率趋同；而 δ 趋同则意味着各地区的人均收入水平的绝对趋同，即收入水平趋同。其次，β 趋同是 δ 趋同存在的必要条件，因为若不存在 β 趋同，那么富裕地区将比贫困地区增长得更快，区域间的收入差距将会无限地增加；然而，β 趋同不是 δ 趋同的充分条件，因为在收入水平差距减少的过程中，常常受到新的随机因素的冲击。再次，从数理统计的角度来看，β 趋同相当于不同地区的增长率向期望值的回归，该期望值就是由技术进步决定的长期均衡增长率；而 δ 趋同描述的则是人均收入的离差的衰减。所以说，β 趋同表现了总体收入在不同国家和地区之间分配的变动，δ 趋同表现了总体收入在地区中分布格局的变化。

两种类型的 β 趋同也有一定的区别。绝对 β 趋同意味着最初贫穷的地区将增长得更快，直到它们追赶上富裕的地区为止。对于条件 β 趋同，各个地区仅仅收敛于自身的稳态，它们的稳态可能彼此不同。因此，即便在一个较长的时期内，不平等仍然可能会持续，不同地区的相对稳态也会存在下去。换句话说，富裕的地区将仍然保持富裕，而贫困地区将依然贫困。

另外，条件 β 趋同的假说与每个地区只有唯一的稳态的观点契合，而群体趋同却与每个地区存在着多重均衡点的假定相联系。现实中，由于经济个体的差异性，往往会产生多重均衡增长路径，因此，即便结构特征相同的区域也不一定收敛于同一稳态，最后的增长结果还部分决定于初始条件。只有结构特征相同、初始条件相似的国家才最终收敛于同一稳态。结构特征和历史因素共同决定了经济增长的结果。与条件趋同一样，群体趋同也是同样富有说服力的概念。

二、影响趋同和趋异的因素和机制

在什么条件下，是什么因素，导致了区域经济发展的差距趋于缩小或者扩大？下面我们将在已有的理论基础上探讨影响趋同和趋异的因素和机制。

（一）区域间专业化分工的合理性

经济发展的过程实质上就是专业化和分工发展的过程。在产权界定基础上，专业化生产与人们消费上的多样化偏好导致经济主体之间的交易行为，人们通过交易享受到了专业化和分工带来的好处。因此，交易是市场存在的前提和基础；而专业化程度越深，专业化种类越多，分工结构越发达，经济主体之间的贸易量就会越大，市场也就越发达，从而经济发展的程度就越高。亚当·斯密指出，分工是经济增长的源泉，而分工取决于市场的大小，市场的大小又取决于运输的条件。市场与分工发展相互决定，互为因果，成为经济增长的源泉。

（二）市场发育的完善程度

虽然专业化与分工发展将促使市场的发展，但市场的完善与个人、企业和政府等主体的参与程度及参与过程有关。如果在合理的分工基础上，地区之间通过自由贸易，参与各方都能获得最大的比较利益，那么，各方就都有积极性深化分工并参与分工格局下的市场交易，从而促进市场不断发育和完善。但是，如果情况相反，由于地区之间经济发展存在差距，发达地区凭借分工优势，在市场机制自发作用下进行有损于落后地区发展的不公平贸易，那么，地方保护主义就必然抬头，并强化这种自我保护机制，最终导致市场分割。而地方保护主义虽然短期来说对地区经济发展有利，但从长期看，不仅不利于缩小差距，而且有可能落入贫困化陷阱。

（三）基础设施条件

一般而言，基础设施对区域经济的趋同和趋异的影响主要体现在以下四个方面。第一，促进中心城市和腹地的形成与发展。一般情况下，交通运输网络、通信网络的扩展多是围绕大的中心城市并以其为核心展开的。基础设施网络的不断扩展，引起生产规模、成本与效益三者之间相互转变，促使城市的覆盖范围越来越广，中心城市的腹地也越来越大，从而为其发展提供进一步条件。第二，刺激新的经济增长点的增长。交通运输等基础设施网络的不断扩展，必定会产生诸多交会地点，这些地点，尤其是支线与干线交会的地点，地域的通达性和吸引范围便得到改善，为其经济发展提供了必要条件，使得其产业发展的条件优于其他地区，成为产业发展的优越区位。第三，增强大都市的扩散能力。当中心城市发展到一定阶段，其经济能量和产业将逐步向外扩散，一般情况下趋向于交通条件较优越的地域扩散，如临近干线等交通便利的地区。这种扩散，一方面加速交通产业带的形成，另一方面又反过来刺激区域基础设施束和网络的强化。第四，区域创新理论认为，良好的基础设施体系，尤其是良好的通信网络，对创新在区域之间的扩散起到了十分重要的作用。

（四）制度条件

根据制度理论，制度条件主要是通过以下机制对趋同和趋异发挥作用。第一，无论是聚集还是扩散，都跟分工的深化和扩展分不开。但是，分工的深化和扩展必将增加交易费用，而制度的一个基本功能就是提高交易效率，降低交易费用。因此，腹地和外围地区的制度改进，有助于中心地区主导产业群的分工体系在其腹地和外围的形成。同时，当增长中心的影响向外扩散时，交易费用的降低也有利于生产要素和经济活动流入周围地区，从而带动其他地区的经济发展。第二，制度能提供激励机制。世界许多地区的经验表明，贫困地区的资源条件并不差，但为什么难以增长？除去基础设施条件外，主要是制度因素，也就是说，缺乏一种能把各种资源（物质的和人力的、有形的和无形的）吸引到有效率的经济活动中去的激励制度，也因此，扩散因素就难以在这类地区发挥效应。第三，制度有助于人们在经济活动中形成合理的预期。这有利于人们从事长期的投资，而非短期行为。显然，无论区域趋同或趋异，良好的制度所形成的合理预期将改变人们的经济行为，从而有利于缩小地区之间的差距。

第五节　区域平衡发展理论

平衡发展或平衡增长是区域经济发展的一种方式。区域平衡发展理论主要认为经济是有比例、相互制约和相互支持发展的。新古典区域均衡发展理论是区域均衡理论的代表之一，是建立在自动平衡倾向的新古典假设基础上的。根据该理论，市场机制是一只"看不见的手"，人们普遍坚信，只要在完全竞争市场条件下，价格机制和竞争机制就会促使社会资源的最优配置。这一理论包括哈维·莱宾斯坦（Harvey Leibenstein）的临界最小努力理论、理查德·R·纳尔逊（Richard R.Nelson）的低水平均衡陷阱理论、拉格纳·纳克斯（Ragner Nurkse）的贫困恶性循环理论和保罗·罗森斯坦·罗丹（Paul Rosenstein Rodan）的大推进理论等。

这一理论是建立在一系列严格假设条件之上的。这些假设条件包括：第一，生产中有资本和劳动力两种要素，并且可以相互替代；第二，完全的市场竞争模型；第三，生产要素可以自由流动，并且是无成本的；第四，区域规模报酬不变和技术条件一定；第五，发达地区资本密集度高、资本边际收益率低、不发达地区劳动密集度高、工资低。该理论认为，区域经济增长取决于资本、劳动力和技术三个要素的投入状况，而各个要素的报酬取决于其边际生产力。在自由市场竞争机制下，生产要素为实现其最高边际报酬率而流动。在市场经济条件下，资本、劳动力与技术等生产要素的自由流动，将导致区域发展的均衡。因此，尽管各区域存在着要素禀赋和发展程度的差异，劳动力总是从低工资的欠发达地区向高工资的发达地区流动，以取得更多的劳动报酬。同理，资本总是从高工资的发达地区向低工资的欠发达地区流动，以取得更多的资本收益。要素的自由流动，最后将导致各要素收益平均化，从而达到各地区经济平衡发展的结果。

一、莱宾斯坦的临界最小努力理论

莱宾斯坦在《经济落后和经济增长》一书中提出了临界最小努力理论，主张发展中国家应努力使经济达到一定水平，冲破低水平均衡状态，以取得长期持续的经济增长。莱宾斯坦认为，如果经济发展的努力达到一定的水平，但是提高人均收入的刺激小于临界规模，那么，就不能克服经济发展的障碍、冲破低水平均衡状态。为了使一国经济从落后状态向比较发达状态转变，取得长期持续的增长，其必须在一定时期受到大于临界最小规模的增长刺激。

莱宾斯坦的命题建立在这样一个经验证据上面，即人口增长率是人均收入水平的一个函数。从长期来看，发展中国家推动人均收入上升的刺激力量一般小于人均收入上升时所遇到的阻力。因此人均收入始终保持在仅能维持生存的均衡点上，引起一个反复轮回的所谓恶性循环。但是，如果外来的刺激力量十分巨大，使人均收入持续地大幅度上升，这时即使消费水平因收入的增加而提高，也不至于把增加的收入全部用于消费，同时诱发的人口增长也为经济发展提供了条件。在这种情况下，发展中国家就会有力量摆脱恶性循环，迈向持久性的成长。也就是说，一国的经济从落后状态向比较发达状态转变，就必须在一定的时期受到大于临界最小规模的增长刺激。

二、纳尔逊的低水平均衡陷阱理论

低水平均衡陷阱理论是在莱宾斯坦提出的"准安定均衡"理论的基础上，由发展经济学家纳尔逊进一步提出和完善的。

该理论假设当人均收入超过维持生命的水平时，人口就要迅速增长，但当人口增长率达到"自然的上限"以后，收入的增长将使人口下降。其理论的主要内容是：不发达经济的痼疾表现为人均实际收入处于仅够糊口或接近于维持生命的低水平均衡状态，很低的居民收入使居民储蓄和投资受到极大的限制。如果以增加国民收入来提高储蓄和投资，通常亦导致人口的增加，从而又将人均收入推回到低水平稳定均衡状态之中。这是不发达经济难以逾越的一个陷阱。

该理论主要涉及人均资本与人均收入增长、人口增长与人均收入增长、产出的增长与人均收入增长三方面的关系。纳尔逊认为发展中国家人口的过快增长是阻碍人均收入迅速提高的陷阱，必须进行大规模的资本投资，使投资和产出的增长超过人口的增长，才能冲出陷阱，实现人均收入的大幅度提高和经济增长。

纳尔逊认为，形成低水平均衡陷阱的四个经济技术条件是：首先，人均收入水平和人口增长率的高度相关性；其次，人口基数过大和人均收入过低，使得任何投入的额外追加都难以提高人均收入，进而使储蓄和人均投资的增加亦十分困难；再次，耕作制度的落后，使发展中国家最为看重的土地资源严重短缺；最后，所采用的生产方法缺乏效率。除此之外，若干非经济因素和经济活动中只改变收益分配格局而不增大国民收入总量的"零和效应"，也会阻碍经济的发展。另外，发展中国家还存在种种阻碍进步和发展的社会、文化方面的惰性。

持续的经济增长要求打破低水平均衡陷阱，在现有经济资源不变和没有外部刺激的情况下，要走出陷阱，就必须使人均收入增长率越过人口增长率。因此，必须多管齐下，综合治理。其主要措施有六种：第一，从制度上创造有利于经济发展的政治氛围和社会环境；第二，出台计划，缩小家庭规模，改变社会结构，鼓励节俭消费，倡导居民储蓄，培养企业家精神；第三，改变收入分配格局，避免公平伦理观念影响效率原则，并促使财富向投资者集中；第四，依靠国家综合投资以及国民经济发展计划和规划的确定，加大突破陷阱的力量；第五，吸引外资以增投资和收入；第六，通过技术进步来提高现有资源的使用效率。

三、纳克斯的贫困恶性循环理论

20世纪50年代，美国经济学家拉格纳·纳克斯出版了《不发达国家的资本形成问题》一书。在书中他提出了著名的贫困恶性循环理论，认为资本稀缺是阻碍发展中国家经济增长的决定性因素。

纳克斯以穷人为例来说明这一问题：穷人之所以穷，是因为他们的收入少；他们的收入之所以少，是因为他们的工作效率很低；他们的工作效率之所以低，是因为他们吃不饱而身体很差；他们的身体之所以差，是因为他们的收入很少，即非常贫穷。起点是贫穷，终点也是贫穷，形成了一种恶性循环。

纳克斯认为，对一个人来说如此，对一个地区或国家来说也是如此，这就是所谓"越穷就越差，越差就越穷"的"马太效应"。纳克斯认为，现实经济活动中存在着由于收入低而造成的两个"恶性循环"。

从供给角度看，由于收入水平低，导致储蓄少，储蓄少又造成资本供给不足，资本短缺造成生产率难以提高，而生产率低下又造成收入水平低下。这样，收入低下、储蓄少、资本缺乏三者互为因果，形成一个恶性循环。从需求角度看，由于收入水平低，造成市场购买力低，使投资引诱力减小，资本有效需求不足同样导致生产率低下，从而也导致收入水平低下。这样，收入低下、购买力萎缩、投资不足三者互为因果，又形成一个恶性循环。

纳克斯还认为，上述两个恶性循环相互制约、相互加强，任何一个循环都无法自行突破，转为良性循环。如果想要增加储蓄，以便增加投资，那么由于储蓄增加而引起购买力缩减，也会降低投资引诱力；若想提高购买力，以便增加投资引诱力，那就势必会减少储蓄；即使投资引诱力增大，也会因储蓄减少而难以继续扩大投资。

因此，纳克斯得出结论，由于两个循环相互影响，使经济状况无法好转，经济增长难以实现，所以发展中国家长期贫困、经济停滞的局面难以改变。

四、保罗·罗森斯坦·罗丹的大推进理论

美国经济学家保罗·罗森斯坦·罗丹提出了著名的大推进理论，主张发展中国家在投资上以一定的速度和规模持续作用于众多产业，从而冲破发展瓶颈。罗森斯坦·罗丹提出了大推进的思路，即旨在促进经济中的许多部门同时进行协作性投资的政策。这一思路有两个特征：首先，它需要同时在经济中的许多部门进行巨大的投资；其次，在经济中的许多部门的投资在数量分配上必须合理。由于强调同时在许多部门中进行协调的投资，推进理论的中心思想是，要克服由于地区市场狭小、投资有效需求不足和投资供给不足的多重发展障碍，发展中国家就必须全面地进行大规模的投资。即在国家经济各部门同时增加投资，并合理分配投资，增加和满足各方面的需求，使市场扩大。特别是要对基础设施大幅度投入，以给经济一次大的推动，从而推动整个国民经济全面、快速、均衡地发展，使发展中国家走出贫困的恶性循环。

罗森斯坦·罗丹认为，发展中国家经济活动中存在着三种不可分性。

其一，基础设施的不可分性。基础设施存在配置上的初始集聚性，基础设施项目规模宏大、配套性强，必须同时建成才能发挥作用。因而，一开始就需要有大量的投资；与直接生产部门比较，基础设施建设周期长，投资资金难以在短时期内收回；基础设施提供的服务不能进口或购买，基础设施产业投资必须优先于那些能更快地产生收益、具有直接生产性产业的投资。发展中国家在国民经济发展的初期，必须集中精力，在基础设施建设中一次性投入大量资金。

其二，储蓄的不可分性。储蓄并不是随收入的增长而不断地增长的；相反，它的增长是有阶段性的。只有当收入的增长超过一定的限度后，储蓄才会急剧地上升，才会使更大规模的投资成为可能。因此，必须使每一阶段的经济增长规模大到足以保证收入的增长超过一定的限度，否则储蓄将不够充分，投资也就将受到储蓄缺口的阻碍。

其三，需求的不可分性。如果投资只集中于某一部门或某一行业，并要使这一部门或这一行业的产出有相应的提高，就必须有充分的国内市场或有保障的国外市场。如果产品不能出口，再加上这一部门或行业以外的人口又处于失业或就业不足的状态，那么，这一

部门或行业的产出，除一小部分被该部门或行业的投资所创造的收入吸收外，大部分将无力购买，从而使这笔投资以失败而告终。

因此，要形成广大的市场，使多种多样的商品都各有所需，就必须广泛地、大规模地在各个部门和各个行业中同时进行必要的投资。相反，如果不采用大推进办法，而是进行孤立的、小规模的投资，经济只能缓慢增长，不能迅速改变落后国家的经济面貌，也无助于缩小发展中国家与发达国家之间的差距。

然而，罗森斯坦·罗丹的大推进理论只做了理论上的阐述，没有建立具体的模型。到20世纪80年代末，墨菲（Murphy）、施莱佛（Shleifer）和维什尼（Vishny）对大推进理论做了正式的模型表述。

五、评述

新古典主义区域均衡发展理论提出以后，在一些欠发达地区和国家的区域开发中受到了一定程度的重视，对工业化过程中片面强调工业化，忽视地区之间、部门之间的均衡协调发展的倾向有所影响。其强调均衡、大规模投资和有效配置稀缺资源的重要性以及市场机制的局限性，实行宏观经济计划的必要性，为欠发达地区和国家的工业化和区域开发提供了一种理论模式，产生了一些积极的作用。然而，该理论是建立在一系列与现实相去甚远的假设条件之上的，不但把技术进步视作外生因素，没有纳入其分析框架之中，而且丢掉了区域（空间）的一个重要特征，即克服空间距离会产生运输费用。所有这一切，都与新古典主义所讲的前提条件相矛盾。

新古典区域均衡理论从纯粹供给的角度，认为区域长期增长取决于资本、劳动力和技术三个要素，各个要素报酬取决于其边际生产力。然而，其没有考虑区域空间特征，生产要素的流动并不像设想的那样灵活：第一，从资本的流动性看，由于大部分资本是固定资本，资产专用性使其转移存在巨大转移成本；第二，从资本的流动方向看，投资者不仅要考虑利润最大化，更要看投资环境的综合条件，发达地区对投资者的吸引力可能更大；第三，劳动力并非完全流动，其迁移受信息非对称及制度与非制度因素的影响和制约。

平衡发展理论的缺陷：第一，忽略了一个基本的事实，即对于一般区域特别是不发达区域来说，不可能具备推动所有产业和区域均衡发展的资本和其他资源，在经济发展初期很难做到均衡发展。第二，忽略了规模效应和技术进步因素，似乎完全竞争市场中的供求关系就能决定劳动和资本的流动，就能决定工资报酬率和资本收益率的高低。但事实上，市场力量的作用通常趋向于增加而不是减少区域间的差异。发达区域由于具有更好的基础设施、服务和更大的市场，必然对资本和劳动具有更强的吸引力，从而产生极化效应，形成规模经济。虽然也有发达区域向周围区域的扩展效应，但在完全市场中，极化效应往往超过扩展效应，使区际差异加大。另外，技术条件不同也会使资本收益率大不相同，此时的资本要素流动会造成不发达区域资本要素更加稀缺，经济发展更加困难。

区域平衡发展理论遭到以赫希曼、缪尔达尔等为代表的一些发展经济学家的反对和批判。他们认为，发展中国家不具备全面增长的资本和其他资源，平衡增长是不可能的。投资只能有选择地在若干部门和区域进行，其他部门或区域通过利用这些部门或区域的投资带来的外部经济而逐步发展起来。

区域平衡发展理论显然是从理性观念出发，采用静态分析方法，把问题过分简单化了，与发展中国家的客观现实距离甚远，无法解释现实的经济增长过程，无法为区域发展问题找到出路。在经济发展的初级阶段，非均衡发展理论对发展中国家具有更合理的和现实的指导意义。

第六节 区域不平衡发展理论

区域经济差异一直是区域经济学研究的核心问题之一，也是世界各国经济发展过程中的一个普遍性问题，其中的非均衡发展理论最初是发展中国家实现经济发展目标的一种理论选择。由于区域与国家在许多地方的相似性，使得该理论与均衡发展理论在做区域开发与规划时，经常被借鉴和引用，作为区域经济发展战略选择的理论基础。

不平衡增长理论的基本观点可概括为以下几个方面：第一，落后地区真正缺乏的不是资源本身而是把资源投入使用的方法与能力，应该优先考虑那些能最大限度地引致投资的项目；第二，经济发展初期，由于资源约束，应该首先发展带头产业，从而推动其他部门的发展，当经济发展到高级阶段，国民经济各部门发展需要一定的协调以维持稳定、全面的增长时，平衡增长便成为必然，在赫希曼看来，经济发展道路上充满了技术、设备和产品短缺的障碍和瓶颈，因此只能以踩跷板的方式前进，所谓平衡的恢复不是压力、刺激和强制的结果，不平衡才是常态；第三，平衡增长与不平衡增长是从不同角度、不同时期、不同阶段考虑的，强调不平衡增长的目的是实现更高层次的平衡增长，平衡增长是目标，不平衡增长是手段。

不平衡发展理论遵循了经济非均衡发展的规律，突出了重点产业和重点地区，有利于提高资源配置的效率。由于发展中国家一般处于资本稀缺的经济发展的初级阶段，相对于平衡增长而言，不平衡增长理论更具有吸引力。这也是几十年来区域不平衡发展理论在发展中国家日益受到广泛关注和普遍采纳的原因。

一、赫希曼的不平衡增长理论

不平衡增长理论是由著名的经济学家赫希曼在《经济发展的战略》一书中提出的。该理论主张发展中国家的投资应有选择地在某些部门进行，其他部门通过其外部经济作用而逐步得到发展的经济战略。

赫希曼认为，发展中国家主要稀缺的资源是资本，若实行一揽子投资，则资本稀缺这一瓶颈将无法突破，从而也就无法实现平衡增长。他指出，发展的路程好比一条"不均衡的链条"，从主导部门通向其他部门，从一个企业通向另一个企业，从一个产业通向另一个产业。经济发展通常采取跷跷板的推进形式，从一种不平衡走向新的不平衡。因此，发展政策的任务不是取消而是要维持紧张，即维护不成比例或者不均衡，使不均衡的链条保持活力。不发达经济取得经济增长的最有效选择是采取精心设计的不平衡增长战略。首先选择若干战略部门进行投资，当这些部门的投资创造出新的投资机会时，就能带动整个经济的发展。赫希曼指出，一般来说，新的投资工程开始时，总要利用以前的工程创造的外部经济，同时自己也创造能被以后的工程所利用的新的外部经济。投资工程可以划分为两大类：一类是对外部经济利用多而创造少，具有收敛级数性质的投资；另一类是对外部经济利用少而创造多，具有发散级数性质的投资。发展政策当然要鼓励、促进利用少而创造多的发散性投资，但实际状况往往是两类投资交叉进行。

赫希曼是首先提出产业之间的前向联系和后向联系概念的经济学家。前向联系产业一般是制造品或最终产品生产部门；后向联系产业一般是农产品、初级产品生产部门。赫希曼进而认为，应该根据联系效应理论，把投资重点放在中间的基本工业上，会引起前向联系效应和后向联系效应，带动整个地区经济的发展。在项目选择上，应该优先选择那些能产生最大引致投资的直接生产性部门（主导部门），以其优先增长来带动其他部门的发展。即一个国家在选择适当的投资项目进行优先发展时，应当选择具有显著的前向联系效应和后向联系效应的产业，而联系效应最大的产业就是产品需求收入弹性和价格弹性最大的产业，在发展中国家该产业通常为进口替代工业。可见，不平衡增长理论是从资源有效配置的角度，考虑如何把有限的资源分配于最有生产潜力即联系效应最大的产业，通过这些产业的优先发展以解决经济发展的瓶颈问题，并带动其他产业发展。这就是赫希曼不平衡增长理论的核心。

二、冈纳·缪尔达尔的循环累积因果理论

经济学家冈纳·缪尔达尔（Karl Gunnar Myrdal）于20世纪40年代在其《美国的两难处境》中提出循环累积因果理论。他认为，社会经济的变动并不如新古典主义者所说的那样，是由单一的或少数的因素决定的，而是由技术进步、社会、经济、政治、文化和传统等多种因素决定的。

该理论把社会经济制度看成是一个不断演进的过程，认为导致这种演进的技术、社会、经济、政治、文化等多方面的因素是相互联系、相互影响和互为因果的。如果这些因素中的其中一个发生了变化，就会引起另一个相关因素也发生变化，后者的变化反过来又推动最初的那个因素继续变化，从而使社会经济沿着最初的那个变化所确定的轨迹方向发展。可见，社会经济的各个因素之间的关系并不守恒或者趋于均衡，而是以循环的方式在运动，而且这种循环不是简单的循环，它具有积累的效果。比如，贫困人口的收入增加了，就会改善他们的营养状况；营养状况的改善，能够使他们的劳动生产率提高；劳动生产率的提高，又可以增加他们的收入。这样，从贫困人口最初的收入到他们收入的进一步增加就是一个循环，其特点是在循环中各因素的变化具有因果积累性，而且是上升的。当然，如果贫困人口的最初收入的变化是减少的，那么，循环过程就会导致其收入进一步下降。所以，各因素之间关系的变化存在上升或下降两种循环的可能。总体来看，循环累积因果理论重

点强调了社会经济过程中存在的三个环节，即最初的变化，接着是一系列传递式的相关的变化，最后是又作用于最初的变化，并产生使其上升或下降的进一步变化，从而构成循环。

缪尔达尔的循环累积因果理论强调以下几个环节：起始的变化、第二级的强化运动、最后的上升或下降过程。他认为，这个原理反映了社会经济因素变化的客观运动，既是对现实世界的正确描述，又是制定政策的可靠依据。由于该分析运用了"整体性"方法，强调经济同社会其他因素的互补性，缪尔达尔的理论也被认为是西方经济学的重大发展。

三、杰弗里·G·威廉姆森的倒 U 形理论

20 世纪 60 年代美国经济学家杰弗里·G·威廉姆森（Jeffery G.Williamson）发表了《区域不平衡与国家发展过程》一文，通过对 20 世纪 50 年代 24 个国家有关区域差异的国际性数据进行横向比较研究后，威廉姆森发现这些国家的区域差异格局在时间上呈现倒 U 形。其中贫穷的发展中国家如巴西、哥伦比亚、菲律宾与波多黎各等国的区域差异呈扩大的趋势，而发达国家如美国、加拿大、法国和意大利等国的区域经济差异却在持续缩小。

与此同时，威廉姆森又进行了单个国家区域收入差异变化的分析，并提出：在经济发展的早期阶段，区域差异逐渐扩大；但在经济发展的成熟阶段，这一差异趋于收敛。据此，威廉姆森认为区域差异遵循"全国增长轨迹上的倒 U 形曲线"。威廉姆森的倒 U 形理论表明，在到达拐点之前的相当长一段时期内，区域发展差异不断扩大且难以消除，而且根据发达国家的发展经验，即便旧的差异缩小了，新的差异又会出现。积极活动的空间集中式极化是国家经济发展初期不可避免的现象，由此产生的区域差异将随着经济发展的成熟而最终消失。倒 U 形理论的内在含义是经济发展与区域差异之间的相互作用和相互依赖性。具体地说，在经济发展的初期阶段，区域差异的扩大是经济增长的必要前提。因为用于国家经济发展的资源在此阶段是有限的，只有将有限的经济资源集中在较少的区域使用，才能实现最迅速的经济进步，否则将导致经济效率的损失。在经济发展的后期阶段，可供支配利用的经济资源比较充裕，进而鼓励新增长点出现的可能性增大；新的增长点的出现不仅可以缩小区域差异，而且还能促进国家整体经济发展水平的进一步提高。

四、道格拉斯·诺斯的输出基础理论

20 世纪 50 年代，道格拉斯·诺斯在一篇题为《区位理论与区域经济增长》的论文中，批评了艾萨德的区位理论和胡佛的增长阶段理论，认为他们没有解释区域增长的动力，并且关于区位的模型和增长的描述也存在问题。

诺斯认为，区域经济增长的动力来自外部需求的拉动，区域外部需求的增加是区域增长最为关键的初始决定因素。诺斯从经济史的角度出发，认为区域增长的阶段论中的阶段序列与经济史是断裂的，该理论是建立在中世纪欧洲封建自给自足型经济的假设之上的。近代美国的经济发展与区域增长的阶段论的阶段序列不相符合，美国从一开始，其区域的经济活动（资源开采、生产和贸易）就是直接联系世界市场的。

输出基础模型将经济部门划分为两个部分，即输出基础部门和自给性部门。在这种模型中，通常假定自给性部门不具备自发增长的能力。但是，随着外部需求的扩大，输出基础部门不断扩张并为地方经济带来额外收入时，这些自给性部门也会随之相应扩张。诺斯用输出基础模型来预测区域经济的长期变化趋势，从而形成了区域经济发展的输出基础理论。诺斯在其 20 世纪 90 年代末发表的《区位理论与区域经济增长》一文中，把太平洋西北岸作为实证研究的基地而得出结论：区域对木材、毛皮、面粉、小麦等产品需求的扩大，不仅会影响那里的绝对收入水平，而且也会影响那里诸如辅助性产业的特征、人口的分布、城市化模式以及收入与就业波动范围等。他进一步指出，对区域输出需求的增加会对区域经济产生乘数效应，这不仅会导致输出产业投资的增长，也会导致对其他经济活动投资的增长。因此，按照诺斯的观点，一个区域能否求得发展，关键在于能否在该区域建立起输出基础产业；而特定区域能否成功地建立起输出基础产业，又将根据它在生产和销售成本等方面对其他区域所拥有的比较利益而定。

五、评述

上述非均衡增长理论存在两个基本问题。

第一，增长对非均衡的依赖性是否存在某种客观限制，即并非区域发展差异越大，区域经济增长速度一定越快。这些理论都没有涉及这个问题。如果我们把考察的焦点放在一国经济发展的初级阶段，上述理论都把经济增长建立在拉开距离的基础上，而对这个差距是否有个客观的合理的界限并没有做出阐明。但根据实际经验，即使在经济发展初期，过大的区际收入差异也会阻滞一国的经济发展。

第二，这几种非均衡发展理论都没有阐述非均衡发展的合理界限问题。也就是说，对一个社会而言，是否存在一个最优的非均衡增长的"度"。显然，这些理论均忽略了区域成长过程中，区域差异扩大可能会付出因社会矛盾激化所导致的经济停滞的高昂代价。我们应当考虑这样一个问题，在区域发展的整个过程中，是否非均衡发展都具有比均衡发展更高的效率。显然，这样的问题涉及价值判断，不可能要求注重实证分析的发展理论做出回答，但在区域经济发展实践中，对它的回答却很重要。

区域经济非均衡增长理论指出了不同区域间经济增长的差异，但不能因此而断定区际差异必然会不可逆转地扩大。该理论片面地强调了累积优势的作用，忽视了空间距离、社会行为和社会经济结构的意义。缪尔达尔和赫希曼的理论动摇了市场机制能自动缩小区域经济差异的传统观念，并引起一场关于经济发展趋同或趋异的论战。但是在威廉姆森的倒 U 形假说提出之前，论战缺乏实证基础，威廉姆森的研究使讨论向实证化方向迈出了有力的一步。

不论增长所处的发展阶段如何，是否都存在对非均衡的依赖性，在这一问题上，缪尔达尔的累积循环因果论、佩鲁的增长极理论、赫希曼的非均衡增长理论和弗里德曼的中心—外围理论，均倾向于认为无论经济发展程度处在何种水平，进一步的增长总是要打破原有的平衡。而威廉姆森的倒 U 形假说则强调经济发展程度较高时期增长对均衡的依赖。在对政府和市场作用的认识问题上，这几种非均衡增长理论是不一样的。赫希曼和缪尔达尔的理论主张政府的积极干预，但在缩小区域差异问题上，赫希曼和缪尔达尔的观点又不同。赫希曼认为，经济增长的聚集将首先加大地区间的经济差异，但长期的地理渗透效应将足以减少这种差异。赫希曼对渗透效应能减少地区差异的乐观估计是建立在依靠国家干预的基础之上的。倒 U 形理论在区域差异缩小的过程中，忽视了政府行为，只强调经济发展的内在规律和市场的作用。从诸多国家的经验来看，区域差异的变动一般受经济发展的内在规律性、市场作用和政府干预三种力量的影响，是三者综合作用的结果，片面强调哪一方的作用都是不恰当的。

第六章 区域竞争力

区域经济发展与区域竞争力之间存在着密切的关系。在经济全球化的背景下，各个区域都不可避免地以各种方式参与到全球资源、市场、发展空间和机会的竞争中，区域竞争力的强弱已成为衡量一个地区是否具有现实的和潜在的竞争优势的重要标志，是判断一个区域能否实现可持续发展的关键因素，因此研究区域竞争力具有十分重要的现实意义。

第一节 区域竞争力的概念

一、区域竞争力的研究进展

区域竞争力的研究起源于美国等西方国家对国家竞争力的研究。由于国家实际上也是一个具有区域属性的特定区域，因此国家竞争力研究也属于区域竞争力研究的范畴，只是研究的层面不同而已。到目前为止，国家竞争力研究相对比较深入，区域竞争力的研究比较滞后。我国自 20 世纪 90 年代初开始进行国家竞争力研究，随后以省、市、县为研究对象的区域竞争力研究也逐步展开。

（一）国外对区域竞争力的研究

美国是最早开展国家竞争力研究的国家。20 世纪 80 年代，美国劳动部国外经济研究办公室提交的《关于美国竞争力的总统报告》是第一份正式的关于国家竞争力的报告；20 世纪 80 年代末，美国总统产业竞争力委员会也提出了一份名为《全球竞争：新现实》的国家竞争力报告；美国国会又通过了《1988 年综合贸易和竞争力法案》；20 世纪 90 年代，美国政府成立了正式的政府竞争力政策咨询机构——竞争力政策理事会，此后每年都要针对竞争力的某个专题向总统和议会提出报告。

在学术界，迈克尔·波特（Michael E. Porter）于 20 世纪 80 年代连续出版了三部有关竞争力的著作——《竞争战略》《竞争优势》和《国家竞争优势》，并由此创立了竞争优势理论。该理论的研究层面侧重于宏观的国家竞争力和微观的企业竞争力，通过分析竞争力的影响因素，提出竞争力"钻石体系"模型，并为国家和企业如何提高竞争力出谋划策。

在城市竞争力研究方面最具影响力的学者是彼得和丹尼斯。前者于 20 世纪 80 年代开始致力于城市竞争力的研究，并于 20 世纪 90 年代相继发表了《城市竞争力：美国》《城市竞争力决定因素：一个评论》《竞争力和城市经济：24 个美国大城市区域》三篇论文，对城市竞争力的一些问题做了开拓性的探索；后者从 20 世纪 90 年代后期开始致力于大都市地区国际竞争力的研究，并相继发表了一些有影响的著作。

从有关文献中还可以看到，国外竞争力研究大多侧重于国家竞争力、产业竞争力和城市竞争力的研究，狭义的有关区域竞争力的研究相对不足。

（二）国内对区域竞争力的研究

国内开展区域竞争力的研究同样始于国家竞争力研究。20 世纪 80 年代末，原国家体改委与世界经济论坛（WEF）和瑞士洛桑国际管理学院（IMD）商定进行国际竞争力的合作研究。20 世纪 90 年代开始，我国将部分数据纳入《全球竞争力报告》，次年参与该报告的分项目比较。20 世纪 90 年代中期，我国参加了全部项目的比较。此后，一些研究机构和个人或合作或单独承担了国际竞争力研究的课题，研究成果相继问世。

目前，区域竞争力研究在国内仍处于起步阶段，多是借鉴国外区域竞争力的研究方法和成果，进行适当修正，再结合中国国情做实证研究。就研究层面而言，除国家外，更多地集中在城市和地区层面。

二、区域竞争力的定义

（一）竞争力体系

竞争力是一个复杂的概念，竞争力研究的对象可以是企业、产业、区域、国家等，因而相应的就有企业竞争力、产业竞争力、区域竞争力、国家竞争力等不同的概念。

1.企业竞争力

企业竞争力是指在竞争性市场中，某个企业所具有的能够持续地比其他企业更有效地向市场提供产品或服务，并获得盈利和自身发展的综合素质。它的特点是：决定和影响企业竞争力的大多数因素在各企业之间具有可比较性和很大程度上的可计量性，企业竞争力研究的努力方向之一就是力图将企业竞争力因素尽可能地量化，从而进行企业间的比较；并且，企业竞争力的许多因素是可以通过市场过程获得的，或者可以通过模仿其他企业而形成。

2.产业竞争力

产业竞争力是指在区域之间的竞争中，在合理、公正的市场条件下，某一产业所能提供的有效产品和服务的能力。所谓的有效产品和服务，必须符合如下条件：首先，这些产品和服务必须能被市场所接受；其次，它必须是区域内部该产业现有的生产能力所能承担的，是产业供给能力、价格能力、投资盈利能力的综合。

3. 区域竞争力

区域竞争力是指一个区域在竞争中表现出来的综合发展实力的强弱程度。在同一国家的不同区域，由于生产要素的相对稀缺性，经济发展水平、收入水平和技术创新能力的不同，区域在国际、国内市场上的竞争力因此存在着差异。

4. 国家竞争力

国家竞争力是一个国家在市场信息经济竞争的环境和条件下，所能创造增加值和国民财富的持续增长和发展的系统能力水平与世界各国的竞争比较。

（二）区域竞争力的内涵

我国学者从不同的角度对区域竞争力的概念进行了解释，大体上可归纳为以下几类：

1. 财富创造论的观点

财富创造论认为区域竞争力"是一个区域在国内外市场上与其他区域相比，所具有的自身创造财富和推动地区、国家或世界创造更多社会财富的现实和潜在能力"，是指一个区域"在一定社会经济制度和人文自然条件下，创造出比其他地区更多的有效经济财富增加值的能力"。

2. 资源配置论的观点

资源配置论认为区域竞争力"是一种比较优势，是一个区域在其所从属的大区域中的资源优化配置能力"，它"不完全取决于区域大小，重要的是区域能否具备把土地等资源集中到关键环节和领域中去的能力"。

3. 产品提供论的观点

产品提供论认为区域竞争力是"一个区域生产适应大区域，提供国内外市场需求的产品和服务的能力"，是"在一定范围内集聚生产要素，提供产品和服务的能力"。

4. 经济实力论的观点

经济实力论认为区域竞争力是一个地区与国内其他地区在竞争某些相同资源时所表现出来的综合经济实力的强弱程度。

5. 综合论的观点

综合论研究者将以上讨论中的两种或多种提法结合起来，对区域竞争力进行界定，试图对区域竞争力进行更全面的定义。

通过以上归纳，我们可以把区域竞争力的含义归纳为：在系统分析区域现状的基础上，一个区域与其他区域相比，在资源环境、经济实力、产业市场、对外开放、基础设施、人力资本、科技创新和管理服务等方面表现出来的一种相对的综合能力，是一种通过比较所具有的吸引、争夺、转化资源和控制、占领市场的能力，亦即能够为区域发展提供资源配置和市场导向功能的能力。

区域竞争力定义的本质是资源优化配置能力，因此区域竞争力要体现在资源优化配置上，包括内部战略资源的有效安排、外部稀缺资源的有效吸纳及内外资源的有效协调配合等。

据此定义，我们可将区域竞争力分解为八种竞争力，即资源环境竞争力、经济实力竞争力、产业市场竞争力、对外开放竞争力、基础设施竞争力、人力资本竞争力、科技创新竞争力和管理服务竞争力。

三、区域竞争力的主要特征

区域竞争力实际上是区域经济系统的子系统之一。它具备系统的一些基本特征，即目标性、整体性、层次性、相关性和动态性等。从总体上看，这几个特征是系统结构的一般表现形式。

（一）目标性

区域竞争力是一个开放的人工系统，它具有明确的目标，即在一定的资源环境制度约束下，力争使各要素更好地配合和协调，以达到系统的目标即区域竞争力的最优值。在一定约束条件下的最优化，是区域竞争力的期望目标。区域竞争力也是对经济资源的最优配置的选择，遵循最经济的原理，即经济过程的代价趋于最小可能值。

经济活动和经济过程要满足可持续的目标，就要以不降低经济系统的持续利用水平和不损害人类生存的环境为前提。在经济发展过程中，不能为了现实竞争结果而疯狂开采和利用资源，忽视生态环境的保护，不顾及将来的发展，而应该注意经济、社会和生态的协调发展。

（二）整体性

区域竞争力系统是由各要素构成的，要素是形成系统的基础，不同性质的要素在系统中发挥不同的作用，从而对系统的整体功能形成特定的影响。区域竞争力系统的各要素不是机械地相加而是有机地结合在一起。区域竞争力包括了各要素的基本实力，但如果把各要素的基本实力分割成各个部分，相互独立，也不能形成有效的区域竞争力。

一个区域的经济运行总是依托于其特有的制度结构、文化背景和社会价值观，这些条件与经济发展之间具有重要的作用与反作用关系，因此也构成了区域竞争力的重要组成部分。所有这些能力交互作用产生出来的系统总和才是区域竞争力的完整内容。

（三）层次性

区域竞争力是一种系统的竞争力。一个大系统包括不同层次的子系统及其组合关系。各个层次的子系统既相互区别又相互联系。区域竞争力包含的内容十分广泛，内涵复杂且深刻。具体来说，区域竞争力的职能行为集中于区域政府，但政策和经济行为最终是由企业和产业来承担并完成的，企业和产业是区域的微观和中观基础。因此，区域竞争力包括宏观、中观和微观等多个层次的能力及其协调配合，涉及一定的运行机制，而不能简单地将其理解为各企业竞争力或产业竞争力之和。

（四）相关性

相关性是区域竞争力系统要素之间通过某种方式途径，形成互相沟通、互相作用和制约的关系，主要表现为三点：一是系统与外界环境的关系，即区域竞争力系统对外界环境（国际环境）的适应性，它反映的是系统的应变能力；二是系统内部各要素之间构成的形形色色的耦合关系，如产业结构之间的比例关系；三是各要素或子系统与区域竞争力系统之间所形成的要素或子系统与系统整体间的关系，如经济实力与区域竞争力之间的关系。

（五）动态性

区域竞争力系统不但是开放的人工系统，而且这一系统的结构和功能也是不断变化和发展的。构成系统内部要素的变化，会使整个系统的结构发生相应的变化；而外界环境对系统的影响，也致使区域竞争力要素系统处于不断发展变化之中。也就是说，无论什么区域都不可能具有永恒的绝对优势，落后区域只要肯变革，总有机会迎头赶上，因此，区域竞争力总是处于发展变化之中的。

四、影响区域竞争力的要素

区域经济是一个复杂而又开放的有机体，因为影响区域经济发展的因素很多，影响区域竞争力的因素也是多方面的，几乎涉及经济、社会的各个方面。这里既有来自主观因素的影响，也有来自客观因素的影响；既有总量方面的影响，也有速度、结构、效率方面的影响；既有体制方面的影响，也有管理方面的影响。这些影响因素广泛地存在于自然条件、经济发展、社会生活和政府行为之中，相互影响、相互渗透、密切交织，构成了影响区域竞争力的基本原因集合。区域竞争力的影响来自区域产业结构状况、区域科技与国民素质、区域优势产业集群状况、区域企业发展及技术创新状况、区域对外开放状况和区域资源及基础设施状况六个方面。

（一）区域产业结构状况

地区中一个产业的发展及发展规模既会受到其他产业的影响，又影响着其他产业。如果地区各产业、各生产部门在主产业上相互衔接、紧密配合，并形成合理的比例，则地区资源在各部门之间将得到合理的配置，相应地为地区创造的财富就会比较多，地区的经济实力就会增强，竞争力也会上升。地区的自然、社会、政治、经济、技术和对外关系形成地区特定的供给结构，地区产业结构和产业组织如果能与其相适应，则地区要素比较优势就会得以发挥，实现生产成本低廉及产品价格上升，地区产业竞争力得以提升。同时，地区的产业结构只有适应了市场需求的变化，产品的价值才能得以实现，产业结构的应变能力才能提高，地区产业的吸引力才可以增加，资源配置的能力也会增强，区域竞争力就能得以提升。

（二）区域科技与国民素质

科学技术是第一生产力，它是区域内产业、企业发展的强大动力，同时科学技术发达的区域又能有效地吸引区域外的资本、人才等生产要素的流入。在科教兴国、科技立国的时代，科技竞争力已成为区域竞争力中举足轻重的一个方面。国民素质是影响区域竞争力的一个重要因素。人是社会的主体，任何先进的管理、合理的决策、优秀的发展模式都是基于一定的国民素质的。国民素质高的地区对外吸引力就强，反之则弱。

（三）区域优势产业集群状况

一个地区的竞争力离不开该地区所有产业的共同努力，但主要还是有赖于那些由区域先天和后天禀赋条件所决定的、具有区域比较优势的、主要面向区外市场的产业或产业集群的发展。所谓优势产业集群是指在某一地区围绕某一特定专业化领域所建立的一系列企业和机构，这些企业和机构由共性和互补关系联结在一起，可以共享基础设施带来的方便。拥有若干专业化优势的产业集群，是一个地区经济走向成熟并具有较强竞争力的重要标志。

优势产业集群主要由以下几方面组成：终端产品或服务公司；专业化的生产要素、零部件、机器设备和服务提供商；专为优势产业群服务的专业化金融服务机构；特殊基础设施服务提供商；政府及民间机构的专业教育和培训机构、研发机构、信息咨询机构等。优势产业集群对区域竞争力的贡献主要体现在：一是专业化带来的高效率；二是专业化有利于创新活动的产生；三是专业化有利于企业的创办和吸引其他地区大企业分支机构的设立。

（四）区域企业发展及技术创新状况

企业，特别是具有一定规模的大企业，是地区竞争优势的主要载体。从发展的角度看，区域的比较优势将经历从资源比较优势到经济比较优势，再到技术比较优势的演变过程。其中，经济比较优势实质上就是优势企业的规模化优势，是区域分工进一步深化的表现。一个地区的资源总是有限的，将它们集中投入优势产业群中的优势企业中去，不仅能获得专业化带来的好处，而且还能进一步获得规模化带来的效率。

一个地区最终的优势将体现在技术比较优势上。因此，增强地区竞争力还要靠企业的技术创新，不断提高企业内在竞争能力，特别是技术创新和产品研发能力。要鼓励实力雄厚的优势企业增加研发投入，建立自己的研发中心，同时加强与高校和科研机构的联合研究开发。优势企业要以市场为导向，加大新产品开发力度，实现稳定一代、投产一代、储备一代和研制一代的产品开发链，采取各种有效方式吸引和留住（也可借用）优秀科研人才，为他们创造良好的科研环境。

（五）区域对外开放状况

区域开放程度决定生产要素合理流动和合理配置的程度。地区开放程度高，生产要素流动性高，企业才能有效地引进、输出、迅速合理地配置生产要素，有效地降低生产成本和交易成本，提高产品竞争力。地区加强对外开放能够吸收和引进知识、技术、技能、制度、文化和管理，企业可以进行创新，增强自身的竞争力。开放可以创造新资源，培养新优势，不仅可以扩大原有产业规模，提高产业层次，而且可以发展高新技术的创新产业，提升产业的高级化度，实现资源的合理配置。

（六）区域资源及基础设施状况

资源是区域发展的天然基础，它依赖于区域的自然禀赋。合理地开发和利用具有自身特色的资源，会为提升区域竞争力找到合适的切入点，否则极大降低会区域竞争力。

基础设施是地区经济、社会经济的基本承载。它是指地区可利用的各种设施及质量水平，包括交通、通信和能源等各个方面。地区基础设施的容量大小和负荷能力的强弱决定着该地区的产业规模，地区基础设施水平是地区产业高级化度的基础，地区基础设施的具体类型和结构也决定着地区的具体产业结构。

基础设施质量优良和匹配合理，能够实现生产、运输、交易费用的节约，降低产品的相对单位成本，从而提高地区产品的竞争力，扩大产业和企业规模。基础设施也为地区开放提供了载体和条件。先进的基础设施使地区与域外的交流、交往快速而便捷，从而为地区的全方位开放和对外交流创造了条件。

第二节 区域竞争力的分析方法

一、区域竞争力的分析模型

由于竞争力是一个综合性的概念，可以从不同的角度去理解它，所以关于竞争力来源的探讨比较多，不同的思想流派有不同的看法。

（一）波特的钻石模型

波特于20世纪90年代在《国家竞争力》中提出了区域竞争力的模型，把区域竞争力集中表现在一个区域的产业竞争力上，即其产业在大市场中的竞争表现。而一国的特定产业是否具有国际竞争力则取决于六个要素，即要素状况，需求状况，相关产业和辅助产业，企业战略、结构与竞争，机遇作用，政府作用。这六大要素构成了波特区域竞争力模型。

1. 要素状况

每个国家都有经济发展所必需的生产要素，包括人力资源、自然资源、资本资源、基础设施等。一个国家的生产要素禀赋对其国家产业的竞争力会产生重要影响，生产要素对于竞争力的重要性不在于继承性，而在于创造性。因此，对于区域竞争力来讲，单纯地配置生产要素不如高效率地利用生产要素。

2.需求状况

影响区域竞争力的第二个因素是区域内的需求状况。国内需求的构成在以下三个方面对区域竞争力产生重要的影响：第一，需求的细分结构，即多样化的需求分布，市场细分有助于企业集中优势，形成有效的竞争战略，并发挥规模经济的作用，取得局部优势；第二，成熟的购买者，他们会对企业产生压力，迫使企业提高产品质量和服务的质量标准，努力降低成本，提升竞争力；第三，预示性买方需求，如果国内买方需求预示了其他国家的买方需求，这意味着国内买方需求向企业提供了关于未来买方广泛需求的早期信号，这不仅有利于开发新产品和新市场，而且有利于培养国内成熟的消费者。

3.相关产业和辅助产业

影响区域竞争力的第三个因素是相关产业和辅助产业。例如，上游产业具有国际竞争力，有助于提升下游产业的国际竞争力。上游产业可以及时为下游产业提供新概念、新创意，而下游产业也可及时为上游产业提供试验场所。上下游产业的密切合作，也会增强双方的国际竞争力。

4.企业战略、结构与竞争

确定区域竞争力的第四个因素是企业战略、结构与竞争状况。产业中企业的目标、战略与组织形式各不相同，国家竞争力就是在这些方面找到一些平衡点。国内竞争的形势也对创新过程和长远的国际化进程带来根本性的影响。企业的管理受到环境的制约，因此，能够适应本国具体环境的管理，有利于增强国家竞争力。激烈的国内竞争与国家竞争力之间存在着密切的关系。国内竞争对企业产生压力，迫使企业改进技术，实行创新。在国内竞争中取得优势的企业，就能取得较强的国际竞争力，增强本国的国家竞争力。

5.机遇作用

一些偶发性的事件和机会也会对国家竞争力产生影响。例如，纯粹的发明活动、重大的技术突破、投入成本的突然变化、世界金融市场和汇率的突然变化等等，它们可能使一些国家获得竞争优势，也可能使一些国家丧失优势，产生截然不同的结果。

6.政府作用

政府通过政策因素影响竞争优势，如政府实行补贴、教育、投资、控制资本市场、指定生产标准与竞争条例等，都将对前述要素状况、需求状况、相关产业和辅助产业及企业战略、结构与竞争等产生积极或消极的影响；而反过来，政府作用也受到它们的影响。

（二）双钻石模型

钻石模型没有充分考虑到跨国活动与政府的作用，为了弥补这个缺陷，产生了双钻石模型（Rugman & D，Cruz）。双钻石模型是对钻石模型的修正。

在通用的双钻石模型中，国际竞争力被定义为在国际竞争中，一个在特定的行业从事价值增值活动的企业长期保持获利的能力。与钻石模型相比，通用的双钻石模型包括了跨国活动，强调一国内包括内资企业和外资企业的持续的价值增值活动，并且这种可持续性是要求面向多国的价值增值。此外，政府不再是一个外生变量，而是影响钻石模型四要素的一个重要变量。

（三）九要素模型

九要素模型以韩国为实证，将人力要素（工人、政治家、企业家和专业人才）和物质要素（资源禀赋、国内需求、相关和支持行业以及商业环境）视为内在因素，将机会视为外在因素。人力要素可以驱使物质要素。人力要素与物质要素和机会要素的结合，可以使一个国家获得竞争力，推动其向更高阶段发展，这就是所谓的九要素模型。九要素模型与钻石模型的区别是对要素的分类不同以及新要素的增加。

九要素模型还指出竞争力有生命周期，在不同的发展阶段，各要素的重要性是不同的，竞争力的来源也不同(Dong-Sung Cho, Hwy-Chang Moon)。处于不同发展阶段的国家的竞争，以互补为主，主要基于比较优势；处于同一发展阶段的国家的竞争，以竞争为主，主要基于绝对优势。

（四）IMD 区域竞争力模型

瑞士洛桑国际管理学院（IMD）认为，区域竞争力就是一个国家或一个公司在世界市场上生产出比其竞争对手更多财富的能力。它将区域竞争力分解为八大方面，包括企业管理、经济实力、科学技术、国民素质、政府作用、国际化度、基础设施和金融环境。其核心是企业竞争力，其关键是可持续发展。这几方面构成的区域竞争力优势在本地化与全球化、吸引力与扩张力、资产与过程、和谐与冒险四种因素环境中形成。

IMD 区域竞争力理论将竞争力分为国家竞争力和企业竞争力。企业竞争力是区域竞争力的核心。在一个国家，企业的基本作用就是创造经济附加值。虽然不同经济学派从不同角度对企业竞争力进行了研究，但企业的根本目标是不变的，即创造财富。然而，企业并非在真空中运作，其业绩在很大程度上取决于环境因素。对于企业的发展而言，某些环境可能是不利的，而某些环境则可能是有利的，其竞争力与国家创造支撑持续创造增加值的环境的能力密切相关。

IMD 认为，在区域竞争力研究中，重点是国家竞争力研究，主要分析国家环境对于在其境内运行的企业的国内、国际竞争力的影响是有利还是有害，从而加以判断评估；又由于国家竞争力由企业竞争力构成并体现，二者均强调可持续性是其发展取向，所以，在IMD 模型中国家竞争力与企业竞争力是互为补充的。

一个国家的竞争力环境中普遍存在着四种因素，即本地化与全球化、吸引力与扩张力、资产与过程、冒险与和谐，这四种因素是传统、实力和价值体系等共同作用的结果，它们深深地植根于该国的深层次文化中，并体现出该国的文化价值特征。下面对这四大因素分别作以具体阐述。

1. 本地化与全球化

在每一个国家，都存在两种经济活动现象，一种是本地化经济，另一种是全球化经济。本地化经济是指企业向本地（本国）最终消费者提供产品或服务的经济活动。以国内经济为导向而过度地实行本地化经济是保守性倾向，而且在经济发展中必须付出丧失境外机遇的很大的机会成本。全球化经济是指企业进行全球化国际经营的经济活动，生产地最好与最终消费者同处一地，而且它能从国际化市场的比较优势特别是其经营成本上获得良好收益。因此，全球化经济以国际经济为导向，是竞争性经济，并能取得相对的价格优势与效益。

本地化经济与全球化经济在一个国家财富创造中的贡献各不相同。IMD 调查认为，在西欧国家，国内生产总值的 2/3 是由本地化经济所创造的，而国内生产总值的 1/3 是由全球化经济创造的。一般来说，小国竞争力更多地依赖于全球化经济的成果，而大国如美国等则在更大程度上依赖于其庞大的国内市场，不过，日益增强的国际化趋势也是不容忽视的。

20 世纪 80 年代以来，商业壁垒的开放、商贸协定、区域一体化、限制解除等，使全球化经济得到迅速发展，并逐渐渗透到本地化经济中。全球化的一个重要成果是它给世界范围内的价格、利润和工资等施加了强大的制约，与国际化水平背离较大的国家正在经历一场剧烈的调整适应过程。

2. 吸引力与扩张力

扩张力能给母国创造财富，但却没有创造应有的就业机会；吸引力能在东道国创造就业机会，但由于税收优惠等却减少了收益。鉴于吸引力对于就业、技术转移的重要意义，同时吸引力又是全球化经济与本地化经济的连接点，吸引力的培养已成为一些国家的一项根本性政策目标。但正如上面所说的那样，吸引力与扩张力这两方面都不容忽视，应该协调平衡发展，在该过程中形成自己的差异化优势。

3. 资产与过程

国家是通过资产与过程两个方面来创造竞争力环境的。一些国家在土地、劳动力、自然资源等资产方面具有优势，但却并不一定具有相应的竞争力，如巴西、印度和俄罗斯；而另一些国家，如新加坡、日本和瑞士等在资源方面十分匮乏，但它们更多地依靠转化过程，一样具有很强的竞争力。一般说来，过程比资产更具有竞争力。

4. 冒险与和谐

影响国家竞争力环境的第四个因素，是社会鼓励个人冒险还是强调社会和谐。冒险强调了个人在社会上或是国家在世界上的主体地位，突出了竞争生存意识，而和谐则强调了个人与社会、国家与世界的相辅相成的和谐关系，突出了互动共存意识。在全球市场经济体制的演进过程中，竞争日益体现在国家竞争力的方方面面，我们既要强调和提倡竞争精神，敢于进取，敢于拼搏，更要提倡创建和谐社会，使社会在和谐状态下向前发展。

二、区域竞争力评价指标体系

为了定量研究、比较区域竞争力，可以根据区域竞争力的定义和影响区域竞争力的因素构建区域竞争力的指标体系。

（一）区域竞争力指标体系构建的原则

区域竞争力的指标体系应遵循如下四项原则。

1. 目的性原则

所选择的指标要能符合对区域竞争力的状况进行评价的要求，要能体现出区域竞争力的优劣情况。

2. 科学性和实用性相结合原则

即要求指标设置在保证科学性的前提下突出重点，尽量少而精。

3. 定性与定量相结合原则

所选择的指标既要有测度区域竞争力的"硬指标"，又要有能说明问题但无法定量的"软指标"。

4. 可操作性原则

各评价指标应信息集中，数据容易获得，计算方法简明易懂，具有可比性。

（二）区域竞争力评价指标体系架构

建立区域竞争力评价指标体系，关键要确立统领整个指标体系的概念框架，以及构造反映区域竞争力各方面的具体指标。区域竞争力评价指标体系可以分为八大竞争力因素、62 项具体指标。

1. 经济综合实力竞争力

经济综合实力竞争力是衡量过去区域竞争力的成果沉淀，也是区域竞争力现状和未来发展潜力的重要内容。它一方面表明区域总体发展已达到的水平层次，另一方面又表现为区域未来发展的平台基础。

2. 产业竞争力

产业竞争力是区域竞争力的核心组成部分。产业竞争力决定产业结构的合理性。合理的产业结构既能保证产业现实的竞争力，又能保证产业未来的竞争力。产业竞争力可以从产业结构高级化度和产业结构专门化度两个方面进行比较分析，共有四项细分指标。其中，产业结构高级化度由第二、第三产业产值比重和第三产业产值比重两项指标构成，产业结构专门化度由产业相似系数和产业相似系数变化值两项指标构成。第二、第三产业产值比重是指第二、第三产业产值之和在 GDP 中的比重，它常用来衡量区域经济中的工业化发展速度。第三产业产值比重是指第三产业产值占 GDP 的比重，它是衡量产业结构高级化的直接指标之一。产业相似系数是衡量区域的工业部门产值构成与全国工业部门产值构成的相似程度指标，也就是区域产业结构专门化程度。相似系数越大，表示该区域与总体区域的工业结构相似性越大，该区域工业结构的专门化程度越低。产业相似系数变化值是指一个时期内的区域产业结构相似系数的变化大小。其绝对值代表了变化幅度，符号代表了变化方向。其中，正号表示相似性增大，专门化水平降低；负号表示相似性减少，专门化水平提高。

3. 企业竞争力

企业是经济的基本单元，同类企业组成产业，所有产业组成经济，因此企业竞争力是区域竞争力的直接体现。我们可以从企业规模指标、企业经营指标两个方面对企业竞争力进行比较分析。

企业规模指标由规模以上工业企业数量、国家重点工业企业数量两项指标构成。其中，前一项指标表明规模企业的总量，数量越多，企业规模水平越高；后一项指标表明企业中的国家骨干企业数，骨干企业数越多，企业规模水平越高。

企业经营指标由工业经济效益综合指数、产品销售率、资金利税率、成本费用利税率、劳动生产率、流动资金周转次数和增加值率等七项指标构成。工业经济效益综合指数反映工业企业整体水平；产品销售率反映企业营销效果；资金利税率反映企业资金运作效果；成本费用利税率反映企业成本效益；劳动生产率反映企业劳动效率；流动资金周转次数反映企业经营效率；增加值率反映企业资本增值的能力。

4.国际竞争力

国际竞争力是一个区域的经济在全球大区域中的市场竞争力。我们可以从国际商品市场指标、国际资本市场指标、国际旅游市场指标和经济外向度四个方面对其进行比较分析。其中，国际商品市场指标由进出口商品总额和进出口增长率两项指标构成；国际资本市场指标由实际利用外资额、实际利用外资额增长率、外商直接投资额三项指标组成，反映了一个地区利用外资的程度。国际旅游市场指标由旅游创汇总额和国际旅客数两项指标予以衡量。经济外向度由外贸依存度、出口区位商两项指标构成。外贸依存度即进出口商品总额与GDP的比值。该数值越大，说明区域经济开放度越大；同时，该指标也反映了外贸在区域经济中的重要性，它的数值越大，说明外贸在该区域经济中越重要。出口区位商即区域出口总额与区域GDP的比值除以全国出口总额与全国GDP的比值所得到的商值。商值大于1，表明该区域出口贡献高于全国平均水平；商值小于1，表明该区域出口贡献低于全国平均水平。

5.科技竞争力

在知识经济时代，科学技术在区域经济中的地位越来越重要，科技竞争力已成为区域竞争力的一个重要组成部分，同时也反映了区域创新水平。我们可以从科技队伍、科技投入、科技成果、科技转化四个方面对科技竞争力进行比较分析。其中，科技队伍表明区域的总体科技实力中人的因素，由各类科技人员总数、科研活动人员总数、万人科技人员数三项细分指标组成；科技投入则表明区域总体科技实力中物的因素，由科技投入经费总额和万人科技经费数两项指标构成；科技成果由专利受理量和专利授权量两项指标构成，其中，专利受理量是指科研人员的创意和发明，专利授权量表明专利部门认可的专利发明；科技转化由成交技术合同数和成交技术合同金额数两项指标构成。

6.环境和基础设施竞争力

环境和基础设施竞争力是区域取得经济发展速度和提高经济效益的关键因素，是区域发展水平的重要标志之一。我们可以从交通运输指标、电信指标、能源指标、环境指标四个方面对环境和基础设施竞争力进行比较分析。

其中，交通运输指标选择两项衡量指标：旅客周转量和货物周转量。旅客周转量指的是在现有运输设施基础上所实现的旅客周转的运量；货物周转量指的是在现有运输设施基础上所实现的货物周转的运量。

电信指标选择四项衡量指标：邮电业务总量、人均邮电业务量、电话普及率和互联网用户数量。邮电业务总量是指一定时期邮电业务的总和，它体现的是区域内邮电业务发展的总体规模水平；人均邮电业务量是以人均相对量来说明邮电业务量的发展水平，是对上一指标的补充与修正；电话普及率是指每百人所拥有的电话门数，它反映了电信业务的普及化程度；互联网用户数量反映区域应用现代网络信息技术的程度。

能源指标选择三项衡量指标：发电装机容量、发电总量和人均发电量。发电装机容量是指区域内总的发电能力；发电总量是指一定时期内区域的实际发电水平；人均发电量是以人均拥有的发电量来说明区域发电量的相对供给水平。

环境指标由环保投入额、环境噪声达标区面积比例、烟尘控制区面积比例、环境保护区面积比例四项指标组成。

7. 人力资本竞争力

人才作为知识的载体和经济建设的主体，其素质的高低成为区域竞争力的关键因素。我们可以从人口健康素质和人口文化素质两个方面来比较分析不同区域的人力资本竞争力。其中，人口健康素质指标反映区域的人口健康的相对状况，由出生率、死亡率、千人医生数、万人医院床位数四项指标构成；人口文化素质指标反映区域内居民文化素质水平及与其相适应的教育设施及教育水平、文化氛围，由文盲、半文盲占 15 岁以上人口比例、大专以上教育程度人口比例、普通高校在校学生数、高等学校数四项指标构成。

第三节 提高区域竞争力的途径

通过第二节的分析，我们了解到影响区域经济竞争力的因素是多方面的，要提高区域竞争力，应该采取多种手段而不是单一措施。

一、加强地方政府的作用

地方政府是区域经济主体之一，政府角色和职能对建立区域竞争力的影响主要表现在以下几个方面：

第一，地方政府是否具有根据本区实际情况制定恰当的区域经济政策的能力。地方政府作为地方经济的管理者，追求国家经济利益与区域利益的统一。一般而言，区域经济政策属于制度范畴。政府通过制度安排，改变区域的要素供给特征和要素配置效率，进而影响区域增长速度。兼顾公平和效率的区域经济政策，既能实现区域内部的均衡发展，也可以在资源供给既定的条件下，实现资源利用效率的最大化。

第二，区域政府能否最大限度地降低对企业生产经营活动的干预。区域政府要强化宏观经济调控职能，取消对企业的直接行政干预，企业生产什么、生产多少、怎样生产，由企业根据市场情况决定。政府的区域经济管理，主要是协调好政企关系。

第三，区域政府能否为微观经济主体提供可预测的客观社会环境。制定和维护市场规则，加强市场监管力度，营造统一开放的市场环境，保护公平竞争，保护区域内所有投资者和居民的合法权益是区域政府的重要工作。区域政府应当合理定位各政府部门之间、政府与企业之间以及政府与社会之间的分工。

由于社会、文化背景的差异，不同的区域对政策法规的理解、适应和应用会出现差别，因而造成区域运行机制创新能力的不同。具有较强开放意识的区域政府，能够比较顺利地接受新思想、新观念，抓住机遇在体制改革方面进行超前试验。区域政府对改革的适应能力也是影响区域竞争力的重要因素。

二、优化区域产业结构

现代产业理论认为资源配置结构的演化是区域经济发展的前提之一，区域经济发展的过程实际上也是区域经济结构高级化、合理化的过程。因此，结构优化是区域经济发展的永恒主题。

区域的产业结构是指在一定空间范围内的产业构成和诸产业间质的联系及量的比例关系的总和，主要包括两个方面，一是指产业之间的比例关系及其变化，二是指产业间的投入与产出。区域产业结构优化是指从整个区域经济出发，以一定的价值观和方法论为指导，通过一系列深入细致的定性、定量研究，得出区域产业结构的优化模型和方案，在此基础上，制定和实施相应的产业政策，实现区域内产业间比例关系的优化调整，促进各种生产要素最佳组合、各种资源最佳配置，从而取得最好的经济效益。从这个角度讲，区域产业结构优化是一个科学的决策过程，即根据自身定位和区域内所拥有的资源，依据科学的决策，实现区域经济效益的最大化。区域内产业结构的优化，能够满足经济增长率高的产业部门对资源的需要，使社会资源得到合理的配置与利用、提高单位资源的产出效益，使总量增长有充分的后劲，从而提高区域的产业竞争力。区域内产业结构的优化，就是区域产业结构趋向合理的过程。这个过程本质上是如何正确选择区域的主导产业、合理确定其发展规模和速度、发挥主导产业的带动和辐射作用的过程。

区域产业结构的优化还要依靠区外的产业转移。产业转移不仅会提高转移产业的生存能力，增加就业机会，而且还可以通过一系列的传递扩散机制，提高整个地区的产业竞争力，带来地区经济的繁荣。首先，产业转移可以增加转入区的就业机会，并为相关产业的发展创造条件；其次，产业转移将直接增加转移产业的生产能力，扩大该产业的产出量和市场份额，由此带动整个地区经济的增长；最后，产业转移不单纯是资金的注入，而且往往伴随着技术和管理经验的扩散，因而有利于提高资源配置效率，提高劳动生产率和创新能力。

当然，由于转移的产业大都是劳动密集型的产业，有的甚至是技术含量很低的简单组装装配产业，生产工人的劳动强度很大，工资很低，缺乏劳动保护，容易造成职业病，危害工人的身体健康。另外，还有一些产业是因为受到转出区环保政策的限制而拟转移到其他区域的。如果转入区不加限制，很容易吸收一些污染企业。这种产业转移虽然短期内创造了就业，增加了产出，但长远发展下去会降低区域的竞争力。因此，应该积极吸收适合区域经济持续发展的转移产业来提高区域的竞争力，减少产业转移带来的不利影响。

三、发展产业集群

经济全球化使国家之间的竞争越来越激烈。国与国的竞争更多地表现在区域的竞争力上，而区域的竞争力则往往表现在地方特色产业集群上。发展产业集群已成为促进区域经济发展，提升区域经济综合竞争力的重要途径。

（一）发展产业集群对提升区域竞争力的贡献

发展产业集群对提升区域竞争力的贡献主要表现在以下几个方面。

第一，产业集群的发展使得区域按劳动分工理论形成专业化产业区，有利于提升区域竞争力。集群通过绝对优势、比较优势、要素禀赋、规模经济或范围经济形成专业化产业区，即大量企业集中于一个主要产业，以生产经营性企业为主，同时包括关联类、依附类、生产性和非生产性基础设施，通过劳动分工，提高生产率，降低生产成本，提高区域竞争力。

第二，产业集群战略强调企业在本地的根植性，带动区域经济发展。产业集群内以中小企业居多，中小企业相对于大企业而言易发生区位移植，其形成的产业集群更具有地方根植性，是区域经济发展的中坚力量，像"第三意大利"、浙江特色产业区中的中小企业等，不仅具有很强的经济活力，而且能够带动区域经济的迅速发展。

第三，产业集群有利于区域内收入再分配，兼顾公平与效率。在产业范畴上，集群的范围比专业化更广，甚至客户也参与和引导产业的发展，这样有利于收入在区域内的再分配，避免过去专业化区域中不同职业的员工收入差异很大的现象，有利于社会公平。同时，对政府而言，产业集群便于政府管理，增加政府税收，还可以解决就业问题，对于区域的发展起到稳定的作用。

第四，产业集群有利于产业持续创新，实现区域持续发展。产业集群持续创新的重要基础是依靠本地企业与企业间、企业与支撑机构间集聚所形成的"区域创新系统"，形成一个由完善、发达的供应商群，有经验、挑剔的客户群，垂直、水平联系的众多企业和各个支撑机构等共同作用的知识和技术不断创新的扩散系统。集群内的相应支撑机构，如地方政府、行业协会、教育培训机构等在空间上的集聚，是产业创新中的重要支持力量，使产业创新后劲十足。

第五，产业集群有利于促进地区经济结构的调整升级，推进区域城市化进程。产业集群使第二产业比重上升，带动为工业化提供服务和支持的第三产业的发展，从而使该地区的产业结构不断升级，日趋合理。同时，由于产业集群的发展，农村人口向小城镇的集中、土地价格的上升、劳动力成本的提高也使得经济向周边地区扩散，带动周边地区的城市化。相同的产业结构会把城市联系起来形成都市圈，都市圈形成后反过来又会促进产业集群的发展。

（二）增强区域产业集群的竞争力的具体措施

增强区域产业集群的竞争力的具体措施有以下几点。

第一，提高生产要素的质量。按照波特的观点，生产要素可分为初级生产要素和高级生产要素。许多产业集群区的初级生产要素优势正在逐渐减弱，一些资源性要素的利用几乎已到了山穷水尽的地步。因此，未来应重点培育和创造中高级生产要素，提高劳动力的素质，发展诸如会展经济、职业教育、文化品牌等各种新型生产要素。通过生产要素质量的普遍提高引导新的投资方向，增加产品种类的方向，延伸集群产业链，提高集群深加工能力，从而促进地区产业结构的高度化和合理化。

第二，大力发展中介组织，提高产业集群的自我管理能力。中介机构是企业协作的标志，可以提供诸如研究与开发、市场营销、游说、劳资谈判、论坛等服务。中介机构可以大大降低企业间的交易费用，并在必要时提供单个企业无能为力的、具有外部性的服务。专门的中介服务机构可以协调和解决集群中可能出现的问题，及时公布与行业竞争相关的信息，发挥竞争对于创新的积极作用。

第三，培育龙头企业，实现层次性布局。要根据市场发展的需要，利用分包、战略联盟、技术合作、组建虚拟企业等形式，在产业集群内部形成合理的"大、中、小"共生的产业组织结构，提高专业化与协作的效率，克服内在的缺陷，促使产业集群向规模化、专门化、协作化的方向发展，提高整个群落的生命力和竞争力。

第四，着力打造区域品牌，树立区域品牌竞争意识。区域品牌对于产业集群区域的经济的促进作用是不言而喻的，它是区域经济发展的一种宝贵资源。这种资源几乎可以被集群所内所有企业免费享用，是准公共物品，因而就要由政府牵线，集群运作，将这种品牌加以整合、包装，通过广告媒体或组织博览会、新品推介会、研讨会等扩大宣传的力度；同时，还需要在集群内部建立一种监督协调机制，对一些破坏区域品牌整体形象的区内企业实行惩罚，从而形成一种精诚合作、优势互补的竞争新格局。

第五，广拓融资渠道，促进产业集群的资本集聚。要构筑与区域产业集群发展相适应的地方金融体系，组建股份制商业银行等；推行企业财产抵押贷款，组建中小企业跟踪监督机构，建立专门的信用担保机制和企业债权维护机制等，放宽对企业信贷的限制；创立集群产业发展基金，拓宽融资渠道，建立"政府宏观指导、企业自主投资、银行独立审贷"的新型投融资体制，促进民间投资向产业群集聚。

第七章　区域经济分析方法

区域经济学是一门应用科学。要想把区域经济学的原理应用于实践，使其能够服务于经济发展，需要有一套完整的区域分析的方法。本章从区域分析的方法论和分析方法应用的角度阐述这个问题。

第一节　区域经济分析方法论与研究方法

一、区域经济分析方法论

区域经济学的哲学基础或哲学意义上的方法论，是区域经济分析最高和最抽象层次的基本方法论，是关于方法论的方法论。区域经济分析的基本方法论是从价值论、科学观、真理观等角度考察区域经济学问题的方法论，其内容包括对区域经济学研究对象的哲学思考或经济世界观的考察，认识区域经济学的科学性的方法，看待空间经济活动主体、区域经济学和区域经济学者的价值标准，等等。区域经济学不同流派的差异，主要体现在基本方法论方面的不同。

区域经济学方法论是区域分析哲学意义上的方法论之下层次的方法论。它是对区域经济学进行研究的思维原理和方法，或者说，是区域经济学者从事区域经济理论研究、构建理论体系的方法。它不直接涉及真理观、价值观、世界观等高度抽象问题，对区域分析提出了明确要求，具有可操作性。

二、区域经济的研究方法

（一）规范分析和实证分析

规范分析和实证分析是现代经济学中非常重要的研究方法，在区域经济研究中也经常被运用。

1. 规范分析

区域经济的规范分析是指从一定的价值判断出发，提出一些衡量区域经济活动的标准，根据这些标准来研究区域经济现象和处理区域经济问题，将其作为制定区域经济政策的依据，并研究区域经济活动通过何种途径才能达到符合这些标准的状态的一种区域经济问题分析方法。因此，规范分析力求回答的是"应该是什么或不应该是什么""应该做什么或不应该做什么"的问题，也就是为什么要做出这种选择而不做出另外一种选择的问题。例如，对于区域经济增长问题，从规范分析角度而言，就是要分析一个区域的经济增长究竟是好是坏，多大的增长率是好的，多大的增长率是不好的，应该保持多大的增长率等问题。

2. 实证分析

区域经济的实证分析是与规范分析相对应的一种分析方法。区域经济的实证分析是指企图超脱或排斥一切价值判断，只研究区域经济本身的内在规律，分析区域经济如何运行以及它为什么这样运行，并根据这些规律，分析和预测人们的经济行为的效果。它要回答的是"是什么"或"不是什么"的问题，而不对事物的好坏做出评价。仍以区域经济增长问题为例，从实证分析角度来研究，则要说明区域经济增长的标准是什么，即什么是区域经济增长、它是怎样增长的、增长的原因是什么等。

3. 规范分析与实证分析的关系

规范分析与实证分析作为以不同假设前提为条件的两种不同分析方法，既有区别又有联系。

二者的区别：第一，规范分析依据一定的价值判断对区域经济现象进行分析和研究，实证分析超脱价值判断去研究区域经济本身的内在规律；第二，实证分析要解决的是"是什么"的问题，而规范经济学要解决的是"应该是什么"的问题；第三，实证分析研究问题所得到的结论具有比较强的客观性，结论可以根据事实进行检验，而规范分析研究问题所得到的结论则具有比较强的主观性，结论无法通过客观事实来验证。

二者的联系：尽管规范分析与实证分析存在差异，但二者又相互联系、相互影响。规范分析会影响人们对于实证分析的态度，而实证分析则能增进人们对于区域经济活动和政策运用的了解，有助于减少认识上的差异。一般而言，区域经济研究的问题越具体，实证分析的成分就越多；而研究的问题层次越高，越带有较强的决策性，则规范分析的成分一般就越多。由此可见，两种分析方法是不同目标层次上的研究，它们之间并不矛盾。因此，在对区域经济现象进行分析的过程中，需要将这两种方法结合起来加以运用。例如，对于某区域 8% 的年经济增长速度的目标，实证分析就要分析在多大的投资比例和加速系数下可以达到这一目标，并且可以检验结论的正确性；而规范分析就要研究 8% 的增长速度目标假定本身是否正确，它能不能成为目标，实现该目标对社会产生怎样的后果等。

（二）微观研究与宏观研究

1. 微观研究

区域经济学中的微观研究方法，也叫个量研究方法，主要以区域单个经济主体活动为视角和研究对象，在假定其他条件不变的前提下研究个体的经济行为和经济活动。其特点是不考虑外在复杂因素而突出个体经济主体运行特征。区域分析中单个企业的选址布局与区位决策问题的研究，其典型的研究方法就是微观研究方法。例如，一个企业在进行区位选址决策时，会对外界条件作相对静止的假定（如技术条件相对不变、运输方式和工具不变、市场需求稳定等），然后根据这种假定选择费用最低区位来布局以实现自身利益的最大化。

2. 宏观研究

区域经济学中的宏观研究方法，也叫总量研究方法，主要以区域总体经济为视角和研究对象，在假定制度不变和区域经济个量不变或已知的前提下研究宏观经济总量及个量间的相互关系。这种研究方法由于抓住了区域经济运行的总体状况及其总体结构的基本状况，因而其研究结果对把握区域经济全局具有重要的作用。

20世纪20年代开始，世界经济发展过程中出现了宏观性的区域发展差距和结构性失调问题，发达国家一些原本经济繁荣的地区陷入了结构性危机；20世纪30年代世界性经济大危机爆发，一些萧条和落后地区经济状况恶化，加剧了发达国家的区域经济不平衡。发展中国家在经济发展过程中的区域差距问题也日益凸显。缩小地区发展差距，必须从区域整体的宏观研究视角展开，强调从宏观层面来解决问题，促进区域协调发展，即强调宏观上应加强国家、政府对区域发展的干预力度。

3. 微观研究与宏观研究的关系

作为区域经济分析的两种研究方法，微观研究方法和宏观研究方法都十分重要。微观和宏观的关系不是简单的加总关系，有些区域经济分析问题从微观和宏观两个不同的角度来观察和研究，所得结论会有所不同。最明显的例子就是，微观上分析所得的企业最佳布局区位，在宏观上分析也许该区位不是最优选择。因此，这两种方法都有其适用的范围并具有互补性，在区域经济研究中应灵活运用。

要正确运用微观研究方法和宏观研究方法，就要对所研究的问题进行分析和综合，分析和综合是我们科学认识区域经济问题的非常基本的思维方法。分析是指在思维活动中将认识对象分解为各个部分、方面或要素分别加以研究的方法。综合是指在思维活动中将事物的各个简单要素联结起来，形成对客观对象统一整体认识的研究方法。分析和综合是互相依存、互相转化、互相渗透的。我们要把分析和综合贯穿于区域经济问题研究的始终，正确进行微观和宏观的研究。

（三）静态分析与动态分析

1. 静态分析

静态分析是在有关生产要素等假设条件不变的情况下，对经济现象的均衡状态以及有关经济变量达到该均衡状态时所需要具备的条件进行研究的一种经济分析方法。静态分析不涉及时间因素所引起的变动，不考虑均衡变动过程，只考察一定时期内各种变量之间的相互关系。由于静态分析研究的是经济现象相对静止的状态，因此也可以说，静态分析是一种状态和事物横断面的分析。

2. 动态分析

动态分析是通过分析各个时期经济体系中各个经济变量的连续变动，来研究整个经济体系运动的一种经济分析方法。动态分析要涉及时间因素所引起的变动，考察各种变量在不同时期的变动情况，是一种过程分析或时间序列分析。动态分析研究的是经济现象的发展变化过程。

3. 静态分析与动态分析的关系

早期的区域经济研究主要应用的是静态分析方法，如古典区位论在研究区域差异时运用静态研究方法，从聚集、运费和地租等方面研究区域的空间差异，认为经济要素在地理空间上的差异是由集聚和消聚两种力量决定的。但后来区域经济学的发展更为注重动态分析方法的运用，例如，在研究区域产业结构的演变、区域空间结构的演化、区域发展阶段的分析、区域经济的增长、区域差距的变动等方面通常会更偏向于使用动态分析方法。应该指出的是，静态分析和动态分析这两种方法在区域研究中都是十分重要的。事实上，这两种方法各有优点，静态方法简单、直观、分析难度小，可以有效地说明均衡条件，为我们了解区域横截面状态和不考虑复杂时间因素情况下分析区域问题提供了基本思路；而动态研究可以观察到经济的变化根据和变化过程，为我们动态地、较精确地考察区域经济现象的变化规律提供了帮助。

（四）均衡分析与非均衡分析

1. 均衡分析

均衡分析就是假定所涉及的区域经济变量中的自变量为已知的和固定不变的，以观察因变量达到均衡状态时所出现的情况以及实现均衡的条件。在观察过程中，外界条件不断地发生变化，均衡可能是转瞬即逝的一刻，也可能永远达不到，但在均衡分析中，我们只考察达到假想中的均衡时的情况。均衡分析中通常抽掉了时间因素，因而它又总是与静态分析联系在一起的。现代微观经济学与宏观经济学运用的主要分析工具是均衡分析。比如，微观经济学中的均衡分析，是以理性的经济人假设为前提，以实现最优化为目标，主要通过边际分析方法来进行均衡状态分析。

2. 非均衡分析

非均衡分析则认为经济现象及其变化的原因是多方面的、复杂的，不能单纯用有关变量之间的均衡与不均衡来加以解释，而主张采取历史、制度、社会等因素分析的方法作为基本方法。

3. 均衡分析与非均衡分析的应用

在区域经济学研究中，均衡与非均衡方法主要体现在对空间均衡分析方法的运用上，着重研究的是区域资源配置的空间均衡问题。因为经济学的基本问题不仅包括生产什么、为谁生产和怎样生产，还包括在何处生产，企业的管理者不仅要进行产品数量和生产技术方面的决策，还要进行空间区位决策。空间均衡分析主要研究空间的供给、空间的需求，在此基础上进一步研究空间的均衡及其形成。

（五）定性分析与定量分析

1.定性分析

定性分析就是分析研究经济现象内在的性质与规律性。具体地说，就是运用历史和逻辑相统一的抽象方法，对所获得的各种社会经济材料进行思维加工，去粗取精、去伪存真、由此及彼、由表及里，以高度抽象为基础，归纳出影响经济运行机制的主要因素，再对主要因素进行分析和综合，演绎出经济发展的一般规律。定性分析得出的结论一般是回答各种主要因素对经济运行有怎样的影响，各种主要因素之间有何种抽象关系，经济发展的历史过程是怎样形成的，未来发展趋势的概貌如何，等等。

2.定量分析

定量分析是将所研究的经济现象的有关特征及其变化程度进行量化，然后对取得的数据进行数学处理，再从对事物量变过程的分析中得出结论并揭示经济现象规律。从根本上说，定量分析渗透着这样的观念：世界上一切事物不依赖人的主观意志而存在，是可以被认识的；它们的各种特征都表现为一定的量的存在或以不同的量的变化表现其变化的过程。定量分析是要说明事物或现象是"如何变化"或"变化过程与结果怎样"的问题。

3.定性分析与定量分析的关系

定性分析与定量分析相互补充，相得益彰，具有不可分离的关系，二者处在统一的连续体之中。例如，在分析区域城市化问题时，讨论究竟采取何种城市化道路及各种道路的利弊分析时，主要采用定性分析方法；但在研究一个区域城市化进程预测和城市化效率时，则侧重定量分析方法。在更多的情况下，为了使区域研究具体化、精确化，一般要求将定性分析与定量分析结合起来，国内外区域研究实践已充分证实了这种结合的必要性。

（六）边际分析方法

边际分析是西方经济学普遍采用的分析方法，是利用边际概念对经济行为和经济变量进行数量分析的方法。所谓边际（marginal）是指自变量发生小量变动时引起因变量相应变动的变动率。经济学家运用边际量对经济行为和经济变量如效用、成本、收益等进行分析，就是边际分析。区域经济研究在空间问题上也引入了边际分析的方法。例如，在确定城市最优规模的时候，就运用了边际收益和边际费用这种边际分析思想来分析城市的规模与其损益的关系进而确定城市的最优规模。其他如在分析空间聚集经济规模效益、区域主导产业确定等问题时，也都运用了边际分析的思路。

（七）历史分析方法

历史分析研究方法是人们对各种事物、事件、现象进行分析研究，根据它们发生、存在的历史条件，考察其历史进程，揭示其变化发展规律的一种方法。

任何事物都产生和存在于一定的历史条件之下并与之相适应，因此，运用历史分析研究方法，要求人们立足现实，以开阔的历史眼光回顾过去、考察现在和预测未来，按照历史提供的线索，发现事物发展的规律。

历史分析研究方法历来是专家学者们重视的方法。辩证法大师黑格尔把历史分析方法作为建筑其庞大唯心主义哲学体系的基本方法；马克思、恩格斯、列宁等人从辩证的历史的唯物主义观点出发来研究社会经济问题；在西方经济学领域，甚至由于李斯特、罗雪尔和施穆勒等经济学家因特别注重历史分析研究方法而形成了颇具影响的历史学派。

在区域经济领域，任何一个区域的发展都有其历史的发展过程和历史的延续性，并表现出一定的历史发展规律，因此，任何一个区域的问题研究都不能与其历史基础割裂开来，既要分析其面临的现实环境条件，也要考察其历史发展阶段，唯有如此，才有可能为区域问题的解决提供合适的正确方案。历史研究的方法论要求我们，在研究区域问题时，要历史地辩证地分析问题。历史是现实的前提，要全面地理解现实的区域经济问题，就必须注重研究区域的发展历史，运用历史归纳法来研究区域的经济社会现象和总结其变化规律。

（八）制度分析方法

制度经济学家把制度作为变量引入经济理论研究中，并用正统经济学的研究方法来分析制度的构成和运用，采取结构分析法、历史分析法和社会文化分析法等来研究经济问题，揭示制度对社会经济发展的影响，发现这些制度在经济体系中的地位和作用，建立了更为接近现实经济活动的制度分析方法。

1.制度分析方法的假定条件

制度分析方法以三个假定为分析的条件：第一，人类行为与制度具有内在的联系；第二，人的有限理性；第三，人的机会主义倾向。以这些条件为基础来分析人类行为与制度的关系，说明了制度作为一种变量能够改变人们为其偏好所付出的代价。

2.制度分析的核心

制度分析总是围绕制度的内涵和构成、制度变迁和创新、产权制度等这些具体制度范畴展开的。在制度的内涵与构成分析上，使用"制度安排"将制度内涵具体化，认为"制度安排"是约束特定经济行为和关系的一整套行为规则，这些规则包括正式约束、非正式约束和制度的实施机制；在制度变迁的研究中，具体涉及制度变迁的成本与收益分析；在产权制度的研究中，以具体的产权制度为典型，分析了产权制度的起源和功能，以及产权制度的演进，并从具体的经济目标出发，研究和探讨如何制定一种具体的制度和规则以保证行为主体进行创新活动，实现激励。

3.制度分析的应用

我国目前正处于经济体制的转型时期，由于新的经济体制还有待完善，旧的经济体制的影响还没有完全消除，同时由于一些与市场经济相适应的规则和制度还不健全，在经济体制改革的过程中出现了大量的问题，这些问题只靠传统经济理论所提供的办法是难以解决的，因而制度分析方法在研究转型时期的经济问题时具有重要的意义。

第二节 区域经济分析的一般过程和方法体系

一、区域经济分析的一般过程

区域经济分析的一般过程是从区域某一研究问题出发，界定研究范围和确定研究目标，之后进行调查研究并收集资料，再对相关数据、资料进行分析和处理，建立适用模型，进行模拟运算和仿真试验，然后对运算和试验结果进行比较和评价，最后整理成完整的方案或综合的有效信息，供区域决策者参考使用。

二、区域经济分析的方法体系

区域经济分析的方法体系是指分析并揭示区域经济总体变化、内部元素间关系及其外部联系的各种方法以及根据一定的规范对这些方法进行归类所形成的结构系统。

（一）区域空间分布模式分析类方法

这类方法主要是对区域经济要素的空间分布特征及规律进行分析，包括均值、方差、标准差、变异系数、峰度、偏度、锡尔系数、变差系数、威廉森系数等统计特征值分析方法和概率分析方法、分形分析方法等。

（二）区域经济要素间相互关系分析类方法

这类方法主要是对区域经济要素、区域经济子系统之间的相互关系进行定量分析，包括相关分析、灰色关联分析、回归分析、模糊贴近度、投入产出分析、主成分分析、因子分析等。

（三）区域经济类型分析类方法

这类方法主要是对区域经济现象的类型和各种经济区域进行划分，包括模式识别、判别分析、对应分析、聚类分析、经济区划等。

（四）区域网络分析类方法

这类方法主要是对区域交通通信网络、行政区划、经济区域等的空间结构进行定量分析，包括几何学网络分析、图论分析、网络优化、城市交通模型、城镇体系模型等。

（五）区域要素空间变化规律分析类方法

这类方法主要是对区域要素进行分析以展示其空间变化规律，包括回归分析、趋势面分析、克拉克分析、克吕格分析、空间自相关分析、空间关联分析、空间洛伦兹曲线、对应分析等。

（六）空间相互作用分析类方法

这类方法侧重于定量分析区域要素在区际流动的方向与强度，包括线性规划、投入产出、人口流动模型、引力模型、重力模型、潜力模型、极大熵模型（空间相互作用模型）等。

（七）区域发展过程模拟仿真与预测分析类方法

这类方法主要是通过模拟或分析区域经济现象随时间运动和变化的过程以定量地揭示区域经济发展规律，并对其未来发展趋势做出预测或得到仿真结果，包括回归分析、时间序列分析、区域增长收敛性分析、马尔可夫分析、灰色系统模型、系统动力学模型、模糊数学模型、元胞自动机等。

（八）区域经济结构分析类方法

这类方法旨在分析区域经济的产业结构、空间结构特征，包括多样化指数、集中化指数、专业化指数、区位商分析、聚类分析、投入产出分析、洛伦兹曲线、基尼系数、对应分析、主成分分析、因子分析、基础—非基础分析模型等。

（九）区域空间决策分析类方法

这类方法主要是对区域经济活动的空间行为决策进行定量分析，包括线性规划、多目标规划、多维灰色规划、层次决策分析（AHP）、风险型决策分析、（非）确定性决策分析、模糊决策分析、灰色局势决策分析、蒙特卡罗分析、功能对比分析、生产函数模型、价值工程分析、计量经济分析等。

（十）区域经济优化调控分析类方法

这类方法主要是运用系统控制论等有关原理与方法研究区域经济优化调控问题，包括线性规划、非线性规划、动态规划、目标规划、网络规划、现代控制论方法、耗散结构论、协同学、大系统理论、灰色去余控制理论等。

第八章 区域工业化与城市化

从城市发展的历史来看，最先推动城市发展的动力或者说城市的经济基础是贸易。随着工业革命的兴起，城市的面貌和城市的功能、规模都发生了翻天覆地的变化，城市的生产功能超过了流通功能，成了工业生产要素集聚和生产的集中地，这种趋势在相当长的时间内很难改变。随着工业化后期或是城市发展进入"后工业化"阶段，城市发展的动力将伴随着第三产业的兴起和发展而改变，到那个时候，城市发展的经济基础将是以金融、旅游等增加值高的第三产业为主，这是从世界范围内总结出来的城市发展的一般趋势。本章主要讨论了区域工业化、城市化以及二者之间的关系。

第一节 区域工业化与产业结构

中国的改革开放遵循着渐次推进的模式，在地区发展的过程中出现了工业生产的集聚。

一、区域工业集聚与收益

最近十多年兴起的新经济地理学在解释工业集聚和地区间差距方面获得了巨大的成功。这一理论认为，地理位置和历史优势是集聚的起始条件，规模报酬递增和正反馈效应导致了集聚的自我强化，使得优势地区保持领先。既有的研究仅将焦点集中在了检验新经济地理因素对工业集聚的作用方面，但却忽视了其他因素如经济政策的作用，而政策因素在增长理论和区域经济理论的实证检验中已被证明是非常重要的。工业是推动其他产业发展的重要力量，中国工业发展水平的地区差距是地区间差距最为重要的表现。从新经济地理学的角度来讲，工业可以在地区间转移，故集聚效应最显著。

在经济转型时期，地区间对于分工收益的分配不再可能实施计划经济体制下的平均分配制度，而是转为由市场体制下的谈判机制来分配收益。由于较发达地区在高技术产业拥有比较优势，且通常具有较快的技术进步速度，所以在收益分配中占据了更高的谈判地位，从而在分工收益中得到了较大的份额。而落后地区，如果选择加入区域分工体系，只能分享分工收益较少的部分。相反，如果落后地区选择暂时不加入分工体系的话，虽然它将丧失短期内的分工收益，但却由此发展了高技术产业，提高了自己在未来分配分工收益谈判中的地位。同时，当落后地区选择不分工时，发达地区也只能选择不分工，并部分地放弃在高技术产业的技术进步，相对降低了自己在未来的谈判地位。两相权衡，有可能短期内选择不分工对落后地区更为有利。而且，发达地区初始技术水平越高、技术进步速度越快，其谈判地位就越高，在分工的收益中占有的份额就越大，于是对于落后地区而言，就更倾向于通过发展一些战略性产业来提高自己未来的谈判地位。落后地区暂时选择不加入分工体系虽然可能对于其自身是有利的，但却造成了社会总产品减少和资源配置效率的损失。此外，我们还发现，中央政府的财政转移不仅可以使得落后地区获得更高的收入，而且也可以促使其加入分工体系，放弃违背比较优势的发展战略，这就体现出了中央政府财政转移的资源配置功能。

二、区域产业结构演变的一般规律

任何两个区域的产业结构不可能完全相同，其产业结构演变规律的轨迹也不可能完全相似。但考察世界各国与各地区的经济发展过程会发现，随着经济发展，产业结构呈规律性变化。产业结构优化转换或称产业结构升级是区域经济发展的条件与重要内容，对任何区域来说，它有着一般的共性。许多学者在实证研究的基础上总结出了一些产业结构演变的基本规律。

（一）配第—克拉克定理

配第－克拉克定理由英国经济学家威廉·配第（Willian Petty）发现并由科林·克拉克实证研究并系统归纳，其基本结论是随着经济的发展，第一产业的就业比重不断降低，第二、第三产业的就业比重将增加，亦即劳动力会由第一产业向第二、第三产业转移。威廉·配第在17世纪70年代出版的《政治算术》中首次提出，制造业的收益比农业多得多，而商业的收益又比制造业多得多。这种不同产业间的收入差异，会导致劳动力从低收入产业向高收入产业流动。20世纪40年代，克拉克研究了一些国家的劳动力就业资料，证明了配第的观点。因此，这一结论被称为"配第—克拉克"定理。实际上，德国学者恩斯特·恩格尔（Ernst Engel）于19世纪70年代提出的恩格尔定律也证明了这一结论。恩格尔定律的要点是随着收入的提高，食品支出占总支出的比例即恩格尔系数会越来越小。由此可推知，随着消费结构的变化，就业结构也会发生变化，即农业就业比重会下降，一部分农业劳动力会转向其他产业。配第—克拉克定理适用于区域产业结构演变、经济发展水平越高的区域，其第一产业所占比重越小，第二产业与第三产业所占比重越大。

（二）库兹涅茨的现代经济增长理论

著名经济学家库兹涅茨自20世纪40年代始便致力于收集、整理各国的历史资料，根据这些资料对产业结构变化与经济发展的关系进行系统考察。这些研究成果收进了《现代经济增长》《各国的经济增长》等书中。他把人均收入开始增长，并伴随有不同形式的经济进步的时期称为"经济时代",把其后的经济发展称为"现代经济增长"。"现代经济增长"不是狭义的经济增长,而是指经济时代以后的经济全面发展。库兹涅茨的现代增长理论不仅证实了配第—克拉克定理,而且更广泛、深入地探讨了产业结构演变规律。其研究结果表明,现代经济增长过程中的产业结构变化具有以下特点。

一是伴随现代经济增长,产业结构将发生变化。以农业为主的第一产业比重下降,工业比重增加。在工业内部明显存在着由非耐用消费品向耐用消费品、由消费资料生产向生产资料生产的转移趋势。

二是农业劳动力比重下降,且下降速度低于农产品比重下降速度。工业的劳动力有所增加,但工业劳动力增长率低于工业生产增长率,因为工业在提高劳动生产率的同时其所占比重扩大了。服务业劳动力明显增加,随着劳动生产率提高,其规模不断扩大。

三是在资本结构中,农业资本比例下降,工业与服务业资本比例增加。

四是伴随上述变化,农业由小规模分散经营向大规模专业化生产过渡,同时,工业与服务业企业由小规模业主制企业向大规模法人企业发展。

五是在工业内部,各产业的雇用率;从事生产的就业者分为业主、家族从业者与雇用者三类,雇佣者人数与总就业人数之比即为雇用率;与附加值率同时增长,采掘业比重下降。

六是在服务业中商业的比重上升。家庭服务业比重降低,个人服务业、专门服务业和政府服务业的比重提高。

七是生产技术变化对产业结构的变化起很大的作用。

八是上述变动引发产业间、工种间、区域间劳动力转移,特别是导致人口的城市化转移。

(三)霍夫曼的工业化阶段理论

霍夫曼在《工业化的阶段和类型》一书中提出霍夫曼指数,又称霍夫曼比例,指一国工业结构中,消费品部门与资本品部门的净产值之比。他将工业化过程分为四个阶段,四个阶段的霍夫曼系数分别为5($\pm$1)、2.5($\pm$1)、1($\pm$0.5)、1以下。第一阶段,消费资料工业在制造业中占统治地位,资本资料工业不发达;第二阶段,资本资料工业的增长速度高于消费资料工业,但消费资料工业在制造业总产值中所占的比重仍大于资本资料工业;第三阶段,消费资料工业所占比重与资本资料工业大致相同;第四阶段,资本资料工业所占比重大于消费资料工业,霍夫曼指数小于1。这四个阶段是根据许多国家的资料分析而得出的,引起了不少争论。

库兹涅茨对美国的发展过程进行统计分析后指出,在美国经济发展过程中并没有出现霍夫曼定理所提出的变化。日本学者盐野谷佑,利用里昂惕夫的产业关联理论研究了霍夫曼的工业分类与设计问题,他发现,人均收入水平在200~300美元(1950年价)以上的工业化国家没有发生霍夫曼提出的结构变动,人均收入水平低于200美元的工业化国家,其霍夫曼指数降到一定程度后即趋于稳定。可见,霍夫曼定理仅在重化学工业与轻工业间适用,也就是说霍夫曼所揭示的是重化学工业化的经验法则。霍夫曼在分析时将消费资料工业等同于轻工业,将资本资料工业等同于重化学工业。历史上的确曾出现过重化工产品只用于基建投资和军事需要的情况，在这一背景下，霍夫曼观点的产生有其必然性。

（四）赤松要的"雁行模式"

20 世纪 30 年代，日本学者赤松要在他的文章《我国经济发展的综合原理》中提出了著名的"雁行模式"。赤松要认为日本的工业化遵循着"雁行模式"发展，即日本作为一个经济落后的国家，受国内的资源与市场的约束，只有依靠对外贸易向工业国输出消费性商品，换取工业设备，然后建立自己的工厂进行替代性生产，以满足国内需要，并进一步带动国内相关产业的发展。

上述过程绘成图像，犹如雁群列阵飞行，故以"雁行模式"命名。赤松要在这篇文章中，以棉纱、棉布代表消费品工业，以棉纺织机械代表生产资料工业，并以过去半个世纪世界棉纺织工业的经验证明两者均沿此轨迹发展。"雁行模式"即外贸主导型的对外经济开放，对日本工业化发展起到了重要的推动作用。该理论认为，在需求与供给相互制约下，落后国家的产业结构要经历三个阶段的变化。

第一，进口阶段。在对某些产品的需求增加，而国内生产困难时，靠进口满足需求。

第二，国内替代阶段。在国内生产该种产品的条件成熟后，以国内产品满足需求，替代进口。

第三，产品出口阶段。随着国内生产条件日益改善，该种产品生产成本大大降低，市场竞争力加强，产品转而进入国际市场。

该理论的基本结论是，落后国家的发展过程是先发展轻工业，然后发展重工业。日本是践行这一模式成功的典型。日本从纺织工业开始实施工业化，然后实行重工业化。除上述理论外，技术差距理论、产品生命周期理论、区域经济发展阶段等均涉及区域产业结构演变问题。

三、区域产业结构调整和优化

区域产业结构调整与优化是提高整体资源配置效率的重要前提，也是区域经济成长的本质要求。从理论上讲，区域产业结构优化不仅有助于解决产业的地域分工问题，而且有利于处理和协调区域之间的利益关系问题。

（一）区域产业结构优化的基本内容

产业结构优化是指通过产业结构调整，使产业结构效率和产业结构水平不断提高的动态过程。它要求从整个区域经济出发，以一定的价值观和方法论为指导，通过一系列深入细致的定性和定量研究，得出区域产业结构的优化模型和方案。在此基础上，需要制定和实施相应的产业政策，实现区域产业内、产业间比例关系和关联方式的优化调整，促进各种生产要素的最佳组合和各种资源的最佳配置，从而取得最好的经济效益。其内容包括产业结构合理化和产业结构高度化两方面。

1. 区域产业结构合理化（rationalization of regional industry structure）

区域产业结构合理化本质上是产业结构的协调，是指产业间有机联系的聚合质量，即产业之间相互作用所产生的一种不同于各产业能力之和的整体能力。由于区域产业结构是一个各种产业相互联系、相互制约和相互促进的复杂有机体，单一的标准很难对其做出全面和准确的评价。因此，要全面地反映产业结构的合理化程度，就必须确立一个相互联系的标准体系。一般来说，评价区域产业结构合理化的标准，主要有如下几方面：是否使该地域的资源得到充分合理的有效利用；是否具有较强的应变能力，能及时提供社会所需要的各种产品和服务，并能推动整个经济结构的合理化；是否能使各产业协调发展，具有较强的结构转换能力；是否能获得最佳结构经济效益；是否能够充分吸收当代最新科学技术成果，即体现产业的技术进步与创新；是否有利于保持经济发展与人口、资源和环境的发展相协调，能满足就业、资本吸收和生态环境保护等方面的要求。

区域产业结构合理化的评价标准是一个有机整体，评判时要综合考虑，否则调整产业结构就会带来片面性和盲目性，难以做到合理化，甚至造成严重的结构失衡，反而给区域经济发展增加矛盾和困难。但是，各种标准在不同条件下的作用力度应该不一样。不同区域，由于地理环境、资源条件、科技水平、经济成长阶段和消费水平等不同，对其产业结构合理化评价也有所差异，评价标准应有所侧重，绝不能用所有标准去衡量区域产业结构的合理化程度。

2. 区域产业结构的高度化（heightening of regional industry structure）

在国内外的经济学文献中，有关产业结构高度化内容的专门论述并不多见，比较有代表性的有两种。一种认为，产业结构的高度化是指一国产业结构在其经济发展的历史和逻辑序列演进过程中所达到的阶段或层次。这个高度至少包括三方面的规定：第一，国民经济运动过程中，第一产业占优势的比重逐级向第二、第三产业占优势比重的演进阶段；第二，产业结构中由劳动密集型产业占优势比重逐级向资本密集型、知识密集型产业占优势比重的演进阶段；第三，产业结构中由制造初级产品的产业占优势比重逐渐向制造中间产品、最终产品的产业占优势比重的演进阶段。这种概括显然是正确的，它主要从量态的角度反映了产业结构高度化的内涵。在此基础上，有学者将产业结构高度化的内容进一步概括为相互联系、相互制约的四个方面，即产值结构高度化、资产结构高度化、技术结构高度化、劳动力结构高度化。

这种从量态和质态两方面对产业结构高度化进行的完整概括，对我们理解产业结构演化过程有极大的帮助。我们认为，从产业结构优化的角度出发，可以把区域产业结构高度化定义为产业结构在经济发展的历史和逻辑序列顺向演化过程中，随着技术结构与需求结构的变化向更高一级演进的过程，也可将其称为产业结构的升级。它是产业结构整体结构性的转变，是产业结构的质变。从一定意义上说，产业结构高度化既是社会需求拉动与技术进步推动的结果，同时它又为不断满足社会需求和技术进步创造条件，因而产业结构高度化一般表现为以下几个重要趋势。

第一，从产业结构看，不断由技术水平低的传统技术产业向现代技术产业乃至向高新技术产业转变，促使产业结构从低级向高级演进。

第二，从劳动密集型向资金密集型再向技术和知识密集型产业演进，这是产业结构高度化的一个重要趋势。

第三，在科学技术日益进步和需求不断扩大的情况下，产业内部对劳动对象的加工深度表现出一种有序的演化过程，即从采掘业向原料工业、初加工工业再向深加工工业深入，同时也表现为从低附加价值产业向高附加价值产业演变。

第四，从长期产业发展秩序看，一般占主导地位的产业总是先从消费资料部门向生产资料部门转换，然后又从生产资料部门向消费资料部门和服务部门转换，这种结构性变动也是产业结构高度化的演进趋势之一。

第五，产业结构演进的一个重要趋势是与国际市场相适应，建立完善的内资与外资相结合的、全方位的开放型产业结构，即产业结构的国际化。当今世界上，任何一个国家或地区，如果离开国际市场，不能充分利用国际经济、金融、科学技术和商品市场等提供的条件，都很难使地域经济得到迅速发展，这已经为世界各国经济发展所一再证实。

3. 区域产业结构合理化与产业结构高度化

其内在统一的条件是二者所包含的要素相互融合、相互贯通，同时又相互制约和相互促进。从本质上讲，产业结构合理化是高度化的基础，长期失衡的产业结构不可能有高度化的发展。离开了产业结构合理化的过程，产业链条无法合理运转，产业结构不能连续循环和不断升级，主导产业难以发挥带动效应，扶植产业也难以健康成长，产业结构的水平也难以提高。同时，产业结构合理化也总是在一定高度化基础上的合理化，否则，产业结构处于低级状态的情况下，相关产业部门无法发挥内在的替代效应，产业断层不能自我弥合，只能在低水平上追求结构平衡，合理化本身也就没有结构效益可言。

区域产业结构的合理化与高度化又是有差别的：合理化侧重于资源配置的数量比例关系，高度化主要反映资源配置的利用效率，反映产业结构的技术进步状态。合理化可以建立在任何水准上，高度化必须是社会生产力和社会需求程度的不断提高。同时，高度化是产业结构非均衡成长过程，它的发展常常要打破原来水准的合理化状态，使产业结构从低水准向高水准演进。因此，合理化不是产业结构调整优化的终极目标，产业结构调整和优化是产业结构从一种合理化状态上升到另一种合理化状态的高度化过程。正是从这个意义上，才把区域产业结构的成长过程视为产业结构的高度化过程，也就是说这种高度化已经蕴含着合理化的真谛。

在产业结构优化研究中，有的学者将产业结构高效化在假设技术经济条件不变的情况下，低效率产业比重不断降低和高效率产业比重不断增大，通过资源配置的优化，以不断提高宏观经济效益水平作为产业结构优化的一个内容独立出来。以往，它要么被舍弃，要么包含在产业结构高度化的内容之中。产业结构优化的首要内容是产业结构高效化。因为产业结构优化的最终目标是提高宏观经济效益，而产业结构高度化和产业结构合理化都可以视为提高宏观经济效益的途径。产业结构高效化和产业结构高度化虽然有密切联系，即一般产业结构高效化是以产业结构高度化为前提的，产业结构高度化也会导致产业结构高效化，但两者并非等同，更非后者能包容前者。即使在技术经济水平不变的前提下，通过调整产业结构以降低低效率产业比重和增加高效率产业比重，也能够实现产业结构高效化。

将产业结构高效化独立出来不仅在理论上是必要的，在实践中，追求产业结构高效化也是必要的和紧迫的。就我国现状而言，不仅要追求高新技术发展、加工深度化和高附加值化，而且要通过市场和政府的双重作用，使低效率产业比重不断降低并加速其各种资源向高效率产业转移。就短期提高宏观经济效益而言，后者比前者更为重要。

（二）区域产业结构优化的基本模式

对于一个特定的区域来说，产业结构的优化是一个不断持续的过程，是从宏观上研究地域产业结构沿什么方向演进的问题。其优化的依据有四点：区域自然资源状况及特点；区域所处的发展阶段及总体水平，包括现有产业结构特征及其特点；全国劳动地域分工对本地域的要求；与国家产业结构优化同社会发展目标相协调，并有利于区域经济的可持续发展。

区域产业结构优化有三种导向：第一，技术导向，指区域产业结构向高技术化产业方向转变，逐步提高技术产业在整个产业结构中的比重，直至占主导地位；第二，结构导向，指逐步建立起以主导产业为核心，自然资源开发与加工制造业协调发展的产业结构，直至加工制造业占主导地位；第三，资源导向，指建立以自然资源开发为主，资源密集型产业占主导地位的产业结构。一个国家各个区域经济发展水平不同，地域特色各异，其产业结构优化的方向必然会有所差别。也就是说，不同类型的地域，其产业结构优化的方向不同，因而优化的模式亦各不相同。

1.不发达地域产业结构优化模式

一般来说，不发达地域的产业结构处于资源导向阶段，因而是一个低层次的结构形式。第一产业在产业结构中占很高的比例，工业化刚开始起步，经济发展仍十分落后。这类地域由于专业化水平低，资源优势远未能转化为商品经济优势，多种有优势的资源还处于待开发状态。因此，其工业化往往要借助于外部资金、技术和人才的输入，并且把外部输入与区内条件结合起来。资金投入的产业层次要立足于本地优势资源，技术层次要适合区内劳动力素质条件，选择能发挥本地有利条件、同时也有相当市场潜力的产业优先发展，利用外部输入把潜在资源优势转化为现实经济优势，推动地域经济成长。对于中国不发达地域的产业结构优化来说，首先是加强资源导向，扩大优势资源的开发规模，发挥规模经济效益，同时通过资源的综合开发利用发展加工制造业。即在今后一定时期内，要以资源导向和结构导向为主，因为中国不发达地域至今没有完成传统工业化，甚至资源导向型的产业结构发展也不健全，还没有完全摆脱自然经济格局，人们的思想观念与市场经济还不相适应，在这种地域经济文化环境中，产业结构的优化还有一段相当艰难的路要走。

2.欠发达地域产业结构优化模式

地域产业结构步入以结构导向为主的成长阶段，已经跨过工业化起点，第二产业在产业结构中占据主导地位，地区优势已经形成或正在形成中，区内已形成较好的投资环境或正在建立若干"增长极"，整个地域经济呈现较强的增长势头。这类地域产业结构优化的核心问题是：进一步巩固、扩大主导产业部门，充分利用规模经济，增强优势产业和产品的竞争能力，提高市场占有率；围绕主导产业发展的前向、后向和旁侧关联产业，形成结构效益良好的产业体系，特别重视后向加工环节的发展，以提高资源的综合利用水平，提高产品的附加价值；抢先建立或移入发达地域效益递减或即将扩散的产业，引进技术加以改进创新；重视贸易、金融、信息、咨询和科技等第三产业的发展。

3. 发达地区产业结构优化模式

这些区域工业化水平较高，第三产业也较发达，基础设施齐备，交通运输与信息已基本形成网络，在极化效应和乘数效应作用下，生产部门较齐全，协作配套条件优越，产业结构进入技术导向型阶段，区域内资金积累能力强，劳动力素质高，是国家经济核心区所在。但这类区域也存在着衰退因素，如土地和工资等生产要素价格上涨，一度领先的技术优势已不复存在，生产设备陈旧老化。这些衰退因素综合表现为越来越多的产业和产品的比较优势逐步丧失。因此，这类区域在产业结构上，要果断淘汰或移出比较优势已经丧失的产业，着力发展新兴产业，引进和利用新技术改造传统产业，不断开发出"高、精、尖"产品，实现产业结构高度化，形成产业结构动态递进的正常机制。同时要大力发展外向型经济，参与国际分工与交换，促进区域产业结构素质的全面提高。进一步加强与欠发达和不发达区域的横向经济联系，建立合理的区域经济分工体系，促进发达区域资金和技术向欠发达和不发达区域转移，强化扩散效应，使不同区域产业结构相互协同，推动区域经济共同发展。

（三）区域产业结构与区域经济增长

在一个相对独立的区域经济系统中，区域经济增长总是与区域产业结构紧密相关的，一定的区域产业结构直接或间接地表现为区域经济增长的前提或基础。概括起来，主要体现在以下两方面。

1. 区域产业结构决定着区域经济效益和发展速度

经济效益和发展速度是区域产业结构的函数。任何社会生产过程都是在一定社会生产关系或所有制条件下，劳动者和劳动资料结合作用于劳动对象的过程。而劳动者、劳动资料结合作用于劳动对象的有机结合，必须按一定的技术结构有比例地配置，并随着科技水平的发展变化而不断改变其资本技术构成或比例。因而劳动者、劳动资料及劳动对象按一定技术比例相结合，直接表现为社会生产过程得以进行的前提或基础，它们配置的社会方式、数量比例及层次关系等的不同，致使其社会经济效益不同，从而产生不同的经济发展速度。

2. 区域产业结构本身已包含有效益的一定要素，效益寓于结构之中

优化区域产业结构或以最小投入获取最大产出，本来就是提高效益的真正内涵之所在。而速度本身又是效益的一个表现要素，没有效益便不可能有持续增长的速度，只有效益提高了，投入与产出之比上升了，才会出现真实可靠的增长速度。既然效益决定着速度，那么发展速度也就作为经济效益的一个要素包含于区域产业结构之中。

在区域经济社会发展过程中，必须高度重视区域产业结构调整与优化问题，充分认识区域产业结构是区域经济运行过程中的深层次问题。从中、长时期看，经济效益和发展速度有赖于区域产业结构的优化与转换，劳动力、资金、技术设备等的结构状态，在很大程

度上决定着资源的配置效果。如果区域产业结构比较合理，且与区域内外市场需求结构基本适应，则资源配置就较为合理，能保持良好的经济效益，并获得持续稳定的经济增长。与此相反，如果区域产业结构不合理或严重失衡，与区域内外市场需求结构不相适应，则资源配置效率不高，社会经济效益低下，区域经济发展速度往往缓慢或大起大落。

在市场经济条件下，中国各区域尤其是中西部地区产业结构成长的现实基础将日益依赖于市场需求结构，需求结构变动将成为决定中西部地区经济增长和产业结构变动的根本因素。

第二节 区域城市化

简·雅各布斯（Jane Jacobs）在《城市经济》（*The Economy of Cities*）一书中提出，自新石器时代首次被创造出以来，城市就是经济进步的引擎。她颇具说服力地宣称，城市甚至发明了农业。然而，城市的经济重要性只是基础。最初的国家似乎是城邦，希腊城邦发明了民主，罗马城邦吞并了地中海世界，意大利城邦启动了欧洲的"文艺复兴"。"城市（city）""公民（citizen）"和"文明（civilization）"都来源于拉丁词根市民（civis）和城邦（civitas）。

现在更是城市时代。城市培育了匿名性，让人们可以自由地追逐自己的梦想。它们像磁石一样吸引着个人和企业。就支持的活动、产生的技能和吸引的人口而言，城市是多样化的。它们创造了规模和范围经济，产生了复杂的交换网络，包括与其他城市的交换。尤其是与乡村或者杂乱的郊区相比，它们可以更有效地提供交通、通信、供水、下水设施、能源、医疗以及其他服务。全球逾一半人口住在城市，这是历史上的首次。全球五分之四的经济产出由城市地区创造。不仅城市人口比过去多得多，而且城市规模也比过去大得多。

一、城市——区域经济发展中心

城市从产生开始就给区域经济的发展带来新的变化，城市产生于农业社会时期，尽管当时社会经济的基础长期以农业为主，但是城市产生后便以它自身的优势成了区域经济发展的主要场所。最初的城市是农产品和手工业产品交换的场所，同时也是区域的中心，发挥着政治、文化和商贸中心的作用，农业和手工业生产以家庭小生产为主，但是他们生产的产品都得送到城市的集市和市场中去完成交易，再从市场上换回自己需要的日用品和生产资料。在工业革命以前，城市在相当长的时间内扮演着这种角色，成为区域经济发展的主要场所，可以说离开了城市，仅仅依靠农村自身，交易的规模和效率就会大打折扣。同时，由于城市集聚了大量的统治阶级和商人，因此为城市居民服务的各种行业和设施也发展起来，成了推动城市壮大的重要原因。这个时期的城市发挥了集聚和流通各种商品的功能，对促进区域经济发展起到了不可替代的重要作用，城市也逐渐成了区域经济的中心，它和乡村的分工也日渐清晰。

工业革命的出现彻底地改变了城市的面貌，城市的结构和功能、地位、作用等各个方面都发生了剧烈的变化，城市从依靠和服务于农村逐渐独立成为有着完善结构和功能的地域系统。由于大量机器的使用，各种工厂建立起来，无论是规模还是水平都远远超过了手工作坊，工厂生产的产品数量多，品种齐全，手工业逐渐被淘汰。

先进的交通工具和蒸汽机的出现使工业发展摆脱了地域和资源的限制，工业活动更加直接地集聚到城市里，城市工业经济创造的产值远远超过了农村农业创造的产值，农业生产所需要的生产资料、生活资料等商品都有赖于城市工厂的生产，农村逐渐依附于城市。城市开始发挥作为区域经济、政治、文化、商贸中心的功能，除了粮食和蔬菜等农产品需要和农村交换得来以外，城市甚至可以生产自身需要的一切，成为强大的交换、生产和消费的系统，越来越多的农村居民涌入城市，有更多的人期望成为城市人，去享受城市生活的奢华和繁荣，城市成了一个区域经济发展的标志，提到某个地区，人们马上联想到那里的某座或者几座城市。

在此基础上，随着电力的出现，城市经济的发展再次获得了新的动力，城市工业的门类和效率又有了新的突破，城市居民的消费产品尤其是家用电器的消费成了带动城市工业发展的新的增长点。由于城乡收入差别和消费条件的不同，这些产品的消费向农村转移很慢。城市已经成为区域经济发展中的主导力量，城市之间的交流也逐渐扩大，可相互满足消费的需求，城市的产业也分为基础产业和非基础产业。以电子计算机和互联网为代表的信息产业的兴起为城市的现代化和城市产业的升级注入新的活力，在信息社会到来的形势下，产业发展出现了新的形式，城市生产的产品中出现了大量的无形的知识和高科技产品，信息成了商品。在创造价值方面，城市已经超越了农业生产的有形形式，农业在区域经济发展中的地位迅速衰落，大量的农村劳动力到城市从事服务业。现代生物工程技术和栽培等技术的发展可以使传统的农业栽培转移到城市中的实验室里或是在城郊的大棚里，城市开始从经济、科技等多个方面对农村进行补贴。

二、城市在区域经济发展中的地位与职能

自城市产生以来，尤其是工业革命以来，工业就超越传统的农业成了决定区域经济水平的主要产业，表现为农业在国民收入中所占比例的急剧下降和工业、服务业所占比重的相应提高。而城市从它产生的那一天起就和新兴的工业、商业及服务业联系在一起，并成为这些产业在地理分布上的依靠，即使一些与农业高度相关的乡镇企业也出现了向城市集中的趋势。城市的各种便利为这些产业的发展提供了农村无法提供的条件，有效地降低了工业和服务业发展的成本，增加了收益。

随着城市产业的发展，各种配套设施和相关服务设施的建设，大量的人口集聚到城市中来，城市从最初的商业交易中心和之后的工厂集聚地发展成为拥有大量非生产性部门围绕生产性部门的集合体。从事商业、服务业的人数逐渐超过了城市里的产业工人，构成了城市人口的很大部分，城市人口数量更是超过了农村人口，在发达国家和地区这种趋势表现得尤为突出。而在中国这样的发展中国家，随着城市化和工业化的逐年推进，城市人口

将会在很短的时期内超过农村人口的数量，城市人口的收入水平也显著地高于农村的水平，巨大的城市消费推动着城市经济的发展。

城市不仅是生产中心、人口集聚中心，还是管理中心。城市一般都是地区的行政和相关部门的管理枢纽所在地，城市的这种管理中心的地位为城市经济发展奠定了坚实的基础，尤其是城市对经济的管理更是为城市的发展和经济实力的壮大发挥了重要的作用。城市中的税收部门通过对城市各个产业征收赋税，甚至通过向乡村地区征收赋税而集中了大量的财力，这种征收突破了城市本身的地域范围，在整个区域范围内积聚财富，而财富在分配和使用上更大比例地倾向于城市有限的地域范围内，这在一定程度上加剧了城市和乡村的差距和对立。在发展中国家的发展初期，城市的发展在很大程度上是通过农村援助来完成城市化和工业化的，我国在这方面非常明显。

城市拥有发达的交通和通信等基础设施，这些基础设施为城市发展现代贸易提供了良好的条件，城市通过和其他地区甚至与国外发生贸易来参与对商品利润的分配。在发展贸易的过程中，城市还在提供运输、仓储、搬运以及提供与贸易相关的服务来直接创造新的价值，这在沿海贸易及交通枢纽城市显得十分突出，甚至一些城市主要的产业就是中转贸易或运输等。而在内陆城市，来自贸易的收益也占到城市经济的很大部分。随着现代物流业的发展，贸易和物流运输、管理已成为一个重要的新兴产业，其创造财富的能力受到了城市管理者的重视。

城市经济发展水平在衡量区域经济水平上具有重要的意义，如果把区域经济实力在区域空间上的分布看成一个平面的话，城市和乡村就好比在这个平面上的一些点，它们的密度和质量是不一样的。城市就是这个平面上的密度大、质量高的点，它影响和决定着这个平面的其他点，从而也决定着这个平面的主要结构和功能。

三、城市竞争力决定区域竞争力

城市竞争力指的是在社会、经济结构、价值观、文化、制度和政策等多个因素综合作用下创造和维持的，一个城市为其自身发展在其区域中进行资源优化配置的能力；也是获得自身经济的持续高速增长，推动地区、国家甚至世界创造更多的社会财富的能力。城市竞争力的强大表现在与区域内其他城市相比，能吸引更多的人流、物流和辐射更大的市场空间。城市竞争力体现为一个城市的综合能力，但它又不等同于城市的综合实力。首先，城市综合实力是从规模、总量上衡量城市在经济、文化、科技等领域的总体综合力量，而城市竞争力则强调从质量、效用、功能上衡量城市潜在的竞争实力。其次，城市综合实力主要是着眼于城市自身，而城市竞争力则强调与其他城市相比较，是一个相对的概念。最后，城市综合实力着重于城市当前所具有的能力高低，而城市竞争力则不仅着眼于城市现实状态，还更强调城市的发展能力及城市的增长后劲。

从城市竞争力和区域竞争力的含义和内容来看，二者有很大的相似性，都强调与其他城市或区域相比所具有的获取更多经济发展的能力，包括比较优势和各种竞争优势。它们都比较突出城市和区域在与其他城市和区域的竞争中所具有的能力，这与现状有着很大的区别，这种能力可能是现实的，也可以是潜在的。所以，具有竞争力的城市和区域可能是目前并不发达的地区。城市竞争力决定着区域竞争力，这不仅是从现实案例的经验推论，更有符合逻辑的证明。区域竞争力和城市竞争力的核心是具有竞争力的区域和城市与其他区域和城市相比，在吸引和集聚生产要素、人才、技术、信息等方面具有突出的比较优势，正是这种比较优势的发挥才形成了区域和城市的竞争优势。一旦离开了吸引和集聚方面的优势，区域和城市的竞争优势就无法形成，而城市却是区域中吸引和集聚各种要素的中心。如果说区域是一个大的磁场，那么城市就是磁场中的磁铁，磁铁没有了，磁场也就不复存在。这个比喻能很好地说明区域和城市在竞争力的形成上的关系。城市竞争力决定区域竞争力不仅体现在城市所具有的磁石效应上，还体现在强度上，即城市竞争力的强度和大小对区域竞争力的强度和大小具有决定作用。从区域核心竞争力包含的内容上看，无论是区域的区位优势、创新优势、文化以及资源集聚能力，都与区域中的城市紧密相连。

总之，城市发展成为区域经济发展的主要依靠是一个长期的事实，而且在经济全球化、知识化、信息化态势日益明显的今天，城市在区域经济发展中的地位和作用只会逐步强化，区域经济的发展将更加倚重于城市的发展。要加快区域经济发展的步伐，就必须紧紧抓住城市这个中心，实现城乡协调发展和共同进步也需要在城市经济高度发展的前提下进行。

四、城市化与人口流动

城市化的基本定义是农业人口转为非农业人口，农业地域转为非农业地域，农业活动转为非农业活动的过程。从定义上来看，城市化过程中的表现主要有两个：一是人口上，农村人口流向城市；二是地域上，大城市周边的农村地域被覆盖，转变为城市。从活动类型上看，无论是人口主动从农村流向城市，还是被动地被城市扩张覆盖，最终大部分都会转向从事第二、第三产业的非农业活动。

所以城市化率一般是以人口和地域为标准衡量的，较为通用的做法是城市人口占总人口的比重，即城市化率＝城镇人口／总人口。

需要说明的是，城市化率有统计口径的差异，通常包括常住口径和户籍口径，常住口径是按照居住地超过 6 个月以上为口径统计，户籍口径就是按照户籍统计，所以城市化率的常住口径一般大于户籍口径，这里采用常住口径。

城市化率的高低还可以用人口密度来衡量，人口密度越高，一般来说城市化率也越高。例如，从中国总体上来看，东部地区人口密度明显较大，然而单从东部地区来看，人口分布也是不均匀的，从地理位置上看存在三个人口密度较为集中的区域，依次是以北京为中心的环渤海地区，包括山东、河南一带；向南是以上海为中心的长三角地区；南部是以广东省为代表的珠三角地区。

在世界城市发展的进程当中，有三个非常清晰而普遍的趋势，第一，随着经济发展水平的提高，城市化水平也不断提高。第二，城市人口越来越向大城市和附近的都市圈集中，人口密度和城市化率确实存在明显的正相关关系。第三，在一些发达国家的大城市，随着服务业的发展，人口正在回归中心城区。

（一）人口迁移的主要逻辑

1. 拉文斯坦迁移法则

英国学者 E.G. 拉文斯坦（E.G.Ravenstein）基于英国人口迁移特点在 19 世纪 80 年代中后期提出人口迁移的主要法则：大多数迁移主要基于经济因素；乡村居民较城镇居民更具迁移倾向；迁移人口数量与迁移距离成反比；人口迁移具有阶梯特征，即城市周边居民先迁入城市，留下的空隙地区由迁移的偏远地区居民占据；每一次移民潮发生后，总有一次反向的、补偿性的移民潮出现；女性偏好短距离迁移；经济与交通发展刺激移民增加；长距离迁移以向大城市为主；向外迁移主要发生在 20 ~ 35 岁。

2. 推拉理论

唐纳德·J. 博格（Donald J.Bogue）、E.S. 李（E.S.Lee）等提出的推拉理论认为，在市场经济和人口自由流动的情况下，人口迁移的原因是人们可以通过搬迁改善生活条件。人口迁移的发生是由迁入地的拉力因素和迁出地的推力因素共同作用的结果，包括自然、经济、社会等多方面原因。

3. 发展经济学理论

W.A. 刘易斯（W.A.Lewis）认为，由于工农业部门之间的劳动生产率和收入水平存在较大差异，使得劳动力不断从传统农业部门流向工业部门，当工农业部门的劳动生产率相等时，人口迁移将达平衡。费景汉（John C.H.Fei）和古斯塔夫·拉尼斯（Gustav Ranis）赞同刘易斯的观点，并进行补充，农村劳动生产率提高，也将促使剩余劳动力向城市工业部门迁移。

4. 集聚规律

从长期而论，决定一国范围内一个城市人口集聚规模的关键是城市经济规模及该城市与本国其他地区的人均收入差距，即经济—人口分布平衡。在完全市场竞争和同质性假设下，一个城市较高的人均收入将不断吸引区外人口净迁入，直至该城市人均收入与其他地区持平。

（二）中国人口迁移趋势

中国城市化仍处于快速发展期，城乡、区域之间的相对收入差距仍然较大，农村人口将继续大量进入城市；大城市就业机会多、发展前景广、文化包容性强、教育医疗等公共服务资源丰富，吸引农村居民及中小城市居民。随着中西部地区经济发展及就近城镇化推进，在东部地区的部分外来务工人员将可能继续回流，首要选择中西部地区的区域中心城市。诺贝尔经济学奖获得者斯蒂格利茨也曾把中国的城镇化和美国的新技术革命相提并论，称其是 21 世纪带动世界经济发展的"两大引擎"。改革开放以来，在快速工业化的带动下，中国的城镇化进程就像搭上了高速列车，城镇化率得到了显著提升。在光辉的成就面前，我国城镇化发展也面临着地区差异十分巨大的严峻挑战。我国省市众多，并非所有地区都在城镇化道路上走得一帆风顺。

第三节 区域产业扩散、集聚与结构演进

从历史的角度考察，城市化始于工业革命，也促进了工业化的深入与产业结构的调整。

一、城市化与产业化的互动发展

（一）交易集聚推动产业结构调整

在工业化与城镇化发展的初期，某些地区会由于资源禀赋优势或区位优势、政策优势等，获得了先行发展工业的机会。由于受技术、资本及实际需求的限制，纺织、食品、日用产品等消费品工业和餐饮、商业、运输等传统服务业最先获得了发展。这一时期，绝大多数地区经济都处在发展初期，资本积累都很有限，相比较而言，区域内的农村剩余劳动力的流动更自由、零散，对市场的反应更敏捷、没有沉淀成本，所以其流动要先于资本。由于这些劳动密集型产业对劳动力的基本素质要求不高，更刺激了区域内农业剩余劳动力向这些非农产业的转移。人口的集聚会导致需求的增长从而促进地方产业部门的发展，并带动相关产业（包括消费者服务业）的联动发展，逐渐吸引区域外的劳动力向该地区转移。当城市聚集了一定程度的经济活动总量，市场规模的扩大带来的中间投入品的规模效应和劳动力市场规模效应及信息和技术集聚与扩散效应，大大降低了企业的生产和交易成本，尤其是当区域内的运输费用比跨区域运输费用的节省更可观时，就会造成所谓的"交易集聚"（Tabuchi），促使特定产业或具有密切联系的相关产业的企业通过区域转移集聚到该区域。同时，竞争的加剧会刺激企业进一步提高劳动生产率，从而促进产业分工的深化和产业链的延伸。随着石油、电力、钢铁、化学、机械等资本密集型产业开始发展并成为主导产业，生产率的提高降低了对劳动力的吸纳能力，但产业分工的深化会派生出对生产者服务业的强烈要求，从而拉动服务业的发展。因其具有更高的就业弹性能弥补工业吸纳能力的不足，也促进了农村劳动力继续向非农产业转移。

根据新经济地理理论，随着产业集聚，在劳动力有限流动的情形下，区域的人口和工资就可能会上升，造成生产成本上升。当区域内生产成本的上升超过交易费用的节省时，一部分企业就开始向边缘地区迁移。但在二元经济结构国家中，劳动力的供给比较充足，而且除了生产成本和交易成本之外，市场规模和市场制度环境对产业区域转移有直接的影响。随着人口和产业向发达地区集聚，区域间的差距越拉越大，这也会刺激更多的劳动力向发达地区转移，使得工资上升速度趋缓，产业继续向发达地区集聚。但一个区域内的土地是有限的，当产业高度集聚，地价的上升会提高区位成本，从而使企业运营成本上升。可是，人口和产业集聚的发达地区所拥有的巨大的市场规模是企业占有高市场份额的有利条件，因此，在比较成本利益的驱动下，用地面积大的工业有向外转移的动力，但为了靠近市场，企业会选择往郊区或区域内靠近发达城市的中小城市转移。由此，第三产业成为高度发达的中心城市的支柱产业，第二产业向周边地区转移，逐渐形成了具有一定层次性

的城市圈。

在城市圈发展过程中，其人口和产业的高度集聚及其不断扩大的市场规模，还会继续吸引相对落后地区的第三产业向城市圈的中心城市转移，第二产业向城市圈的周边城市转移。产业和人口的高度集聚会使发达地区的土地极度紧张，而土地成本的不断上升，显然会通过联带效应提高城市生活成本；同时，发达地区劳动生产率的提高降低了对劳动力的需求，使得工资增幅缓慢，但农村的人地矛盾还是使大量的劳动力不断地向城市转移，劳动力转移的成本递增。一般情况下，只有当发达地区工业用地极度紧张，或者当该区域的市场开发得差不多，企业需要向外扩张以抢占更多市场时，才会有一定规模的产业向相对落后地区转移。但是，如果相对落后地区的市场制度环境不适合企业生存，还会延缓产业从发达地区向落后地区转移的速度。而如果产业在发达地区集聚到一定程度而不能往外转移，产业结构升级带来的技术和资本对劳动力的排斥，会降低非农产业就业弹性系数，而落后地区因产业集聚不够，城市化发展缺乏工业化动力，提供非农就业能力弱，因此，产业的过度集聚会减弱劳动力吸纳能力。

（二）产业集聚推动人口集聚

在工业化和城市化互动发展的相当长时期内，人口和产业呈现出从落后地区向发达地区持续单向集聚的趋势。产业的适度集聚能促进产业发展和劳动力吸纳能力的提高，而产业和人口的过度集聚，会减弱产业的劳动力吸纳能力，并增加劳动力转移成本。

集聚是城市化的本质，城市化的过程就是产业、人口在一定空间的高度集聚，同时城市面积扩大的过程。集聚会带来双重的经济效益，即集聚经济和集聚不经济。集聚经济是因为集聚过程中产业和人口集聚带来的成本的降低和经济上的额外收益；而集聚不经济是在城市化的过程中由于产业和人口的集聚带来的额外成本和经济收益上的损失。相比较而言，城市化过程中的集聚经济利益要超过集聚不经济带来的损失，这也是经济主体选择集聚的原因。任何经济主体都会进行权衡，只有收益超过损失才会有促进集聚的动力。当然，城市化过程中产业对集聚和分散的选择会随着成本收益的变化做出灵活的抉择，这也说明城市化过程中的集聚本身也具有度的问题。过度的集聚产生的集聚不经济会对产业和人口的分布产生影响，在很多经济发达的国家和地区，由于城市核心区的过度拥挤而产生了产业和人口的外迁，甚至出现了逆城市化的趋势。基于产业集群的城市化就是在集聚经济和集聚不经济双重作用形成的综合作用力推动下进行的城市化过程，它本身只能利用集聚经济优势避免或减轻集聚不经济效益的影响而不能完全地消除它的作用。

二、中国城市产业选择

中国不少城市在"十三五"规划中都提出要发展高技术产业、新兴产业，振兴服务业。但一个城市到底适合什么产业，有很多先决条件，主要有以下三个。

（一）在全球、国家和经济圈中的三重定位

在规划产业时，几乎所有的城市都希望以高新技术产业为主导，视低端产业为落后产能。但事实上，主导产业的层级，还需要从其所处的区域分工与定位考量。中国在全球产业链中处于中低端位置，以制造业为例，全球制造业分为四大方阵，美国为第一方阵，英法德日韩等其他发达国家为第二方阵，中国等新兴国家为第三方阵，广泛亚非拉后发国家为第四方阵。

在高新产业领域，最核心的技术控制在欧美国家手上，如汽车的顶端技术在日本、德国和美国。我国虽然实现大飞机技术零的突破，但也只限于少数领域，主要技术仍然掌握在少数国家手中。中国在全球产业链中的地位，注定了多数城市要以大众产业，或者说中端产业为主，高端产业只能落地在部分先发城市。中国若失去大众制造的优势，将受到两面夹击，在高端领域受到欧美的阻击，在低端领域被印度和越南等国蚕食。

同时，在国内也存在一个产业梯度。随着我国向内陆产业转移的完成，将形成一个"U"形曲线产业结构，东部沿海地区将成为研发和高端的产业核心区以及最终产品的销售中心，而加工制造这个"U"形曲线的底端集中于中西部。

以制造业为例，中国制造业将出现三大集团：一是以北京、上海、广州、深圳为代表的国家高精尖制造业，总量少，但是技术处于最顶尖行列，这些城市也不以制造业为主流；二是以长三角的无锡、苏州，珠三角的佛山、东莞为代表的大众制造业中心，其技术先进，基础雄厚，在制造业体系中处于节点位置；三是当下承接产业转移最集中的大陆腹地城市。

就国家内部而言，多数城市将注定以中端产业为主导。"十二五"期间，一些城市好高骛远，走了弯路，而那些脚踏实地的城市则普遍厚积薄发，发展良好。如中部和中南地区的武汉、长沙、合肥、郑州、重庆和成都，在过去几年中专心搞大众制造，尤其是武汉和成都，GDP都跻身全国前十。

同一经济圈内，不同城市也有分工。珠三角城市之间，有一个有趣的现象，即东莞等经济重镇，其金融产业被吸引到广州、深圳和香港。在珠三角城市内部的产业分工中，广州、深圳的第三产业比较强势，是区域性金融中心。

某个城市在全球、国家与经济圈的三重定位，对于所有城市都是一种制约，产业的跨越式发展很难实现。

（二）顺应发展阶段，衡量时间坐标

尊重发展阶段，对于城市产业战略来说也至关重要。很多地方认为，第三产业占比不高意味着城市不发达。事实上，到底以哪种产业为主，要受到城市发展阶段的制约。一度风靡的"服务业突围"导致了部分城市的战略失误。在国家层面，部分人滋生了"以世界工厂为耻"的情绪，过去十年，中国出现产业空心化的倾向，实体经济遭遇重创，直到后来才显现出一些转机，推出"中国制造2025"计划。

虽然美国是全球第一服务业大国，但它的制造业同样发达，甚至还是第一农业大国。合理的产业结构，使美国具备强大的抗风险能力和调整能力。英国巅峰期制造业占全球工

业国家的比重约在 45%，美国巅峰期占西方世界的 53%，中国目前仅占全球 20%，且大而不强，远未至顶峰。从发展阶段判断，中国尚处于工业化中期，制造业仍是定鼎重器。这也决定了国内多数城市将以制造业为主导产业。

在这方面，武汉等城市最近几年坚持制造业为主导，夯实了产业基础，奠定了未来长久发展的根基。十几年前，武汉曾实行"两通起飞"的战略，欲以服务业为主导，结果证明走了弯路。后来武汉重新调整了战略，推行工业倍增计划，先实现制造业的崛起，再成为服务业中心，最终实现全面崛起，收效甚大。武汉的产业战略具有相当的普遍性。长沙、成都、南昌、合肥等城市其实也走了一条类似的路，最近几年，中南区域发展速度称雄全国，选择老老实实搞实体经济，居功至伟。

跨越式发展失利的典型是珠海。改革开放初期，其他珠三角城市都通过承接香港和欧美的产业转移，率先发展工业。当时的珠海，欲实现高低点发展，以旅游业及高新技术产业为主导产业，由此失去了发展工业的最佳时机。20 世纪八九十年代，正是珠三角各城市起飞的黄金时期，制造业迅速发展，成为全球知名的"世界工厂"。以广州与深圳为龙头的珠三角城市群亦完成了初步崛起。制造业的滞后使珠海超常发展的梦想落空，在第一轮的发展中，珠海逐步落后，特区光芒消失殆尽，与深圳的差距巨大。

（三）存量与增量之争：传统产业或高新技术产业

很多地方视传统产业为畏途，都将高新技术产业列为未来发展重点，欲以新兴产业破局。但是，如果各地都以新兴产业为突围之路，很快就会出现过度竞争、模仿，产能过剩。比如太阳能行业，各地一哄而起，最后行业动荡时，谁也难以幸免。此外，新兴产业的崛起需要时间，而其间地方政府如何支撑既有的格局等到新兴技术产业开花结果？

在高新产业领域，最核心的技术控制在部分欧美国家手上，在国内，也存在一个产业梯度，最高端的产业还是落地在中心城市，如北京中关村、上海张江科技园、深圳高新产业园等。无锡过度依赖新兴产业和高端产业，甚至借太湖蓝藻事件驱赶了不少传统制造企业，一心去搞高科技，最后光伏产业不保，传统产业不振，两头落空，忽视巨大存量，对于城市经济的发展是非常致命的。

相对新兴产业，中国的传统产业（如制造业）存量巨大。对于多数城市来说，制造业的转型升级，比从制造业向服务业转型重要；传统产业的更新，比传统产业向新兴产业转型更重要。

第四节 区域一体化与大城市圈

区域经济一体化是经济发展过程中不可逆转的一个重要趋势，加强区域合作和区域经济一体化，依靠地区优势提高国际竞争力，可使参与经济全球化的国家或区域在更大范围的国际分工与贸易中获利。区域经济一体化包含许多发展形态或发展模式，在不同时期、不同范围和不同进程，其发展模式是不同的。区域经济一体化是一个渐进的发展过程，其发展形态或发展模式在不断向广度和深度演化。

一、区域经济一体化的发展特征

从 20 世纪 50 年代起，国际区域经济一体化就开始发展，尤其是西欧国家率先开展了跨国界区域经济一体化进程。在 60 多年的国际区域经济一体化发展历程中，众多成功经验得以积累，也为国内区域经济一体化提供了重要启示。

（一）区域经济一体化发展是渐进过程

无论国际区域经济一体化，还是国内区域经济一体化，都要经历一个逐渐发展的历史时期，如欧盟经济一体化的历史进程。

这个渐进过程包含两个方面：首先，区域合作的广度和深度逐渐拓展；其次，区域合作的主体逐步扩大，在发展过程中，区域经济各参与主体不断协调、不断融合，最终实现经济一体化发展。

（二）建立具有一定权威的区域性组织机构

L.芒福德（L.Munford）指出：“如果经济发展想做得更好，就必须设立有法定资格的、有规划和投资权利的区域性权威机构。”区域经济一体化都具有一定的组织形式，例如，欧洲联盟采取经济同盟和完全经济同盟的组织形式，北美三国采取自由贸易区的组织形式，东盟采取共同市场的组织形式等。与这些区域经济一体化组织形式相对应，又建立了区域经济一体化的组织机构，如欧盟、东盟、亚太经合组织等。西方国家在处理区域经济一体化时面临两难处境，既想树立区域组织机构的权威，又担心组织机构成为等级官僚体系中的一环，变成权力的传递者，因此，其在树立组织机构权威方面通常有两种做法，一种是赋予一定的行政权力，另一种是赋予建设资金调配权，或者是两者兼而有之。现阶段，我国实行自上而下的垂直管理体制，同时社会主义市场经济体制还需不断完善，在这种情况下，赋予区域协调机构一定行政权力的做法应更为有效。但在这个问题上应避免协调机构成为省级政府与地方政府中间层次的一级政府，变成纯粹的权力传递者。

（三）建立完善的区域经济一体化制度安排

任何一种经济一体化的发展模式或组织机构，都有相应的、完善的制度安排（institutional arrangement）。这种制度安排由区域内各成员主体或各成员国政府通过谈判而签署各项条约或协定，对各成员主体在区域经济一体化过程中的权利和义务进行规定。如北美自由贸易区的成员国美国、加拿大和墨西哥签署的《北美自由贸易协议》、欧盟国家于 20 世纪 50 年代签订的《罗马条约》和《马斯特利赫特条约》等。相应的制度性安排不仅是区域经济一体化的重要基础，也是区域经济一体化各参与主体的利益不断协调的直接结果。

（四）构建有限权能政府，平衡都市集权与地方自治关系

西方发达国家的城市管理职能较为有限，相当一部分事务被推向市场与社会，转由社会中介组织和公共服务团体来承担，城市政府直接控制的领域仅限于维护社会秩序、提高日常生活服务水平、发展文化教育事业和公益事业以及一些行政性事务，而较少干预经济活动。政府更多的是充当城市公共产品的提供者和调节者，而非社会经济的主导者，因此要充分顺应政府职能定位的市场化、企业化、分权化、法制化等导向，构建有限权能政府。应该说构建有限权能政府是我国政府职能转化的一个趋势，这是建立适合我国国情的区域协调机制的一个背景。

在平衡都市集权与地方自治的关系方面，西方国家普遍采用"两层"制分权模式，区域一体化组织机构只协调跨地区的区域性事务，协调重点是区域性基础设施和环境保护，而各地区内的具体事务仍由地方政府管理。这种分权模式的优点既提供了一种区域政府运作的框架，又避免了对地方政府的直接干预，可以保持现有地方政府的独立性。"两层"制分权模式无须对现有行政架构和分权模式做根本性调整，较适合我国目前的区域行政管理体制，也可以按此思路对现有省直部门的区域协调职能进行强化。

二、大都市与大城市圈

尽管城市很重要，但有些城市要比其他城市重要得多。

（一）大城市圈理论简述

通过对城市的超常规发展进行研究，大都市圈起源的早期理论得以形成。随着大城市圈的逐步发展，学者们通过对于欧美大都市圈的形态特征、功能特征、形成特征和发展机制等进行多方面的描述，形成了大都市圈的主流理论。

1. 组合城市论（conrubation）

该理论由英国城市学家帕特里克·格迪斯（Patrick Geddes）于1915年提出，他认为城市的扩张使多种城市功能跨越了边界，多个城市的影响范围相互重叠产生了"城市区域"（city region）。这类"城市区域"是"多种城市功能的叠加和多个城市的组合"，也是"组合城市论"的核心。希腊学者简·帕派奥阿奴（J.B.Papaioannou）提出大都市圈是由多个集合城市通过高度复杂的交通通信网络连接形成的多中心系统。

2. 城镇密集区论

20世纪30年代，英国学者C.B.弗塞特（C.B.Fawcett）提出城镇密集区是城市功能用地占据的连续区域。把它限制在城镇建成区（Built-up-areas）的范围，随着规模的扩大，城镇密集区由低级到高级直至大都市圈发展。

3. 都市地区论（meBopolitan）

该理论是由20世纪初美国定义的都市区（metropolitan district）演变而来。库恩（Queen）提出"都市地区"由"内城"（inner city）、"城市边缘区"（urban fringe）和"城市腹

地"（urban hinterland）三部分组成，类似于狄更生（Dickinson）的"城市地域"（urban tract）、"城市居住地区"（city settlement area）和"城市商业区"（city trade area）。此理论突出了城市的"地域空间"与"功能空间"的布局关系。

大城市圈论的主要代表人物为法国地理学家让·戈特曼，其主要理论贡献有以下几点。

一是研究并概括了美国东北部沿海城市化区域的形态特征，即构成要素特征和空间结构特征。在构成要素方面高度密集，即高密度人口分布、高稠密城镇及基础设施网络分布、高度集聚的中心城市沿轴分布、连绵密集的城市走廊和城市区域在空间结构特征方面犹如一个巨大的社会经济组合体，一个具有高度连续性、既有内聚力而又外形模糊的类星云状空间体和马赛克结构的空间集聚体。

二是大都市圈的主要功能是枢纽功能。大都市圈的内外联系网络和各种资源流的汇集如同交通枢纽，是国家乃至全球的枢纽，主宰着国家社会经济文化的发展和大都市自身发展的动力。

三是大都市圈的形成特征。从地域空间结构看，一个大都市从发展走向成熟要经历四个阶段，即城市离散阶段、城市体系形成阶段、城市向心体系阶段和大都市圈发展阶段。

（二）大城市圈与湾区经济

现代经济的发展以人口、资源、产业大聚集的现代都市构成有机体，少数的超大型和大型城市贡献了相当大比例的经济总量。芝加哥全球事务委员会（Chicago Council on Global Affairs）将42个全球性城市列入世界100大经济体。其中，东京和纽约是全球最大的城市经济体；洛杉矶、首尔—仁川、伦敦和巴黎也是较大的城市经济体。

湾区是由一个海湾或相连若干个海湾、港湾及邻近岛屿共同组成的区域，基于湾区地理位置所衍生出的经济效应被称为湾区经济，这是一种区域经济的高级发展形态。湾区经济具有天然的竞争优势：沿海的湾区通常海拔较低、地势平坦、气候和温度适宜，方便人口、产业集聚成现代都市圈；自大航海时代以来，贸易逐渐成了全球经济发展的重要组成部分和国家、地区经济发展的重要助推器，沿海的港口优势保证了全球经济互通有无的运输需求。

三、城市规模

城市发展是现代经济增长的动力，也是非农就业的创造源泉。城市的最优规模是由城市扩张所带来的规模经济效应和拥挤效应相权衡而得到的，但是，相比于城市扩张所带来的各种负面后果，城市规模扩大对城市发展所带来的正面效应往往被忽视。

（一）城市规模与效率

从理论上来说，城市规模经济效应和拥挤效应的相互作用导致了城市劳动生产率（和人均收入）与城市规模之间的倒"U"形关系。在城市发展的早期，城市规模的扩大会带来人均实际收入的提升；而如果城市人口规模过大，存在拥挤效应，城市规模的进一步扩大反而会降低人均实际收入，因而只有在最优的城市规模下，劳动生产率（和人均收入）才能得到最大程度的提升。由于户籍等制度长期限制了城市扩张，中国的城市化过于本地化，城市规模过小，因而无法发挥城市的规模经济优势，限制了城市劳动生产率的提高和经济增长。事实上，大城市和中小城镇的发展并不相互排斥，中小城镇的发展以大城市的发展为基础，并受其辐射功能的带动。因此，在城市发展所带来的规模经济效应强于拥挤效应的城市化早期，过早限制城市发展，重点发展中小城市，会带来巨大的效率损失。

（二）城市规模与就业

另一种现实存在的担心是，随着城市人口规模的扩张，城市将无法提供充足的就业岗位，从而加剧失业问题。人们常常认为，在城市扩张过程中，低技能者将面临更大的失业风险。同时，原来的城市居民将会面临更为激烈的劳动力市场竞争，从而也会加剧原有居民的失业问题。那么，事实是否如人们所担心的那样呢？已有的研究发现，外来劳动力进入城市就业对本地居民失业的影响程度很小。在理论上，劳动力流入并不必然增加失业，这主要是因为城市发展存在着规模经济，城市人口规模的增加会不断地创造出新的就业机会，城市发展的规模经济效应有利于提高劳动力个人的就业概率。城市规模每扩大1%，个人的就业概率平均提高 0.039 ~ 0.041 个百分点。此外，城市规模扩大的就业促进效应对于不同受教育水平的劳动者并不相同。总的来说，较高技能和较低技能组别的劳动力均从城市规模的扩大中得到了好处，其中低技能组别劳动力的受益程度最高，而城市规模的扩大并没有显著影响中等技能劳动力的就业概率。因此，城市人口规模的限制措施，特别是针对低技能劳动力的限制措施，不仅损害了劳动力资源的利用效率，不利于城市规模经济效应的发挥，还限制了在城市扩张中受益最大的人群，而使得在城市劳动力市场中本来就处于弱势地位的低技能劳动力相对受损更多，导致效率与公平兼失的局面，不利于包容性增长（inclusive growth）的实现。

（三）城市规模与经济增长

城市作为现代经济活动的集中地，为经济的持续增长提供了动力。城市的规模扩张可使经济从多方面受益。马歇尔早在19世纪末就指出，投入品的分享、劳动力市场群聚以及知识的溢出是导致集聚的三个根本原因，但有关经济活动在空间上的集聚，直到克鲁格曼之后才被经济学家重新关注。新经济地理学理论认为，由于生产中存在规模报酬递增、消费者偏好商品的多样性，加之交通成本，厂商会选择在市场需求相对较大的地区组织生产经营活动，从而带来集聚地区总体上更大的生产规模和更高的要素价格水平。在均衡处，集聚地区更高的要素价格必然意味着更高的劳动生产率；否则，利润最大化的厂商会选择其他要素价格相对较低的地区进行生产。相比于小城市，以职工平均产出和职工工资度量的大城市的劳动生产率更高。城市规模（以城市的人口数量度量）平均每扩大一倍，劳动生产率会相应地提高 4.77% ~ 6.39%。实证结果也显示了城市规模的扩大对劳动生产率的促进作用。他们的研究以城市人口数量度量城市规模；以城市劳动力的平均产出、中位家庭的实际收入、个人小时收入等指标度量城市劳动生产率，无论是城市层面还是个人层面的回归结果均显示，城市规模的扩大都能够促进劳动生产率的提高，并且这种促进作用在大学毕业生比例更高的城市相对更大。

类似的，城市规模对劳动生产率的促进作用在中国也存在。有关城市规模和人均实际收入之间倒"U"形关系的发现说明，在城市发展的早期，城市规模的扩大会带来劳动生产率的提高。现有文献的讨论主要集中于集聚和要素价格（如工资）之间的关系，而很少关注集聚对就业的影响。劳动力的就业和失业主要由劳动力的供给和需求决定。城市规模的扩大，在创造劳动力供给的同时，也会由集聚效应带来劳动力需求的提高。从均衡的角度讲，只要劳动力供给曲线向上倾斜，给定劳动力供给曲线就不会变，集聚通过投入品分享、生产要素匹配和学习机会三个机制所带来的劳动生产率提高，最终会反映为劳动力需求曲线的向外移动，从而带来均衡工资水平和就业数量的同时上升。因此，在新经济地理学研究的基础上，大城市中更高的工资水平和劳动生产率水平暗示更多的就业机会，保持其他因素不变，如果就业机会的增加速度快于城市规模扩张的速度，则劳动者个人的就业概率上升。

（四）城市规模与劳动分工收益

不可贸易品部门是现代经济的一个重要组成部分，也是城市就业岗位的重要组成部分。考虑到这一部门的特点，城市规模对就业的效应将被放大。可贸易品部门中某个产业需求的外生冲击会给城市就业带来影响。如果某个生产可贸易品的产业由于某种原因（如新发明的引进提高了其劳动生产率）增加了劳动力需求，这种冲击会增加该产业的就业和工资水平。在劳动力市场不存在摩擦的情况下，劳动者在不同部门间获取的工资应相同，则整个城市的工资和就业水平会上升，进而提高城市的总收入。而总收入的上升必然会带来不可贸易品部门需求的扩张，从而增加不可贸易品部门在均衡处的工资和就业，形成所谓"就业的乘数效应"（employment multiplier effect）。正如新经济地理学的研究所证实的，集聚提高了可贸易品部门的劳动生产率，因而会带来均衡工资和就业的同时增加。可贸易品部门就业和工资水平的上升会提高城市的总收入，从而增加对不可贸易品的需求，为不可贸易品部门创造更多的就业机会。因此，城市规模的扩大可能会为劳动者带来更多的就业机会，增加个人的就业概率。在城市规模为所有劳动者带来收益的同时，不同技能的劳动者从中获益的多少也并不相同，这种不同技能者受益的差异性主要来自以下两方面。

第一，由于低技能劳动者的就业更多地集中于低技能的服务业，而低技能服务业是不可贸易品部门一个重要的组成部分，因此相对于中、高技能的劳动者来说，低技能劳动者可能从集聚中享受更多的好处。现有文献发现，技能偏向型的技术进步并没有显著恶化技能劳动者的就业前景，相反，更多的低技能劳动者在低技能的服务业部门找到了工作。这是因为在技术进步的过程中，计算机主要替代了一些对劳动者技能水平有一定要求的常规性劳动（routine jobs），如打字等，却无法替代诸如保姆、保洁员等人工工作（manual jobs）和律师、医生等复杂的工作（abstract jobs）。并且，技术进步和服务业之间存在互补性，从而带来了服务业就业的增加。这种随着计算机的广泛使用而出现的就业越来越集中于高技能行业和低技能服务业的现象，被称为就业的两极分化（job polarization）。类似的，在美国和英国，低技能劳动者的就业越来越集中于不可贸易品部门，并且这种就业的增加越来越依赖于低技能劳动者和高技能劳动者在地理上的接近。此外，高技能劳动者对低技能服务业具有更高的消费需求。由于高技能劳动者的时间机会成本更高，故其对保姆、保洁员等低技能服务业的消费需求更高。也就是说，随着城市规模的扩大和高技能劳动者的集中，低技能劳动者将会相对更多地受益。

第二，当存在知识溢出时，由于不同的职业对学习和知识创新的依赖程度不同，因而不同职业从城市规模扩张中受益的程度也不同。大量研究已经证实了知识溢出的存在，这些研究认为，由于存在社会互动，城市规模的扩张尤其是高技能劳动者的集聚，将为劳动者带来更多的学习和创新机会，从而提高劳动生产率。在平均人力资本水平较高的城市工资和地租也更高。城市的大学毕业生比例每增加一个百分点，企业的劳动生产率会上升0.6%～0.7%。考察劳动者工资水平的研究，同样说明了知识溢出效应的存在，城市的大学毕业生比例每增加一个百分点，工资水平平均上升0.6%～1.2%。高技能行业由于其劳动者具有相对更强的学习能力以及高技能行业本身对知识更强的依赖性，因而劳动生产率的提高受知识溢出的影响更大。从以上分析可以看出，城市规模的扩大不仅会提高劳动生产率，而且将在提高个人就业率方面为劳动者带来巨大的好处。不同技能的劳动者从城市规模扩张中的受益程度，会因其职业的不同特征而产生差异。然而，在考察城市规模对就业影响的过程中，就业和城市规模之间的双向因果关系可能导致联立内生性偏误，因为一个城市的失业率是否高，本身会通过人们的移民选择而影响城市规模。

（五）城市规模与环境保护

直观上，人们普遍认为，城市规模越大，环境污染越严重。一些大城市的确存在空气以及水污染的现象。城市规模和环境污染，二者看似存在因果关系，然而事实却未必真的如此。人多导致污染严重，之所以有这个刻板印象，可能只是因为大城市的污染比较受人关注。比如，在华北地区出现大范围雾霾时，并不是说北京的情况比别的城市一定更严重，而只是北京更受到人们关注。事实上，近年来北京的空气质量有所好转，而新疆的一些中小城市却登上了空气污染排行榜。

四、我国城市发展（意识形态与社会治理机制）的误区

一段时间以来，对于超大城市发展面临的城市病，人们习惯性地将其归结为"人太多"，我国政策制定者则习惯性地用疏散中心城区的人口作为解决问题的办法。但是，这样的做法造成了人们的居住地越来越远离市中心，加剧了居住和就业岗位之间的"职住分离"以及居住与公共服务之间的分离，结果是人们的通勤距离反而延长了。城市的拥堵问题，本质上是因为人们需要经过通勤与别人见面，以满足工作或生活需要。如果不理解这一点，解决问题的思路就会从疏散人口的角度入手，这样的做法或者导致合理的需求被扼杀，或者使人们花更多的时间和金钱在通勤上。结果，试图解决问题的办法，却恰恰造成了更为严重的交通拥堵和相应的碳排放问题。

在疏散人口的导向之下，很多人的思维方式是疏散所谓"低端人口"（编者反对使用这个歧视性的词汇），所采取的手段包括提高外来人口子女入学的门槛和拆除所谓违章建筑。这样的政策思路不理解低技能劳动力和高技能劳动力之间是"互补的"，造成的结果是城市生活服务业供给减少和价格上升，老百姓的生活变得更为不便利。同时，这种状况必然加剧在城市内部不同身份的人群之间的不均等现象。而在那些疏散人口和产业的"承接地"，是不是能够承接得住被疏散的产业？被疏散的人口相比于疏散前是不是出现了严重的收入下降问题？这些目前还没有详尽的数据，但是可以观察到类似的现象，值得政策制定者站在全国发展的战略高度思考。

另外一个非常火爆的概念是特色小镇。小城镇的发展是先有产业再有人口的。小城镇发展的核心竞争力如果是当地的资源、旅游和特色产业，是可行的；而如果在小城镇发展零散分割的制造业，势必造成低效率和大量的资源浪费。这一道理提醒特色小镇追捧者，如果不以具有特色的产业作为支撑，又不是建在大城市为核心的都市圈和城市群内部融入其产业链，那么，这种建设是否有持续的动力？当前的实际情况是，一些新城的建设因为规划建设面积特别大，人口密度特别低，距离所在的主城区特别远，大量基础设施建设和住房缺乏需求，已经给地方政府带来严重的债务负担。指望"特色小镇"的热潮来消化过剩的基建和地产，不如老老实实地"尊重城市发展规律"。

真正意义上的城市化一定是农村人口转化为城市居民，城市化进程因而被自然地推动。经济学家周其仁先生在其名著《城乡中国》中，以一个十分简洁的公式概括了这一现象，即经济聚集甚于人口聚集就是城市化的动力机制，"经济密度高于人口密度，必定吸引更多的人口聚集"。

总而言之，如果一个国家和地区的工业化长期局限在少数地区或者城市进行，大量的民众生活在农村，并且限制他们进入城市，使其长期生活在贫困的边缘，与城市中迅速发展的工业化无关，既不能参与其中，也不能分享其成果，这样的将大部分人排除在外的工业化也不能算作经济发展。正因为如此，人们把工业化和城市化作为现代经济发展的两条主旋律，缺一不可。

第九章 区域可持续发展

区域可持续发展是可持续发展的一个重要领域，是区域向更加和谐、更加互补和更加均衡迈进的一个发展目标。

第一节 区域可持续发展概述

一、可持续发展的概念

根据 20 世纪 90 年代联合国环境与发展大会通过的《21 世纪议程》，可持续发展被定义为"既满足当代人的需求，又不对后代人满足其自身需求能力构成危害的发展"。从概念上理解，可持续发展的本质是既要满足当前社会经济发展的需要，又要考虑未来的需要，不能以牺牲后代人的福利为代价来满足当代人的福利，就是说，人类的经济活动不能超过现实科技水平和社会发展水平条件下的资源与环境的承载能力。

目前，人们对可持续发展的理解，基本上集中在两个方面，即全面发展和公平发展。

（一）全面发展

全面发展是对发展的综合描述。由于发展的条件是多方面的，发展的目的不仅仅是为了生产财富，所以发展必须是全面的，包括经济发展、环境改善和社会进步三个大的方面，涉及人类发展的各个领域。全面的可持续发展必须达到的目的是经济的长期、稳定、良性增长，重视经济活动和经济发展行为的生态合理性，保证经济行为的可持续性；人类赖以生存的环境得到保护，而生态系统的质量不断提高；人口逐步稳定在一个合理的水平，人类得到永恒的延续。

（二）公平发展

公平发展的核心内涵是构建和谐社会。目前人们对于公平发展，一般是从两个方面来理解的。

1. 人类与自然界的公平

多年来，人类都把自己看作是自然界的主人，认为人类在任何地方、任何条件下都可以将自己的意志强加于自然界，这样人类就把自然界当作了人类的附庸。然而，自然界有为人类服务的一面，也有其自己发展的一面。人类与自然界的公平，实际上是求得一种和谐。人类与自然界的和谐发展，使人类能够从自然界获得取之不尽、用之不竭的财富；人类与自然界的和谐发展，要求我们以循环经济模式作为经济发展的基本模式，建设节约型社会伴随发展的始终；人类与自然界的和谐发展，还要求人类自觉保持生物的多样性，使我们这个世界和人类自身的生活丰富多彩。

2. 当代人与后代人发展机会的公平

我们需要一定的生存条件，我们的后代子孙也同样需要生存条件。由于人口膨胀、资源枯竭以及环境恶化已严重制约了经济和社会的发展，人类的生存和发展正面临严峻的挑战。人类必须努力寻求一条人口、经济、社会、环境和资源相互协调，既能满足当代人的需要而又不对后代人的需求构成威胁的发展道路。

二、区域可持续发展的概念

（一）区域可持续发展的现实依据

区域可持续发展提出的基本依据是资源角度、环境角度、社会角度。

1. 资源角度

区域可持续发展是合理利用自然资源、注重资源使用效率、加快区域经济发展的重要战略思路。每一个区域的土地、能源和矿产资源等都是有限的，资源短缺局面的出现，会使经济发展受到严重的制约。区域可持续发展思想的提出，就是要有效地解决资源利用与区域发展的矛盾。

2. 环境角度

区域可持续发展提出的一个重要依据是区域的环境问题。区域的生态环境随着区域经济的发展而受到影响。在我国，区域经济发展对生态环境的压力很大，环境污染、生态恶化、水土流失、沙漠侵蚀，成为区域经济发展的重要制约因素。区域可持续发展思想的提出，是强调区域经济要满足人们对经济发展和生态环境的双重需求，哪个都不可以偏废。

3. 社会角度

区域可持续发展是以建设一个公平和发展为标志的和谐区域为目的，人类的文化会得到极大保护和弘扬，每一个现在和未来的居民的自身价值都可以得到体现。在我国，现实的情况是区域发展的差距日益加大，城市社会与农村社会的贫富差距日益加大，社会公平发展面临考验。区域可持续发展思想的提出，强调了均衡发展是区域发展的终极目标。

（二）区域可持续发展的内容

我们把上面的内容综合起来，即对区域可持续发展进行定义：在区域空间范围内，以合理利用自然和社会资源为基础，以推动区域经济增长为手段，以解决环境问题为途径，以建设和谐区域为目标，实现国家每一个区域的科学、合理、持久、安全和协调发展。

因此，区域可持续发展的内涵包括四方面。

1. 区域可持续发展是现实发展与长期发展的统一

区域可持续发展必须兼顾区域发展的近期目标与长远目标、近期利益与长远利益，以实现经济、人口、资源、环境的全面协调发展。

2. 区域可持续发展要兼顾区域经济的发展和区域社会的进步

区域经济发展是社会发展的动力。兼顾经济发展和社会进步，要加大居民对区域发展的参与度，要依靠科技进步和人的素质的不断提高来实现。

3. 区域可持续发展要注重生态环境的保护

自然生态环境是人类生存与发展的基础，如果对这些资源环境进行破坏和污染而使其恶化，区域终将无法发展。要强化全体居民的环境保护意识，要保持人口对环境的压力不能过大，资本对土地的压力不能过大。

4. 区域可持续发展要保障所有区域的平等发展权利

国家必须解决好资源在各区域之间的合理分配，使每个区域都拥有协调发展的基本条件。

第二节 加快基础设施建设，促进区域可持续发展

保证区域可持续发展的基础设施系统的内容十分广泛，它包括经济基础设施和社会基础设施，具体而言可分为如下三大部分：交通基础设施，包括铁路、公路、水道、管道、航空系统和城市内部的城市道路系统；公用事业设施，包括供排水、供电、管道煤气、绿化、环境保护等；信息产业基础设施，包括通信、邮政和互联网等。

一、基础设施区域配置的方式与途径

（一）基础设施区域配置的方式

按照市场和政府在基础设施空间配置中的关系和作用程度，可将基础设施区域配置方式分为三种。

1. 政府或公共部门利用指令性计划方式进行基础设施的空间配置

其特点是在基础设施建设、决策和投资的过程中进行政府计划配置，排斥市场机制的作用。多见于计划经济体制的国家，如原苏联和改革开放前的中国。这种方式的结果往往是投资规模太大、战线拉得太长、建设周期拖长、投资效率低下等。实践中，各国基本上已很少使用这种方式。

2.以市场配置方式为主进行基础设施的空间配置

这种方式多见于主要的市场经济国家，如美国。这种方式的投资主体是私有企业，投资的空间流向取决于预期投资收益的高低。除私人投资外，资本市场融资也是这种方式的主要途径。

3.以市场配置为基础

政府制订指导性计划以引导基础设施的空间配置。在这种方式中，政府既指导和管理市场的配置，又直接投资于基础设施建设。投资的目的是弥补市场失灵，维护公平和布局均衡。这种配置方式尤其在环境保护和生活性、减灾性等无利或亏本的基础设施建设方面发挥重要作用，它要求政府有较完备的法规和较为雄厚的财力。

（二）基础设施区域配置的途径

基础设施区域配置的途径往往影响不同区域经济发展的速度，影响区域可持续发展的顺利实现。归纳起来主要有三种。

1.空间分散投资配置

即将资金分散投入遍布各个区域的许多项目中，而不是集中于个别示范性大项目。这种途径往往是在国家初始发展阶段过度强调区域均衡发展的表现，并由于缺乏大项目管理的人才和资金供给，不得已采取的发展途径，结果是各区域都没有获得快速的发展机会，普遍表现为低水平的均衡发展。

2.空间集中投资配置

当某个区域或城市呈现出较快的发展势头时，就会形成对资本集约型的基础设施的迫切需要。一方面，可以直接加大国家对增长区域的直接投资；另一方面，也可以放开私人对增长区域投资的限制，让市场利益机制自发地引导私人投资投向这·区域，结果不但会使资金使用转变为集中使用，而且还会使单个基础设施的投资总额大量增加。集中的投资配置将使得增长区域获得快速的发展，与其他地区间的差距逐渐扩大，国家进入非均衡的发展阶段，区域间公平发展受到挑战。

3.促进落后地区发展的投资配置

当增长区域与落后区域之间的差距不断扩大，并已经影响整体经济发展和社会稳定的时候，就要对落后地区进行专门的基础设施投资，满足经济发展和人民生活的需要。尤其在基本公共品的提供方面，政府要起到主导作用，使区域可持续发展得到满足。

二、基础设施规模与区域发展

从基础设施与工业化的关系来看，基础设施建设与工业发展是相辅相成的。工业发展对交通、能源、通信等基础设施提出了要求，以解决其市场和原料等问题，并为基础设施的不断增长提供新的技术设备。

从产业属性来看，基础设施基本上属于第三产业，其中一小部分属于第二产业。因此，基础设施建设的过程也就是区域产业的发展过程。工业生产规模的扩大带动了区域经济规模的扩大。

在区域当中,城市规模和城市居民生活质量的变化对基础设施系统不断提出新的要求。城市居民生活方式的变化,对家庭轿车、地下交通等为代表的交通运输系统及移动通信系统、互联网等提出了新的要求。城市基础设施不足将影响城市居民生活质量的提高,从而影响城市的可持续发展。以城市的交通运输为例,城市交通运输设施是城市生产和人民生活赖以正常进行的保障条件。城市交通是城市的骨架,为城市生产建设和人民生活服务。城市良好的道路系统将降低企业的运行成本,缩短居民的出行时间,使城市经济发展的成本降低,收益增加。如果城市交通运输设施严重短缺,成为城市发展的"瓶颈",交通运输建设投资就十分必要,此时的投资对经济增长的促进作用十分明显。

所以,增加基础设施建设投资,加快各类基础设施的建设,是区域可持续发展的必然要求。

三、加快区域基础设施建设的途径

(一)加快区域能源建设

加快区域能源建设包括加快电力设施的建设、石油天然气开采加工能力的建设和煤炭生产、加工、储运能力的建设。

在现有的大区域中,区域能源的供应问题成为区域可持续发展的关键问题之一。区域的供暖、供热、交通和居民的日常生活,都必须有能源作为保证。所以,我们必须解决好三方面的问题,保证区域的经济发展。第一,保证区域能源的日常供应。一个大区域需要的能源数量也相当大,需要国家和区域有稳定的供应系统,如电站、煤炭基地、石油基地和天然气供应管道等。第二,有与区域能源的日常供应和区域经济发展水平相适应的区域能源储备。我们应当把区域的能源储备当成国家储备的一个有机组成部分来对待,但又要根据区域的能源消费特点来选择储备的能源种类。第三,增加区域清洁能源的使用比例。从区域可持续发展的要求来看,为保证区域空气的清洁和居民的健康,增加区域清洁能源的使用数量是正确的选择。例如,北京市为迎接奥运会,大规模改变能源消费结构,使煤炭的使用量大幅下降,而清洁型的天然气的使用量大幅度上升,再加上提高汽车尾气的控制标准,从而使空气质量大为提升。

1.电力

加快区域的电力设施的建设,包括火电、水电和核电资源的开发及电厂的建设,更要积极参与电网的建设。保证电力供应,任何时候都是可持续发展必不可少的措施。我们要认识到,电力供应的解决不可能只靠一个区域本身,必须依靠与其他区域的合作。

2.石油、天然气

随着机动车辆数量的快速增加,区域经济发展对石油的需求与日俱增。保证石油供应,必须与国家在一定时期的能源政策和石油生产供应的形势统筹起来考虑。建设成品油输送管道,培养专业运输队伍,建设专用油品码头、车站和油库,是保证石油供给的主要措施。

天然气是重要的城市能源，而且是重要的清洁能源。保证天然气供应是保证城市居民生活的需要，也是保证城市运营的需要。

3. 煤炭

在我国的大多数地区中，煤炭仍然是重要的城市能源。重点能源区域的煤炭基地建设是区域煤炭供应的保障。

此外，城市还需要加快太阳能、地热能、风能、生物质能等可再生能源的开发与利用，使这些新能源在城市生活中的作用逐步得到加强。

（二）加快区域基础设施投融资体制改革

政府资本的有限性、投融资体制的局限性以及经营的低效率，往往使基础设施的建设跟不上经济发展的需要。为了适应经济发展和人民生活的需要，必须调整传统的政府居于绝对统治地位、以计划方式为主的投融资体制，努力创新投融资方法。

1. 以政府投资为主体转向以市场融资为主

以政府投资为主体的体制，排斥市场机制的作用，阻碍民间资本的参与，限制了基础设施建设的规模。随着社会经济的不断发展，人们对基础设施的要求逐渐提高，基础设施的种类也逐渐增多，非竞争性和非排他性的基础设施范围逐渐扩大，各种私人资本进入该领域的门槛逐渐降低。为了适应经济社会的快速发展，仅靠政府投资已经很难满足需求，必须进行投融资体制的改革，转向以市场为主的投融资体制。

除了能够更大规模地发展基础设施，引入私人资本还可以避免很多政府投资中的弊端，如避免由于缺乏利益激励而导致的基础设施经营效率低下，避免由于独断专权而导致的基础设施布局失误，避免由于决策主体组成单一而造成的不顾穷人需要或破坏生态环境问题等。

2. 在以市场为主体的投融资体制下政府的作用

在以市场为主体的投融资体制下，政府仍然要发挥相应的作用。

从宏观层面看主要集中在以下几个方面。第一，规划、引导、服务和监督私人的投资行为。引导私人资本的投入方向，建设完善的体制和制度环境，对基础设施提前规划并提供相应的技术服务，监督私人投资的基础设施的合法运营与有效经营。第二，弥补和纠正市场失灵。要处理好公平与效率的关系，尽量使基础设施建设能够普惠到全体人民，实现区域间的可持续发展。第三，根据各类基础设施的特点，实行不同的投融资模式。明显属于纯私人物品或外部效应较小的基础设施等交由私人投资经营，而仍需由国家经营的基础设施，则应遵循商业化和市场化的原则。

从区域层面看，由于各个区域之间无论在自然地理条件、历史发展状况还是在现有基础水平上都具有较强的差别性，所以，政府应该制定具有差别性的区域基础设施建设战略，以满足不同类型条件区域的要求。例如，地理条件比较恶劣的区域，投资的回报率自然较低，甚至为负，这就需要政府大力提供财政支持以建设最基本的基础设施，并实施较为优惠的政策条件，吸引外来的私人投资；对于自然条件较好、经济发展水平较高、投资回报率较高的区域，政府的主要职责则在于制定完善的法律和制度环境，服务和监督私人资本投资，并适当地控制投资规模，预防市场经济机制造成的基础设施投资膨胀。

3.加快区域基础设施管理体制建设

关于基础设施管理体制的研究，学术界存在两种截然相反的观点。一种观点认为基础设施代表着巨大的社会公共利益，有些还关系到国家的经济命脉，如交由私人经营，则很难实现既定的社会目标，而且，基础设施的公共物品属性、自然垄断属性和外部经济属性等都会导致市场失灵，从而认为政府应该是基础设施的所有者和经营者，部分的效率牺牲是不可避免的。另一种观点则认为，根据产权经济学原理，所有制决定效率，政府或国有企业的产权特征决定了基础设施供给和经营的低效率和浪费。因此，私有化投资和经营是解决问题的最好办法。

两种观点都有些极端，政府投资和经营缺乏有效激励，效率低下不可避免；但基础设施的准公共物品属性决定了市场机制在该领域存在失灵，因此，两者适当的结合是实现优化管理的重要途径。主要做法是：政企分开，按照商业化原则经营；在基础设施建设和运营的过程中积极引入竞争机制等。

第三节 发展循环经济，促进区域可持续发展

区域可持续发展的一个重要方面，是发展循环经济。通过对生产资源的循环利用，使资源利用效益达到最大，从而达到发展经济、节约资源的可持续发展的目的。

一、循环经济的理论与方法

（一）循环经济的概念和特点

循环经济是以可持续发展为原则，以区域经济发展中的资源减量化和循环利用为标志的一种社会经济与资源环境协调发展的经济形态。其特点可归纳为以下几个方面：

1.可持续发展的经济增长方式

从传统经济对自然资源取之不尽、用之不竭的观念产生出的数量型经济增长方式的长期存在，特别是资源的高开采、低利用、高排放，造成了世界上资源濒临枯竭的危害。循环经济采取符合可持续发展和生态学规律的、质量型的、新的经济增长方式，以求实现资源的低开采、高利用、低排放，有助于转变世界资源的利用态势。

2.社会物质财富和精神财富同步增长的发展目标

传统经济采取的"资源—产品—污染排放"单向流动的线性经济，大量耗费土地、劳动力、资本等生产要素，追求的是经济效益最大化和物质财富的快速增长；循环经济采取"资源—产品—再生资源"的反馈式流程进行生产，强调劳动力、资本、环境、自然资源和科学技术等经济发展要素的有效利用，通过资源利用的减量化、产品生产的再使用和废弃物的再循环，实现生态环境改善基础上的社会物质财富和精神财富的同步增长。

3.和谐的人与自然的关系

传统经济采取的污染末端治理的方式反映出人与自然的矛盾，人类高高在上，人类征服自然，生态环境的恶化在所难免；循环经济采取污染源头治理、提倡清洁生产的方式，反映出人与自然的协调发展，将促使生态环境向好的方向转化。

4.先进的企业价值观

传统经济中的企业金钱至上、竞争无度，逐利性是其基本的价值观，追求利润的最大化、污染治理的外部化，是一种落后的企业价值观；循环经济中的企业采取清洁生产基础上的效益最大化、污染治理的内部化，先进技术既用于经济发展更用于生态环境的改善，追求经济、社会、人类、自然和环境的协调发展，是一种先进的企业价值观。

（二）循环经济的学科基础

探寻循环经济的学科基础，是研究循环经济的哲学渊源、指导原则和基本规律，对明确循环经济研究目标和手段十分重要。

1.生态学基础

生态学是研究生物与环境之间的一门科学。正如仿生学一样，循环经济学也是研究人类仿照自然界物质代谢、循环、共生等规律，并用以安排经济活动。一个生态系统，包括生物有机体及其周围一切空间和所有直接或间接影响生物有机体的环境。对生物的生长、发育、繁殖、形态特征、生理功能和地理分布等有影响的环境条件，即为生态因子。生态系统的规律可以总结为整体、协调、循环、再生等，这些生态规律已经被应用于农业、工业等领域的循环经济实践中。

2.经济学基础

从经济学诞生之日起，资源配置特别是稀缺资源的配置就是经济学的研究对象。在生态环境逐渐稀缺的条件下，经济学将研究的对象拓展到生态环境也就不足为奇了。

资源经济学认为经济的本质是人将自然资源转换为生存资料。资源有社会资源和自然资源之别。社会资源包括人力、知识、信息、科学、技术，以及累积起来的资本及社会财富等，其最大特征是累积性和可变性。自然资源包括土地、森林、草原、降水、河流湖泊、能源、矿产等，其本质特征是有限性，且其中一些类型的资源是不可再生的。与循环经济研究有关的资源经济学的内容包括供求关系、价格和税收对供求关系的影响等。能否形成产业之间的"废物变原料"的联系，最终由资源经济学决定。

各国政府之所以要推进循环经济的发展，其中还涉及一个外部性的问题。福利经济学告诉我们：如果一种商品的生产或消费会带来一种无法反映在市场价格中的成本，就会产生一种"外部性"。外部性是指一些产品的生产与消费会给不直接参与这种活动的企业或个人带来有害或有益的影响，其中有益的影响称为"外部经济"，否则就是"外部不经济"。生态环境属于公共产品。作为公共产品的环境，由于消费中的非竞争性往往导致"公地悲剧"——过度使用，由于消费中的非排他性往往导致"搭便车"心理——供给不足。发展循环经济，在提高自然资源利用效率的同时，也可以达到保护环境的目的。

3. 产业生态学

产业生态学是模仿自然生态学建立起来的一门学科。20世纪90年代末耶鲁大学和麻省理工学院合作，出版了全球第一本《产业生态学杂志》。其主编 Reid Lifset 在发刊词中提出：产业生态学是一门迅速发展的系统科学分支，它从局部、地区和全球三个层次上系统地研究产品、工艺、产业部门和经济部门中的能流和物质流，其重点是研究产业界在降低产品生命周期中环境压力的作用。"产业生态学试图仿照自然界的物质循环，通过企业间的系统耦合，使产业链显示生态链的性质，实现物质循环利用和能量的多级传递、高效产出和资源的永续利用。"在自然生态系统中，生产者的生产量、消费者的消费量和再生者是相对简单而稳定的，但生态工业系统无论是技术水平还是相互之间的联系，还远没有达到自然界的水平。

4. 生态经济学

生态经济学是一门跨社会科学（经济学）与自然科学（生态学）的边缘学科，是一门研究再生产过程中经济系统与生态系统之间的物质循环、能量转化和价值增值规律及其应用的科学。这里，生态环境已经从单纯自然意义上的人类生存要素转变为社会意义上的经济要素，它有两层含义：第一，符合人类生活需要的良好生态环境已经短缺，拥有良好的环境已经成为人们追求幸福的目标之一；第二，自然生态环境对于废弃物的吸纳能力已经或接近饱和，局部地区甚至已经超载，继续利用它进行生产就必须再生产出新的环境容量，因而需要投入资金进行"建设（生态恢复和污染治理）"，良好的生态环境已成为劳动的"产品"。换句话说，良好的生态环境已经具有二重特征，即从生活的角度看是目标，从生产的角度看已经变成生产要素和条件。

（三）循环经济的工业生态学方法

1. 工业代谢

工业代谢是20世纪80年代中期由阿瑞斯（Ayres）和西蒙尼斯（Simonis）等提出的。工业代谢通过研究物质、元素和能量代谢关系，分析经济运行中物流、能流和环境的影响，把握工业系统的整体运行机制，识别其中存在的主要问题和优先解决的目标，促使人们采取有效措施控制和预防环境污染。

2. 生命周期评价（LCA）

生命周期评价已经有了国际标准（ISO14040系列）。国内应加紧研究适合我国国情的生命周期规划、设计与评价方法，研究实现循环的方法，建立相应的软件平台和数据库。

3. 非物质化和非碳化

非物质化是指通过小型化、轻型化，使用循环材料和部件以及提高产品寿命，在相同甚至更少的物质基础上获取最大的产品和服务功能，或者在获取相同的产品和服务功能时，实现物质和能量的投入最小化。非碳化是指能源替代和减轻温室效应的非物质化手段。非物质化和非碳化是国际研究的热点，我国应加强此方面的理论方法的研究。

4. 生态效率

根据世界可持续发展工商理事会（WBCSD）的定义，生态效率是"提供有价格竞争优势的、满足人类需求并保证生活质量的产品或服务，同时逐步降低对生态的影响和资源消耗强度，使之与地球的承载能力相一致"。根据世界可持续发展工商理事会的度量方法，生态效率可以表示为产品或服务的价值与环境影响之比。生态效率越高，表示越能以较少的环境代价获得较大的经济收益。这与循环经济的宗旨一致。

二、循环经济的发展方向与原则

技术进步是建立和发展循环经济体系的关键。循环经济技术的研发起点要高，要有前瞻性，以引导循环经济的长期发展；要站在国家乃至全球可持续发展的角度，研究循环经济的技术发展方向；要在广泛调查、分析的基础上，对循环经济的关键支撑技术进行识别和优选，研究和制定支撑技术清单。

（一）发展方向

地球资源储备和环境容量有限。从长远角度看，循环经济的发展目标应是尽量少用或不用不可再生的自然资源和能源，以维系人类在这个星球上的不断繁衍和永续发展。

1. 逐步减少不可再生能源、资源的使用

加强可再生能源（包括太阳能、风能、水能、生物质能、地热能等）和其他可再生能源（如太阳能光伏发电技术、燃料电池、氢能、海洋能等）的利用技术的开发；同时，通过多学科交叉研究，培植和利用生物质资源，以有效的加工系统人工合成各种工业原料，以此替代传统的石油烃类化工产品和其他初级原材料，改变远古时代以来人类开采矿产资源的模式。

2. 促进可再生资源和生态系统的再生和恢复

发展那些使得水、其他可再生资源、生态系统和环境在使用后能迅速恢复其原先的数量和质量的技术，包括资源循环和生态恢复等技术。

3. 不造成新的生态破坏和环境污染

同样的自然资源，对其采取不同的加工使用方式可能导致完全不同的生态和环境影响，即资源使用量与生态环境质量之间不存在必然的比例关系，应发展那些不生态系统和环境造成破坏的技术。

（二）循环经济发展的原则

1. 生命周期评价（LCA）原则

我国人口众多，经济增长快，资源需求和环境压力大，因此就应根据国家资源、能源和生态环境质量的约束条件，合理规划资源、能源的利用途径。一个技术、生产过程、产品（服务）或经济形态是否有益于循环经济的发展，也要从系统的角度，用整体论的思想来衡量。生命周期评价综合考虑了各环节的资源、环境影响，符合系统观、全局观，符合循环经济的目标。生命周期评价原则适用于以下方面：循环经济支撑技术的评估、识别；循环经济支撑技术开发；产品的生态设计；循环经济指标体系的制定；循环经济系统（包括循环经济区、生态工业园区等）的评估；循环经济发展战略研究等。

2. 源头控制原则

循环经济的发展过程中，减量原则是第一位的，因此，应该从源头进行控制，着眼于产业结构、产品结构的调整，最大限度地减少废物的产生。遵循源头控制原则，首先要求合理设计产品的代谢过程。根据中国环科院的研究，工业代谢可以分成产品代谢和废物代谢。在工业生态系统中一般同时存在产品代谢和废物代谢，只是有的系统以废物代谢为主，有的系统以产品代谢为主。基于产品代谢形成的产品链不同于传统工业系统中的产品链，两者有着本质的区别：传统的产品链的构建以经济利益为驱动，较少考虑资源稀缺性和环境影响，常常导致高开采、高排放；而生态工业中的产品链则采用生命周期观点和方法，采用生态设计方法，考虑从原材料开采、加工过程、产品运输、产品使用到废弃物处置的整个生命周期的资源消耗和环境影响，使产品生命周期中的资源消耗最少、废物产生最少、易于拆卸回收，由此优化产品结构，提高资源效率，降低环境排放。

循环经济的发展，不能停留在废物代谢阶段，即在废物产生之后，还应考虑如何再利用和实现循环。应主动研究和优化产品代谢过程，通过革新现有的产品链、补充和完善产品代谢链网，使废物在产生以前就被减少或消除，或者在产生以后可以再生利用。我国正处在经济高速增长阶段，技术更新换代快，经济结构调整潜力大，实施源头控制原则的现实意义重大。

3. 协调高消费和低污染原则

循环经济的目标是"一高两低"，即产品高消费、自然资源低消费、废弃物低排污。所谓的可持续消费，是要不断提高人们的生活质量，而并不是抑制人类的合理消费需求。但同时，地球上现有的资源有限，如果不改变现行的生产和消费模式，人类的发展也不会持久。发展循环经济，就是要协调高消费和低污染的矛盾，研究采取哪些技术途径，既能满足人类日益增长的消费需求，又能最大限度地降低资源消耗，减少或消除环境破坏。这也是国家循环经济发展战略制定的基础。

三、强化区域层面循环经济的发展

区域循环经济是指在企业、园区和城市实现了循环经济的基础上，在区域内更高层次上、更大范围内实施的循环经济，是社会循环经济的基础。区域循环经济是建立在区域经济或区域发展基础之上的循环经济，它不能背离区域发展的规律，而应与区域经济规律相一致。区域循环经济又必须按照自然界的生态循环原则，以物质和能量的自然流动为基线，构造其产业结构，促进物质资源的循环。循环经济在区域经济中的应用将促使整个区域节约生产资源，提高资源利用效率、经济效益，强化区域联系，缓解区域冲突，最终保护好人类赖以生存的地球环境。因此，在企业、园区和城市实施循环经济的同时，在区域层面实施循环经济更为重要。

（一）实现废料再资源化的需要

发展循环经济是实现区域可持续发展的重要途径。要实现经济的可持续发展，就必须自觉地将环境资源因素纳入经济增长体系之中，走经济发展与资源环境相互协调、经济效益和环境效益同步提高的生态型、环保型经济增长之路。区域循环经济同样以资源利用最大化、废物排放最小化和经济活动生态化为根本目标，强调在物质循环利用的基础上发展经济，促进自然资源的循环使用和循环替代。在现实当中经常出现这种情况，某一企业、园区、城市的废弃物在异地可成为被再度利用的资源，比如，炼铁的残渣、矿泥、粉尘、化工下脚料等可以在异地成为生产水泥、制造肥料、铺路、提取稀有金属的原料，即这些废料在区域层面可以再资源化。但是，如果不利用甚至花高额成本治理，就会造成极大浪费，违背循环经济的基本要求。由于信息不对称，不能循环利用资源的情况实际上经常发生。因此，加强区域间的信息发布、合作，对促进循环经济在区域层面的发展有必要性和可行性。通过对废弃物的有效利用，能够达到少排放甚至零排放的目的，推动经济的低代价增长，实现经济与资源、环境的协调发展。

（二）提高循环经济规模效益的需要

集约型增长方式可以更高的效率促进工业增长，同样，对废弃物的再资源化也需要以集约型增长的方式加以处理，以较低的成本达到有效利用的目的。有些问题在企业、园区、城市层面难以解决，需要在区域层次上解决才更有效率。比如，生活垃圾的处理和电子废弃物的回收，单靠在一个城市建一个处理厂（特别是中小城市）是不经济的，必须在整个区域进行处理才能因规模经济而获得相应的效益。在某些领域，只有整个区域范围实行循环经济，才具有经济上的合理性和实施上的可行性。

（三）实现区域内平衡发展的需要

从宏观层次看，由于区域内发展必然存在不平衡，各地推进循环经济的能力有差异，尤其在经济相对落后的地区，受就业、地方财政收入、群众生活需求等因素的制约，污染无法有效治理，资源过度开采难以有效制止。这些问题靠落后地区自身的力量难以解决，而需要通过整个区域的统筹发展才能获得较好的结果。这时，发达的大城市可以帮助落后地区开展循环经济，促进整个区域循环经济的平衡发展。发达的大城市可以通过加强生态保护、开发旅游资源、调整产业结构、培训人才、对口就业安置等方式，帮助落后地区发展循环经济，而这反过来也能对大城市的产业结构调整起到积极作用，并保持和增强区域环境资源优势，实现双赢。

（四）落实重大循环经济措施的需要

伴随着经济的发展，资源浪费、环境污染等一系列严重的社会经济问题不断凸显。中国是资源消费大国，更是资源浪费大国，资源的使用效率只有发达国家的1/3。某些资源的循环利用、环境保护等，单在一个城市推行效果并不明显，因而需要整个区域乃至全社会达成共识，采取联合行动才能取得较好的效果。比如，白色垃圾问题、过度包装问题、一次性产品问题等，只在某一城市解决是不彻底的，只有点的突破，没有面的推广，就不可能持久。只有整个区域乃至全社会长期共同行动，才可能取得区域内甚至全社会的实际成果。

（五）解决区域性项目的需要

有些循环经济的项目本身就是跨区域的，单一城市无法解决，必须从区域层面进行协调处理。比如，为治理沙漠化的防护林带建设、淮河流域治理、长江流域治理、黄河流域治理、海洋污染治理、沿海生态保护、国家自然保护区的保护等，如果没有区域内各地政府和企业的共同行动，就很难取得成效。

第四节 区域生态环境可持续发展

区域生态环境可持续发展是以区域空间范围内的物质实体和社会因素长期持续演进为依托的，既满足当代区域发展的现实需要，又不影响区域未来发展的能力。

一、区域生态环境可持续发展的特点

区域生态环境具有内容丰富、结构复杂等特点，是一个开放的系统，由自然、经济、社会等因素构成，其中，自然可持续性是基础，经济可持续性是条件，社会可持续性是目标，三者的协调发展是区域生态环境可持续发展的基本特点。

（一）自然资源与环境的可持续性是区域生态环境可持续发展的基础

城市发展比较重视人工生态环境的建设，对自然资源和环境的保护意识比较薄弱。城市人口急剧膨胀，造成区域资源短缺，整体环境恶化，就会限制城市的发展。因此，自然资源与环境保护是区域生态环境可持续发展的重要内容。其可持续性表现在城市环境应得到最大限度的保护，城市开发建设应保持在城市环境与资源的承载能力之内，城市的发展方向、规模与水平应决定于城市所在区域的环境容量和资源承载力。

（二）经济增长的可持续性是区域生态环境可持续发展的保障

城市发展要不断满足居民日益增长的物质要求，要不断改善环境质量，进行生态建设，这些都需要资金和物质的支持。只有经济的不断增长才能保证这些目标的顺利实施，但经济的增长要与城市的环境、资源、人口相协调，要在保护生态环境的基础上，转变经济的增长方式，走新型工业化之路，调整城市内部与城市之间资源和产业的合理分工与布局。

（三）社会发展可持续性是区域生态环境可持续发展的最终目标

实现科学发展，最重要的是以人为本，可持续发展区域谋求的最终目标是提高人类的生活水平，具体包括居民基本权利的实现、人居环境的改善、社会资源的公平分配、不同层次人群的需要都可以得到满足、社会保障体系的健全、社会心理的稳定等。

因此，要实现区域生态环境的可持续发展，必须在可持续发展理论的指导下，以人与自然的和谐发展为价值取向，更新观念，树立环境价值观，正确处理城市发展建设过程中社会经济和环境之间的关系，力求城市与自然共生共荣，和谐统一，以保证城市经济不断增长、人民生活质量水平不断提高、区域生态环境系统良性循环的发展目标的实现。

二、区域生态环境可持续发展的内容

（一）区域经济与生态和谐发展

所谓区域经济与生态和谐发展，是指在一定时空范围内影响经济与生态发展的各种因素的总和——包括自然环境、经济发展、法治环境等诸多方面，通过经济链、生态链以及经济与生态链环所构成的相互作用、相互影响、相互联动的庞大系统的和谐发展。区域经济与生态和谐发展水平可以用区域经济与生态发展的和谐度来表示。所谓区域经济与生态发展和谐度，是指一个特定区域范围内报告期经济发展与生态发展之间所结成的和衷共济、相互适应、协调运行的良好状态关系的程度。区域经济与生态发展的和谐度越大，表示区域经济与生态发展越和谐；区域经济与生态发展的和谐度越小，则表示区域经济与生态发展越不和谐。

（二）区域经济与生态发展和谐度指标的设置原则

区域经济与生态发展和谐度通过统计指标来反映，而统计指标的设置又必须服从于经济与生态和谐发展变化的特殊规律性。在现实经济生活中，究竟应该选取哪些指标，建立什么样的统计监测指标体系，才能既有利于计量评价，又有助于严密监测和科学决策，是非常值得深入研讨的现实课题。总体来说，综合评价经济与生态和谐发展水平的指标体系，应当遵循以下六项原则。

1.客观性

设置的评价指标能够真实地反映出经济与生态和谐发展水平运动变化状况的现实特征。

2.完备性

完备性是指从整体出发，多角度、全方位地反映经济与生态和谐发展水平，它包括空间完备性和时间完备性。空间完备性是指评价指标体系要成系统，应包括经济与生态和谐发展的主要方面；时间完备性是指评价指标体系作为一个有机整体，不仅要从各个角度反映出经济与生态和谐发展的运行现状，更要反映出经济与生态和谐发展水平的运行态势。

3. 科学性

指标体系中的每一个指标都应具有确定的、科学的内涵。应该根据区域经济与生态和谐发展的内在联系，选择含义准确、便于理解、易于合成计算及分析的具体、可靠和实用的指标，以客观、公正、全面、科学地反映区域经济与生态和谐发展的本质和规律性。

4. 系统性

区域经济与生态发展和谐度是一个由具有一定结构和功能的要素构成的有机整体。在选择和确定具体指标来构建指标系统时，既要选择能够反映和衡量系统内部各个子系统发展状况的指标，又要包含反映各个系统相互协调的指标；既要有反映和描述区域经济与生态和谐发展系统状况的静态指标，又要有反映和衡量系统质量改善和提升的动态指标。并且，各指标间应当具有清晰的层次结构，由局部到整体，由复杂到简明，在科学分析和定量计算的基础上，最终形成对区域经济与生态和谐发展水平的直观结论。

5. 可比性

评价指标既要便于纵向比较，又要便于横向比较；既要能够进行时序比较分析，又要能够进行不同区域之间的比较分析。这就要求在选择指标时必须考虑到指标的延续性、综合性和关联性，同时考虑支撑分析和预测的可能性、可行性和有效性，准确地分析和研究统计资料及其含义，参考统计年鉴和其他相关年鉴及文献，选用范围和口径相对一致的相对指标和平均指标。

6. 实用性

经济与生态和谐发展的指标体系应该简单明了，所要求的数据资料能够及时、正确、完整地取得，计量评价上要简便易行。指标的含义必须十分明确，指标数据的选择、获得、计算或换算，应立足于现有统计年鉴或文献资料，或至少容易获得、计算或换算，并采取国际认可或国内通行的统计口径，便于有效地进行定量的分析和评估。

（三）实现区域生态环境的可持续发展的原则

1. 以预防与保护为主的原则

目前很多城市环境污染和资源损害已构成对发展的威胁。自然生态的脆弱性已经警示人们，只注重经济增长的发展方式几乎走到了尽头，全球性的环境问题已使人类社会难以为继。因此，必须以预防和保护为主，将城市经济发展和居民对生物圈的影响限制在环境承载力范围之内，不断提高经济发展的技术含量。

2. 发展的量与质相统一的原则

可持续发展的核心是发展，发展的重要内容是经济的发展，经济的可持续发展要求既要注重数量的增长，又要注重质量的提高，强调质与量的统一。一方面，经济增长要尽量减少资源的消耗量，依靠科学技术进步推进增长；另一方面，城市发展强度要与城市发展能力相适应，即发展的规模、密度、频度要与提供给城市本身的各种要素的数量、质量相适应。

3. 可持续观念原则

区域生态环境的可持续发展必须建立在与之相适应的文化意识与道德观念基础之上，其核心是尊重自然，确立自然界是人类生命之源的战略地位，真正把人类看成自然界的一部分，建立自然环境和社会协调平衡发展等环境伦理道德观念。

4.全面协调发展的原则

区域生态环境是一个自然、经济和社会复合共生的生态系统，区域生态环境的可持续发展必须建立在各方面高度和谐、协调的基础上，强调在保持资源和环境永续利用的前提下促进社会经济的全面发展。因此，应强化生态环境建设，建立科学的城市运行、调控与管理系统，以维护区域的全面协调发展。

三、区域生态环境可持续发展的实现途径

（一）大力发展循环经济

正如前文所述的那样，传统经济是"资源—产品—污染物排放"的线性单向流动经济模式，而循环经济是"资源—产品—再生资源"闭路式的反馈流程经济模式，是在物质不断循环的基础上发展经济，在生产和生活过程中运用链的技术，建立起不同层次的循环链接，实现良性循环，达到经济、社会、环境相统一。循环经济的主要优势在于：有利于提高资源的利用效率，促进经济增长方式的转变；有利于开发利用可再生资源，培育新的经济增长点；有利于进一步削减污染排放，从根本上改善环境质量；有利于促进资源枯竭地区的结构调整，实现资源型城市的经济转型；有利于开发二次资源，发展替代产品，促进经济转型。对生产来说，要使资源得到充分利用，可将上游企业产生的废物转换为下游企业的原料，以实现生产成本的最低、经济效益的最好、生态环境的最佳；对生活来说，应建立循环利用圈，如城市生活污水处理后的中水回用、生活垃圾的分类回收利用等。循环经济是从根本上解决社会经济发展过程中出现的环境问题的有效措施。

（二）强调清洁生产

按照联合国环境规划署工业与环境活动中心提出的定义，"清洁生产是指将综合预防的环境政策持续用于生产过程和产品中，以减少对人类和环境的风险"，或者说清洁生产是保持整个生产过程（从原料到最终产品）处于清洁状态。《中国 21 世纪议程》对清洁生产的定义为："所谓清洁生产，是指既可满足人们需要又可合理使用自然资源和能源并保护环境的实用性生产方法和措施，是对生产过程和产品的整个生命周期实施综合防治战略。"以往提倡"无废""少废"工艺观念，现已发展为"清洁生产"概念，其实质是一种消耗最少的人类生产活动的规划和管理，主张将废物减量化、资源化和无害化或消灭于生产过程之中，同时生产对人体和环境无害的绿色产品。

就生产过程而言，清洁生产就是指节约能源和原材料，淘汰有害原材料，尽可能不使用或少使用有毒有害的化学品和原材料，以减少产品使用过程中和报废之后对人体和环境的污染和危害。就生产工艺来说，清洁生产是改进工艺流程和改善企业管理，改进操作步骤，实现物料闭路循环，废物循环利用，工业废物转化为二次原料，通过资源综合利用，使废物资源化、减量化和无害化。就产品而言，清洁生产是指革新原有的产品体系，开发清洁产品。就服务而言，清洁生产是指将预防性环境战略结合到服务的设计和提供服务的

活动中。清洁生产对实现区域生态环境的可持续发展具有重要意义。

（三）倡导绿色消费

绿色消费是指既能满足人的生存需求，又能满足环境资源保护需求的一种消费形式。它的内涵如下：

首先，节俭消费，减少污染和资源浪费。随着生产力的发展和生活水平的提高，人们的消费动机日益呈现出多元化的趋势。提倡绿色消费，即提倡节俭，减少污染。人应当主动放弃多余的物质消费，充实精神生活，提高精神境界。在中国，节俭消费是大多数人的日常行为规范，在环境问题日益严重的现代社会，提倡节俭消费尤其重要。

其次，绿色生活，环保选购。即指消费绿色产品、绿色食品与绿色能源。

再次，重复使用，多层利用，分类回收，循环再生。提倡对废物的资源化处理，通过重复使用和多层利用，提高物质利用率，改变过去对资源利用的一种单通道、高排放的线性过程，促进废物的循环利用，变废为宝。

最后，保护物种，万物共生。绿色消费主张不食用珍稀动植物及其制成品，保护珍稀动植物，维护物种的多样性等。多样性意味着稳定性，稳定性意味着可持续发展。

（四）发展环保产业

环保产业是指那些在国民经济结构中以防治环境污染、改善生态环境、保护自然资源为目的的经济技术活动。它是以信息技术和生态技术重整传统的生产工艺系统，有利于提高人类生存环境质量的新兴产业。

发展环保产业，既是培育新的经济增长点的有效途径，又是调整经济结构、实现可持续发展的重要手段。大力发展环保产业，可以为防治环境污染、改善生态环境质量、保障资源永续利用、实现可持续发展提供物质条件和工程技术支持，在保护区域生态环境、促进经济发展中起重要作用。因此，要大力发展环保产业，实现区域生态环境的可持续发展。

区域可持续发展的定义是：在区域空间范围内，以合理利用自然和社会资源为基础，以推动区域经济增长为手段，以解决环境问题为途径，以建设和谐区域为目标，实现国家每一个区域的科学、合理、安全和协调发展。

保证区域可持续发展的基础设施系统的内容十分广泛，主要包括经济基础设施和社会基础设施两大部分，两部分都是由交通基础设施、公用事业设施和信息产业基础设施构成的。区域基础设施建设是实现区域可持续发展的前提和保障。

发展循环经济是区域可持续发展的一个重要方面。人们可以通过对生产资源的循环利用，使资源达到最大的利用效益，从而达到发展经济、节约资源的可持续发展的目的。循环经济技术的研发起点要高，要有前瞻性，以引导循环经济的长期发展。要站在国家乃至全球可持续发展的角度，研究循环经济的技术发展方向。

区域生态环境可持续发展以区域空间范围内的物质实体和社会因素长期持续演进为依托，既满足当代区域发展的现实需要，又不影响区域未来发展的能力。

第十章 区域产业转移的政府调控机制

第一节 产业政策引导机制

一、产业政策内涵

在一定社会情况下，一国政府制定产业政策的起点是基于某种考虑（比如，为了实现经济赶超、技术进步等），或者对国民经济中的某一产业的发展状态不满意。产业政策由于研究视角不同，在国际上尚没有统一的定义，但因其在日本得到大力推广与成功而著名。"产业政策"一词的概念正式出现于20世纪70年代经济合作与发展组织（OECD）出版的《日本的产业政策》里；80年代中期，我国在《中共中央关于制定国民经济和社会发展第七个五年计划的建议》中正式对"产业政策"一词予以定义。其含义可以表述为：由于市场失灵和市场功能的有限性，国家或地区政府为产业全局性和长期性发展，针对产业实体和产业关系而采取的关于产业成长、结构优化、布局优化和组织优化的政策法令。

产业政策根据分类标准的不同，在学术界也有多种分类法。我们将产业政策分为三大类，即产业发展政策、产业结构政策和产业组织政策。

二、产业政策制定的依据及合理性评估

（一）制定产业政策的理论依据

1.市场失灵论

由于市场机制存在一些不完善之处，如垄断、信息不对称等，而不能实现资源的有效配置，这时仅仅依靠市场的自发作用很难达到预期效果，因此需要政府的适度干预和调控作用来弥补市场缺陷。而在产业转移上同样适用，产业转移如果只是市场的作用，那将出现的局面会是发达地区还是一如既往地走在发展的最前沿，经济落后的地方得不到机会，因此很多产业也将得不到合理的发展。但是产业政策的制定并不是代替市场，它只是作为

一只"看不见的手"在市场失灵的情况下引导产业的转移。

2. 赶超论

该理论认为，发展中国家以及一些落后地区可以根据本国（地区）的情况，吸收发达国家的成功经验及其科学技术水平来发展本国的产业，以缩短超过发达国家的时间。通过制定产业扶持政策和确定优先发展的产业，加速经济的发展。我国在"七五"计划开始的时候也成功地实施了赶超战略，对我国经济的发展确实起到了积极的作用。同样，一国内部相对落后地区，通过有效的产业政策扶持，可以实现经济发展的赶超与腾飞。

3. 信息外部性和协调外部性论

一方面，信息和知识的溢出效应在特定情况下会妨碍新兴企业的发展以及企业对新发展的关注度，因此需要通过政府的干预来提升这些企业对新产品、新产业的支持力度。另一方面，一些初具规模的企业要完成某一生产链，需要其他地区、其他企业的援助，完全依靠本企业的力量，无法实现利益的最大化，因此需要政府的协调，从而促进多企业、多部门的合作。

（二）产业政策合理性的评估

产业政策的制定对产业转移实施机制来说至关重要，而产业政策的合理性又是产业政策在制定时必须要考虑的问题。从目前我国产业转移的情况来看，对产业政策合理性的评估必不可少。因为产业政策有它的时效性和地域性，在特定的时期会有特定的效果，比如说，如果我们现在还用"赶超战略"来发展我国的经济，势必对经济的发展产生消极的作用。因为"赶超战略"大多是采用计划制度代替市场机制，忽视产品和要素价格的办法，有些甚至是不顾资源约束，以重工业乃至整个工业体系去赶超发达国家，大力强行发展重点产业，最终以不能形成竞争优势而失败结束。

要判断一个产业政策是否符合当前的形势发展，我们可以从以下几个方面来探讨。

1. 是否能够正确反映产业结构变动趋势

由于对产业结构的内在联系机制的认识存在差异，形成了两种不同的政策倾向，以主导产业为中心的产业政策和以瓶颈产业为中心的产业政策。瓶颈产业是指产业结构体系中未得到应有发展而已严重制约其他产业和国民经济发展的产业，通常而言就是国民经济中跟不上的产业，但又是关键的产业，因此要优化产业结构，提高综合产出能力，就必须克服瓶颈限制，优先发展瓶颈产业。合理的产业政策往往被寄希望于能兼容这两大效应，但是在具体实践中是不可能的。前者是基于非均衡增长理论，强调主导产业的带动作用，后者是基于均衡增长理论，松动瓶颈限制，抑制长线产业的增长。但无论是哪一种效应，都必定引起产业结构的变化，根据区域的实际情况，判断哪种效应更适合该地的发展，从而判断产业结构是否在向相应的趋势发展。

2. 是否能够最大限度地发挥主导产业的带动作用

在市场经济的框架中，拉动主导产业的发展是产业政策的长处所在，在主导产业中，产业政策作用会大于市场自发的调节作用。因为从某种意义上来说，产业政策比市场机制更具有推动非均衡增长的功能。而产业转移的过程中，其实也是着重发展当地的主导产业，比如东部地区在资金技术上占有优势，因此劳动密集型等产业向中西部地区转移，这样合理发展当地产业，同时也可使中西部地区合理利用当地的资源优势。对于东部地区来说资金技术上的产业可以成为其主导产业，而对于中西部地区来说劳动密集型产业会成为该地的主导产业。产业政策的作用就是协调好这二者之间的利益与矛盾。

3. 是否能够根据产业结构信息做出适当的调整

在现代经济发展中，由于信息的不完全和不确定性，产业政策在制定与实施过程中或多或少会与当地的实际情况有冲突。尽管在政策制定前会对产业政策产生的效果做出预测，但并不排除产生偏差的可能性。而一个合理的产业政策就是能在产生偏差的情况下及时做出调整，从而更好地促进该地的经济发展。

三、产业政策引导机制的构建

前面已经讲述了我国产业转移的现状、存在的问题以及影响因素，对我国产业转移的基本情况进行了简要分析。本节从产业政策角度来分析政府对产业转移的引导作用，主要从产业发展政策、产业结构政策和产业组织政策来进行阐述。

（一）产业发展政策

产业发展政策是指围绕产业发展旨在实现一定的产业发展目标，而使用多种手段所制定的一系列具体政策的总称。在产业政策分类中我们将它划分为五个具体政策，各项具体政策都有自己作用的特殊性和实施范围。它们是在同一宏观控制系统中发生作用，有共同的政策目标，彼此之间有共同作用的联系机制。强调它们之间的协同与配合，就是强化各项政策措施的作用力度，使总的效力大于各部分之和，从而促进产业转移有序进行，推动区域产业经济的发展。

1. 产业技术政策

产业技术政策几乎贯穿于国民经济的所有产业，因此也被看作整个国家的技术政策。在承接产业转移过程中，承接地应注意承接产业的层次与技术水平，不要盲目地进行承接与本地实际技术水平相差甚远的企业，政府应实施相应的产业政策，联合本地企业、高等院校以及科研组织，建立产学结合的自主研发机构；政府通过制定直接或间接的经济刺激或制裁制度，对移出地或承接地企业、民间科研机构的研究开发以及技术引进予以鼓励。实施优惠政策，加大研发资金的投入，引导和支持企业进行技术改造，促进产业转移地的产品、技术升级。如建立创业服务中心，通过税收等优惠政策吸引技术含量高的企业，同时考虑通过提供补贴、低价住房等吸引科技人员入住承接地，从而为承接地的技术发展提供保障。

总而言之，政府依据有关产业技术进步的各种法规实施行政干预，对产业技术的发展前景、战略目标项目重点等提供指导，以及对产业技术开发提供补助金、委托费、税收优惠和融资支持，来促进产业有序转移。

2. 产业布局政策

产业布局政策即产业的空间配置政策，是各地域的空间动态分布或组合。在产业转移中主要有两种作用形式：一是通过政府规划的形式，确立有关产业的集中分布区域，建立区域有关产业开发区，将产业结构政策重点开发的产业集聚发展；二是倾向政策扶持，在经济发展的不同阶段制定不同的布局政策，对地区发展的重点产业进行政策选择。政府应加强区域布局的总体规划，打破行政区域分割的局限，实现优势互补，协调发展，推动区域间产业对接、联动，使资源得到合理的配置。也可以实施优惠政策来引导产业布局向合理化方向发展，如美国采取财政转移支付来促进产业布局合理化，德国通过财政补贴的措施来实施产业布局政策，而且效果都很明显，值得效仿。我国目前产业布局政策在实现地区经济协调发展的目标下，要建立地区间的合理分工关系，充分发挥财税、金融等方面的政策优势，在政府的调控下，进行科学合理的产业布局，从而使产业转移的效果更为明显。

3. 产业外贸政策

产业外贸政策即产业结构的调整以及重点产业的选择都以提高国内产业在国际市场的竞争力为目标。支持在条件成熟的地区设立与经济发展水平相适应的海关特殊监管区域或保税监管场所。支持有条件的沿边地区设立边境经济合作区、跨境经济合作区。培育和建设一批加工贸易梯度转移重点承接地。对加工贸易重点企业给予贷款支持。加大对"大通关"建设和口岸建设的支持力度，推进区域产业转移大通关。不管是对出口导向型产业的扶持，还是对纯粹国内产业的扶持，要根据所选择的产业或者产业集团的特殊性质制定不同的扶持政策，政府应提供资金支持，例如可以设立专项基金鼓励加工贸易本地化，并简化相关审批程序；还可以在民间成立风险基金，并通过减免税改革等使企业愿意投资在这一类项目上。

4. 产业金融政策

产业金融政策是产业内部或以产业群体为对象的金融政策，在产业转移中，金融政策的作用至关重要。符合产业转移条件的金融政策对于产业结构优化调整具有积极作用，产业金融政策是对薄弱产业的金融保护政策，是发展基础产业的融资投资政策，是产业集团化和区域化的金融协调政策，是多层面的金融组织结构政策，但是这些政策在有效实施过程中还需要财政金融政策的支持，没有相应的财政政策，它也难以发挥作用。如企业的折旧、红利分红政策，风险基金提留政策，保险费率政策，等等。

要具体发挥好产业金融政策的作用，离不开政府的引导。对符合条件的产业转移项目，政府应当鼓励和引导金融机构提供信贷支持；鼓励金融机构对信誉良好的企业开辟"绿色通道"、发放信用贷款等，指导和帮助产业转移企业在境内外上市融资；对产业转移相关载体的企业实行一定范围的财税优惠减免，减少其发展的资金紧张问题，从而加快目标产业的承接和发展，吸引其他地区企业参与以及外资的注入，进而实现对区域产业转移的调控。在东中西部产业转移中，要增强西部地区对东部经济发达地区产业转移的吸引力，为迁移企业打下基础，因此在对东部地区企业并购、重组中西部地区企业方面，应鼓励金融机构在风险可控前提下提供支持，对中西部地区，鼓励支持金融机构参与全国统一的同业拆借市场、票据市场、债券市场等投融资活动，引导外资银行到中西部地区设立机构和开办业务。另外还需要专门组建中小企业银行，农村信用合作社、农业公库金融机构来为乡镇企业和城市中小企业提供稳定的金融服务，使其金融服务得到满足，进而打破规模和技术水平的限制，增强实力。

5.产业可持续发展政策

可持续发展产业是集经济、技术和社会于一体的新型产业形态，也是一项系统工程，涉及多个行业与部门，不仅需要资金的投入，还需要相应的协调机制和政策法规的保障。在承接转移产业、进行产业调整和升级时，承接地应以可持续发展为根本原则，经济利益、社会利益、生态利益和环境利益并重。下面主要从资源和环境两个方面讲述产业可持续发展政策的引导作用。

在资源方面，首先要完善资源开发利用的制度体系，一是政府给予一定优惠支持，强化废品回收的社会公益职能；二是在体制上实施政府的专项统一的管理和经营；三是提供技术支持，加强废品回收再加工水平，实现资源合理、循环利用。其次，要制定政策引导企业为本地区提供信息服务，参与资源市场竞争，从而实现资源优化配置，促进产业聚集。再次，承接地在承接产业过程中要限制高能耗、高污染产业的进入，节约资源、提高资源利用率，保护当地稀有资源并形成自开发体系。最后，要发挥本地资源的优势，就地发展，发展特色产业。

在环境方面，一方面是加强基础设施等硬环境建设。产业转移发展中需要的基本环境包括现代化的基础设施、便利的交通通信，配套的生产服务设施等，因此政府在完善这方面的建设中有着重要的作用，为产业转移提供硬件基础，促进产业转移。另一方面是加强软环境建设。区域间的产业转移发展要充分利用地区的外部环境，要解放思想，加强区域间的合作交流，吸收其他地区的优秀经验并培养开拓精神。利用政府做后盾，根据环境的动态更新及时做出调整，高污染的企业必须严厉制止，对于有往高污染方向发展的企业给予警告或加大税收方面的处罚，对不达标的企业不予承接，限制进入。

（二）产业结构政策

产业结构政策指一国政府制定的通过影响与推动产业结构的调整和优化来促进经济增长的产业政策。在整个产业政策体系中，产业结构始终占据中心和主导地位，它的优劣在很大程度上决定了一国经济的兴衰成败。国家为了实现区域协调发展和产业结构优化，制定各种政策加快产业转移，鼓励先进产业移入，加快衰退产业退出等，使部分产业从发达地区向欠发达地区转移。尽管产业结构政策的形式多种多样，但具体可划分为三个部分，即主导产业选择政策、弱小产业扶持政策、衰退产业调整政策。

1.主导产业选择政策

主导产业是指在国民经济中居主导地位的产业。主导产业关联性强，技术领先，能够为后续产业的发展带来更多的产品和技术，创造更好的条件。政府应结合实际情况，制定科学合理的发展规划，培育主导产业，制定主导产业发展的扶持政策措施，整合资源。从主导产品入手，建设公共服务平台，大力扶持、培育一批重点、名牌企业和高新技术企业。地区政府利用有利政策，抢占承接产业转移的先机，在所得税和增值税方面予以主导产业一定的支持和倾斜优惠政策。如主导产业部门是技术先进的新兴产业，那么制定产业政策要根据新兴产业部门的发展状况和未来趋势，有针对地引进国外先进技术和设备，消化吸收先进技术，从而提高其他产业对主导产业扩散效应的接受能力。因此，在引进外国设备方面国家可以在税收方面予以支持。如主导产业是服务业，那么政府可以相应地在服务资源上予以优惠帮助，如构建老年服务机构、暂免征收其城镇土地使用税。

2. 弱小产业扶持政策

弱小产业是指具有生命力的幼小产业和发展滞后的瓶颈产业；而弱小产业扶持政策是对弱小产业的鼓励、刺激和保护作用的政策。

在具体实施过程中，政府应当制定较高的进口关税来减少外国竞争力强的同类商品的冲击；在提供优惠政策方面，采用积极的金融政策和财政资金支持弱小产业的发展；在技术方面，弱小产业的技术水平和国外先进技术水平相去甚远，因此解决技术上的问题是关键，用技术来保护弱小产业已成为各国的首选举措。在扶持弱小产业的同时注重资源的合理利用，尽量减少对环境的负面影响，走可持续发展道路。总结起来就是，对我国弱小产业的扶持政策是从政府直接投资、直接资源调拨和财政扶持三方面入手。因此，要充分发挥政府的作用，发展地区的弱小产业，为承接产业转移做好准备。在产业转移过程中，也会有大批弱小产业的转移，政府应该对这些弱小产业加以引导，从而促进区域经济的发展。

3. 衰退产业调整政策

衰退产业是指在产业结构中陷入停滞甚至萎缩的产业。它经历了幼小期—成长期—成熟期之后，进入了生命周期的最后一个发展阶段——衰退期。衰退产业的处理会对该地区的产业结构产生很大的变化，产业结构的调整，可以说是新兴、优势产业的培育和衰退产业的退出的两极发展。衰退产业的调整从某一方面来说就是产业的转移，在比较利益的驱动下进行区位调整，将生产环节迁离中心城市已成为发展的必然趋势。

在处理衰退产业中，通过提高转产贷款、减免税、发放转产补贴等方式，促进衰退产业资本转移；在产业能够融合的情况下，政府应制定政策促进衰退产业与高新技术产业融合，而不是一味地寻求衰退产业的收缩和转移。对衰退产业实行一定的保护政策，即在消除重复建设、小规模多分布引起生产能力过剩的前提下对其在投资、技术改造方面进行扶持，给予财政补贴和银行贴息贷款等。衰退产业在正确的引导下会成为新的产业，使衰退产业"回春"，从而拉动地区经济的增长。

（三）产业组织政策

产业组织政策是指为了实现产业组织的合理化、防止企业通过不正当竞争等手段获取超额利润和垄断地位而采取的鼓励和限制性的政策措施。从政策导向角度看，产业政策通常分为两类，一是竞争促进政策，规范市场秩序；二是产业合理化政策，防止过度竞争。在产业竞争模式的不断变化和市场范围不断扩大的趋势下，政府应该通过产业组织政策来达到获取规模经济、优化资源配置、提高产业竞争力的目标，从而在政府的推动下进一步完善产业升级创新、引导产业战略联盟等产业组织优化问题。下面将从反垄断和反不正当竞争政策、直接规制政策、中小企业政策三方面来阐述其对产业转移的引导作用。

1.反垄断和反不正当竞争政策

反垄断和反不正当竞争政策是政府对垄断性的市场结构、市场行为和市场绩效的一种法律制约和政策限制。产业发展到某一定阶段，就会出现某一行业的领头羊企业所占市场份额较高的现象，这说明垄断苗头已出现，而垄断将会阻碍产业进一步发展，同时也会遏制区域承接产业转移，因此政府的作用就要在此时发挥出来。由于有些产业的创新效果很容易被模仿，很多企业就想联合起来形成壁垒来共同压制其他企业，所以政府必须制定一些政策来反垄断，保护和促进公平竞争，为产业转移中的一些企业营造一个有序发展的环境。承接地要承接产业转移，需要在反垄断上下功夫，要打破地区封锁，坚决打击不法势力的恶意垄断。对于天然形成的行业垄断，政府要通过引导市场主体方法加强竞争。政府的反垄断政策主要包括：一是政府干预市场结构，降低卖方集中度或产品差异，降低进入门槛，以此来打破市场垄断的形成；二是政府干预企业行为，禁止企业合谋哄抬物价，禁止采取降价倾销的方法争夺市场、禁止采取欺诈性行为来垄断市场等。

2.直接规制政策

直接规制政策是指政府机关以其法律权限，通过许可和认可等手段，对企业的进入和退出、价格、服务数量和质量、投资、财务会计等有关行为加以规制。直接规制政策的对象主要是自然垄断产业，其目的是防止因重复投资与过度竞争等所带来的资源配置低效率，并确保产品的稳定供应、收入的公正分配、物价的稳定，以及产业的健康发展。直接规制政策的主要内容包括进入规制、数量规制、质量规制、设备规制、价格规制和退出规制。在这里主要从进入规制和退出规制来分析其对产业转移中企业的规制。

要塑造合理的产业组织结构，必须调整产业的壁垒状况，对承接地进行企业进入管制，降低转出地企业的退出壁垒。进入管制是通过控制厂商的进入行为，限制产业内现存厂商数量进而避免过度进入导致低效率的有力措施。对申请者进行资格审查，即对准备进入的有关企业严格按照一定的程序进行申报，政府对申请者进行审查，条件合格的才可以进入，并颁发工商营业执照等。另一方面，以法律的形式限制新进入企业的技术水平，对于技术落后、质量低劣，没有安全保障的企业要予以拒绝。对于承接地来说，并不是来者不拒，而是选择性地承接产业，加强进入管制有利于区域经济的发展。退出规制是政府为了保障公共产品与服务的稳定供应，而不是随意就能撤出原生产与服务领域，比如电力、煤气、自来水等自然垄断的经营者，这些产业的撤退将直接影响公众安定生活，因此必须对这类产业退出予以管制。对于那些必须退出的产业应施以援助，降低退出壁垒，帮助解决企业职工的再就业和退休职工的养老问题。克服地方保护主义造成的障碍，破除市场分割，建立全国统一市场。

3.中小企业政策

中小企业政策是指政府根据中小企业的实际情况和本地区有关产业发展的特点，对各产业的中小企业采取的一系列方针、措施和规定。中小企业作为国民经济最活跃的部分，同时也是产业转移的新生力量，在经济发展中占有重要的地位。中小企业生产管理成本不断上升、竞争激烈、生存空间受到挤压、对转移出去的大公司有较强的依赖性、处于经济转型升级时期等因素导致其有大量外迁的动力，但就目前形势来看，中小企业的发展并非一帆风顺，因此需要对中小企业予以援助支持，而中小企业政策就是最好的证明。

中小企业在发展过程中面对环境的变动时，抵御风险的能力弱，常会出现管理欠缺、融资困难和技术水平有限等问题，从而使自身的竞争力减弱，为此，政府必须采取相应的措施来扶持中小企业成长。首先，完善法律法规，通过立法来保障和保护中小企业的发展。其次，提供金融支持政策，拓宽融资渠道，如政府的专门机构提供信贷支持、信用保证、贴息政策及其他的金融支持政策，还有就是在财税政策上给予优惠，如财政补贴、税收减免、贷款援助，以此来减轻中小企业的法人纳税负担。协助中小企业创新和技术升级也是促进中小企业发展的一大举措，明确中小企业发展应以技术创新为主攻方向，把中小企业技术创新的重点引导到高科技先导产业、战略产业等方面。

第二节 产业布局导向机制

产业布局是指产业在一国或地区范围内的空间分布和组合的社会经济现象。从静态上看，产业布局是指形成产业的各部门、各要素、各环节在空间上的分布态势和地域上的组合；在动态上，产业布局则表现为各种资源、各生产要素甚至各产业和各企业为选择最佳区位而形成的在空间地域上的流动、转移或重新组合的配置与再配置过程。由于区域资源、地理位置和生产力等的差异，不同地域空间开展的经济活动也存在很大的差别，科学、合理的产业布局有利于优化生产力要素分配和资源分配，提高经济社会效益，从而使产业布局成为经济发展模式中的关键要素之一。

一、产业布局导向机制构建

产业布局必须遵循全局性、分工协作、因地制宜、效率优先、协调可持续发展等原则，科学、合理的产业布局将企业组织、生产要素和生产能力优化分配于一定的地域空间，有利于发挥区域优势，充分利用当地资源，加强区域分工协作，提高经济社会效益，促进各地区经济社会的协调发展。目前，中国的产业空间布局状况不甚理想，东部地区产业过度集聚，中西部地区工业结构不合理与不完整并存共生。我国区域产业转移速度的加快，一定程度上优化了生产力空间布局，完善了产业分工体系，但是产业转移的总体效果不佳，自发性产业转移易导致市场失灵，对区域产业结构调整、区域产业关联性和生态环境等造成了不利影响，例如，产业转移过度依赖原始路径导致转入企业无法快速融入当地经济环境，简单承接外来产业而缺乏创新使转入地陷入"低水平"发展陷阱，盲目学习和模仿其他地区产业转移导致产业转入地和转出地的产业同构，弱化区域产业关联，等等。此时，正需要政府有序规划和引导产业转移，创新产业布局导向机制，引导东部地区部分产业向中西部地区有序转移，科学、合理地布局优势产业，优化产业结构，促进经济协调快速发展。

（一）统筹和规划产业转移空间布局，对不同的产业转移进行分类指导

对产业空间布局进行统筹规划是我国产业转移的一项重要内容，科学、合理的产业布局规划是产业有序转移的前提和基础。我国幅员辽阔，拥有多个省际行政区，各地资源禀赋很不均衡，在产业规划上若放任各地各自为政，缺乏统筹管理，势必影响我国区域经济协调发展。为规范和优化产业空间布局，推动区际产业合理分工，中央政府和地方各级政府要发挥其引导作用。从产业空间布局规划上来看，各级政府要依据本地区位、资源环境承载能力、产业发展基础和综合成本优势，在遵循市场运行机制的前提下，明确不同区域在全国产业有序转移过程中承担的主体功能定位和产业布局，制定和实施适用于不同主体功能区的产业发展导向和区域产业转移指导目录，并通过市场手段调控产业转移空间"准入"与"禁入"，对产业转移行为进行有效的引导。产业转入地和转出地政府应在上级行政区政府的总指导下，制定本区域主体功能区规划和产业转移空间布局规划，进一步细分区域产业分工，推动区域空间开发效率的提升。从产业转移项目的区际转移与投资方面来看，进行产业布局规划还必须对产业转移项目进行统筹管理。一方面，国家要对转移的产业项目定期编制指导目录，明确产业转移的时间安排、转移区域，同时建立对产业转移项目的审批制度，提出转出以后的要求标准，如凡是经评估确定转移之后技术得不到优化、产能得不到提升、节能降耗水平得不到提高及市场竞争力得不到增强的产业和项目，要一律拒绝转移。

（二）引导转移产业向园区集中，促进产业园区规范化、集约化和特色化发展

产业园区是推动产业承接、加速产业集群的重要载体和组成部分。引导转移产业向园区集中，有利于优化资源配置、共享基础设施、集中治理污染、集约利用土地。东部地区的实践证明，产业转移园区作为产业承接载体能吸引大量外来投资，上海、深圳、广州、苏州等城市均依靠园区建设提高产业转移吸引能力而得到高速发展。但如果园区建设不当，也容易造成资源流失、成本增加，不利于经济增长。因此，在产业承接中要强化政府支持和引导，结合本地产业规划和产业布局，积极建立和发展规范化、集约化和特色化产业园区。第一，把加快产业园区建设规划工作作为优化区域产业结构、提升产业竞争力的突破口来抓，统筹规划产业园区建设，明确各类园区产业定位和发展方向，打造特色优势产业园区。产业转移园区所在地政府要以培育和壮大一批经济实力雄厚、承载能力强的工业园区为着力点，立足于本地的产业发展基础和方向，通过产业结构调整、区域结构调整等办法，引导工业进园、企业进园、项目进园，形成区域产业集中和集聚。并通过提高工业园区的集约化经营水平、园区产业层次和整体竞争力，发挥产业园区的引领和带动作用，以充分发挥园区的聚集辐射功能、示范功能和体制机制创新功能，为产业承接有序推进打好基础。第二，打破区域行政区划限制，加强对现有工业园区的资源整合，构建园区合作共建机制。合作共建园区是承接产业转移园区在规划制定、资金投入、开发建设和运营管理方面进行全面合作，有利于形成跨区域合作的大规模效益，进一步提升园区的辐射效应。

合作共建园区对跨区域整合资源、实现自身更好发展、带动其他区域发展都产生了积极影响。区域政府要加强异地合作，建立多渠道、多形式的产业信息交流平台，应充分考虑自身发展条件及战略需求，利用异地特色资源与相对充足的发展空间，引导企业在共建园区建立科技成果转化基地。同时，加强与合作区域政府的协商，支持其将共建园区的规划、咨询、科技服务、法律、财会、审计、信息等服务业务优先委托自身园区。第三，创新园区发展模式，以区域资源和产业优势为基础，注重产业技术创新，加快由"园区制造"向"园区创造"转变，建立促进企业技术进步的承接政策，完善高层次人才引进和培育机制，加快推进政产学研结合，优化科技创新创业投融资环境，抢占发展的制高点。第四，加强园区基础设施建设，做好园区配套工作。充分发挥各级政府的导向作用，加大政府对园区基础设施建设的财政投入，对园区建设实行财政、税收、信贷等各种优惠政策，完善金融服务体系，拓展园区建设融资渠道，鼓励和引导各类资金和资源向工业园区聚集。推动园区道路、水电、绿化、暖气、管网、通信、排污等基础设施建设，加大园区标准厂房建设，不断优化园区生产、生活环境，推动园区物流、生活服务、教育、环保等基础设施建设，提高园区综合治理能力，夯实园区发展的基础。

（三）发挥重点地区引领和带动作用，强调点轴面发展

承接地区承接其他地区产业转移后不能盲目布局，其他地区进行产业转移之前也需要考虑承接地区的区位条件、资源环境、配套基础设施等。所以，承接地要在政府的支持和引导下发挥重点地区引领和带动作用，以重点地区为核心向四周延伸，构建由点而轴、由轴而面的产业空间格局，促进资源要素的横向流动和经济的横向联系。我国的承接产业转移的重点地区主要是指城市群、产业转移示范区等，过去几十年，中西部地区在区域发展总体战略和主体功能区战略的指引下，依靠国家政策的大力支持和自身努力，已经建立了5大城市群（武汉城市圈、长株潭城市群、太原都市圈、中原城市群、环鄱阳湖经济生态区）和3大承接产业转移示范区（湖北荆州承接产业转移示范区、湖南湘南、皖江城市带承接产业转移示范区）。这些地区具有良好的产业基础，拥有完善的配套设施，具有极强的带动作用和辐射作用。各省主要以城市群和产业示范区为核心，构建产业发展轴，依托高速公路、城际铁路、江河黄金水道等交通运输优势，承接优势产业，形成横向、纵向发展轴，最终构建网络状产业空间格局。中央政府和地方各级政府按照重点地区产业定位，制定一揽子财税引导政策、金融引导政策、投资引导政策及其贸易引导政策，引导城市群和开发区增强自主创新能力，加强产业配套能力建设，增强吸纳产业转移能力。

（四）完善产业布局的生态建设机制

过去产业转移中"三高"（高耗能、高污染、高占地）产业的盲目承接造成了转入地一系列生态问题，不利于我国经济长期、可持续发展。所以，产业布局关心的内容要突破以第二产业为主的传统意识，通盘考虑三大产业，将资源承载能力、生态环境容量作为承接产业转移的重要依据，把粮食、森林、水利、旅游、野生动植物保护、基础设施等项目列为重要布局内容。地方政府严格把关承接的产业，制定严格的准入标准，严禁国家明令

淘汰的落后生产能力和高耗能、高排放等不符合国家产业政策的项目转入，避免低水平简单复制，坚持不接收不经环保评估产业；鼓励企业采用节能、节水、节材、环保先进适用技术，鼓励和支持承接产业转移园区发展循环经济；加强产业园区污染集中治理，建设污染物集中处理设施并保证其正常运行，实现工业废弃物循环利用，大力推行清洁生产，完善节能减排指标、监测和考核体系。要在强化产业配套和环境兼容等发展环境的基础上，有的放矢地开展承接产业转移工作。建立产业转移指导目录和负面清单，积极承接产业落户。促进产业布局与生态环境相协调，切实避免虚假项目和污染转移。坚决淘汰落后产能、污染产能，大力发展环保产业。

二、统筹和规划产业转移空间布局，对不同的产业转移进行分类指导

对产业空间布局进行统筹规划是我国产业转移的一项重要内容，科学、合理的产业布局规划是产业有序转移的前提和基础。我国幅员辽阔，拥有多个省际行政区，各地资源禀赋很不均衡，在产业规划上若放任其各地各自为政，缺乏统筹管理，势必影响我国区域经济协调发展。为规范和优化产业空间布局，推动区际产业合理分工，中央政府和地方各级政府要发挥其引导作用。从产业空间布局规划上来看，各级政府要依据本地区位、资源环境承载能力、产业发展基础和综合成本优势，在遵循市场运行机制的前提下，明确不同区域在全国产业有序转移过程中承担的主体功能定位和产业布局，制定和实施适用于不同主体功能区的产业发展导向和区域产业转移指导目录，并通过市场手段调控产业转移空间"准入"与"禁入"，对产业转移行为进行有效的引导。产业转入地和转出地政府应在上级行政区政府的总指导下，制定本区域主体功能区规划和产业转移空间布局规划，进一步细分区域产业分工，推动区域空间开发效率的提升。从产业转移项目上来看，产业项目的区际转移与投资方面，进行产业布局规划还必须对产业转移项目进行统筹管理。一方面，国家要对转移的产业项目定期编制指导目录，明确产业转移的时间安排、转移区域，同时建立对产业转移项目的审批制度，提出转出以后的要求标准，如凡是经评估确定转移之后技术得不到优化、产能得不到提升、节能降耗水平得不到提高及市场竞争力得不到增强的产业和项目，要一律拒绝转移。

三、引导转移产业向园区集中，促进产业园区规范化、集约化和特色化发展

产业园区是推动产业承接、加速产业集群的重要载体和组成部分。引导转移产业向园区集中，有利于优化资源配置、共享基础设施、集中治理污染、集约利用土地。东部地区的实践证明，产业转移园区作为产业承接载体能吸引大量外来投资，上海、深圳、广州、苏州等城市均依靠园区建设提高产业转移吸引能力而得到高速发展。但如果园区建设不当，也容易造成资源流失、成本增加，不利于经济增长。因此，在产业承接中要强化政府支持和引导，结合本地产业规划和产业布局，积极建立和发展规范化、集约化和特色化产业园区。第一，把加快产业园区建设规划工作作为优化区域产业结构，提升产业竞争力的突破

口来抓，统筹规划产业园区建设，明确各类园区产业定位和发展方向，打造特色优势产业园区。产业转移园区所在地政府要以培育和壮大一批经济实力雄厚、承载能力强的工业园区为着力点，立足于本地的产业发展基础和方向，通过产业结构调整、区域结构调整等办法，引导工业进园、企业进园、项目进园，形成区域产业集中和集聚。并通过提高工业园区的集约化经营水平、园区产业层次和整体竞争力，发挥产业园区的引领和带动作用，以充分发挥园区的聚集辐射功能、示范功能和体制机制创新功能，为产业承接有序推进打好基础。第二，打破区域行政区划限制，加强对现有工业园区的资源整合，构建园区合作共建机制。合作共建园区是承接产业转移园区在规划制定、资金投入、开发建设和运营管理方面进行全面合作，有利于形成跨区域合作的大规模效益，进一步提升园区的辐射效应。合作共建园区对跨区域整合资源、实现自身更好发展、带动其他区域发展都产生了积极影响。区域政府要加强异地合作，建立多渠道多形式的产业信息交流平台，应充分考虑自身发展条件及战略需求，利用异地特色资源与相对充足的发展空间，引导企业在共建园区建立科技成果转化基地。同时，加强与合作区域政府的协商，支持其将共建园区的规划、咨询、科技服务、法律、财会、审计、信息等服务业务优先委托自身园区。第三，创新园区发展模式，以区域资源和产业优势为基础，注重产业技术创新，加快由"园区制造"向"园区创造"转变，建立促进企业技术进步的承接政策，完善高层次人才引进和培育机制，加快推进政产学研结合，优化科技创新创业投融资环境，抢占发展的制高点。第四，加强园区基础设施建设，做好园区配套工作。充分发挥各级政府的导向作用，加大政府对园区基础设施建设的财政投入，对园区建设实行财政、税收、信贷等各种优惠政策，完善金融服务体系，拓展园区建设融资渠道，鼓励和引导各类资金和资源向工业园区聚集。推动园区道路、水电、绿化、暖气、管网、通讯、排污等基础设施建设，加大园区标准厂房建设，不断优化园区生产、生活环境，推动园区物流、生活服务、教育、环保等基础设施建设，提高园区综合治理能力，夯实园区发展的基础。

四、发挥重点地区引领和带动作用，强调点轴面发展

中西部承接东部地区产业转移后不能盲目布局，东部地区进行产业转移之前也需要考虑承接地区的区位条件、资源环境、配套基础措施等。所以，承接地要在政府的支持和引导下，发挥重点地区引领和带动作用，以重点地区为核心向四周延伸，构建由点而轴，由轴而面的产业空间格局，促进资源要素的横向流动和经济的横向联系。我国的承接产业转移的重点地区主要是指城市群、产业转移示范区等，过去几十年，中西部地区在区域发展总体战略和主体功能区战略的指引下，依靠国家政策的大力支持和自身努力，已经建立了5大城市群"武汉城市圈、长株潭城市群、太原都市圈、中原城市群、环鄱阳湖经济生态区"和3大承接产业转移示范区"湖北荆州承接产业转移示范区、湖南湘南、皖江城市带承接产业转移示范区"。这些地区具有良好的产业基础，拥有完善的配套设施，具有极强的带动作用和辐射作用。各省主要以城市群和产业示范区为核心，构建产业发展轴，依托高速公路、城际铁路、江河黄金水道等交通运输优势，承接优势产业，形成横向、纵向发展轴，

最终构建网络状产业空间格局。中央政府和地方各级政府按照重点地区产业定位，制定一揽子财税引导政策、金融引导政策、投资引导政策及其贸易引导政策，引导城市群和开发区增强自主创新能力，加强产业配套能力建设，增强吸纳产业转移能力。

五、完善产业布局的生态建设机制

过去产业转移中"三高"产业的盲目承接造成了转入地一系列生态问题，不利于我国经济长期、可持续发展。所以，产业布局关心的内容要突破以第二产业为主的传统意识，通盘考虑第一、第二、第三三大产业，将资源承载能力、生态环境容量作为承接产业转移的重要依据。把粮食、森林、水利、旅游、野生动植物保护、基础设施等项目列为重要布局内容。地方政府严格把关承接的产业，制度严格的准入标准，严禁国家明令淘汰的落后生产能力和高耗能、高排放等不符合国家产业政策的项目转入，避免低水平简单复制，坚持不接受不经环保评估产业；鼓励企业采用节能、节水、节材、环保先进适用技术，鼓励和支持承接产业转移园区发展循环经济；加强产业园区污染集中治理，建设污染物集中处理设施并保证其正常运行，实现工业废弃物循环利用，大力推行清洁生产，完善节能减排指标、监测和考核体系。要在强化产业配套和环境兼容等发展环境的基础上，有的放矢地开展承接产业转移工作。建立产业转移指导目录和负面清单，积极承接产业落户。促进产业布局与生态环境相协调，切实避免虚假项目和污染转移。坚决淘汰落后产能、污染产能，大力发展环保产业。

第三节 区域合作与联动机制

区域协调发展是国民经济平稳运行、较快发展的前提，早期的观点认为，区域间的产业转移是实现区域协调发展、缩小区域发展差距的有效途径。然而，多年来我国一直实行东部地区向中西部地区产业转移，实施振兴东北老工业基地、西部大开发等协调战略，区域间发展差距还是在持续扩大。原因在于我国东部沿海地区处于"世界加工厂"地位，而中西部地区处于"原材料和劳动力供应基地"地位。中西部地区难以接收发达区域高新技术产业部门的技术溢出和转移扩散，"低门槛"效应普遍存在，因此难以形成区际协调发展局面。为改善这一现状，必须发挥政府作用，推动区域间和区域内部合作与联动，促进区域协调发展。

一、区域合作与联动的必要性

区域联动发展是指以地理上相邻、彼此间关联的经济区域为基础，以资源优化配置和促进区域协调为目标，以市场力为主导、行政力为推手，通过人流、物流、资金流、信息流等各种经济要素间的相互关联，交通运输网络和通信网络等基础设施的互通共享，形成交互联合、功能分工、协同发展的区域经济系统和发展模式。在产业转移背景下，深入研究区域合作和联动发展问题，对我国经济一体化具有重大的现实意义。

（一）建立开放、统一市场的内在要求

市场是区域经济发展的"第一资源"和"第一资本"，区域合作与联动协调发展，有利于建立开放、统一的大市场。产业转移过程中缺乏统一市场易造成区域之间转移成本扩大、产业结构同化、转移产业相似度高、过度竞争等问题。因此，建立一个开放、统一的市场，既是社会主义市场经济的内在要求，又是我国区域产业转移的必要条件之一。离开开放的市场体系，区域间人力资源、自然资源、技术、信息、资金等要素很难在区域间合理地流动。东部与中西部之间、产业承接区域内部的合作与联动协调发展有利于建立公开、公平、公正的市场竞争机制，打破行政区划限制，消除市场割据和地方保护，促进更大范围内资源要素的合理流动与有效配置，实现利益最大化，推动东中西部经济在更高层次和更大规模上持续发展。

（二）提升发展质量，拓展发展空间，促进区域协调发展的现实途径

经济全球化和市场一体化加速推进使得区域间的合作和联动成为大势所趋，而能源资源、生态环境和地域空间对发展的约束日益严重，需要通过区域合作寻求新的发展空间和机遇。在这种形势下，加强产业转移的区域合作与联动，可以推动东部地区产业向中西部地区有序转移，既为东部地区产业结构提升腾出空间，又延伸拓展中西部地区产业链条；可以推动形成合理的区域分工格局，增强区域经济竞争力；可以汇聚各地区力量破解仅靠一个地区难以解决的重大瓶颈问题；有利于构建跨行政区的利益协调机制，实现东中西部各地区优势互补、资源共享、协调发展。

（三）优化产业结构，提升产业竞争力的客观需要

根据产业生命周期理论，任何一个产业部门都会经历创新、发展、成熟、衰老四个阶段。一个地区经济兴衰主要取决于该地区主导产业在产业生命周期中所处的阶段，我国东部沿海地区劳动密集型、资源密集型等传统行业面临资源环境约束，已经步入生命周期的成熟阶段，新能源、新材料、高端装备制造等战略新兴产业尚在培育中。从实质上讲，区域合作和联动发展就是资源配置在不断增长的空间范围内的调整与重组，在更广阔的市场空间谋求最佳组合。我国沿海地区和内陆地区要实现产业结构优化升级，不断提升产业竞争力，就必须加强区域合作联动，将东部沿海地区和内陆地区有机地连为一体，推动东部地区产业向中西部转移和市场的纵深扩展，加快内陆地区国际化步伐和资源优势的转化，也为东部地区承接发达国家新兴产业提供发展空间，提高整体竞争力。

二、区域合作与联动的可行性

（一）资源要素互补

我国东部沿海地区具有密集的港口群，可以为内陆地区货物外运提供便捷通道，还能为内陆地区提供资金、技术、人才等优势资源。内陆地区则与东部沿海地区在资源禀赋方面形成互补。例如，黑龙江省煤炭、石油、天然气等矿产资源丰富，可以为辽宁沿海经济带优势产业如装备制造、石化产业提供支撑；湖北交通便捷，劳动力资源丰富，承接交通运输设备制造业和服装业方面比较有优势；四川省依靠得天独厚的地理优势，不仅中药材资源丰富，且中医药研发力量强大，在医药制造业领域具备比较优势，与东部沿海具有很强的产业互补性。

（二）经济发展存在梯度

中国自然要素禀赋空间差异显著，各区域凭借要素禀赋差异，在发展过程中形成了自己的产业特点和相对优势，在客观上存在着通过互利合作而实现利益最大化的相互需要。美国、日本、韩国等发达国家属于高梯度地区，具有资金技术优势，是新兴产业部门的发源地。我国东部沿海经济带属于中等梯度，具有承接国外产业转移的基础，但能源和原材料比较缺乏。而中西部内陆地区属于低梯度地区，产业结构相对单一，能源矿产资源和劳动力资源丰富，但缺乏的是资金、技术和科学的管理经验。因此，东西部之间存在相当的区位梯度势差，因而形成了其合作与发展的基本动力。根据梯度推移理论，我国东部沿海地区可以借助其地理区位优势，一方面承接高梯度地区产业转移，推进产业结构高级化，另一方面把一些不再具有比较优势的传统劳动密集型、资源密集型、"三高"产业逐渐向周边和外围地区转移，为先进制造业、战略性新兴产业腾出发展空间。

（三）地方政府高度重视

近年来，在全球经济一体化背景下，各级政府高度重视区域经济合作发展及其政府行为的规范和转型问题。随着开放意识和地区间竞争的不断增强，区域间合作和联动得到地方政府积极响应，政府为区域经济合作创造了良好的硬环境、软环境、体制环境，提升了东西部地区合作的效率与效益。

三、区域合作与联动机制构建

区域经济合作的目的，从根本上说，就是基于市场规范，通过行政性力量扫除行政壁垒，促进区域内部要素的流动，实现资源的有效配置。区域合作和联动是一种利益驱动下的战略选择，在产业转移过程中，中央政府和地方政府、转出地政府和转入地政府在各自利益的支配下，合作的目标各不相同，合作风险较大。这时，市场机制在区域合作联动中只能起到基础性调节作用，政府则可以在区域合作中发挥引导作用。因此，需要发挥政府调控作用，构建完善的区域合作和联动机制，来平衡区域经济协调发展的关系。从目前来看，我国最引人注目的区域合作是泛珠三角区域合作、长三角区域合作和环渤海区域合作。合作机制具有以下特点：区域合作以协议为基础，以高层联席会议和论坛为交流平台，以合作项目为载体，建立信息共享机制。从全国来看，区域合作在一定程度上促进了区域经济发展，取得了一定的效果。但目前区域合作的效果还不明显，仍然存在产业结构相似、过度竞争、地方保护等问题。这从侧面说明我国目前的区域合作机制存在问题，需要寻找突破口，进行改革。因此，为促进区域合作的顺利进行，应创新区域合作与联动机制，保证合作具有可持续性。我国区域经济合作与联动机制主要从三个方面来构建，即保障机制、推进机制和约束机制。

（一）建立区域合作与联动的保障机制

1.良好的信息沟通机制

信息经济学认为，达到帕累托效率最优状态的条件是"完全信息"，而我国地区资源禀赋等的差异十分显著，为推动产业转移顺利进行、区域经济协调发展并获得区域利益最大化，东部地区和中西部地区、承接地之间需要全面构建区域经济合作的信息共享机制，进行良好的信息沟通，建立双边或多边协商机制。地区信息完全有利于降低交易成本、优化资源配置，也有利于政府在产业转移过程中做出最精准的决策。因此，要构建良好的信息沟通机制，首先，要做到区域间信息透明化，地方政府要建立合作信息交流平台，尽可能公开区域之间经济政策和相关措施，克服区域间信息不对称的缺陷；其次，共建区域信息化交流网，区域性政府网站建设必须和区域经济合作发展紧密结合，把各类政务、商务、招商项目和合作项目等通过网站实现信息共享，还要大力提高区域信息合作的质量水平；最后，要畅通诉求通道，中央政府应根据区域合作成员的利益需求制定实施符合区域实际情况的决策。

2.建立科学的生态补偿机制

中西部承接东部地区产业转移存在非合作博弈现象，转入地政府为了追求地方利益，不顾当地产业基础和资源条件，竞相盲目引入"三高"产业，造成环境污染和资源浪费严重。生态建设的局部观念也不利于区域合作，它必须建立在公正、平等的基础上，以京津冀地区为例，京津冀区域要求建立区域内"圈层网络式"的生态环境网络，形成一个保卫整个京津的生态环境圈，这样就必然会使河北省在经济上遭受一些暂时的损失。所以，在产业转移中，地区间要在生态环境保护方面建立合作关系，发挥政府的协调和财政转移作用，建立科学的生态补偿机制。例如，湖南省政府协调的长株潭地区湘江流域生态补偿，其由高层政府牵头，大力加强区域内各省区生态功能区划、环境保护规划的协调、衔接与合作，共同促进清洁生产，推动区域发展循环经济，引导区域整体产业结构的合理布局；注重对区域内的土地、能源、矿产、森林和水资源等自然资源进行整体规划、统筹安排、科学管理、合理利用，共同推进重要生态功能区、重点资源开发区、生态环境良好地区特别是自然保护区的保护管理。

3.建立制度规范机制

在区域合作中，由于合作方之间利益冲突或局部利益与全局利益不统一，会导致合作风险增加，此时，单单依靠各地方政府的自觉意识是难以实现区域合作和联动的健康持续发展的，必须要有适当的制度规范来支撑和保障。目前，我国区域合作机制中对合作方进行规范和限制的内容还比较缺乏，而实践表明，没有约束的合作会大大提高合作中的交易成本，造成低效。因此，在区域合作和联动发展中，一方面，要在国家层面设立法律法规，规范区域合作。我国目前缺乏与区域协调合作方面的法律法规，现行《宪法》以及各人民政府组织法都从不同的角度规定了地方政府在国家政治经济生活中的地位和作用，但对于地方政府之间如何发展对等关系，各地方政府在区域合作中的地位，区域管理机构的法律地位等方面却无相关的法律依据，这就不能给区域内地方政府间的合作提供一个科学有效的框架。因此，国家有必要用立法手段来规范和引导区域经济合作。另一方面，地方政府领导下的区域合作组织可以指定规则，约束合作方和区域合作执行机构的行为。例如，约束成员搭便车的行为；约束合作成员任意干预经济的行为；违反区域合作条款要承担责任，对其造成的损失要进行赔偿；等等。

（二）建立区域合作与联动的推动机制

1.发挥政府在建设统一的市场体系中的作用

市场机制是区域经济合作发展的核心动力之一，它通过"无形的手"引导区域内资金、技术、人才等生产要素在地区间、产业间进行资源配置，是加强区域合作的基础，也是区域合作发展的重点。为此，政府要深入改革，塑造市场主体、推动统一市场体系建立，行使监管职责，促进企业主导型区域经济合作的顺利进行。第一，政府应加快劳动力市场建设。各区域应加强协调、合作，建立完善的人才流动机构，强化其相互之间的有机联系，实行区域劳动力资源共享和互补，形成全国统一的劳动力市场网络。东、中、西部地区加强合作，引导东部地区高级人才支援中西部地区，中西部地区廉价劳动力为东部地区服务，建立统一完善的区域人才市场。第二，政府应培育统一的区域金融市场，为区域合作提供有力的金融支持。目前，我国各区域各地区金融市场的发展水平差距很大，而要实现区域资源优势的整合，就必须建立统一的区域金融市场，解决资本在区域内的自由流通问题，弥补区域间经济发展水平的巨大落差，促进各区域经济协调发展。第三，完善企业体系。企业体系是区域经济合作的核心内容，各地区政府要在遵循市场配置资源的运作机制基础的同时，充分发挥政策引导、公共管理和公共服务等功能，尤其是在产业转移过程中涉及规划的引导、产业转移基地的确定、转移实施的指导和产业转移配套政策机制建立等方面有所作为，努力为企业的跨地区竞争和合作创造更为宽松的条件和环境。实施产业转移和集群是企业的市场行为，是实现区域经济合作的有效途径。政府在积极推进企业主导型区域经济合作发展中，应高度重视和支持企业产业集群的发展，为产业集群提供良好的政策支持。

2.有效的激励机制

利益分配问题在很大程度上会影响区域合作和联动发展的效果，甚至能决定合作的成败。为了提高区域内各地方政府参与区域合作的积极性，需要中央政府和地方政府强化对区域合作关系的支持力度，通过一些制度性安排，鼓励成员积极参与合作。一般而言，激励机制应包含三个方面：一是中央政府要用政策手段对区域合作给予鼓励和支持，例如，对区域合作项目的投资给予政策倾斜和扶持，给予不发达地区专项资金补贴，带动不发达地区的自身发展与合作积极性，对参与区域联动的企业给予工具性政策的优惠，对区域合作产业给予目标性政策的扶持，对区域合作开发给予制度性政策的肯定；二是参与区域合作的地区之间应积极推进区域合作方面各项指标的量化评价，以促进、鼓励区域合作的发展；三是参与区域合作的各地区内部、各级政府也应积极制定评价激励指标和办法，推动内部区域合作的不断发展和创新。例如，制定一套科学合理的政府政绩考核评定标准，将地方政府在区域合作中部门和官员所取得的政绩量化纳入考核，加入一系列指标，除了考核地方官员发展经济的能力之外，将其在社会管理、发展教育、社会保障、环境治理等工作中的成绩也纳入考核项目，以引导其重视社会的协调发展。考查绩效评估较高者给予奖励（或优惠政策），反之则给予惩罚，这样地方政府才会有动力贯彻落实区域合作的各项政策，从而促进区域合作发展。

（三）区域合作和联动的约束机制

1.建立规范区域合作行为的约束机制

在区域合作中，为了防止区域经济合作中的机会主义行为，保障区域经济合作关系的健康发展，需要建立一种区域合作的约束机制。规范和完善区域合作法律、法规，以对区域内各地的合作行为进行有效约束与制衡，禁止区域内的恶意垄断行为。要对违反区域合作协议的地区应承担的责任进行明确规定，应对"违反游戏规则者"与采取机会主义者予以充分的惩罚以使违规者望而生畏，对其违反规定所造成的经济损失和其他各方面损失做出明确的赔偿规定，保证区域合作、联动的可持续发展。

2.建立具有约束力的区域合作组织体系

目前，我国区域合作和联动的交流平台以高层联席会议和论坛为主。例如，高层联席会议包括行政首长联席会议、政府秘书长会议、发改委主任联席会议，论坛包括泛珠三角区域合作与发展论坛、泛珠三角区域经贸合作洽谈会。这些会议和论坛主要是研究制定区域内合作规划，解决合作中的重大问题，协调推进合作事项的开展等。但是，我国是一个行政区划及行政隶属关系复杂的国家，仅依靠各种松散的、非制度性的"会议"是很难解决区域合作中的种种实际问题的，区域合作和联动也就难以进入真正的实质性阶段。为了克服行政区划的障碍，应建立具有约束力的区域合作机构或组织体系，从体制上协调好区域局部利益和全局利益关系。这种合作组织隶属于中央政府，其权利主要包括制定产业政策、投资政策、税收政策、就业政策等，有利于发挥权威性、稳定性、灵活性的优势，避免区域发展的无政府状态，避免区域发展与特定成员实际发展状况的冲突，避免区域合作与中央政策规划相矛盾。

3.建立严格的监督机制

区域合作监督机构主要负责对区域合作成员的行为、合作项目全过程等进行监督，并有权对其中任何有地方利益倾向的行为提出质疑和询问。构建严格的监督机制，一方面，可以在中央政府下设区域合作机构，来指导区域合作和联动，协调合作方的利益冲突问题；另一方面，为弥补上述机构效能低下、无法真正解决利益争端问题的缺陷，可以在区域之间自主成立区域自治合作组织或论坛，制定统一的章程和规定，包括索赔和惩罚条款，设立专门的监督小组，监督组织内部成员的经济行为。中央政府部门和区域内自治合作组织共同约束和监督区域合作，才能维持合作的稳定性和长期性。

第十一章 产业集聚与区域经济增长：基于企业成长的视角

第一节 产业集聚与商业信用

一、引言

自从波特将产业集聚与地区竞争力联系起来之后，产业集聚便被一系列文献看成是塑造企业竞争优势的一种有效战略。新经济地理学的发展表明，产业集聚至少可以在以下几方面对企业竞争优势的形成产生积极的影响：第一，产业集聚有助于企业高效地获得各类专业化中间投入品和服务；第二，产业集聚有助于新技术知识的共享和传播，从而帮助企业提高创新效率；第三，产业集聚所导致的地方公共产品共享，提高了公共产品的供给效率，降低了企业的经营成本；第四，产业集聚使得企业共享了本地正式与非正式规则体系，提高了企业合作和集体行动的效率。既然产业集聚形成了一种有利于企业成长的环境，对企业诸多经营环节都具有积极的影响，那么它对企业的融资行为，尤其是对企业通过商业信用融资具有什么样的影响呢？目前，对这个问题进行研究的文献数量较少，主要来自意大利学者所做的一些产业区案例和实证分析；并且，由于所使用的资料来源和研究方法不同，各自的研究结论也不尽一致。

首先，有研究认为产业集聚缓解了企业，特别是中小企业所面临的融资困境，有助于扩大企业的外部融资供给。贝卡蒂尼（Becattini）认为扎根于本地社区的地方银行在与企业长期互动的过程中具有信息优势，这减少了信贷市场上的逆向选择和道德风险，扩大了面向产业区内企业的信贷供给。德奥特蒂（Dei Ottati）认为产业集聚所形成的企业网络和关联交易推动了商业信用的发展，商业信用成为产业区内企业营运资金的重要来源之一。法比安尼、派里格瑞尼、罗马格那诺和西格诺里尼（Fabiani, Pellegrini, Romagnano & Signorini）的实证研究发现，产业集群环境在信息、监督等方面的优势使得集聚企业的融资条件优于非集聚企业，集聚企业的融资需求会得到更大程度的满足，融资成本也更低。

其次，与上述文献不同，另一些研究认为产业集聚对企业融资行为并非总是具有正向促进作用。西格诺里尼（Signorini）发现产业区企业规模对信贷成本的影响较小，导致产业区内企业通常支付了更高的利息。康蒂和菲瑞（Conti & Ferri）指出，虽然产业集聚有利于本地小型合作金融组织的运作，但对本地业务的过分依赖也会导致此类金融机构的风险增加，从长远来看，这反而削弱了它们对企业的放贷能力。帕格里尼（Pagnini）认为在产业集聚区内，金融机构在放贷过程中不仅要考察贷款申请企业的状况，还要考察该企业的关联企业乃至整个产业链的发展情况，这提高了金融机构在信息收集、风险甄别和合约监督等方面所涉及的成本，降低了金融机构的放贷意愿。巴菲吉、帕格里尼和昆蒂里安尼（Baffigi、Pagnini & Quintiliani）的研究发现产业区内企业的投资行为对自身内部现金流状况更敏感，这可能表明产业集聚并没有显著改善企业在信贷市场中的处境，产业区内企业可能面临着更为严重的融资约束。

既然对这一问题进行研究的国外文献并没有得到一致的结论，那么，在我国经济转轨时期，产业集聚对企业外部融资供给又有什么样的影响呢？目前国内学者对这个问题的关注较少，大部分文献只是定性地分析了产业集群环境所具有的融资优势，认为产业集聚缓解了信贷市场上的信息不对称现象，减少了道德风险，有助于解决我国中小企业融资难问题。

二、商业信用影响因素的理论分析

商业信用既包含企业向外提供的信用（应收账款），也包括企业接受的信用（应付账款）。企业向外提供信用是出于一系列经营性目标，包括降低交易成本、实施价格歧视、提供质量保证和进行促销等，而企业接受商业信用基本上是出于融资性目标，为了满足生产经营过程中的资金需求，商业信用是企业外源融资的重要组成部分。

首先，与银行信用相比，商业信用具有一系列融资比较优势，这是商业信用大量存在的主要原因。彼得森和拉詹（Petersen&Rajan）对此做了系统的总结：第一，商业信用具有信息获取优势。贷方可以通过日常业务往来及时、准确地掌握借方的经营状况以及信用动态信息。一方面，提供商业信用的上游企业对客户所处的行业十分熟悉，因而可以更加准确地评估行业风险；另一方面，上游企业还可以通过观察客户订货数量和频率变化来掌握客户的经营状况，如果客户不能利用商业信贷中的优先付款折扣优惠条件，就可能预示着还款风险。第二，贷方具有控制借方的优势。由于提供商业信用的企业一般都是行业的上游供应商，可以通过对原材料、重要零部件等中间产品的控制，督促商业信用的接受方（下游企业）遵守合约，从而获得对客户较强的控制力，减少了客户的机会主义行为，降低了信用违约风险。第三，损失挽回优势。由于上游企业对中间产品的价格和市场较为熟悉，因此，如果在商业信用履约过程中客户（下游企业）经营失败，无法支付货款，上游企业可以迅速收回中间产品存货，并对其进行处置，减少损失。

其次，信贷市场上金融机构的信贷配给行为也是导致商业信用大量存在的重要原因。斯蒂格利茨和魏斯（Stiglitz & Weiss）的均衡信贷配给模型（equilibrium credit rationing model）指出，在信息不对称的情况下，银行信贷的预期效用并不是贷款利率的单调函数。这是因为：第一，当银行不能有效地掌握借款人信用风险的信息时，提高利率只会诱使那些高风险的借款人积极争取贷款，形成信贷市场上的逆向选择效应；第二，当银行不能有效地监督贷款的实际用途时，利率提高会刺激借款人选择高回报、高风险的项目，从而更容易诱发道德风险。可见，在信息不对称的条件下，利率的提高可能会降低银行的预期效用，理性的商业银行宁愿在低利率水平上拒绝一部分贷款需求，而不会在高利率水平上满足所有借款要求，信贷市场便会出现信贷配给而不能出清，导致信贷资本缺口出现。不同规模企业向外界显示有效信息的能力是不同的，与大企业相比，中小企业一般经营管理不规范，没有经过审计的财务报表，缺乏可抵押资产，金融机构在向其发放贷款时会面临更为严重的信息问题，因此，中小企业便成为信贷配给的主要对象，不得不更多地在银行体系之外的非正式资本市场上寻找资金供给。在这种情况下，商业信用便成为企业，尤其是中小企业重要的外部融资来源。

在当前经济转轨的特殊时期，我国金融市场发育尚不健全，企业外源融资渠道还比较有限，绝大多数企业以银行间接融资为主，而现阶段银行信贷流向存在较为普遍的"大企业、大项目、大客户和大城市"等倾向，一般的中小企业很难获得银行贷款支持，尤其是乡镇地区的中小企业所获得的信贷投放更少。在这种情况下，作为对银行信用的一种替代，商业信用就成为满足企业短期资金需求的重要渠道。因此，对现阶段我国企业获得商业信用数量的影响因素进行实证分析就显得十分重要。下面就在总结已有研究的基础上，分别考察产业集聚水平、企业规模、银行贷款水平、企业盈利能力和成长性、所有制结构以及应收账款对企业获得商业信用数量的影响。与已有研究不同的是，我们着重分析产业集聚程度对企业获得商业信用数量的影响。

从理论上讲，产业集聚所形成的地方化生产网络可以在很大程度上扩大企业所面临的商业信用供给，具体表现在以下几方面：第一，产业集聚更加有利于上游企业了解客户的经营信息，减少了逆向选择行为的发生。在产业集聚区内，众多企业围绕一种产品系列组织经营，企业的产业特性比较容易把握，上游企业可以积累大量行业专业性知识，更容易把握客户企业的发展前景。每个企业在产业链条上的位置都很明确，上游企业也很容易从客户在产业链条中的地位、其他关联企业的状况等方面判断客户的实际经营状况。由于在空间上相互接近，上游企业也更容易对客户进行实地观察。此外，产业集聚区内信息的高速流动和共享机制使得每个企业的经营信息也很容易被其他人所了解。第二，地方化生产网络的形成提高了商业信用契约的可实施性，降低了道德风险。产业集聚区内企业的经营活动严重依赖本地化的产业网络，其发展离不开当地的专业化市场、协作配套商、熟悉的客户和制度环境。企业一般都进行了大量针对本地生产网络的专用性资产投资，因此如果要退出本地生产网络将面临巨大的退出成本，这进一步提高了商业信用提供方对客户的控制力。第三，产业集聚强化了上游企业损失挽回优势。上游企业供应的机器设备、原材料和零部件等在本地产业网络内都具有一定的通用性，对它们进行价值评估和处置都比较容易，客户一旦违约，上游企业可以迅速变现，挽回损失。第四，在产业集聚区内，本地化的关系网络、信任和非正式规则体系在一定程度上扩大了商业信用供给的规模和范围。自新产业区理论兴起以来，人们对产业集聚的认识经历了一个从强调经济性特征到注重非经济性联系的过程。新产业区的首要特征是区内经济主体之间紧密的社会互动，蕴含于其中的习惯、价值观念和社会规范极大地促进了企业之间的信任和合作行为，为商业信用契约的订立和实施创造了良好的外部条件。在"关系本位"的华人社会中，经济交往与社会交往的融合度很高，亲缘、地缘和业缘等各类关系网络在产业集聚过程中也扮演了十分重要的角色，成为企业获取包括商业信用在内的稀缺资源的重要渠道。

为了对现阶段影响我国企业获取商业信用的因素进行全面的分析，除了产业集聚因素之外，我们还分析了企业规模、银行贷款水平、盈利水平、业务成长性、所有制结构和应收账款对企业获取商业信用的影响，具体如下：第一，以金融成长周期理论为代表的理论和实证研究表明，在企业成长的不同阶段，企业向外部投资者传递有效信息的能力是不一样的，进而影响到企业的融资结构。在企业的早期成长阶段，企业很难在正规金融市场上融资，私募股权、个人借贷和商业信用等非正式融资渠道是企业外部融资的重要来源。企业进入成长阶段后，企业规模的扩大通常伴随着管理水平的提高，企业的经营状况也日渐稳定，经营信息的透明度在增加，企业更容易通过正规金融市场融资，对包括商业信用在内的非正式融资安排的需求就会有所降低。因此，从商业信用接受方的角度来看，随着企业规模的扩大，企业对商业信用的需求会下降。但是，从信用提供方的角度来看，企业规模越小可能意味着信用违约风险越高，因而尽管中小企业的信用需求较高，但它实际所获得的商业信用可能也很有限，上游企业更愿意向规模较大的下游客户提供商业信用。彼得森和拉詹的研究就发现，伴随着企业规模的扩大，企业以应付账款形式存在的商业信用比例也在提高。基于我国上市公司数据的实证分析发现，企业规模与企业所接受的商业信用数量显著正相关。继承它们的逻辑，我们也认为企业所接受的商业信用与企业规模显著正相关。第二，一般而言，银行短期贷款与商业信用在很大程度上是相互替代的关系，企业获得的银行短期贷款越少，对商业信用的需求就越大。相反，由于商业信用的成本要高于银行信用，企业获得的银行短期贷款越多，就越愿意选择优先付款折扣优惠，减少对商业信用的使用。因此，我们可以假设企业获得的短期银行贷款越多，企业所接受的商业信用就越少。第三，与商业银行类似，上游企业在提供商业信用的过程中也应该重视客户的盈利水平和成长潜力。下游企业的盈利水平越高，商业信用的风险也越小；同时，下游企业的销售增长越快，上游企业对其持续经营就越有信心，就越愿意提供更多的商业信用。因此，下游客户的成长性越强、盈利水平越高，所获得的商业信用也越多。第四，目前由于我国金融体制的影响，国有大中型企业往往比其他所有制类型的企业更容易获得银行贷款，这对上游企业来说可能是一个积极的信息提示，即国有资本比重越高，客户从正规银行体系获取信贷资源的能力就越强，这将有利于客户企业的持续经营，降低商业信用的风险。因此，下游企业的国有化程度越高，上游企业就越愿意向其提供更多的商业信用。第五，企业接受的商业信用数量可能与企业提供的商业信用数量有密切的关系。在我国商业信用的发生表现出"强制性信用工具"的特征，企业通过运用"支付拖欠"策略，减少经营活动中所需现金流，节约融资成本。考虑到处于同一产业链上企业现金流之间的高度相关性，我们推断当所有企业都将"支付拖欠"视为一种经营策略时，接受商业信用较多的企业也会遭到其前向客户的拖欠，从而导致其"被迫"提供的商业信用也较多。

第二节 产业集群促进技术创新的机制分析

20 世纪 80 年代以来，随着经济全球化步伐的加快，市场竞争空前激烈，全球范围内的专业化分工程度加深，企业技术创新也越来越多地受到外部环境的影响。企业创新活动不再局限于企业内部，而是存在于和其他社会经济主体复杂的互动过程之中，以至于企业、大学、科研机构、政府、公共机构等都可能成为技术创新的源头。正是在这样的背景下，区域创新网络成为人们认识企业技术创新活动的新视角。技术创新的网络范式认为，技术创新是一种学习过程，表现为"干中学""用中学"和"相互作用过程中学习"等。与传统的线性创新范式不同，技术创新的网络范式强调创新是一种区域内各个行为主体相互作用的过程，这种相互作用发生在区域内的企业与研究机构之间、生产商和用户之间以及企业和更广的制度环境之间。技术创新网络范式的出现为产业集群技术创新机制提供了合理的解释，产业集群作为一种本地化的生产网络为高效的知识外溢和创新合作提供了适宜的环境。分工联系、社会网络和信任等正式、非正式规则促进了集群内部行动主体之间的信息交流和集体学习，提高了企业的技术能力和创新绩效。

虽然产业集群是一种有利于技术创新的网络系统已成为一个普遍的理论共识，但是，现实中的产业集群并不是千篇一律的。很多案例研究在分析发展中国家（如巴西、印度）和发达国家（如意大利）不同集群的特征时发现，不同类型的集群具有不同的网络结构，这种网络结构差异导致不同的集群具有不同的技术创新机制。这就产生了如下问题：我国产业集群创新系统的类型有哪些？不同类型集群创新系统具有什么样的创新机制？区域创新政策应如何适应不同类型集群创新系统的需要？对这些问题的回答超越了一般性的关于集群与创新关系的探讨。其实践意义在于，我国产业集群经济发达的沿海省份，应如何更加有效地针对不同类型产业集群的特点实施有差异的创新扶持政策，避免有关政策措施的泛化，这正是我国沿海省份经济转型和推进自主创新战略迫切要解决的问题。

一、产业集群创新系统的构成

产业集群创新系统主要由两种网络构成，即组织间网络和个体间网络。组织间网络是集群内企业、中介组织、研究机构、大学等正式组织之间的契约型关系网络，更多地受正式制度规制；而个体间网络是各类正式组织内社会成员之间的关系网络，是基于个体的社会交往活动所形成的，主要受一系列非正式制度规制。在产业集群创新系统中，组织间网络深深地嵌入了个体间网络中，两类网络都对技术创新活动产生了重要影响。

组织间网络包括两部分：一是基于产业分工的企业主体所构成的网络；二是由地方政府组织、行业组织、代理机构等组成的公共机构所构成的网络。在企业主体网络中，企业之间的联系包括横向分工和纵向分工两种网络关系。横向网络关系主要是指生产差异化同类产品企业之间的市场竞争关系，企业之间基本上不存在交易联系，它们在分享产业集群外部规模经济收益的同时，相互之间进行着激烈的产品市场竞争。纵向分工网络是指企业之间所形成的沿产品价值链的垂直分工联系，它涉及上下游企业之间的经济交易关系。在公共机构网络中，主要存在政府组织和行业组织两类行为主体，它们在知识、信息、人才等要素资源的流动上为企业主体网络的运行给予支持，并提供了集体行动、基础设施、制度规范等公共产品。

个体间网络主要指企业家和经营管理人员等所建立起来的个人社会关系网络。这种网络是高度人格化的，网络中所蕴含的非正式规范调节了成员的行为，企业可以借助于它摄取稀缺的经济资源，有时它也可以充当技术知识流动的渠道，帮助企业从外部获取技术创新资源。很多文献把个体的社会关系网络看成是集群企业进行技术创新的有力支撑。

集群企业可以从组织间网络和个体间网络中获取技术支持，但是，不同类型的网络对技术创新活动的影响是有很大差异的，具体表现在以下四个方面：第一，集群企业可以从所在的纵向专业化分工网络中获取创新支持。自 20 世纪 80 年代以来，工业生产的方式发生了从以大规模、大批量生产为主要特征的福特制生产方式向柔性专业化方式的转变。在柔性专业化生产方式中，小批量、快节奏、无存货的弹性专精生产体系替代了传统的大规模、大批量生产体系，传统的垂直一体化被"分包制"等形式的纵向专业化分工所取代。众多中小企业通过外包（Outsourcing）的方式为大企业提供零部件等各类中间产品，这样就形成以大企业为核心，中小企业围绕在其周围的生产网络。为了保障中间投入品供给的质量与有效性，应对日益加剧的市场竞争，大企业与中小企业之间不仅进行着生产方面的合作，它们还在技术创新上开展合作。作为"发包方"的大企业利用自己在资金、人才、信息等创新资源上的优势，积极地进行技术创新，并通过业务分包网络将创新成果向中小企业扩散，为上游中小企业提供技术援助。第二，企业还可以从集群内部公共机构网络中获取创新资源。公共机构网络由政府组织和行业组织构成，它们本身就是为了促进集群的成长而存在的，帮助集群企业解决技术创新上的问题是这些组织的重要功能之一。公共机构网络对企业创新的积极作用主要表现在三个方面：一是通过提供信息、咨询、培训等服务，向企业输入技术创新资源，提高企业的创新能力；二是通过自身的技术创新活动，为企业提供价格优惠的技术服务；三是通过行为规范和制度设计，减少产业集群在技术交易上的市场失灵，限制恶意模仿和抄袭，激发企业的创新热情。第三，个体间社会关系网络在组织间信息、知识流动和技术合作方面也扮演了重要角色，有助于企业获取外部创新资源，提高自己的创新能力。第四，企业间横向分工网络更多地体现了同类产品企业的"扎堆"，企业相互之间进行着激烈的市场竞争，这种竞争有时会促进差异化的产品创新。但企业之间没有形成有机的分工联系，企业之间较少有主动的技术合作行动，只有被动的技术外溢效应，并且有时过度的技术外溢会导致技术创新上的"搭便车"行为，甚至阻碍了整个集群的技术进步。

二、产业集群创新系统的类型

从产业集群内部厂商之间分工关系的角度来看，产业集群可以分为两种类型，即水平分工型集群和纵向分工型集群。水平分工型集群缺乏大企业，更多地表现为生产同类产品的中小企业的空间聚集，而纵向分工型集群在形成过程中出现了大企业，大企业成为集群发展的重要推动力量。水平分工型集群中的企业一般生产同类产品，直接面对产品市场的竞争，企业之间形成了水平分工关系，相互之间进行着激烈的产品差异化竞争，合作行为较少。而纵向分工型集群内部形成了沿产品价值链的纵向专业化分工联系，少数龙头大企业居于价值链的高端，主要从事成品研发、设计、制造和销售业务，大量中小企业与大企业建立了产品和服务的配套关系，为大企业提供中间产品或服务，二者形成了稳定的长期交易关系。

在两类产业集群中，创新系统中各主体网络的发育程度具有较大的差异，这种差异导致了不同的集群技术创新机制。在水平分工型集群中，企业横向分工网络、公共机构网络和个体间网络都比较发达，而企业纵向分工网络不发达。整个集群缺乏大企业和产业配套关系，生产同类产品的中小企业大量存在，它们面对同样的产品市场，进行着激烈的竞争。从企业内部来看，它们缺乏必需的创新资源，生产的技术水平低下，集群企业的竞争力主要来自低要素成本所导致的低价竞争优势。显然，这种低价竞争优势是不可持续的，因为随着集群区域内经济的发展，各种要素价格，如工资、地价、房租、水电费等可能会较大幅度上升，产生较高的拥挤成本，这将严重地剥削企业的利润空间，从而导致集群的成长受阻。因此，为了走出这种低成本竞争的陷阱，集群就必须通过提高自己的技术创新能力来建立新的竞争优势，否则集群就会走向衰落。在企业努力提升技术创新能力的过程中存在两个路径：其一，集群当地的地方政府观察到了集群企业技术创新的这种困境，并从发展本地经济、提高本地就业水平出发，采取一系列政策措施进行干预，促进集群企业的技术创新，具体包括提供各种鼓励技术创新的政策优惠、建立地方公共技术组织、引导行业组织发展等，这就导致了在企业纵向分工网络没有发育的情况下，集群中的公共机构网络发达，并成为集群技术创新的主要推动者；其二，个体间社会关系网络充当了技术、信息流动的渠道，嵌入其中的企业相互之间开展技术合作，形成创新上的联盟关系，以弥补单个企业创新能力的不足。

在纵向分工型集群中，集群行业的产业链条较长，在地理邻近、社会互动等有利因素的作用下，企业之间的纵向分工网络得到了快速发展，相互之间的长期交易关系得以形成，并最终发展成为以少数大企业为核心的产业分包网络。核心大企业利用自己的创新优势，积极进行产品和工艺方面的创新，再通过分工网络向配套中小企业扩散创新知识。在这种情况下，公共机构网络、企业横向分工网络和个体间网络相对都不发达，对企业技术创新活动的影响也较弱，基于市场契约的长期交易关系在推进集群企业技术创新方面发挥了重要作用。

三、水平分工型集群的技术创新机制

在水平分工型集群内，要想实现整个集群层次的有效创新，就必须要做到尽量降低技术外溢对企业技术创新动力的负面影响；向企业输入创新资源，提高企业的创新能力；以及在企业不愿创新的领域开展替代性创新活动。在我国，现实中的集群主要通过两种机制来达成上述目标：一是建立公共技术组织，强化公共机构网络的创新促进功能；二是企业利用个体间网络，吸纳外部创新资源，开展技术合作。

（一）公共机构网络对技术创新的影响

公共技术组织是水平分工型集群中最重要的技术创新源。在缺乏纵向分工网络的条件下，大量同类聚集的中小企业无法从商业合作伙伴那里获取技术创新所需的资源和帮助，因此，作为一个替代性的安排，地方政府便积极干预集群企业的创新活动，地方政府通过建立公共技术组织，与集群内中小企业形成了创新合作关系。这种地方性公共技术组织聚集了企业开展技术创新活动所必需的各种资源，在与企业的互动中直接向企业输出创新产品，或者提供各种创新资源和帮助，从而分担企业的创新成本，提高创新收益，降低企业创新的不确定性，最终促进整个集群的技术创新和升级。

概括起来看，水平分工型集群中的公共技术组织具有两大类职能：一是面向特定企业的技术咨询和服务职能，公共技术组织聚集了中小企业技术创新所必需的各种资源，具有较强的技术创新能力，在很多情况下可以为中小企业提供相关的技术信息、技术咨询、质量认证与人才培训等技术服务，或者直接提供创新成果；二是面向整个产业集群的公共服务，包括通用性新产品和新工艺的开发与应用，与外部创新源（如高等院校、研究机构等）结成技术协作网络，以及提供企业创新知识的流动平台等。由于面向特定的客户，公共技术组织的第一项职能具有消费上的竞争性和排他性，具有私人物品的性质。而第二项职能则具有较大的外部性，在消费上无法排他，也不具有竞争性，可以看成为准公共产品。对于这类产品，私人企业缺乏投资动机与能力，只能由地方公共技术组织来提供。可见，集群公共技术组织的角色是私人物品和公共物品提供者的混合体。

上述职能特征决定了公共技术组织不能完全从其承担的职能中获得经济补偿。虽然它可以向特定的客户企业收取技术服务费，但它的很多活动没有特定的服务对象，属于面向整个集群的公共服务，因而很难通过收费的方式来获取收益。因此，公共技术组织只能从其职能活动中获取一部分补偿，但是这部分补偿不足以支撑其正常运转，在这种情况下，地方政府就需要投入相应的资金来保证公共技术组织正常运转。在大多数水平分工型集群中，公共技术组织的初期投入一般由地方政府负责提供，这些投入包括财政资金、固定资产、专业技术人员、技术设备等。政府的初期投入并不能满足地方技术组织的全部需要，它的持续运行还需依靠服务收入和各种财政性补贴来满足其基本开支。

既然公共技术组织的经济补偿一部分来自地方政府，无论是初期投入或持续的财政补贴；另一部分来自提供技术产品与服务的收入，那么，二者之间的平衡就是公共技术组织有效运作的关键。如果地方政府财政支持过多，公共技术组织就可能缺少通过提供有效的

技术服务来获取收入的生存压力，这就降低了它们技术服务的效率和水平。相反，如果地方政府财政支持不足，就有可能导致公共技术组织缺乏动力去从事面向整个集群的公共服务，整个集群就无法享受通用性技术创新的外部经济效应。因此，要使公共技术组织高效运行，地方政府就要在保证提供一定数量财政支持的条件下，积极引导它们主要通过不断扩大技术产品与服务收入来维持生存与促进发展，促使它们形成一种自我约束和自我激励的内在机制。

除了在地方政府支持下的资金优势以外，公共技术组织的创新能力优势还体现在以下三个方面：第一，公共技术组织专门从事技术研究、开发和咨询业务，有自己专职的研究队伍，而且有大量的科学知识和复杂技术的储备，也有实力对资本设备和人力资源进行巨额投资。第二，公共技术组织从集群外部吸收创新资源、信息和知识的能力较强。与本地产业相关的技术知识、信息与资源有时是分散在集群外部的诸多机构中的，把这些分散的技术资源与技术能力有效地整合起来需要花费较大的搜寻成本与谈判费用，集群内一般的中小企业既没有意愿、也没有能力支付如此高昂的交易成本。在一个缺乏外部分工联系的集群中，公共技术组织的一个重要功能是通过各种有效的政策激励，把外部分散的技术资源引入集群中来。地方政府的介入使得公共技术组织比一般企业更容易得到外部技术组织与机构的认可，由它作为一个创新平台与集群外部创新主体进行技术合作具有规模经济效应，大大降低了技术合作过程中的交易成本。第三，公共技术组织的很多创新活动涉及的是集群所属行业通用的技术领域，这方面的技术创新在集群内部有大量的企业需求做支撑，不会出现被个别企业的创新需求所套牢的情况，这就使得公共技术组织的创新投资的利用率较高，具有范围经济效应。

（二）个体间网络对企业技术创新的影响

以马克·格兰诺维特（Mark Granovetter）为代表的新经济社会学认为，社会关系或社会结构对个体行动的影响是深远的，个体的行动决策离不开当下所处的社会情境（social context），受这一社会情境驱使，个体追求社会认同，并努力按照被其内化的社会规范或价值行动。个体所处的社会关系网络（结构）及其所包括的规范极大地影响了个体的行为模式，社会交往的亲密性降低了人们进行理性经济计算的倾向，企业家可以利用这种相互认知的社会关系网络获得使用其他形式资本的机会。这种社会关系是基于个体的社会交往活动而形成的网络，具有个体性、排他性和封闭性，资源、信息和其他社会支持可以通过这种社会关系网络流动，个体可借助于特定的社会关系在获取稀缺资源的竞争中占据有利的地位。对集群企业的技术创新活动而言，个体间社会关系网络的作用主要表现在以下几方面。

1. 提供创新思想来源

不同个体之间的非正式交流可以促进企业创新思路的形成，拓展企业技术创新的思想来源，具有不同专业背景的人进行交流和沟通，能促进知识的交叉融合，激发大量的创新思想。特别是技术创新所涉及的缄默知识（Tacit knowledge）的有效转移需要面对面的接触和交流，而个体间社会关系网络大大提高了集群中非正式交流的频率和规模，对提高技术创新效率具有十分重要的意义。

2. 提供创新扩散的路径

创新扩散是指创新成果通过一定的渠道向潜在使用者传递的过程。在水平分工型集群中，大多数产品具有"时装性"，容易被模仿，需求的变动主要体现在产品的款式、规格、色彩和设计风格上，企业之间的竞争主要为产品的差异化竞争，因而企业始终面临着较大的差异化创新压力。在这样的竞争氛围中企业之间相互防范严密，正式沟通较少。任何技术、工艺和设计上的专有知识都具有极大的价值，要尽可能防止竞争对手获得，这就导致某一企业的技术创新成果只能沿着企业家的社会关系网络扩散，个体间网络在创新扩散中的作用比组织间网络更加重要。

3. 帮助中小企业获取外部创新资源

个体间网络在为集群中小企业搜寻和引进创新资源方面，可以起到一定程度的作用，它不仅降低了中小企业获取外部资源的成本，而且有时还能克服正式组织间网络的资源获取障碍，拓宽企业利用外部资源的空间范围，增强企业创新能力。在水平分工型集群中，大多数企业是家族企业，其最明显的特征就是"弱组织，强关系"。弱组织是指华人企业基本上都是家庭企业，规模较小，结构简单，难以与现代大型科层制企业组织竞争；但另一方面，华人企业之间存在着建立在个人社会交往基础上的稳定而高效的合作网络，利用这种合作网络，华人企业能够实现规模经济、提高市场竞争力。首先，中小企业技术基础薄弱，在进行技术创新时，需要依靠外部技术、信息资源，这些技术信息资源既可以通过市场渠道获得，也可以通过同行之间的交流、技术出版物、反向工程等非市场渠道获取。就非市场渠道而言，个体间非正式交流可以避免巨额的交易费用，并有助于企业对所获得的技术信息进行消化吸收。其次，在人力资源方面，中小企业通常缺乏创新所需要的高素质人才，通过正式契约聘请高素质人才的成本也较高，因此，中小企业不得不较多地利用非正式关系网络去寻求创新人才，如，水平分工型集群中的"星期天工程师"就是中小企业通过非正式关系网络获取创新人力资源的方式。此外，社会关系网络所蕴含的信任还在很大程度上降低了中小企业在利用外部人力资源过程中的道德风险。最后，在创新的资金投入方面，由于受到自身规模、信息等问题的局限，中小企业往往面临着较为严峻的信贷配给困境，很难从正式的金融市场上筹集资金，外部融资渠道不畅，导致中小企业创新资金筹集面临很大的瓶颈。因此，个体间社会关系网络就替代了正规金融市场，成为中小企业主要的外部融资渠道。

4. 个体间网络还有助于促进企业之间的技术合作活动

由于自身资源的缺乏，合作创新是中小企业普遍采用的创新形式，但企业基于市场契约选择创新合作伙伴，往往会面临着合作中的道德风险和机会主义问题。特别是在内生型产业集群中，大量中小企业相互之间是一种竞争关系，企业之间的技术合作很少见，技术创新合作基本上都发生在企业家社会关系网络内部，个体间网络起到了保证创新利益分享和控制合作伙伴机会主义行为的作用。

四、纵向分工型集群的创新机制

纵向分工型集群的产业链条较长，随着生产的发展和市场的扩大，集群对中间产品需求的规模迅速扩张，较大的中间产品需求促使各企业基于自身的比较优势、核心技术特点、企业家创新特点等因素，进入附加值不同的各个生产环节。集群内大量中小企业专门从事某一工序、某一零配件的生产，成为大企业的配套供应商，原本存在于企业内部的专业化分工外部化，企业之间的专业化分工程度加深，企业之间的相互依赖也随之加强。产品价值链理论的研究表明，虽然在产品价值链上的每一种活动，如研发、设计、加工制造、营销和服务等，都会产生价值增值，但整个价值链上的增加值并不是均匀分布在各项经营活动上的。从事某种经营活动的企业数量越少，这种经营活动所占有的增加值就越高。根据增加值的高低，我们可以将产品价值链分为高端和低端，越接近价值链的高端，所占增加值的比重也越高，而企业在产品价值链上的分工地位是由其拥有的 资源和能力决定的。那些进入高附加值环节的企业往往都是集群内的大型企业，市场的扩张和外包的发展使得这些大型企业进一步将资源集中在核心业务上，从事研发设计、成品制造和销售等活动，集群内的大量中小企业逐渐成为其配套商，这样就形成了以少数大型企业为龙头的企业纵向分工网络。这样的分工网络使得大企业成为集群创新的主体，在产品和工艺创新两方面均承担了创新推动者的角色，而中小企业则在大企业的帮助下专注于生产工艺的创新。

纵向分工型集群中，以大企业为核心的纵向分工网络是一组基于市场契约的交易关系的集合，就集群企业的技术创新活动而言，这种市场交易关系的扩展产生了两方面重要影响：第一，它在很大程度上替代了公共机构网络的创新增进功能，导致集群内公共机构网络的功能与水平分工型集群有很大的不同；第二，个体间网络的非正式协调机制萎缩，社会关系网络对企业技术创新活动的影响微乎其微。

（一）纵向分工网络对技术创新的影响

在纵向分工型集群中，长期交易使得企业间纵向分工网络关系十分稳定。由于一个集群通常只生产某一类产品，厂商的生产设备和知识具有高度的专用性，特别是那些中间产品制造商更是如此。核心企业和配套企业通常保持着长久的交易关系，企业一般不轻易更改自己的交易伙伴，并能在长期内相互调适交易条件，几乎不会发生合约执行上的违约情况。这种稳定的长期交易关系加深了企业之间的相互依赖，使得大企业有较强的经济激励为中小企业提供技术创新支持。从消费者的角度来看，一个完整的产品创新不是某一个生产环节或零配件的孤立创新，而是产品价值链上各企业有机合作的结果。上、下游企业之间的互动和协作以及知识、技术的流动与传播，使得面向消费者的最终产品创新得以实现。通常情况下，大企业利用自身的创新资源优势进行研发和创新活动，向产业链上的中小企业扩散创新信息和成果，与其开展技术合作，为其提供技术支持，大企业的创新合作有力地促进了中小企业的创新活动。

纵向分工型集群中企业之间的技术合作的内容十分广泛：第一，中小企业在参与大企业分工体系的时候，必须严格依照大企业制定的产品质量标准进行生产，这迫使中小企业提高自身的产品质量和工艺水平，对大企业等主要客户的依赖成为中小企业技术创新活动的主要动力之一。大企业实施的对供应商评价措施增加了供应商的创新激励，向中小企业传递了创新动力，改进了供应商的绩效。中小企业必须投入新资源进行生产工艺的优化和创新，不断地按照大企业订单要求改进款式设计和质量，这种行为本身就是一个渐进的、连续的学习过程，无疑会对中小企业的生产技术水平的提高起到重要作用。第二，纵向分工网络对中小企业技术创新的促进作用最主要体现在知识、技术从大企业向中小企业的流动方面。作为集群产品的最终生产者，在分工网络中处于核心地位的大企业往往要亲自负责整个产品的外观、结构、功能的设计，并监督从研发、生产到最终销售的多个环节。在这一过程中，大企业和中小企业之间的合作使得产品的生产技术和知识可以在企业网络中传递和扩散，进而改善中小企业的创新能力，很多实证研究支持了这个判断。大企业为了保证其产品的质量和竞争能力，通常会主动为中小企业提供技术援助、信息咨询和管理培训等服务，从而有利于中小企业技术创新能力的提高。大企业的知识技术除了转移到具有合作关系的中小企业中，还会进一步被集群中的其他企业分享。这是因为，当中小企业与大企业的合作关系趋于稳定，相关的生产技术也会更加趋于编码化，这种趋势使得技术知识能够更容易地被区域中的其他中小企业共享。第三，在创新知识主要来自企业外部的情况下，企业内部必须具备必要的吸收能力，否则企业无法从外部知识扩散中受益。因此，中小企业本身的人力资源积累是它们对大企业技术知识吸收效率的基础。一般来说，内生型产业集群中小企业的人力资本水平较低，尤其是在我国，大量产业集群在乡镇地区形成，通常缺乏足够的高水平人力资源供给，这就导致大多数中小企业需要外部人力资源的帮助来提高自己的人力资本存量水平。在这方面大企业的作用表现在：一是向配套企业派驻技术顾问，通过关键劳动力要素的流动促进技术信息、知识的扩散，特别是缄默知识的扩散；二是为配套企业提供技术培训，提高中小企业生产管理人员的素质。

（二）公共机构网络功能的变化

在纵向分工型集群中，大企业的发展在很大程度上替代了公共机构网络的创新扩散功能，公共机构网络对集群技术创新活动的影响主要体现在提供制度规范和为大企业提供技术服务上。首先，在纵向分工型集群中，大企业不仅具有开发专有新产品的能力，也在专用性技术设备上进行了大量的投资，具有较高的生产工艺水平，因此，它们对公共机构网络的技术需要更多地转向为企业研发、管理以及技术设备维护提供必要的技术与信息支持等，具体包括人才培训、经验交流、质量认证、专利申报、法律咨询、市场信息与技术培训等内容。其次，对于集群中绝大多数中小企业而言，来自公共机构网络的技术援助比较少，它们主要从事"响应客户式"的技术创新，并从自己产品的买方大企业那里获得支持性技术服务，这不仅大大节省了中小企业的技术创新成本，减少了创新收益的不确定性，同时也降低了中小企业对公共机构网络技术服务的需求。

总之，在纵向分工型集群中，大企业一方面在公共机构的帮助下充当技术创新的源头，另一方面也是整个集群与外部创新源合作和沟通的平台，其知识吸收与自主创新行为是整个集群发展的重要推动力。因此，大企业的技术学习和创新及其创新知识沿着企业分工链条向中小企业的扩散，就构成了这类集群的技术创新机制。

五、简短的结语

不同类新的产业集群创新系统存在较大的结构差异，进而形成了不同的创新机制，正是这样的差异导致地方政府对产业集群的政策干预方式也会有所不同。在水平分工型集群中，地方政府除了提供必要的基础设施、市场与技术信息和人力资源培训之外，还要开展替代性技术创新活动。而在纵向分工型集群中，由于主导企业充当了新产品、新工艺的开发者和扩散者，所以，地方政府仅仅是公共基础设施的提供者，而不承担技术开发者的角色。因此，为了更有效地推动集群技术创新活动，各级地方政府应在不同的集群中采取侧重点不同的扶持政策。在水平分工型集群中，政府政策干预的重点包括以下四方面：第一，加强公共机构网络的建设，特别是要强化公共技术组织功能，在集群内建立一个具有技术资源优势的新节点，促进集群内研究开发协作网络的形成；第二，积极引入外部创新资源，加强集群企业与外部创新资源之间的联系，有效整合外部创新资源；第三，加强集聚行业的通用型技术创新，为中小企业提供技术咨询和服务；第四，提高集群内部知识产权应用和保护水平，限制恶意模仿和抄袭行为，减轻知识过度外溢对企业创新动力的负面影响。对于纵向分工型集群来说，政府政策重点应包括以下四点：第一，重点扶持龙头企业发展，强化核心企业技术创新者和传递者的角色，提高核心企业的创新能力；第二，引导集群内企业形成沿产品价值链的垂直分工网络，采取措施鼓励企业在本地采购所需中间投入品，通过加强本地化经济交易联系来促进企业之间的自主创新合作；第三，努力创造适宜环境吸引外部大企业进入或在本地扩大经营规模，鼓励在区域内形成一种"多核竞争"的产业发展格局，保持足够强度竞争对企业技术创新所形成的市场压力；第四，促进行业协会的发展，鼓励行业协会自主承担为区内中小企业服务、加强区域与外部联系、提供某些集群公共品以及巩固集群内协作网络等职能。

第三节 产业集群与企业成长

作为产业集聚的结果，产业集群对企业经营活动的诸多方面都产生了重要影响，这是产业集聚影响区域经济增长表现的重要途径。现有的理论与经验表明，产业集群环境既有促进企业成长的正面影响，也有限制企业成长的消极影响，因而究竟应该如何看待产业集群对企业成长的净效应目前尚不明确。如果对这个问题不能做出很好的回答，我们就难以从微观层面理解产业集聚对区域经济增长的影响。

目前我国的产业集群大多由中小企业所组成，产业集群为中小企业的发展提供了一个良好的环境，很多研究都证实了产业集群有助于提升中小企业的经营绩效，但产业集群是否有助于中小企业规模的扩大？产业集群中企业规模的发展趋势是什么？是不断扩大，还是缩小？产业集群是否有利于大型企业和知名品牌的培养？目前各级政府积极发展产业集群和努力培养大型企业集团的政策是否可以很好地结合起来？对这一系列问题的回答对于判断一个地区产业集群战略的实施效果，以及产业集群对区域竞争力的影响都具有重要的意义。为此，本节打算利用我国制造业企业的数据，来实证检验产业集群环境对企业成长的净效应，并据此提出有关政策建议。

一、产业集群与企业成长的文献评述

现有文献对于产业集群是否有利于企业成长的问题并没有一致的看法，有一些研究支持产业集群促进企业成长的结论，另外一些文献却认为产业集群不利于企业成长，甚至在一定程度上抑制了企业规模的扩张。作为一种高度地方化的生产网络，产业集群最基本的两个特征是外部性和嵌入性，产业集群在供给和需求方面产生的外部性有利于企业成长和经营绩效的提升，而嵌入性有利于交易费用的降低，深化了企业之间的专业化分工，进而对企业的规模扩张形成了一定的限制。下面主要从这两方面对产业集群与企业成长的有关文献做一梳理。

（一）产业集群对企业成长的积极影响

1.产业集群在供给方面的外部性

马歇尔（Marshal）提出专业化产业区存在技术外溢、配套产业的关联效应以及专业化劳动力市场共享三个方面的外部效应，这三方面外部效应导致集群中的企业可以高效地获得各类生产要素，因而相对于集群外的企业而言具有较低的生产成本。这也就意味着在同样的市场条件下，集群中的企业利润率相对更高，而较高的利润率又为集群中企业的快速成长提供了基础。

首先，在产业集聚区内，空间接近、关系网络和人际间面对面的交流加速了技术知识，特别是缄默知识的流动，新技术知识的传递效率得以提高，在集群中，企业可以更容易地进行技术学习和创新，从而提高生产效率。

其次，相关行业在同一地区的集中自然形成了对本行业中间产品需求的一个较集中的市场，为中间产品的大规模生产创造了本地需求条件，而本地中间产品供应的增加降低了中间产品的价格，最终产品厂商的生产成本也随之降低，这会吸引更多的最终产品厂商进入集群。这样的循环累积效应为集群内企业成本的降低和企业的成长创造了有利的条件。

最后，集群形成之后必然会在集群区域内催生一个较大的相关产业的劳动力市场，集群中企业共同面对这一劳动力市场有利于降低企业的成本，这是因为集群中各企业所共享的劳动力市场形成了一个劳动力蓄水池，其有助于企业抵御外部风险。同时，大量相关产业的企业与劳动力在同一地区的集中有利于异质性的企业与劳动力之间的匹配，从而增进了企业与劳动力双方的利益。

2.产业集群在需求方面的外部性

从需求方面考虑，产业集群会扩大企业的市场需求和本地市场规模，进而促进企业的成长。这是因为企业的集中导致市场的不均匀分布，同时由于产品存在差异化特征，以及购买者的信息不完全，所以，购买者为了降低搜寻成本更倾向于到集群中挑选产品。

尼尔森（Nelson）指出消费者对于获得商品的品质信息有两种行为模式：一种是搜寻，即在购买之前通过调查来比较各种购买选择给自己带来的效用；另一种是体验，在购买和使用之后来判断商品的品质。当商品的价格很低时，消费者便不愿进行搜寻，而是通过体验来获得信息。尼尔森认为对于适于搜寻的产品，为了降低消费者的搜寻费用，生产此类产品的企业更倾向于集中而形成企业集群。伊顿和利普斯（Eaton&Lipsey）、沃林斯基（Wolinsky）以及舒尔茨和斯坦（Schulz&Stahl）进一步指出购买者信息的不完全性是导致企业地理集中的一个重要因素，消费者不能完全把握多样化产品的特征，所以他们会选择到销售者数量最多的地区选购，这样才能降低其搜寻成本。

近年来，一些学者通过引入企业集中后引致的竞争加剧问题建立了更全面的理论框架并从需求方面分析企业集群的形成。菲雪尔和哈林顿（Fischer&Harrington）建立了一个包含产品异质性、消费者搜寻成本以及企业集中的分析框架。在该框架中，在存在正的消费者搜寻成本的情况下，产品的异质性对于企业的空间分布格局具有两种影响：其一是产品异质性的增大会促使消费者去努力搜寻，而企业集群会降低消费者的搜寻成本，所以企业更倾向于在特定地理范围内集中。其二是产品异质性增大也会使得分散在各地的企业具有一定的本地垄断力量，这又会鼓励企业单独在某地设厂，形成推动企业分散化的力量。但从总体上来看，前一种效应占主导地位。所以，产品异质性程度越高，则企业越趋向于集中分布，产业集群在需求方面形成的外部性也越明显。考内西（Konishi）在消费者偏好不确定性的条件下，考察了零售企业集中会吸引更多消费者的"市场规模效应"，以及企业集中会导致价格竞争更趋激烈的"价格缩减效应"。他认为在小规模（企业数量较少）的集群中，市场规模效应占主导地位，而在大规模（企业数量较多）的集群中，价格缩减效应占主导地位。

综上所述，产业集群所面对的市场规模是内生的，集群在形成和扩张的同时，也在拓展着自己的市场边界，市场需求的扩展有利于企业充分利用规模经济，扩大生产，提高利润率，为企业的快速成长创造了有利的条件。

（二）产业集群对企业成长的消极影响

企业规模的变化涉及"外部化"与"内部化"问题，以交易费用理论为核心的新制度经济学对此进行了较好的解释。交易费用的上升会促使企业更多地采取垂直一体化（内部化）策略，从而引起单个企业规模的扩张；而交易费用的降低则有利于提高企业之间专业化分工水平，企业更多地采取一体化（外部化）的策略，导致单个企业规模的缩小。因此，任何能够引起交易费用降低的因素都会对企业规模的扩大形成一种抑制力量。继承了交易费用理论的逻辑，阿克斯莫罗、安特鲁斯和赫尔普曼，以及约翰森和密顿进一步分析了签约成本和金融市场完全性两种因素对企业垂直一体化行为选择的影响。在他们的理论框架中，较低的签约成本与较高的融资成本相结合会导致企业较低的一体化程度，这是由于较低的签约成本会导致企业更多地选择市场外购，而不是内部化，同时如果融资成本较高，则企业不愿意借款进行一体化的并购。

由于产业集群地域范围较小，所以集群中的企业及其之间的经济关系嵌入了当地的社会网络中，产业集群中形成了由企业组成的分享了共同规则体系的社区，这样一种社区有助于降低交易成本，提高合约的执行效率，这大大促进了企业之间的专业化分工联系，从而抑制了单个企业规模的扩张。此外，绝大多数产业集群是由中小企业组成的，而在正式的资本市场上，中小企业普遍面临着较高的融资成本，因此产业集群兼有交易成本较低和融资成本较高的特征，所以产业集群中的企业倾向于求助外部市场而减少一体化的行为，这限制了企业规模的扩大。

根据以上对相关文献的简要评述，我们可以发现产业集群环境中既存在有利于企业成长的因素，也存在限制企业规模扩张的因素，所以究竟产业集群能否促进企业成长在理论上还很难给出明确的结论。

（三）产业集群对企业成长影响的经验研究

为了回答前面的理论问题，目前已有一些文献利用经验数据对产业集群中企业成长的特征进行了实证检验，基本上得到了产业集群有助于企业成长的结论。马德森、史密斯和迪林汉森（Madsen，Smith&Dilling-Hansen）利用丹麦的企业数据，采用集群虚拟变量的方法，检验了产业集群对于企业效率的影响，发现集群中企业的效率要高于集群外的企业，但该研究没有涉及集群中企业与集群外企业在成长率方面的差别。布德瑞和斯旺（Beaudry&Swann）利用英国产业集群和企业发展的数据研究了产业集群中本行业就业人数及其他行业就业人数对于集群企业的成长率的影响，发现集群企业的成长率与本行业的就业人数呈正相关关系，而与其他行业的就业人数呈负相关关系。该研究实质上是考察了集群所处区域的产业专业化及多样化程度对企业成长的影响，其结果表明区域产业专业化对企业成长具有正向促进作用，而产业多元化的作用则相反。梅因、夏皮罗和维宁（Maine，Shapiro & Vining）研究了美国高新技术企业集群中企业的成长率，他们在验证 Gibrat 定律方程的基础上，通过集群虚拟变量以及企业与中心集群的距离来分析集群环境对企业成长率的影响。

二、计量模型的设定

我们的研究首先与验证吉布莱特（Gibrat）定律的实证研究文献相关。吉布莱特提出了企业的成长率是一个服从正态分布的随机变量，企业的成长率与企业规模无关，这一论断被称为吉布莱特定律，可用公式表示如下：$\frac{s_t - s_{t-1}}{s_{t-1}} = \varepsilon_t, \varepsilon_t \sim N(u, \sigma^2)$，$s_t$ 为企业在 t 期的规模，ε_t 服从正态分布。

吉布莱特定律提出后引发了大量关于企业规模与企业成长率之间关系的实证研究。一些早期文献支持了该定律（Hart&Prais；Simon&Bonini；Hymer&Pashigian；Lucas）。但后来的大部分文献都得出了企业规模与企业的增长率呈负相关关系的结论，也有少数的研究发现企业规模与企业增长率之间为正相关关系。近年来，在反复验证吉布莱特定律的基础上，一系列文献已经形成了较为成熟的研究企业成长率的实证模型，所以我们将利用验证吉布莱特定律的方程来构建企业成长率的计量模型，这样，企业的规模和年限是作为基本的解释变量来保证方程总体上的较好的拟合程度，而对于吉布莱特定律的验证也就成为本节的一个副产品。在考察产业集群对于企业成长的影响方面，本书研究的主要思路是通过设置集群虚拟变量（即某一企业若在集群内，则赋值为1，否则赋值为0）来对集群内企业与集群外企业的成长率进行对比。如果集群内企业的成长率更高，那我们就可以认为产业集群对于企业成长具有正向促进作用。除集群虚拟变量之外，我们还在模型中加入了企业的利润率、研发密集度等一系列控制变量。

第四节 专业化、多元化与企业成长

波特在讨论产业集聚和企业竞争力关系时就指出，产业集聚所具有的外部经济效应可以在三个方面影响竞争：首先，产业集聚提升了企业或产业的生产力；其次，它增加了创新能力，并因此促进了企业生产力的提高；再次，产业集聚还有利于新企业的诞生，并扩大产业集聚规模。可见，产业集聚的前两个影响与现有企业的成长有关，第三种影响与新企业创业有关。目前，已有不少文献分析了产业集聚对新企业创办的积极影响，指出产业集聚所导致的集中的市场机会、较低的进入障碍和有利的中间投入品供给条件在很大程度上有助于新企业的创业活动。就产业集聚的前两种影响而言，一个显而易见的推论就是产业集聚的外部经济效应有助于企业获得各种成长所需要的资源，并通过内部生产力的提高来促进企业的成长，因此，集聚环境中的企业应更有机会发展成为行业中的大企业。

但是，产业集聚的外部经济有两种类型，一种是专业化经济，它源自同类行业中企业的空间集聚；另一种是多元化经济，它源自不同行业中企业的地理集聚，两种外部经济的来源和形成机理是不一样的，对企业成长的影响也应有所差异。但目前文献还未对专业化、多元化与企业规模变动之间的关系给予充分的关注，尤其缺乏必要的实证检验。此外，现有文献所使用的企业规模概念也不清晰，把经济学意义上的企业规模与作为纳税实体的企业规模放在一个理论框架内讨论，既带来了认识上的混淆，也不利于相关实证研究的开展。实际上，强调低交易成本和专业化分工发达的集群环境不利于企业规模扩大的文献都是在规范的经济学意义上使用企业规模概念，这一判断与可观察的现实不符，难以进行实证。因为在标准的新经济地理模型中地方需求的规模经济正是产业集聚得以形成的重要因素之一，而这种地方规模经济是有利于企业扩大生产规模的。

一、专业化、多元化与企业成长

企业成长是现代经济学和管理学理论关注的一个重要领域。学术界对企业成长机制的研究历来有内部和外部两个视角。企业成长机制的内部视角可以追溯到古典经济学的分工理论。亚当·斯密认为劳动分工使企业内部的各生产环节相互区别开来，形成专业化的工作岗位与人力资源的匹配，提高了生产效率，进而推动了企业生产规模的扩大，专业化分工使得企业能以更低的成本达到更高的产量，因此，单个企业的成长与分工程度正相关。以彭罗斯（Penrose）为代表的学者认为企业内部所拥有的资源和能力是企业成长的决定因素，企业成长遵循"内部资源—企业能力—企业成长"的演进机制。企业内部物质资源所能提供的服务范围和质量取决于人力资源的知识存量，二者共同创造了企业的"主观"生产机会，并制约了企业成长的速度。许多学者继承并发展了彭罗斯的观点，揭示了基于资源和能力的企业内部成长机制，即企业的成长受制于企业家个人特征、管理团队的能力以及企业的物质资源状况等因素。

虽然内部的资源和能力对企业成长至关重要，但其作用的发挥也要与外部环境相适应。在当今经济全球化和技术创新步伐加快的情况下，企业之间的竞争格局也发生了巨大的变化，快速的技术进步大大缩短了产品生命周期，对中小企业的成长形成了巨大压力。在自由竞争占主导的19世纪，市场竞争激烈程度不高，产品生命周期较长，中小企业可以通过内部资源和能力的缓慢积累适应竞争，谋求成长。而在20世纪80年代以后，中小企业内部成长的速度已经不能适应快速变化的市场竞争需求。如果缺乏外部成长机制，在日益激烈的市场竞争中，许多中小企业可能在没有获得足够的成长机会之前就已走向衰落。我国中小企业生命周期的变化说明了这一点。在20世纪90年代后期，我国民营中小企业的生命周期是5.5 ~ 5.8年；而进入21世纪后，这个生命周期缩短了一年多的时间。这表明企业内部成长机制在新的竞争条件下具有较大的局限性。因此，通过建立企业间正式和非正式的网络关系获取各种外部帮助，成为在全球化竞争环境下企业成长的重要策略。借助网络关系，企业可以迅速获取和共享网络资源，并将网络资源与内部资源整合成为推动企业成长的基本力量，企业网络中专业化分工的效率、灵活性、知识交流和创新合作对企业赢得竞争优势具有重要意义。企业成长不仅取决于企业的内部资源，也在很大程度上受到所处网络蕴含资源的影响，由于企业所处的网络特征不同，企业可摄取的网络资源的数量和质量也不一样，导致内部资源差异不大的企业也具有显著不同的成长能力和机会。

从资源依赖的角度来看，由企业集聚所形成的产业集群就是一种企业网络，其所产生的集聚经济有助于企业获得各种成长所需的资源，提高内部企业的生产率，从而促进企业成长，是企业外部成长机制的重要内容。所谓集聚经济是指因经济活动的空间集中而带来的经济收益增加或成本节约，可以分为两类：一是区域化经济（Localization economies）或专业化经济（Specialisition economies），即生产相同或类似产品企业在某地区集聚所产生的递增收益；二是城市化经济（Urbanization economies）或多元化经济（Diversification economies），即某地区产业格局多元化发展所形成的收益递增（Hoover）。专业化经济来自同行业企业集聚所产生的外部经济性，具体包括：第一，知识外溢效应。同行业企业在空间上的邻近有利于人与人之间、组织与组织之间的信息传递，尤其是面对面的交流加速了技术知识，特别是缄默知识的流动，有助于企业进行技术创新，提高生产率。第二，中间投入品关联效应。中间部门与最终部门在空间上的集聚有利于形成中间产品供给的规模经济，降低中间产品的投入成本，提高产业内分工网络的效率。第三，市场规模效应。在消费者多样性偏好和正的运输成本的前提下，一个区域集聚的厂商越多，本地产品的种类越多，该地区工业品价格指数就越低，这样就会导致更多的人被吸引到该区域。随着工人数量的增加，市场对差异化产品的需求扩大，从而吸引更多的厂商迁移到该地区生产，导致本地市场规模的持续扩大，为企业的大规模生产创造了市场需求条件。第四，劳动力市场共享效应。产业集聚可以形成地方劳动力池效应（labor force pooling），减少了雇主和雇员双方的市场搜寻成本，提高劳动力市场供需双方的匹配效率。第五，集体行动效应。同类产业的地方化集聚使得企业分享了共同的正式和非正式规则体系，这有助于维持企业网络中的信任和承诺，提高了企业合作和集体行动的效率。上述五个方面的专业化经济降低了企业的生产经营成本，有助于同类集聚的企业提高生产效率，获得关键资源，并最终导致企业市场份额和经营规模的扩大。

与专业化经济不同，多元化经济来源于一个地区不同产业类型的企业集聚所带来的范围经济和收益递增。其机制与专业化经济相似，但其来源有所不同，具体表现在：第一，知识外溢效应。知识外溢从特定行业内部扩展到多元行业之间，互补的、有差异的行业相互"孕育"，为经济发展提供了更加丰富的知识平台，促进产业间交流，在更大范围内产生了技术外部性，提高了企业的生产效率。第二，中间投入品关联效应。中间投入品共享的地区规模经济，不仅包括相似的竞争性产品供应方的规模经济，还包括提供互补产品、准公共产品和公共产品与供应方的规模经济。产业关联效应已由产业内部延伸到互补的产业之间，企业网络的边界跨越了多个行业，网络资源的数量和异质性得以提高。第三，市场规模效应。市场规模效应得到进一步放大，多元化产业的集聚导致生产性需求成倍扩张，众多偏好各异的城市居民形成了庞大的消费性需求。生产性需求和消费性需求相互促进，在拓展了企业产品市场销售空间的同时，也降低了企业花在产品的运输、储存等方面的销售费用。第四，劳动力市场共享效应。城市化经济的发展导致工资水平上升，地区生活水平提高，吸引了越来越多的高素质劳动力，居民的聚集所引起的相互交流促进了人力资本水平的提高，企业可以更容易地招募到高素质的人才。第五，基础设施共享效应。城市化经济的发展提高了地方基础设施共享的水平，交通、通信、能源等基础设施的投资扩大降低了企业的贸易成本。

综上所述，产业集聚形成的专业化经济和多元化经济效应均有助于企业降低成本，提高生产率，并最终导致企业经营规模的扩大。

二、计量模型和变量设置

根据吉布莱特定律，企业成长是一个随机过程，企业成长的影响因素过于复杂，因此，难以对所有影响企业成长的因素进行准确的量化分析。本书主要关注产业集聚所产生的专业化经济和多元化经济对企业成长的作用，并考虑对地方经济发展水平的影响，为此，我们设置了以下计量模型：

$$S_{ij} = \alpha_0 + \alpha_1 L_{ij} + \alpha_2 U_j + AG_j + OPEN_j + F_j + \varepsilon_{ij}$$

$S_{ij} = \dfrac{A_{ij}}{N_{ij}}$ 为以资产量表示的平均企业规模，式中，A_{ij} 为地区 j 行业 i 的总资产，N_{ij} 为地区 j 行业 i 的企业数量。

$L_{ij} = \dfrac{q_{ij}/q_j}{q_i/q_c}$ 为地区专业化指数，式中，q_{ij} 表示地区 j 产业 i 的产值，q_j 表示地区 j 的工业总产值；q_i 表示行业 i 的全国总产值，q_c 表示全国工业总产值。可见，专业化指数可以测度一个地区的产业结构与全国平均水平的差异，从而揭示一个地区在特定行业上的专业化水平。专业化指数越高，表示地区 j 在产业 i 上的专业化优势越明显，反之则相反。当专业化指数等于 1 的时候，表明产业 i 是平均散布在全国各地的，任何一地都不具有显著的专业化生产优势；当专业化指数大于 1 的时候，表明地区 j 在产业 i 上的专业化优势超过了全国平均水平；而当该指数小于 1 的时候，表明地区 j 在产业 i 上的专业化优势低于全国平均水平。如果产业集聚的专业化经济存在，我们可以预期该指数与企业的资产规模正相关。

三、结 论

不同行业的产业特定性因素制约着专业化经济效应对企业成长的影响。专业化对基本原材料和装配制造业企业规模扩张的影响较大，对最终消费品和资源依赖型制造业企业规模的影响较小。基本原材料和装配制造业行业基本上都属于资本技术密集型产业，企业之间以纵向专业化分工为主，专业化产业集聚的外部效应较强。特别是装配制造业具有明显的"松脚型"特征，没有严格的区位限制，只要产业集聚所带来的收益能够抵消贸易成本增加的损失，企业就会选择在一个地方集聚，反映到企业成长上，产业集聚的外部效应就比较强。资源依赖型和最终消费品制造业属于劳动密集型产业，企业之间以水平分工为主，同类企业的集聚更多的是为了接近生产所需上游投入品和分享地方市场规模经济，因而更易受到自然资源禀赋、区位特征的影响。上述产业间集聚经济效应的差异表明，专业化产业集聚在推动企业成长和区域发展方面是存在产业间差异的。各地在推行专业化产业集聚的过程中应充分考虑不同产业特定性因素的影响，要特别注意培育资本技术密集型产业集群。

从理论上讲，影响企业成长的因素十分复杂，因而难以对其所有因素进行准确的计量分析。本研究结果部分验证了市场容量对企业规模的影响，表明一个地区的经济发展阶段与企业规模大小的强相关关系。但研究并不支持金融深化促进企业成长的观点，反映了在我国目前的经济环境条件下"金融发展—企业成长—经济增长"的市场经济逻辑在一定范围内受到了扭曲。因此，要想促进企业成长，特别是广大制造业中小企业的成长还需要更多的市场化改革，特别是金融投资体制方面的改革。

第十二章 我国工业空间格局的演变与区域协调发展

第一节 我国省区产业集聚的特征与形成机制

一、引言与文献评述

产业集聚本身有两重含义：一是专业化集聚（专业化），即生产的地区性集聚源自地区之间的专业化分工，此时产业集聚可以理解为相同或相似的部门和企业在特定地理区域内的集中；二是经济活动的总量集聚（多元化），即产业集聚过程并不是表现为区域之间专业化分工水平的提高，而仅仅表现为大量经济活动在特定空间内的集聚，集聚的产业门类众多，产出规模庞大。传统贸易理论主要分析了专业化集聚的形成机制，比较优势是导致产业空间不均衡分布的基础，在商品自由流动的条件下，各地区根据自身的要素禀赋选择具有比较优势的产业，从而导致地区专业化产业分工和集聚。而在新贸易理论和新经济地理学分析框架内，产业集聚兼有专业化集聚和总量集聚的内涵。在不完全竞争、消费者多元化偏好和差异产品的基础上，二者均认为收益递增是推动产业地方化集聚的决定性力量。

既然产业集聚包含了两重含义，我们就不能从单一的维度来认识生产的地区性集中问题。产业集聚既可以表现为专业化集聚，也可以表现为总量集聚，或者是二者的某种组合。因此，要想清楚地刻画一个地区的产业集聚特征，有必要分别考察专业化水平和总量集聚两个维度的组合情况。根据二者水平的高低，一个地区的产业集聚特征可以有以下四种组合情况：第一，专业化和总量集聚水平均较高；第二，专业化水平高，总量集聚水平低；第三，专业化水平低，总量集聚水平高；第四，专业化和总量集聚水平均较低。从静态意义上看，不同的组合可以说明不同地区在特定时期产业集聚的特征差异。而在动态意义上，不同的组合也可以反映一个地区产业集聚特征随时间所经历的变化。

但是，目前关于我国产业地方化集聚的研究并未进行上述严格的区分，导致不同的文献对改革开放以来我国产业地方化集聚有不同的解读，存在两个方面的不足：第一，在描述我国产业地方化集聚特征方面，文献难以清楚地说明生产的地方性集中是否伴随着区际专业化分工水平的提高，是专业化集聚，还是总量集聚，抑或是两者的某种组合。第二，在解释我国地方化产业集聚的形成机制方面，现有研究未能在划分集聚类型的基础上进行分地区检验。绝大多数研究将被解释变量限定为全部产业在全国范围内的集聚水平，这不利于我们把握产业集聚形成机制的地区差异。事实上，由于我国幅员辽阔，各地区自然、经济、社会条件存在显著的差异，影响各地区产业集聚形成的因素也必然有所不同，需要我们在划分地区集聚类型的基础上进行深入分析。基于以上认识，我们打算先对我国产业地方化集聚的类型特征进行分析，继而探讨不同地区产业集聚形成机制的差异，并在此基础上提供一个分析我国省区产业集聚特征差异的理论框架。

目前，关于我国地区专业化分工和产业集聚的实证研究成果逐渐增多。首先，一部分文献重点探讨了我国地区专业化分工问题，地方政府行为和政策因素对区域产业分工的影响成为一个重要的研究视角。通过分析各地区国民收入的五个部分（农业、工业、建设、交通和贸易）以及国民生产总值中三个部分（第一产业、第二产业和第三产业）相对比重的演变，探讨了各地区产业结构的发展趋势和地方保护主义的影响，发现我国地区专业化水平在降低。有的文献分析了我国各省区国际和国内市场一体化水平，认为在各省国际贸易参与水平不断提高的同时，国内省际贸易强度减弱，国内市场分割情况严重，从而不利于地区专业化分工的形成。在确认国内市场分割存在的基础上，有的文献进一步分析了我国市场分割的成因，将其归结为经济分权改革的结果。在财政分权的条件下，各级地方政府一方面拥有了更大的经济自主权，另一方面也承担了辖区内绝大部分地方公共支出负担。为了确保经济增长、扩大税基和提高财政收入，各地对一些成长性好、利税率高、国有化程度较高以及价值链较长的产业实施保护，导致国内市场一体化的进程受阻，不利于区际专业化分工格局的形成。有学者认为改革开放以来，我国地区专业化水平不是下降，而是提高了。诺顿（Naughton）通过分析我国各省市的投入—产出表，揭示了改革开放以来我国省际贸易（尤其是"行业内"贸易）的增长趋势。

其次，另一些文献直接分析了改革开放以来我国产业地方化集聚水平及其变化趋势。有的文献得出我国工业集聚水平逐渐提高的结论，特别是知识密集型行业和劳动密集型行业的集聚水平提高得最快。基于20个制造行业的EG指数和五省市集中度指标，发现我国制造业集聚度虽然经历了短暂的下降，但长期呈增长趋势，集聚程度由高到低的行业依次为技术密集型、资本密集型和劳动密集型产业。我国产业的地区化集聚特征十分明显，东部沿海地区在大多数产业中占有绝对主导地位，产业集聚在促进了东部地区经济高速发展的同时，也拉大了我国区域经济差距。

最后，我国产业地方化集聚的形成机理也是文献关注的另一个主题，传统贸易理论、新贸易理论和新经济地理理论构成了实证分析的理论基础。有些文献在新经济地理学框架内较为系统地分析了影响我国产业集聚的因素，具体包括收益递增、外部经济、地方市场需求、市场关联度和贸易成本等，重点考察了新经济地理因素对我国产业区位分布的影响，发现运输成本、劳动力流动等因素在产业集聚过程中扮演了重要的角色。与国际经验研究不同的是，基于我国产业集聚经验的实证分析普遍考虑了我国经济转轨的特殊性，重点探讨了市场化改革、开放和贸易因素对产业集聚的影响。我国沿海地区凭借国际贸易的地理优势而成为制造业最初集聚区，而规模报酬递增使得沿海地区最初的产业集聚得到持续加强。我国制造业集聚程度的提高与外资和外贸企业在东部沿海地区的大量集聚分不开，这是我国渐进的对外开放政策、国际贸易和沿海地区接近海外市场的区位优势共同作用的结果。对外开放对我国劳动力密集行业的集聚起到促进作用，但对高科技行业的集聚则有负面影响。市场容量、城市化、基础设施的改善、政府作用的弱化和经济开放均有利于工业集聚。比较优势、规模经济和对外市场开放是决定我国制造业空间分布的显著因素，三者共同促进了我国制造业的地理集中。

综上所述，现有文献并未从专业化和总量集聚两个维度组合的角度来分析我国各地区产业集聚的特征，因此难以弄清一个地区的产业集聚究竟是源自专业化分工，还是经济活动总规模的扩张。另外，由于我国省区之间自然、经济和社会条件差异很大，各地产业集聚形成的主要推动力量不同，现有文献对此给予的关注也不够多，需要我们针对不同地区产业集聚的形成机制进行深入的分析。

二、我国省区产业集聚特征的分析方法

（一）产业集聚的衡量指标

为了准确地刻画我国各省区产业集聚的类型与特征，我们选择省区工业基尼系数和空间密度指数两个指标来分别度量一个地区的专业化程度和总量集聚水平。一个地区的专业化可以通过其工业产出在各行业之间的分布状况来衡量，如果一个地区工业产出的绝大部分份额为少数几个行业所占有，我们就可以认为该地区在这少数几个行业上形成了专业化；反之，如果一个地区的工业产出份额在行业之间的分布很平均，就可以认为该地区没有明显的优势产业，专业化水平较低。

（二）产业集聚特征的分析框架

我们用工业空间基尼系数和密度指数的组合来描述一个地区的产业集聚特征，根据两者不同的组合情况，我国产业的地方化集聚可以分成四种类型。第一类为高专业化、高集聚型。这类地区工业总量集聚和专业化水平均较高，产业集聚过程伴随着地区专业化分工程度的提升和经济资源空间配置效率的改进。第二类为高专业化、低集聚型。属于这种类型的地区工业总量集聚水平低，但专业化水平高，反映了该类地区在少数行业具有明显的比较优势，但对少数部门的过度依赖导致其他部门发展严重不足，工业整体规模扩张受限。第三类为低专业化、高集聚型。这类地区工业发达，工业总量集聚水平高，但较高的工业密度并不依赖少数优势行业，而是在众多行业上表现出相对于其他地区的发展优势，专业化水平较低。第四类为低专业化、低集聚型。这类地区不仅工业总量集聚规模较小，专业化水平也较低，缺乏明显的优势产业。

三、我国省区产业集聚的形成机制分析

（一）产业集聚影响因素的理论分析

传统贸易理论认为，产业集聚是区域专业化分工的结果，在完全竞争的市场条件下，一国或地区应该专业化生产并出口密集使用本地区相对丰裕要素的产品，进口密集使用本地区相对稀缺要素的产品。因此，产业空间分布的差异源自外生的自然资源、地理环境与要素禀赋差异。在商品自由流动而要素不流动的条件下，产业的空间布局是企业对比较利益的追求在区域层次上的表现，不可移动要素的丰裕程度决定了地区专业化和产业集聚的过程。因此，一个地区的要素禀赋条件是影响其产业集聚特征的首要因素。

自 20 世纪 70 年代后期以来，传统贸易理论受到了新贸易理论的挑战。该理论对产业集聚决定于外生要素禀赋的看法提出了质疑，认为区际贸易的原因并不完全取决于比较优势和要素禀赋，而是国际贸易常常发生在要素禀赋相似的国家之间。在不完全竞争和规模报酬递增条件下，较大的国内市场规模为大规模生产提供了有利条件，为了获得规模报酬递增的好处，厂商便大量生产并出口具有规模优势的产品。因此，市场规模效应是影响产业布局和集聚的另一个重要因素。

继承新贸易理论的逻辑，新经济地理学认为，集聚效应使得产业集聚一旦形成就会在以后发展中得到进一步加强。集聚效应具体表现为两类外部性，即金钱外部性（Pecuniary externality）和技术外部性（Technology externality）。金钱外部性是指产业的前后向关联效应，它可以通过市场价格机制降低企业的经营成本，具体表现在三个方面。第一，中间部门与最终部门在空间上的集聚可以产生中间投入品关联效应，有利于形成中间投入品供给上的规模经济，降低企业获取各类中间投入品的成本。第二，在消费者多样性偏好和存在正的运输成本的前提下，一个区域集聚的厂商越多，本地产品的种类越多，工业品价格指数就越低，这种价格指数效应使得工人的实际工资增加，就会吸引更多的工人迁移到该区域。随着工人数量的增加，市场对差异化产品的需求扩大，会吸引更多的厂商迁移到该地区生产，促使经济活动在该地区的集聚。第三，产业集聚可以形成地方劳动力池效应（Labor force pooling），减少了雇主和雇员双方的市场搜寻成本，提高劳动力市场供需双方的匹配效率。技术外部性是指技术和知识外溢所带来的外部经济，它不是通过市场来传递的，需要借助于个人和组织之间的互动。新技术知识的传递效率得以提高，企业可以更容易地实现技术创新，提高生产率。

产业集聚过程必然伴随着资源（商品和要素）的空间流动。在传统贸易理论中，商品流动而要素不流动是地方专业化和产业集聚形成的前提条件，只有在这种情况下，各地区才能根据各自的外生要素禀赋来生产具有比较优势的产品，并进行商品交换。新贸易理论和新经济地理学不仅要求商品流动，生产要素流动也是产业集聚形成的重要机制，商品主要从产业集聚的"中心"向"外围"地区流动，而要素则从"外围"流向"中心"地区，只有通过这种商品和要素的双向流动，"中心"地区的产业集聚才能得以形成和加强。可见，无论是传统贸易理论、新贸易理论还是新经济地理学都强调商品和要素流动对产业集

聚的重要性，而商品和要素流动性则受到流动成本的影响。广义的资源流动成本是指商品和要素流动过程中所涉及的全部交易费用，它与区域间交通运输条件、各种限制性壁垒和文化制度差异有关。流动成本越高，商品或要素的流动越困难，区域产业分工和集聚就越难形成；如果地区间资源流动成本大到使任何商品和要素流动成为不可能，那么自然禀赋差异、市场规模效应和集聚效应也无从发挥作用，各地区即处于自己生产、自己消费的自给自足状态。相反，随着资源流动成本的降低，地区间商品和要素的流动性增强，区域间产业分工和集聚开始形成，直到流动成本降到一个临界点以前，产业集聚会在市场规模效应和集聚效应的作用下持续扩大。此后，随着地区间资源流动成本的进一步降低，产业集聚达到一定程度后所导致的非贸易品价格上升、环境污染等拥挤成本超过了集聚所带来的好处，产业便开始向"外围"地区扩散。可见，资源流动成本也是影响地区产业集聚特征的重要力量。

综上所述，要素禀赋条件、市场规模效应、集聚效应和资源流动成本共同影响了一个地区的产业集聚进程，要素禀赋条件强调了外生的资源、区位等"第一性"因素（First nature）对产业集聚的影响，市场规模效应、集聚效应和资源流动成本主要揭示了"第二性"（Second nature）因素推动产业集聚的机制，而资源流动成本则为地区专业化和产业集聚过程提供了一个厂商和要素所有者进行成本和收益权衡的约束变量。

（二）模型和变量设置

根据前面的理论分析，我们设立了以下计量模型来对我国省区产业集聚影响因素进行实证分析：

$$Y_{it} = a_0 + a_1 N_{i,t} + a_2 M_{i,t} + a_3 J_{i,t-1} + a_4 C_{i,t} + \varepsilon_{it}$$

在上述公式中，下标 i、t 分别表示地区和年份，是反映省区产业集聚特征的变量，由于目前对地区专业化影响因素的理论探讨尚不成熟，我们放弃对我国省区专业化影响因素进行实证检验，在此仅以总量集聚为例对我国产业集聚形成机制的地区差异进行实证分析，为此，我们用 $N_{i,t}$ 表示各省区工业分布的密度指数，$N_{i,t}$ 表示要素禀赋条件的向量，$M_{i,t}$ 为市场规模效应向量，$J_{i,t-1}$ 表示集聚效应向量，$C_{i,t}$ 表示资源流动成本向量；a_0 为常数项，a_1, a_2, a_3 和 a_4 为变量的系数，ε_{it} 为残差。

新贸易理论虽然在要素禀赋和技术差异之外，将产业集聚和贸易的原因归结为规模报酬递增，但仍旧沿袭了传统贸易理论要素不流动的假设，此时的产业集聚仍是一种专业化的集聚。与贸易理论不同，新经济地理学不仅强调商品流动，生产要素流动也是推动产业集聚的重要力量，商品和要素在产业集聚的"中心"地区和"外围"地区之间的双向流动是产业集聚得以形成和扩大的机制。因此，我们认为要素和商品在地区间流动程度的不同可能是造成我国省区产业集聚类型差异的根本原因：第一，要素流动性低、商品流动性低。要素和商品流动性均较低的地区在经济上处于封闭状态，这既不利于区际专业化分工，也不利于产业的总量集聚，一个地区就容易出现低专业化、低集聚的情况。第二，要素流动性高、商品流动性低。根据传统贸易理论，这种情况不利于地区之间的专业化分工，地区生产结构难以体现专业化优势。但由于要素的流动性较高，因此，一旦某个地区存在有利于产业发展的区域特定性因素，就会很容易吸引大量外部生产要素流入本地，导致产业在本地区集聚，而规模报酬递增使得产业集聚规模持续扩大，形成低专业化、高集聚的地区产业结构。这些地区基本上处于我国东部沿海地区，在市场化改革的早期，它们与国内其他省区之间的商品流动受到了诸多限制，各种形式的地方保护妨碍了国内商品市场的一体化进程，而要素流动所受的限制相对较少，特别是资本和劳动力两种要素在向这些地区流动时基本不受限制。因此，虽然这些地区产业发展的"第一性因素"的优势并不明显，但其本地市场潜力、集聚效应、基础设施条件以及国际贸易水平等方面"第二性因素"优势吸引了大量外部生产要素流入，促使资本和劳动力在这些地区的大量集聚，使得很多不具有本地资源优势的产业也得到了长足发展。此外，虽然与国内其他省区之间的商品流动性不高，但这类地区与国际市场之间的商品流动性很高，正是这种国际商品流动对国内商品流动的替代，使得这些地区在国内低区际专业化分工的情况下实现了高产业总量集聚。第三，要素流动性低、商品流动性高。古典贸易理论认为，在这种情况下，不同地区可以基于各自的外生要素禀赋和技术优势进行专业化生产，通过自由贸易进行商品交换，从而实现地区专业化和产业集聚。但需要说明的是，由于一个地区外生的要素禀赋优势通常集中在少数资源上，因此，如果缺乏"第二性因素"方面的优势，该地区对外部要素的吸引力就不高，本地产业发展就很难获得外部资源的支撑，产业的规模扩张就会受到较大的限制，导致高专业化、低集聚情况的出现。自然资源条件、城镇化水平和本地产业间的投入产出联系是促进产业集聚的重要力量，产业集聚受要素流动的影响较小。同时，地区与国际市场之间的商品流动较少，主要与国内其他省区之间发生商品流动，表现为这些地区向其他地区（特别是东部沿海省区）出售能源、矿产等资源类产品，并购入各类工业制成品，国内区际贸易有力地促进了这些地区的专业化产业集聚。第四，要素流动性高、商品流动性高。新经济地理学告诉我们，要素和商品流动性均较高有利于地区专业化和产业集聚水平的提高，从而形成高专业化、高集聚的地区生产结构。但产业集聚的过程并不是无限的，随着资源流动成本降低到某个临界点，一旦原产业集聚区非贸易商品价格上升和拥挤成本（Congestion cost）超过集聚收益，产业就会向其他地区扩散，原有地区的产业集聚水平就会降低。进一步看，如果资源流动成本降为零，那么对于资源禀赋相同的两地区来说，产业分布是随机的，产业集聚就不会发生；对于资源禀赋不同的两个地区来说，产业分布格局将取决于不可移动生产要素的分布。从前面的分析来看，目前，北京、重庆和山西三地的生产结构初步表现出高专业化、高集聚的特征，这些地区既与其他地区保持着较高的商品贸易量，又吸引了相对较多的生产要素流入。

要素和商品的流动性不仅应该成为观察我国地区产业集聚的重要视角，也应作为检验我国区域协调政策实施成效的一个依据。研究表明，只有通过提高国内市场一体化水平，降低区际商品和要素流动的成本，才能提高地区专业化和产业集聚水平，改进经济资源空间配置的效率，我们通过对我国省区产业集聚进行类型分析初步提供了这方面的经验证据。此外，相对于产业总量集聚而言，目前文献对地区专业化的研究还有很大的待挖掘空间，对地区专业化影响因素的实证分析还比较缺乏。虽然讨论了多元化、专业化和经济发展阶段之间的关系，但并未提出一个成熟的理论框架。正是在这种理论背景下，我们也未对地区专业化的影响因素进行实证检验，这不能不说是一个遗憾，但同时也可能成为未来进一步研究的重要方向。特别是，在我国经济转型过程中，地区生产结构的专业化、多元化和区域增长之间的关系在今后应得到更多的理论关注。

第二节 我国工业部门扩散的可行性分析

前文的分析表明，我国大多数产业在集聚水平达到最优规模之前就提前扩散了，那么，总体上看，当前我国工业部门是否已经进入了产业扩散的阶段？我国工业部门区际扩散的现实性与可行性如何？下面就通过对我国工业部门的区域梯度系数来回答这两个问题。

首先，产业梯度转移理论认为，区域经济的发展取决于产业结构的状况，而产业结构状况又取决于该地区的主导产业发展情况。如果其主导产业部门处于生命周期中的创新发展阶段，各类生产要素便会在极化效应的作用下向该地区聚集，该地区产业发展的专业化优势就很显著。同时，当产业处于创新发展阶段时，由产业的技术水平决定的劳动生产率也较高。产业的专业化水平与生产效率一道决定了区域的产业梯度水平，当二者处于较高水平时，该地区的产业梯度系数就比较高。因此，在经验研究中，不少文献用以下公式计算产业的区域梯度系数：

$$T_{ij} = L_{ij} \times Q_{ij}$$

式中，T_{ij} 为地区 i 产业 j 的梯度系数；L_{ij} 为地区 i 产业 j 的区位商（区位商的计算方法与前文相同）；$Q_{ij} = \dfrac{\dfrac{X_{ij}}{X}}{\dfrac{Y_{ij}}{Y}}$ 为地区 i 产业 j 的比较劳动生产率，X_{ij} 为地区 i 产业 j 的增加值，X 为该行业的全国增加值，Y_{ij} 为地区 i 产业 j 的从业人员数量，Y 为该行业全国从业人员的数量。根据上述，某地区的产业梯度系数越高，表示该地区产业发展的优势越明显，进行产业输出的潜在能力也较强，产业扩散的可行性越大；而某地区的产业梯度系数越低，则表明该地区产业劣势明显，其承接产业扩散的可能性越大。因此，从全国的范围来看，某产业的梯度系数在区域之间的差距较大，表明该产业在区域之间发展的势差较大，产业进行区际转移的可能性也较大，而那些梯度系数较低的地区就是产业扩散的目的地。反之，某产业的梯度系数在区域之间的差距较小，表明该产业在区域之间发展的势差较小，产业进行区际转移的潜力也较小。同时，由于产业梯度系数的变化要么来源于产业区位商的变化，要么来源于区域相对劳动生产率的变化，因此，我们还可以通过观察区域产业梯度系数的动态变化来了解区域比较优势的变化。当某产业的梯度系数在区域之间的差距逐步缩小时，我们就可以认为该产业在区位上发生了扩散，反之，该产业仍处于进一步空间集聚的过程中。

其次，区域间生产要素的相对价格差异也是影响产业扩散的重要因素，要素相对价格的地区差异越大表示产业扩散的潜在可能性越高，而要素相对价格较低的地区通常就是产业扩散的目标区域。由于土地属于不可移动的生产要素，在产业梯度系数较高的地区，伴随着产业的地理集中，厂商的土地需求迅速增加，土地要素价格必然日益上涨。而在产业梯度系数较低的地区，经济活动的密度较低，厂商的土地需求不大，土地要素的价格则相对低廉。因此，不可移动的土地要素价格构成了一种推动产业区际扩散的离心力。此外，在流动生产要素方面，劳动力的相对价格差异是引发产业扩散的重要力量。虽然，从理论上讲劳动力流动有助于缩小地区之间的工资差距，但由于我国劳动力流动的隐性制度成本较高，劳动力的区际流动并不充分，地区之间的工资差距是难以通过劳动力的跨区流动来消除的。同时，劳动力的相对价格差异不仅体现在名义工资水平上，还要考虑劳动生产率的区域差异。

第三节 我国工业部门的空间分布格局及其演变

一、工业总体空间分布格局及其演变

为了从总体上揭示我国工业空间分布格局及其演化特征，我们首先对我国工业重心的变化轨迹进行了分析。重心的概念来自力学研究，它是指在区域空间上存在某一点，在该点前后左右各个方向上的力量对比处于相对均衡状态。将这一概念应用到经济活动中，即产生了产业重心产业重心是指在区域经济空间里存在着某一点，在该点前后左右各个方向上的产业活动能够维持相对的均衡，可以说，产业重心的存在决定了产业发展的空间结构，而产业重心的转移则揭示了区域产业发展的空间结构转换。对一个拥有若干次一级行政区域的国家或地区来说，计算某种属性的重心通常是借助于各次级区域的属性值和地理坐标来表达。假设一个区域由 n 个次级区域（质点）组成，第 i 个次区域的地理坐标为（x_i, y_i），v_i 为第 i 个次区域某种属性的量值（质量），那么，该区域某种属性重心的地理坐标计算公式如下：

$$X = \frac{\sum_{i=1}^{n} x_i v_i}{\sum_{i=1}^{n} v_i}, Y = \frac{\sum_{i=1}^{n} y_i v_i}{\sum_{i=1}^{n} v_i}$$

在此，我们用 v_i 表示我国第 i 个省区的工业产出，（x_i, y_i）表示第 i 个省区省会城市的地理坐标，这样就可以根据上述公式计算出我国的工业重心。从上述公式可以看出，工业重心要受到各省区的地理位置和工业产出变化的影响。由于各省区的地理位置保持不变，那么工业重心的变化就反映了各省区工业产出的相对变化。由于我国各省区在年际间工业发展的速度与水平不一，任何一个省区的工业发展都会影响全国工业重心的位置变化，因而工业重心位置的动态演变可以清楚地反映出我国工业经济发展的空间结构转换进程。

二、新旧空间的组织重构

随着稳定经济增长、推进结构性改革、通过"双创"激发市场活力，以及惠民生、防风险等措施陆续推出与发挥效应，中国有能力、有条件完成全年经济发展主要目标任务，这对世界经济复苏也具有重要贡献。近期我们完善人民币汇率中间价报价机制，是顺应国际金融市场走势的合理举措，也是寓调整于改革之中。当前人民币汇率不存在持续贬值的基础，能够保持在合理均衡水平上的基本稳定。国家发改委强调，在结构性、周期性、机制性因素的共同影响下，经济转型发展过程中的一些矛盾和问题也在不断显现。突出体现为：一是市场需求依然不振；二是工业生产压力不减；三是货币政策向实体经济传导不畅；四是财政收支和稳岗压力不降。这些都需要高度重视，并积极采取措施加以妥善解决。虽然国内经济在"去产能、去库存、去杠杆"的背景下，经济下行压力、结构调整阵痛、部分领域风险隐患仍将进一步显现，但国家发改委强调，更要看到我国经济发展具有巨大潜力、韧性和回旋余地，长期向好的基本面没有变，当前我国经济的综合比较优势依然明显，经济增速仍走在全球前列。改革开放持续深化，有利于创新创业的市场环境加快形成，"三大战略"扎实推进，将不断拓展发展空间；宏观调控理念和方法在实践中进一步创新完善，调控政策仍有较大余地，保持经济持续平稳健康发展具有许多有利条件和积极因素。

中国的工业、投资等实体经济继续回落，但当前应该全面、客观地分析和认识运行数据出现的变化。虽然工业增速整体趋缓，但国家发改委提出，从工业生产领域看，工业增速的回落主要是由于汽车、钢铁等行业下滑造成的。从工业内部结构看，高新技术和消费相关行业仍保持较快增长。从工业产品结构看，符合产业升级方向的产品快速增长，多数基础原材料产品持续下降。国家发改委认为，从制造业投资结构看，结构升级和消费领域投资快速增长，部分传统产业投资持续下降。从消费结构看，消费零售增速继续保持平稳增长，新兴业态和消费升级类商品销售良好。从用电结构看，服务业用电量保持较快增长，工业用电量同比下降主要是由钢铁、建材等高耗能行业下滑造成的。从货运量看，公路和水路运输增速保持增长，铁路货运呈低位趋稳态势且运输结构不断优化。国家发改委提出，对于投资这样的经济增长的主动力之一，需要投资增长的后劲也有所增强。

三、新旧产业的结构调整

认真贯彻落实党中央、国务院决策部署，牢固树立创新、协调、绿色、开放、共享的新发展理念，主动适应、把握、引领经济发展新常态，以推进供给侧结构性改革为主线，努力推动产业结构调整和优化升级。

其中一项重要的工作是全力化解部分行业产能过剩矛盾。国家发改委认真落实中央关于推进供给侧结构性改革决策部署，制定出台《关于钢铁行业化解过剩产能实现脱困发展的意见》，加强对有关地方、中央企业编制钢铁行业化解过剩实现脱困发展实施方案的指导，会同有关部门制定出台配套政策文件，加强风险防范和化解。据了解，目前化解钢铁产能严重过剩矛盾相关工作正在有序进行。

特别是在推动服务业加快发展方面，国家发改委组织落实国务院印发的支持生产性服务业、生活性服务业发展的指导意见，会同有关部门开展发展现代服务业行动，推动服务业重点领域加快发展，鼓励发展服务业新产业、新业态和新模式。同时，会同有关方面研究推动服务业综合改革试点。

对高端制造业，设立先进制造产业投资基金。经国务院批准，国家发改委会同有关部门发起设立先进制造产业投资基金，创新中央预算内投资管理方式，推动基金以市场化模式投资运作。先进制造产业投资基金将贯彻落实建设制造强国战略，聚焦国民经济发展重大需求，积极吸引社会投资参与，加大对高端制造业发展的支持力度。

此外，努力提高供给质量效率。国家发改委加强对影响供给侧质量和效率提升共性关键问题的研究，制定出台《关于发挥品牌引领作用推动供需结构升级的意见》。同时，加强对地方推进供给侧结构性改革引导产业转型升级的指导，明确相关重点领域工作着力点。随着一系列稳增长、调结构、促改革措施的实施，政策效应持续释放，新旧动能加快转换，产业总体保持平稳态势，结构调整持续推进。

四、以转型升级为主线推进新跨越

加速推进转型升级实现科学发展新跨越。加快经济发展方式转变，推动产业转型升级，既是关系当前宏观经济发展的紧迫而重大的战略任务，也是促进经济跨越发展的突破口。进入工业化的加速期，我国面临着节能减排压力加大、产业结构不尽合理等实际，要实现绿色发展后发赶超，必须在产业转型升级上做文章，在生态环境优化上下功夫，加快发展方式转变，早转型，早跨越，实现经济可持续发展。突出主导产业集聚，构建产业结构新格局。积极实施新特产业倍增、传统产业升级、服务业提速三大计划，全力构建以新兴特色产业为先导、先进制造业为支撑和现代服务业为主体的具有沿海特色、特点的现代产业体系。一是积极培育战略性新兴产业。以高新技术产业园、新材料产业园和新能源产业基地为依托，重点培植新兴产业企业，重点发展新能源、新材料、新医药等产业。突出重大项目引领，优化投资结构新体系。把大项目、新项目、好项目作为转型升级的强支撑。加大项目投量。继续深入开展"重大项目投产达效推进年"活动，大力培育产业龙头项目，抢抓机遇招引重大产业项目，尤其是在与央企和产业龙头企业的合作上取得新突破。确保年内新引进亿元以上项目。二是拓新项目投向。以新兴产业的项目和高新技术项目推动大发展。通过引进实施一批高新技术产业化项目发展壮大新兴产业，重点推进新项目，形成新的经济增长点和竞争优势。三是提高项目投质。对不符合发展方向、不符合集约发展要求的项目以及产业园内规模偏低、效益偏低的企业，推行"腾笼换鸟"，"低出高进"措施。同时建立项目的投入和收益双重评价机制，抬高园区项目准入门槛，增强投资强度，提高土地产出率。决不以牺牲环境为代价换取经济的一时发展、决不在接收产业转移中接收污染转移。

突出科技创新驱动，提升产业发展新质态。通过科技创新促进产业优化升级，才能进一步提升能源使用效率和产业发展水准，从而全面提高经济增长品质和效益。一是加大科技投入。财政设立科技转化专项资金，每年拿出不低于上一年度一般预算收入，设立科技人才专项资金，引导、支持、奖励、补贴企业创新，培育和发展风险投资基金，建立健全中小科技企业担保体系，大力吸纳民资和外资参与科技攻坚项目，引导金融机构增加科技贷款。二是集聚创新资源。依托开发园区和重点企业，建立科技研发机构和科技企业孵化器，着力打造科技成果展示与交流平台、公共技术服务平台、科技创新研发平台、科技创业平台等"四大平台"，力争创新创业大厦年底前交付使用、人才公寓完成主体工程。三是激活创新主体。大力引导、激励企业加大研发投入，增强企业自主创新能力。掌握自主知识产权、高新技术产品，企业研发经费与销售收入的比重达3%以上。设立科技专项资金，支持企业加大科研投入，设立研发机构，深化产学研合作，提高科技贡献份额。

第十三章　区域经济治理与政策选择

中华人民共和国成立以来，我国区域发展战略先后经历了均衡发展战略、非均衡发展战略和协调发展战略三个阶段，同时，对于我国区域经济关系的认识也是在理论和实践的基础上不断深入的。理论研究表明，在一国范围内构建协调的区域经济关系对于在分工基础上发挥各区域的比较优势，整合国家的整体实力，增强国际竞争力都有着深远意义。实现我国国民经济的健康运行、社会发展的良性循环和现代化战略目标、克服区域经济失衡及各种区域问题的显性化是十分棘手而重要的课题。

第一节　区域经济治理存在的问题与要求

治理，特别是区域经济治理，是当前社会科学研究领域流行的一个核心概念。不少学者用"治理"或"区域经济治理"来描述地方政府在经济事务管理中的活动。随着改革的深入和经济社会的发展，新的社会矛盾和问题不断出现，传统的地方治理模式显得力不从心，已经不能适应现实的需要。

一、区域经济治理存在的问题

（一）地方政府缺乏正确的治理理念

区域经济治理理念是地方政府对治理活动和运行模式规律性和价值性的认知。作为区域经济治理的基础，正确的政府治理理念是区域经济治理成功的前提条件。因此，只有在合理正确的治理理念下，才能准确界定地方政府的职能与边界。由于我国地方政府长期以来都以自身所具有的权力和权威集中对社会各种资源进行强制掌握和控制，也就是采用管制型治理模式进行区域治理，从而形成"单中心"的治理理念。虽然该治理理念能够将社会各种资源快速集中在一起，但是，在这种权力控制的体制下，地方政府权力逐渐出现越位、错位、异化等现象。在传统治理理念的诱导下，管制型地方政府无法向公民提供优质高效的公共产品和公共服务，使个别地方政府在发展、实现和维护人民群众根本利益问题上打折扣，不符合新时代政府治理的目标要求。

（二）区域经济治理体制存在缺陷

区域经济治理必须在满足法制和政策要求的前提下，将权力与地方资源集中管理，而区域经济治理体制改革是政府重新调整权力和界定职能的过程。从当前区域经济治理现状来看，我国还未形成有序的区域经济治理体制。在权力分配方面，不仅政府职能转变的载体未被确认，而且地方社会团体组织的作用也未充分发挥。同时，受现行政府管理体制的束缚，尤其是相关法规的缺失，地方政府在治理模式改革上的积极性、主动性和创造性受到抑制，地方政府在结合区域发展实际进行治理体制创新上存在局限性。

（三）区域经济治理目标错位

区域经济治理目标是推动社会治理价值取向与行为模式发展的关键因素。受长期的"单中心"的治理理念引导，个别区域经济治理目标与政府治理的总体目标存在偏差。例如，区域经济治理必须坚持以人为本的治理理念，目的是不断满足人民群众日益增长的物质文化需求。满足人民物质文化需求首先要发展好地方经济，这是基本前提，也是正确选择。但问题是地方政府在追求自身经济利益最大化的过程中，过分注重效率，导致地方政府陷入经济至上的误区，从而使效率和公平之间的关系严重失衡，区域经济治理现有目标与经济社会发展的终极目标不协调。

（四）区域经济治理缺乏足够的力量支撑

区域经济治理除了依靠政府组织的力量外，非政府组织和公民的作用也不容忽视。然而，当前区域经济治理中，由于市场经济体制不完善、一些非政府社会组织自主管理能力不足，导致政府与市场职能模糊，无法将社会组织真正融入公共治理领域。除此之外，在当前区域经济治理过程中，因受到多方面因素的影响，导致社会公民对地方治理的参与意识不强。即使公民参与激情较高，也因相关制度的缺失、公民参与地方治理的渠道有限等问题，使得区域经济治理的力量依旧薄弱，从而严重影响地方政府的有效治理。区域经济治理模式创新的策略选择随着社会主义市场经济的发展而变化，政府治理模式只有与时俱进、不断开拓创新，才能适应时代需要，满足人民的诉求。

二、区域经济治理的创新要求

区域经济治理模式是指地方政府为了有效行使区域经济社会文化管理职能所采取的一系列手段或方式，包含区域经济治理理念、治理制度和治理方式等方面。目前，政府治理模式分为三种类型，即传统的统治型模式、近代的管制型模式和新型的服务型模式。在我国公共行政管理体系中，地方政府占据着基础与中间环节，区域经济治理主要承担着领导和决策、计划和组织、控制和监督等职能，这不仅是区域经济治理任务和目的，而且是地方政府公共行政治理的运行方向。区域经济治理模式的科学性和合理性，特别是对当地经济、社会、文化发展的适应性，关系到人民群众的切身利益，直接影响人民群众心目中对政府的印象。在社会转型的历史时期，社会力量不断增强，新兴阶层陆续兴起，人民的民主意识和法制意识进一步加强，传统的自上而下的管制型区域经济治理模式已经不能完全满足区域经济社会可持续发展的需要。

（一）治理理念的创新

在市场经济体制下，为了更好地执行公共管理职能，地方政府在治理过程中必须在信任市场、企业的基础上建立新的经济理念、竞争理念、合作理念和服务理念，在为地方市场经济构建良好的外部条件的同时，也要直接融入市场经济运行中。这样一来，既保证了社会公共产品和服务的供给，又能满足维持经济稳定和发展目标的需要，消除了自然垄断，促进了市场自由竞争。因此，地方政府各级管理者必须在熟知市场规律和规则的基础上，改变以往的治理理念，由地方市场和企业直接完成市场资源高效配置，地方基础设施、文化、教育建设等方面直接由政府负责。同时，由于政府的自利性倾向会导致政府部门间出现利益的争夺和对经济的越权干预，从而使地方市场秩序出现混乱。因此，为了加快地方经济可持续发展，必须对政府自利倾向进行约束，从治理理念上"急人民之所急，想人民之所想"，创造良好的区域经济发展环境，加快推进地方经济科学发展。

（二）治理体制的创新

治理体制的创新是地方治理的根本，为了实现行政区经济与区域经济的合理有效对接，必须切实转变政府职能，建设服务型地方政府。地方政府建设必须适应社会主义市场经济的客观要求，由传统的管制型政府向服务型政府转变，为社会提供市场失灵状态下不能有效提供的公共产品和服务，制定规则，加强监管，确保市场竞争的公平性和有效性，确保市场配置资源的基础性作用得到有效发挥；要为社会各阶层提供良好的制度环境，实现科学有效的治理而不是强力统治；要在就业、教育和社会保障方面积极作为；要致力于政府与市场、社会、企业和公民之间互动状态的构建和实现，尤其要规范社会组织，增强社会组织的自我管理和服务能力。

（三）治理方式的创新

治理方式的创新是区域经济治理模式创新的重要内容，科学高效的治理方式是规范和明确治理发展道路的关键所在。当今是知识化时代和信息化社会，电子政务建设已成为政府治理能力建设的重要组成部分，地方政府的电子政务建设是区域经济治理模式创新的有效方式，也是区域经济治理主动适应区域经济社会发展的重要手段。首先，要提高政府公务员对电子政务在区域经济治理中的重要性的认识；其次，要加强地方政府公务员信息化技能的培训；最后，把电子政务建设与地方政府体制变革有机结合，对地方政府传统的职能配置、组织结构、行政流程进行调整，使政府治理模式的创新紧跟现代化潮流。

（四）治理制度的创新

健全行政法规体系，展示法制政府形象。首先，明确规定地方政府相关职能部门和公务人员的职责权限，尤其是政府部门领导人员的职权，避免出现政府领导的言行和意志不受法律约束的现象，使其做到严格按章办事。其次，明确政府部门设置与撤销所应具备的法律审查规定。任何一个政府部门的设立和撤销都必须有明确的法律规定，必须符合相关行政法律法规的要求，以确保行政管理按照行政法律法规来执行，充分体现现代行政管理的法律化、规范化和理性化。除此以外，目前多地政府颁布的地方性规章在某些方面与中央政府法规相抵触。因此，必须尽快健全行政法规体系，修正地方行政法规，将这些"抵触"给予清理和修正，制定出与中国特色社会主义市场经济、市场规则相符合的地方政府行政法规和规章，做到地方法规与宪法、法律和行政法规相统一。地方市场经济健康运行的灵魂在于法治精神得到弘扬。规范化的公共行政必须纳入法治框架，政府对市场经济的调节和监管同样需要严格依法依规，"法无授权不可为"就是对政府行为的基本要求。对于地方政府而言，要真正做到依法行政，需从两个方面着手：首先，在政策法规的创制上必须依法而出，既要符合地方实际，又要符合法治精神；其次，在地方治理实践中，鼓励制度和机制创新，但所有创新行为都要有法律依据，做到有法必依，执法必严，违法必究，真正实现依法行政。

第二节 区域经济政策的功能与实施

一、区域经济政策的功能

区域经济政策，应该说是区域经济协调发展政策或地区经济协调发展政策的简称。国内外诸多的理论探索和实践都表明，区域经济政策的功能不是简单地促进一国某一区域的资源有效配置和经济发展，而是要缩小区域之间过度的、不适当的经济差距，并进一步缩小各区域居民在人均收入、就业机会、社会保障福利乃至教育水平等方面的不适当差距，促进各区域经济协调发展，以避免区际过度发展差距下的社会矛盾和冲突。对于像中国这样一个地区差异悬殊且面临着诸多复杂区域问题的发展中大国来说，制定并实施科学有效的区域经济政策，将是国家经济政策的重要组成部分，也是国家调控和协调区域经济发展、优化资源空间配置的重要手段。我们通常所述及的区域经济政策的目标，指的是该类政策的应然功能，即通过实施该类政策，应该达到什么状态的政策效果。如一些专家学者认为，区域经济政策的目标就是要改进当地福利水平，消除要素流动障碍，塑造区域发展的长期动力。而其在实施过程中所达到的效果，体现了实然层面的功能。就国内而言，区域经济政策的最终目标可归结为"最终实现各地区人民共同繁荣富裕的目标"，或进一步促进全面建成和谐社会，这个最终目标与国内区域经济政策的最广泛意义上的功能相对应。也有研究文献指出其与市场机制在区域经济资源配置中的角色关系，如"区域经济政策是纠正市场机制在资源空间配置上的失灵，抑制区域差距的过分扩大，降低空间社会交易成本，维持必要区域公平，实现资源空间上的优化配置"。此外，对于一些多民族的大国来说，如中国、英国等，区域经济政策还凸显民族地区与其他区域协调发展、共同繁荣的作用，以增强民族凝聚力、维护领土完整和国家统一，应对非传统安全等特别功能。区域经济政策也有其特殊背景下的巩固国防功能、巩固边防功能和相应的目标，如计划经济下的苏联，计划经济时期中国的三线建设时期，就是这种情形。即使在市场经济背景下，某些区域经济政策也有巩固国防、增强军队实力的部分功能。对欧美成熟国家区域经济政策的功能做归纳，甚至还能发现减少区域人口和缓解城市交通过度拥挤的区域经济政策内容，当前我们治理雾霾和环京津贫困带，可从中汲取经验。上述的分析无疑表明，区域经济政策总体功能和分项功能，对应其总目标和各分项目标。根据区域经济政策所具有的各项功能，制定并采取合适的相关政策，就可以实现各项目标，特别是缩小各区域居民生活水平的过大差距。我们需要打破区域经济政策功能仅限于经济领域，而不扩展到社会、民族、国防等领域的狭隘功能观，特别是对于我国这样的多民族国家来说，由于民族区域经济政策同样是"党的民族政策和国家经济政策的重要组成部分"，因而，促进民族地区这样的特殊区域的经济发展政策，就更事关各民族团结和共同繁荣的国家大战略，需要受到足够的重视。当然，过度强调其中的一部分功能而忽略其他功能的政策观点，肯定也是有偏误的。

二、区域经济政策的类别与性质

（一）区域等级视角下的区域经济政策类别

由于区域经济发展中的问题和矛盾是区域经济政策作用的对象，因此，根据区域经济政策的对象，可以先把区域经济政策划分为地方区域经济政策和中央（宏观）区域经济政策两类。同样是两类，研究国际理论的人士则划分了国际区域经济政策和国家区域经济政策，即"区域经济政策分化为两种类型：超国家层次的区域经济政策和国家层次的区域经济政策"。超国家层次的区域经济政策，指的是区域性组织制定的涉及该组织内部成员国经济发展的相关政策，如北美自由贸易区、欧盟、东盟经济圈等的有关政策。超国家层次的区域经济政策涉及关税、货币发行、外汇管制、移民限制等多方面的政策。国家层次的区域经济政策，主要是指一国各级政府为解决本国各区域体系之间经济发展的关系而制定的经济政策，只涉及国家内部的区域公平发展、产业合理分布和地区利益协调等，并从全国各地区的发展需要出发，制定一系列指导性的产业、投资、科技、劳动、环保等方面的政策。如此看来，仅从区域所涵盖的范围大小来看，可认为存在三个等级区域经济政策，即超国家的国际区域经济政策、国家区域政策以及地方区域政策。而那种将地方区域的等级扩展到省、市、县、乡、镇的更细化的区域形式，无疑增加了丰富而复杂的区域经济政策的类别。

（二）政策工具视角下的区域经济政策种类

上述内容主要从区域空间范围的大小和管理等级划分了区域经济政策的种类。针对某特定的"问题区域"，还需要说明区域经济政策工具究竟存在哪些问题，哪些区域经济政策工具能够实现其功能或达到其政策目标。这需要放眼国际，特别是从市场经济发达国家的区域经济协调发展历程中，去找寻并归纳总结。众所周知，世界上大多数国家都存在区域经济发展失衡的问题，美、日、韩等市场经济发达国家亦不例外。但是，美、日、韩等市场经济发达国家由于采取了正确有效的区域经济政策，克服了原先国内国际经济发展的过大差距问题。以美国为例，与中国长期存在的东中西部经济发展不平衡、区域经济发展差距大的情形相似，美国也在建国后面临落后的南部、西部和发展较好的东部地区之间经济状况极不平衡的困境。但是，对美国区域经济政策的相关研究表明，美国政府通过实施成功的区域经济政策，在西进、南部振兴等区域战略持续推动下，实现了本国区域经济发展的整体协调。它所采用的政策工具主要是先识别划定发展不平衡的地区，尤其是经济落后地区等"问题区域"，然后采用财政补贴、财政转移支付、差别化的区域税收政策、以交通为代表的基础实施投资倾斜政策以及针对"问题区域"设立专门的区域经济管理机构、制定针对性法律法规等区域经济政策工具，破解"区域问题"。为了促进本国区域均衡发展，市场经济发达国家如日本、韩国等，在采用类似的政策工具的基础上，政府的积极引导功能还体现在有针对性地制定持续促进本国区域经济均衡发展的全国性发展规划。通过数十年的努力，美、日、韩等市场经济发达国家因成功地实现了区域经济协调发展的目标，理应同时称得上是区域经济政策成功的国家。国内的理论探索方面，有学者将区域经济政策种类概括为区域分工政策、区域布局政策、特殊问题区域政策、区域调控与管理政策四类；有学者提出区域经济政策手段包括"区域投资政策、区域财政政策、区域金融政策、区域产业政策、区域布局政策、区域开放政策等，但最重要的是前三者"的观点；也有专家学者认为，根据比较流行的区域经济分析理论，可以从基础设施、工业化政策、人力资本投资、城镇体系与增长极、农业发展措施、激励措施、分权化与地方财政等方面，分析欠发达地区区域经济政策的主要内容以及调控手段。相应的调控手段自然也就成为某类区域经济政策，而各种区域经济政策则构成区域政策框架，如各有侧重的区域发展政策、促进生产要素在各区域间自由流动的政策、区际公共服务均等化政策等。不过，从美、日、韩等国区域经济协调发展的经验可大致认识到一些基本的区域经济政策工具，如确定问题区域、制定相关法律、设立相关机构、公共财政和税收补贴、以交通为代表的基础实施倾斜政策、有针对性的区域规划乃至国家规划等。这些工具对国内区域经济发展来说，无疑具有较大的借鉴意义。

（三）区域经济政策的性质

这里要着重阐明的区域经济政策的性质意指其根本性质，而不是一般的属性。前面所罗列的多种类区域经济政策，其根本性质是什么？按理，应该在阐述区域经济政策的功能、制定实施主体之前交代其政策性质。但是，由于对区域经济政策性质这个理论基础问题还缺乏充分的解读和共识，故此，在概览国内外区域经济政策的功能、制定实施主体后再探讨其性质，更有利于达成共识。无论是市场经济发达国家、新兴工业国家，还是发展中国家，区域经济政策的根本性质都应该是公共性。之所以如此，主要是由区域经济政策的制定实施主体和政府职能决定的。政府是区域经济政策的制定实施主体。既然区域经济政策的制定实施主体是政府，那么经济学、政治学或公共管理理论的一个共识便是政府作为公共部门而存在，其职能仅是提供公共服务和公共产品。所以，如果由政府来制定实施某种区域经济政策，这种政策就必然作为一种公共政策而存在，而且更确切地说是一种公共经济政策。否则，就会出现逻辑上的矛盾和冲突。区域经济协调发展国家所采取的相关政策工具也支持区域经济政策的公共性性质。正如上文所归纳总结的，区域经济协调发展成功国家所采取的一些基本的区域经济政策工具，无论是确定经济发展失衡的问题区域、制定相关法律和设立相关管理机构，还是供给公共财政和税收补贴政策，以交通为代表的基础实施倾斜政策以及有针对性的区域规划乃至国家规划等，都有力地证明了多种类区域经济政策的公共性这一本质特征。国内而言，宏观当局对政府必须履行"市场调节、政府监管、社会管理、公共服务"的职能界定，经济界对政府需要担当"保护产权、加强立法、维护稳定"的政府职责的阐述，以及公共服务型政府的发展定位，都决定了由政府制定的区域经济政策，其本质在于公共性，从而有别于一般商业企业所制定的发展政策的私有性。那种认为美国是市场主导下的区域经济政策，而主张中国政府不需要重视制定区域经济政策的观点是错误的。制定区域经济政策是绝大多数国家政府履行其职能的基本要求之一，中国也不例外。但是，不严格遵循区域经济政策的公共主导性，把那些直接干预区域内企业经营、直接干预生产要素区域内或区域之间自由流动，把公共性的政策色彩异化为私有性、商业性的倾向，同样是错误和有害的，这会形成新的坚硬的区域市场壁垒或行政壁垒，妨碍全国统一的大市场和国内经济一体化大格局的形成。

三、区域经济政策的制定和实施主体

一些关于制定区域经济政策重要性的理论阐述，就隐含了有关区域经济协调发展政策的制定主体。例如，由于区位地缘、历史基础和社会人文等诸多因素的影响，区域之间的发展存在不小的差距。要实现区域经济的协调发展，既要充分发挥市场配置资源的基础性作用，又要根据不同区域的实际情况采取不同的区域政策，促进区域经济的发展，实现地区间的共同繁荣。显然，上述这段话中，与市场主体对资源配置的角色相对应，另一个"又要根据不同区域的实际情况采取不同的区域政策"的主体，无疑是政府。并且，就中国特色的政治权力机构而言，这里的"政府"实际上是大政府体系，即国内的区域经济政策是"党和政府有关宏观区域经济的政策"。从区域经济政策的功能以及各国区域经济政策的实践历程可知，政府的确是制定和实施区域经济政策的主体。对政府是区域经济政策的制定实施主体予以专门的强调，似乎是多余的，但实际上，只有深刻理解和把握"政府是制定实施区域经济政策的主体"这一概念，才能对区域经济政策究竟包括哪些种类、全面系统地认清其性质等关键问题做到心中有数，并且对国内那些打着缩小区域经济差距旗号的

所谓的"区域经济政策"给予清理归并。国外的情况，以美、英为例，美国经济开发署负责对"问题区域"进行援助并确定问题区域框架，经济分析局负责区域分析和区域划分；英国则由贸工部负责鉴别受资助地区和企业，劳工部负责这些地区就业者的再培训。在国外，"传统区域政策时期"主要是中央政府制定政策，中央政府和地方政府在"新区域政策时期"，逐步开始共同制定和实施区域经济政策。在国内，中央层面的区域经济政策制定由国家发改委负责，实施主体是各产业各领域的经济管理类部委。但是一些研究指出，应尽快组建更高级别的国家区域政策委员会，下设东北、中部、西部、东部办公室，根据发展需要还可相应地在这些办公室下设若干经济圈办公室。认识到政府体系是区域经济政策的制定实施主体还不够，还需弄清楚是否各层级政府和诸多政府组成的部门都可以制定并实施区域经济发展政策，各层级政府和政府部门制定的区域经济政策之间的逻辑关系是什么等问题。深刻而彻底地认清这些看似简单而并未系统阐述过的理论问题，对促进国内区域经济政策的科学化，乃至发展中国特色区域经济政策体系，都是非常必要且尤为关键的。由于我国地域广阔，诸多省级政府管辖的地域范围与世界上不少国家的疆域等同，不但东、中、西部三大地带之间的发展极不平衡，就连省际经济发展乃至一些省内各局部区域之间的经济发展差距也较大。有鉴于此，至少需由中央、省级两级政府制定区域经济政策，相应的政府主管部门也应担负起执行政策的职责。当然，一些地市、县乡级政府有制定适合本行政区域的经济政策的诉求和冲动，并冠之以县域、镇域区域经济政策，上级政府对此不能简单地予以否定，而需要全面而客观地对待。国内区域经济发展差距突出而需要政府来调节的问题，大部分集中在省级区域乃至跨省的多省市区域。需要指出的是，对区域经济政策实施效果的监督评价，是区域经济政策实施的重要环节，也是促进其政策效果的必要手段，因此，各级人大、审计、监察机关也应以适当方式参加区域经济政策的制定实施，并作为广义的政府组成部分，归入区域经济政策制定实施主体内。另外，在新公共管理运动中孕育而生的政府绩效考核制度安排，内在地要求政府公共政策制定与实施，需吸纳社会公众参与，这无疑表明了社会公众在区域经济政策的制定领域也是更为广义层面上的制定者和政策实施过程中的监督者。因此，我们可以形成这样一个共识：政府体系是区域经济政策制定和实施主体，社会公众的主要扮演的是政策制定过程中有效参与、依法依规监督的角色。

第三节 区域经济治理的困境与要件

"创新、协调、绿色、开放、共享"的新发展理念，是我们对社会经济发展规律认识的深化，是对科学发展观认识的新突破，是对中华人民共和国成立以来特别是改革开放以来社会经济发展经验和教训的总结，是新的历史条件下解决社会经济发展新问题的综合思路。创新是发展的基本动力，立足于当代科技进步和产业升级；创新包含改革，是创新的改革，改革的创新；创新立足于摆脱墨守成规，摒弃形式主义，是谋求发展质量的要求。

协调是科学处理发展的各方面、各领域、各区域发展关系的要求。绿色是时代对发展的必然要求，也是解决多年来发展中积累的问题和矛盾的根本思路，是谋求可持续发展的要求。开放是当代社会经济发展的基本体征，也是我国几十年社会经济发展的保障，更是应对全球化趋势的必然选择。共享是贯彻以人为本的发展要求，从根本上回答发展为了谁、为谁而发展的问题，特别是最终实现社会主义共同富裕发展价值目标的必然选择。

一、区域经济治理与区域协调发展——基于整合的视角

（一）区域整合治理的含义

区域整合是两个或两个以上的区域在经济、空间和制度上联为一体，参与区域及更高一级区域实现经济、社会和生态效益最大化的过程。区域整合的概念应涵盖四个方面的内容：一是区域合作，二是区域联动，三是区域融合，四是区域统筹。合作往往是自觉自愿的，但现实中这种自愿的合作总是缺乏动机而导致合作流于形式；联动是需要相关政策和外在要求的，但在现实中往往缺乏强有力的政策或制度保障；融合是你中有我、我中有你、密不可分的一种状态，但在现实中，由于地理、行政、现实条件等因素限制，这种融合状态也较难出现；统筹就是通盘考虑经济、社会、生态的全面发展问题。所以需要用整合的方法，即通过政策、市场、制度、战略规划等方面的硬性约束和利益激励方法推进区域整合发展，以实现促进区域经济、社会、生态协调发展的目标。可以看出，区域整合实际上是一种宏观政策措施，是一种综合协调区域发展的措施，是一种推进区域合作、联动、融合、统筹的总体制度安排。治理的理念超越于传统的管理理念，是根据经济发达国家及学术界多年来的新探索，在新的历史条件和日趋复杂的环境下，通过合作、平等、协同、沟通、制度等方式解决社会经济问题的思路。整合治理要求治理主体多元化，治理方式立体化，治理手段制度化，治理目标精确化，治理过程程序化。它对转变政府职能，调动各方面有序参与的积极性，实现可持续发展的环境构建意义重大。区域整合治理的条件应该来自两个方面：一是硬驱动，二是软驱动。前者是中央政府的政策规划要求的驱动，比如各种区域一体化政策措施；后者是地方政府利益的驱动，比如区域经济合作利益、生态治理利益、跨区域公共问题协同利益等。

（二）以往区域合作存在的局限性

以往的区域合作政策和措施取得的成绩是不可抹杀的，但其存在的局限性也是显而易见的：一是区域合作政策行政角度的要求多，区域合作关系的规范化、科学化不够，形式上的规定多，实质性的约束少；二是区域合作始终未能摆脱道义上的约束，利益机制的激励少；三是强调政府主导，但忽略和轻视了各种社会组织的有序参与；四是区域合作的相关配套政策供给不够，使地区间的竞争关系和协作关系出现了严重的不对称；五是区域政策未能根据区域经济发展的新情况及时予以调整，应对措施不够；六是区域合作仅考虑经济因素，忽略了社会、生态和经济的统筹发展。

区域整合治理是一种立体式的系统工程。从纵向看，其包括区域政策系统的整合，区域社会、生态、经济问题的统筹，区域行政区划的动态调整，区域综合改革措施的互动等；从横向看，包括区域社会组织与政府的配合、区域合作模式创新、区域协调战略、区域间优劣势的整合与再分工、区域产业结构转移型调整、区域人力资源的柔性流动等。从区域经济角度来说，区域经济整合是在经济规律和区域生产力配置最优化目标的基础上，将两个或两个以上不同发展水平的区域，通过政策要求、制度安排、规划实施，使经济、社会、生态总体统筹，实现区域经济合作、发展联动、优势互补、利益融合的整体效果的过程。区域经济整合是区域整合思路在区域经济发展中的应用，区域经济整合比起传统的区域经济协调，更强调政府主导性、行为主动性、措施综合性、多主体联动性和过程动态性。

（三）区域整合治理的特征

从公共管理的角度来看，区域整合治理的特征是政府主导的公共治理。区域整合的主体是中央政府、地方政府、企业，以及本区域与相关区域的各种社会组织；区域整合的客体是区域合作规划、产业集群重组、经济社会功能区划分、跨区域开发区、跨区域公共问题治理等；区域整合采取的手段一般是政策法规、行政协调、利益共享、地方合作、制度机制等，比如中央的区域发展规划、跨区域合作项目、跨区域开发区、跨区域环境治理、跨区域利益补偿机制。经济体制改革是全面深化改革的重点，核心问题是处理好政府和市场的关系，使市场在资源配置中起决定性作用并更好地发挥政府作用。这就对区域经济整合提出了要求，即区域发展要遵循市场规律，在市场决定作用下，阻碍市场决定的管理体制、行政区权限、地方利益障碍必须破除；同时，更好地发挥政府作用，要使各级政府在区域发展中立足长远，肩负起跨区域资源、产业、企业、技术、人才以及与经济发展有关的公共问题的治理，发挥在生态环境、社会管理、交通协同、教育资源、卫生医疗、文化旅游等方面的整合功能。

二、区域经济整合治理的主要障碍

（一）自然地理条件与经济发展水平

自然地理条件包括影响一个地区发展的自然环境、资源禀赋、交通条件等。自然环境作为人类生存环境的先天因素，如土地、气候、水等，作用于人类的日常生产和生活，自然环境优越与否一定程度上影响开发与利用的努力成本，贫瘠的土地、恶劣的气候和长期水资源匮乏是遏制地区发展和导致地区贫困的重要影响因素。资源禀赋是指影响地区发展的市场、资本、技术、人才、管理等生产要素的丰裕程度，资源禀赋差异影响地区内部的产业结构、对外贸易类型以及投融资环境等。资源禀赋条件并不是不变的，而是随着区域经济发展的变化，区域资源禀赋条件也会或好或坏地发生变化。交通条件构成区域经济发展的重要因素，作为区域间经济转移的重要工具，良好的交通网络和畅通的交通工具能够用时间代替空间，快速实现生产条件之间的要素整合和优势互补，是经济社会发展的重要生命线。各个区域在自然环境、资源禀赋和交通条件方面的差异形成了迥然不同的经济类型和特征，这些特点在长时间的发展过程中逐步累积强化，呈现出不同的发展程度、发展模式、发展速度。自然环境对区域发展的先天约束的突破，区域资源禀赋和交通条件的改善需要大量资金投入、政策支持、理念转变和长时期的调整。就目前状况而言，自然地理条件和区域发展水平差异仍然是形成区域经济整合机制的重要障碍。

（二）行政区划与地方保护主义

现有行政区划体制下，基于本地区利益考虑，各个城市和地区之间存在激烈的非合作博弈，部分政府在行政区域内实行地方保护主义，造成了市场的分割，限制了生产规模的扩大，同时也限制了总需求的扩大。一些地方实际上划分了自己的市场范围，对外资采取积极引进的态度，但对内资尤其是外地的产品则采取歧视、限制的措施。在市场竞争加剧的情况下，地方政府所采取的这种保护主义不但不能形成全国统一的市场，而且区域性的市场也难以形成。地方保护主义不仅不利于大市场的形成，而且也不利于统一的市场竞争机制的形成，导致了产业结构和消费结构的趋同化，限制了产业升级和消费升级，从而也限制了有效需求质量的提高。地方保护主义保护了地方局部利益和某些既得利益，破坏了市场秩序，损害了消费者的权益，抑制了消费欲望，从根本上损害了本地的长远利益，影响了地方经济的发展。因此，地方保护主义所形成的分割性市场严重抑制了内需，也就从根本上阻碍了区域经济整合与协调发展。

（三）GDP政绩观与短期行为

地方分税制度与政府官员考核方式导致了以地方政府竞争和短期绩效为导向的政绩观，使得一些地方政府部门和官员追求短期效应、创建形象工程、重复提供过剩公共产品，造成资源环境破坏、要素市场价格扭曲以及产能过剩等矛盾，影响社会经济整体发展。GDP政绩观使他们极有可能采取机会主义的做法，即履行职责的一切行为以经济增长为取向，重视经济规模和速度，忽视经济增长的资源环境代价与质量，从本地区、本部门眼前利益出发，忽视长远目标和全局利益，导致区域经济主体为了追求自身利益而采取不利于甚至有损于其他区域甚至整个社会整体利益的措施，造成局部利益偏离区域均衡利益最大化目标的情况。同时，为了增加GDP数量，不顾实际情况和群众需要，创建劳民伤财的形象工程，重复投资人民并不需要的公共产品，造成公共产品产能过剩而无法满足人民真正需求的矛盾，成为区域经济整合与协调发展的又一障碍。

（四）对区域优势和劣势的非科学判断

对区域优势和劣势的科学判断是地方政府区域定位决策的重要依据。任何地区都有自己的特点，有优势也有劣势，有的地区有资源优势但存在交通运输劣势，有的地区有潜在的市场开发优势但缺乏人力资源优势，有的地区有优质农产品优势但缺乏产业化发展优势等。在现实中，为什么会出现产业雷同和小而全、大而全的区域经济格局？为什么会出现大量重复投资建设和资源浪费？为什么会出现一哄而上、一哄而散的发展局面？除了扭曲的政绩观和行政短期行为之外，一个很重要的原因就是对本区域的优劣势缺乏实事求是的、科学冷静的长远战略思考。经济发展热衷于跟风，经济规划热衷于完美，经济决策热衷于长官意志，不能一切从实际出发、从本区域的特点出发，缺乏对本区域优劣势的科学准确判断，无视区域差异和现实条件，无视经济规律和生产力布局原则，这种武断的思维模式和盲目行为成为区域间合作的障碍。

三、区域经济整合治理的要件

区域整合与区域经济协调发展存在强正相关性，区域整合是区域经济协调发展的必然要求。实施区域经济开发、促进区域经济协调发展，就必须构建有效的区域经济整合机制。

（一）动力机制

区域经济整合的本质是利益调整，因此利益调整是形成区域经济整合机制最重要、最核心的支撑和力量。所谓利益整合，就是通过对不同利益主体之间的利益矛盾和冲突的协调，实现个体利益与共同体利益的有机统一。在以往的发展中，已有的区域经济格局形成了稳定均衡的利益结构，新的发展阶段和发展形势造成了新的利益诉求和利益分化。利益整合就是打破东、中、西部原有的利益格局，重新调整和分配利益，形成区域间新的利益均衡，利用利益指挥棒调动企业、个人等利益主体的积极性，通过有序参与的要求调动各种社会组织积极参与区域发展政策和区域合作项目，使其主动投入振兴区域经济发展的活动中。在此前提下，着力解决区际的互补整合，提升中西部地区资源开发和利用水平，挖掘中西部地区消费市场潜力，加强中西部地区对东部地区的能源和市场支持。同时，东部地区调动先进的市场机制、资金、技术和管理，培育中西部地区内生经济发展能力，加强区域之间的沟通、交流和学习，形成优势互补的良性循环机制。以区域项目整合推动区域经济协调发展，通过专业化分工与合作共同承建跨区域重大经济项目：一方面，通过对这些重大基础性项目、新兴产业项目的合作共建和开发，打破封闭的地方经济，连接不同区域的产业链条，用市场经济的内在联系构筑区域合作的稳定平台；另一方面，在项目的具体规划实施过程中，根据区域比较优势，制订能够充分发挥各方优势的方案，强化分工合作，从而形成分工合作、灵活互动的动力机制。

（二）协调机制

区域经济协调发展涉及不同个体、地区和领域，形成不同区域和利益主体之间的政策协调机制、人力资源协调机制和行政协调机制，对于区域经济协调发展具有重要的政策性和工具性作用。首先，区域经济合作政策是中央发布的规定和规范区域经济合作关系的权威性的指令或指示。它的使命是引导区域合作向纵深发展，并实现区域合作关系的规范化、有序化、制度化。政策协调机制要实现创新，减少地方保护主义和政府之间的不良竞争，构筑多赢的合作模式。要明确政府和市场的职能边界，政府对区域经济合作只进行适当的政策引导和宏观发展环境与法律制度环境的维护，不干涉微观经济运营。其次，形成人力资源协调机制。适度放松和取消户籍限制，促进人力资源自由流动，为支援落后地区发展建设的人才搭建平台，给予物质支持以解决他们的后顾之忧，加强不同部门和地区之间人力资本的培训和交流学习，实行人才跨区域、跨行业轮岗，培养全面性人才。最后，实行行政协调机制。构筑信息交流共享机制，减少区域经济发展中信息不对称问题，加强政府间的经验交流与合作，发挥政府在经济社会中的凝聚力和驱动力，协调行政目标，提高行政效率，形成协调合力，促进区域经济发展过程中的行政体制改革与完善。

（三）约束机制

为了防止区域经济合作中的机会主义行为，保障区域经济合作关系的健康发展，需要建立一种区域合作的行为约束机制。约束机制包括事前的制度安排约束、事后的评估约束以及贯穿全过程的人事约束。约束机制要兼顾现实要求和环境变化因素，规范不同主体的行为，明确合作规则、评估标准和奖惩要件，形成能进能退、能上能下、有奖有惩的氛围。为了防止区域经济合作中的机会主义行为，保障区域经济合作关系的健康发展，需要建立一种区域合作的行为约束机制。这个机制的构成要件有：区域合作章程中明确的行为责戒条款，包括区域合作各方在合作关系中应遵守的规则，在违反区域合作条款后应承担的责任，对违反区域合作规则所造成的经济和其他方面损失应做的经济赔偿规定；建立一种区域合作冲突的协调组织，负责区域合作中的矛盾和冲突的裁定；中央政府通过相关的政策和法规对区域合作关系进行规范，对区域合作中的非规范行为做出惩罚性的制度安排。同时，应当支持和鼓励各种社会组织对区域发展政策和行为进行监督和问题反馈，形成社会治理格局。还可以考虑通过政府绩效指标来建立一种区域整合的约束机制。政绩评价指标实际上是一种行为导向，它引导着各级政府的决策。在现有的行政管理体制和干部制度下，政绩评价指标实际上是各级领导施政目标和工作重点的指示器。在这种情况下，改变或调整现有的政绩评价指标，将区域经济合作成效作为政府政绩评价指标之一，如采用经济发展区域相关率指标、对内开放度指标、区域合作项目指标等作为评价政绩的必要标准，则有利于从根本上形成区域合作的激励机制，鼓励各级政府将扩大对内开放、加强区域联合作为重要的工作目标，从而有效地推动区域合作关系的形成。

（四）补偿机制

按照博弈论的观点，作为制度交易博弈的行为主体，各方关注的都是自己一方的现实和未来利益。由于我国传统计划经济体制是一个囊括全社会的巨大的层级组织，制度变革或改革的要求往往是自上而下的，区域合作的要求首先来自中央，各区域又首先是行政区域的利益优先，然后才考虑经济区域的特点，这样就形成了三边博弈关系，中央或上级主管部门、区域合作甲方、区域合作乙方。区域合作各方实际上首先要和中央或上级组织进行利益博弈，区域合作双方之间还要进行一轮利益博弈，这就使得区域合作关系变得十分复杂，变数很多。仅靠合作中的诚信是不能维持长期合作局面的，因此，需要有一种促进合作的利益补偿机制。应该做出一种制度安排，把区域合作建立在中央对地方、一区域与另一区域的利益互补的基础上。凡中央或上级组织要求建立的区域合作关系，中央或上级组织就应有相关利益补偿的政策供给；凡一区域与另一区域建立的合作关系，就应让合作双方本着互惠互利的原则商议利益补偿问题。我国东西部之间、落后地区与发达地区之间的合作，由于优势不对称，这种合作关系中的动力必须来自中央或上级组织利益补偿的政策供给。

第四节 区域经济治理的政治资源与开发

一、区域经济治理的政治资源

我国区域发展遵循着渐进式改革的发展路径。先重视区域经济的发展，在区域经济发展到一定的程度时，关注区域政治及其他因素的发展，即在区域现代化进程中重视区域发展的整体性，实现区域经济、政治以及其他要素的融合发展。我国区域经济与政治发展的结合，或者说区域的整合发展，是指利用政府和非政府的力量实施区域发展战略，区域地方政府和社会承担制度供给和制度创新的发展任务，同时注重区域内各发展要素的相互作用，以形成各具特色的区域开发和管理的发展形势。新时代，推动我国区域经济发展的政治资源有以下内容。第一，区域经济发展主体能够有效地利用社会资源和治理结构，以制度供给和制度创新的形式推动经济发展；区域经济增长和财富积累能够有效地缩小地区发展差距和消除两极分化；区域经济力量能够解除民众政治参与的外部束缚，并能为民众提供个性化的消费品。第二，区域政治系统和组织结构获得了制度化和法制化的发展，初步实现了民主化目标。地方政府拥有更加有效的治理能力，因而也更加富有发展意愿和责任感；区域发展主体能更有效地界定和行使权力，也能为区域经济发展提供各种政治资源和制度环境；区域内民众的民主和参与意识更加强烈，把参与区域经济发展作为自身全面发展的一部分。第三，区域发展的治理结构和治理规则更加成熟，积极容纳了民间的力量。以政治权力和政策制定为中心的正式规则和制度约束，依然是区域发展的制度安排的主体，但以区域文化传统为主要表现形式的非正式规则逐渐成为区域治理规则的一部分。社会中介组织和民间力量发展创新了区域发展在新形势下所需的规则、规范，多种形式的治理规则和制度安排在促进区域经济发展、维护社会稳定等方面起到了积极的作用。第四，社会分化和民众的个性化发展。新时代，我国区域发展最大的特点是突出人的全面发展和个性化发展；以组织和社团划分的阶层社会转化为以职业和个体兴趣为依据分层的社会，社会的高度分化和专业化，促进了自治性社区的成长，新兴利益群体成为社会发展的主流，这壮大了市民社会的力量，使社会制约权力成为可能。第五，各具特色的区域文化的激励功能更加突出，这既是区域经济发展的一种有效手段，也是区域文化发展的一种创新路径。我国区域整合发展已经在不知不觉中展开了，这从我国区域经济发展所体现的政治意义或区域政治发展的经济后果中都能看出种种迹象，并取得初步的成果。如我国目前以缩小地区发展差距为核心的西部大开发战略，注重中央与地方、国家与区域、政治与经济、生态与社会等方面的协调与整合，初步显示了我国区域经济发展的意义和方向。可以这么说，区域整合发展将是我国区域发展的必然发展路径，它在消除地区差距和贫富两极分化，促进区域非均衡协调发展、社会全面进步，以及国家整体现代化方面都具有重大的发展意义。

二、我国区域经济治理政治资源

区域经济整合发展是我国区域经济治理的制度创新，是新形势下的区域发展路径。在形成我国区域整合发展的制度环境和发展路径的过程中，应着重采取以下措施来开发政治资源。

（一）健全区域发展政策的立法体系

健全区域发展政策的立法体系，加强区域开发和管理的法制建设。我国开展了以国家扶持战略为契机的区域开发和治理，国家在战略规划和宏观政策指导的层面上实施区域发展战略，而具体的实施细则由各级地方政府遵照国家的战略规划分别制定，形成各区域的开发和发展方案。但现阶段，我国缺乏区域发展的具体法律指导和制度约束，这容易造成区域发展中的政策分割、各自为政，不能很好地实施国家的区域发展战略，达不到区域协作发展的宏观意图。因此，在借鉴国外经验的基础上，我国必须健全区域发展政策的立法体系，区域发展的立法必须适应我国区域发展的现实情形。

（二）创新区域开发和管理的组织模式

在区域开发和管理的过程中，我国展开了跨区域的基础设施和工程的建设，如青藏铁路、西气东输、西电东送和南水北调；面临治理生态和环境保护等区域发展问题，如黄河流域的治理与利用，长江流域的水源保护、开发和利用，长江上游的生态保护，西北沙漠的防沙治沙等。这些是我国西部大开发的重大战略性工程，直接关系到我国区域发展战略和国家整体现代化的实现，又是区域发展的重大现实问题，要打破区域界限和分割，要有协调统一的开发和管理模式。因此，必须在区域发展的组织和管理模式上进行制度创新，设立负责区域发展的专门机构来实施跨区域的开发与治理，实现区域间的协作与联合，把在不同区域的开发与治理权集中于统一的区域开发与管理机构，避免各地方在区域开发与治理中的各自为政现象。随着我国区域开发与治理的深入，我国也在加强对区域发展的管理体制和组织机构建设的重视。

（三）强化地方政府的发展职能

地方政府是区域发展的主要承担者和责任者，地方政府必须在区域发展中承担更大的责任。首先，地方政府必须处理好与中央政府的关系，负责执行中央政府的区域发展政策，使区域发展目标与国家发展目标相一致。其次，形成有效的行政管理和政府治理的规则，形成合理的区域发展的治理结构，履行本区域的社会、经济、政治以及文化等方面的管理职能。最后，处理好地方政府与民众之间的关系，鼓励民众参与政治，引导民众积极参与区域的发展建设。鼓励各区域民众参与区域政策的制定和实施，能够充分吸收社会及民间团体的意见，补充和完善地方政府的正式发展议案。地方政府对本地区民众关系以及负责任的程度决定着权力下放能否达到预期的效果，即更有效、更负责任的服务以及更大的地方自治权能否在区域发展中发挥更大的作用。

（四）重视公共政策的区域效应

国家的区域政策并不是针对某一特定区域制定的，它的实施对各个地区所产生的影响和政策效果也是有所不同的，这种具有区域差别的政策效果，被称为公共政策的区域效应。如国家财政政策、金融政策以及产业政策就有着不同的区域效应。公共政策的不同效应对区域经济和社会发展有极大的影响，它涉及区域政策的适应性和政策的实施效果，这对区域发展起到了指导作用，如区域发展方向的选择、区域发展的定位、区域功能区的形成以及区域特色等。同时，它对区域发展差异也有重要的影响。如我国 20 世纪 50 ~ 70 年代的区域发展战略和政策就对我国区域发展产生了深远的影响，并影响到后来国家制定新的区域政策和实现区域的转型发展。因此，重视公共政策的区域效应和发展效果，实际上就是重视国家以什么样的公共政策来指导区域发展。在这方面，国外的区域公共政策的制定和实施的经验是值得我们借鉴的。如美国的做法是：缩小地区差距，平衡区域经济发展是制定区域公共政策的出发点；中央对地方建立法制化和规范化的财政转移支付制度；针对区域问题制定有明确目标的区域发展政策，如田纳西河流域的开发政策、阿巴拉契亚山区开发政策等；将区域发展政策纳入法制化的轨道。从美国的经验看，区域发展政策的出台，必须经历开发方案的设计和论证、方案的立法程序、设立开发管理机构和财政拨款制度的立法程序等过程。此外，欧盟的区域政策还成立了相应的负责执行的专门行政机构。在欧盟委员会下设专职委员会主管区域政策的制定和实施，负责从共同体的角度确保成员国区域政策与共同体在落后地区的优先发展项目的协调。后来又成立了欧盟区域政策委员会，协调各成员国的区域发展政策并管理欧盟的区域发展资金。从区域政策、管理区域发展的专职机构以及区域发展的专项资金等方面，欧盟协调了各成员国的区域公共政策，并实现了公共政策的区域效应。我国目前的区域政策还被视为国家宏观政策的自然延伸，并没有将其作为公共政策的专门部分加以制度化和法制化。国家区域政策的制定和实施还未重视区域效应对区域发展的影响，区域政策的出台也并未全部经历立法讨论的过程。因此，我国区域发展政策必须有法律的制度安排，制定区域政策的法规和制度已成为我国区域发展的当务之急。

（五）动员区域民众的参与积极性

多元政治和基础广泛的民众参与正迅速成为现代国家治理模式的政治特征。以民间社团为代表的非政府组织和公民参与加入区域社会、经济和政治发展，表明区域民众对政府施加影响并促使政府做出政策反应的作用不断增强。民间社团和民众的政治参与对区域发展的意义在于：广泛的非政府力量，如民间团体和民众的政治参与，不仅促进了区域的政治发展，而且也是区域经济发展的积极力量，有利于地方政府探索快捷高效的治理结构和发展政策，以形成具有代表性和开放性的区域政府管理结构和管理方式；区域发展必须吸纳参与力量逐渐增强的民间组织和民众的加入，发展政策必须体现他们的意愿和利益，实现区域公共政策与民众的发展心理需要和预期的结合，区域发展政策才更具有代表性和生命力，区域发展也才更具有区域特色；中央及地方政府不得不同社会各阶层接触和谈判，应对来自不同方面的要求和压力，争取民众认可其在区域发展中的主导作用和发展业绩以获得存在的合法性；民间社团和民众的意见和压力，促使地方政府与民间非政府力量在区域发展中通力合作，使得地方政府更加尽职尽责，形成更加有效的关于区域发展的治理规则。

第五节 区域经济治理结构与区域经济发展

一、区域经济治理结构与组织间的功能替代

在经济学意义上，组织的作用是聚合生产资源以追求一个或数个共同的目标。作为组织，其运营状况要受到监控，以看其是否达到预期目标，这个过程实际上就是组织的治理过程。与各种组织相匹配，市场面临着市场治理问题，企业面临着企业治理问题，作为政治组织的政府面临的是政府治理问题。源于组织通常包含的复杂互动关系，不论是市场治理、企业治理，还是政府治理，都追求建立一个高效的治理结构。按照世界银行专家丹尼尔·考夫曼等人的看法，政府治理结构是决定如何在一个特定国家中行使权力的传统和机构。政府治理机构包括：第一，选择政府、政府行使职责、监督政府及政府更换的过程；第二，政府有效管理资源，并制定、实施和强制执行健全的政策和法规的能力；第三，公民和政府对管理他们之间经济和社会的制度的尊重。政府治理结构是指有效促进经济发展的公共权力和权威的运行方式，政府设计、规划和实施公共政策以及政府履行职能的方式。前者的定义比较宽泛，包括政府权力的来源、实施、监督及与社会的互动；后者则仅将其看作公共权力的实施及运作。我们认为，分析政府治理结构，除在既定政治格局下考察政府运用公共权力、有效管理资源、制定政策法规以及履行政府职能的能力外，更为重要的是在此基础上着重考察政府与市场、企业间的互动，而不只单方面分析政府行为，即理解政府治理结构必须理解组织间的互动及由此所形成的制度安排。市场经济中，政府、市场与企业是功能上互补、边际上替代的各个组织。市场的功能是维持自由平等的竞争，并通过价格机制低成本地确定要素的稀缺程度及要素的相对价格；企业的功能体现为在一定的技术水平条件下，组织劳动、资本等要素进行生产，获得利润最大化；政府组织的功能则在于向社会提供具有规模优势的公共产品，促进社会资源整体优化配置。各组织功能的实现与发挥是一种奇妙的结构，在引入资产专用性、交易成本外部性、公共物品性等范畴后，一般认为当资产专用性弱、财产公共性低、交易规模小时，易由市场发挥作用；当资产专用

性较强、财产公共性较高、交易规模很大时，易由企业发挥作用；进而当资产专用性很强、财产公共性很高时，易由政府发挥作用。因而，经济运行中的各组织都有其内在的行为边界。功能上的互补包含着它们间的边际替代。在考察企业的性质时，美国经济学家罗纳德·哈曼·科斯（Ronald Harry Coase）得出了企业是对市场的一种替代的观点，即企业是为了节约频繁或有风险的市场交易的成本而创造出来的经济组织。在道格拉斯·诺斯看来，国家则是在公共物品提供上具有规模暴力优势潜能的组织。但现实中，准确区分二者之间动态意义上的边界是困难的，组织间的互动在经济活动里持续长期地存在，而且，作为公共权力代表的政府，具有因政治意愿而建立、但后来可强迫别人与他们交往的性质，因此，在与市场、企业的功能替代及互动过程中，政府往往较为主动且难以被其他组织抵制。

可见，政府治理结构是在既定政治格局下，政府管理资源，提供公共产品，在经济发展过程中，运用公共权力制定、实施和执行政策法规，履行政府职能，与市场、企业间形成的持续互动、相互依存的组织结构状态。区域经济治理结构则是地方在一定的事权财权下，运用公共权力从事上述活动所形成与市场、企业间的互动依存关系，它反映了三类组织各自的行为边界和经济活动功能的排列组合。显然，在经济转型过程中，这种互动存在于经济生活的方方面面。价格作为市场信号，其形成机制反映了市场的发育程度。在价格形成上，政府定价范围越广，政府对市场替代也越大，而且企业的垄断定价也反映了地方的企业势力——垄断程度。在投资活动中，从政府投资、企业投资、外来投资占地方投资总量的比重大小不难看出经济运行的主导力量，如果政府投资比重大，则可认为政府在经济运行里对资源配置起着相当的主导作用，相反，就可以看出政府已经适当地缩小其活动领域，让市场投资主导资源配置过程。

二、区域经济治理结构优化的关键在于地方政府

区域经济治理结构所界定的政府与市场、企业间的角色定位、功能分工及互补，对于经济的健康运行至关重要，它们之间的行为边界界定不清或混乱会引发整个经济运行的混乱。而政府与市场、企业之间的互动分工及边界定位是否有一个恰当合理的界限，关键取决于政府对其职能功能是否有恰当的定位。因为，现代市场体系是依赖于各种规则来明确三者的行为边界及定位的，而适应市场经济规则的制定过程，对我国来说，是从计划体制下的规则向市场体制下的规则的转变过程，即一个制度替代另一个制度的过程。在制度变迁进程中，政府、市场与企业是两类制度主体（政府主体与非政府主体）的代表，两类主体之间的互动博弈，贯穿于制度变迁的始终。由于政府在制度供给中具有规模优势，制度性公共物品由政府来提供更为经济，因此，政府的重要功能之一就是生产提供足以激励经济主体活力、创造力的制度。地方政府在区域经济发展中，处于区域性制度供给主体的地位，在区域里，它是地区所需要制度的强制供给者，同时，对市场或企业追求潜在利润而引致的诱致性制度变迁进行默认、支持或事后认可。所以，区域经济治理结构中政府、企业与市场的行为边界与功能的排列组合中，政府起着主导性的作用。较完善的区域经济治

理结构，能合理地安排政府、企业与市场的行为边界，并设定一些规则，对政府行为进行自我约束，而治理结构的恶化往往代表权力横行对企业、市场行为功能的侵蚀，并诱发了保护一些妨碍增长的制度安排。现有制度安排表明了现存的一种静态均衡，即政府、企业与市场的依存组合，经济运作中潜在利润的出现可能打破现有的均衡状态，引起政治组织（地方政府）所决定的与企业、市场间的新的互动，形成新的治理结构，并取得可能的区域经济发展绩效。一定的区域发展绩效同时又会作用于现有的治理结构，促使地方政府根据经济发展态势在一定的利益格局下进行反馈和动态调整。

比如，目前我国正处在关键的社会转型期，传统意义上的社会资本的确在资本积累和促进人员流动等方面发挥了巨大作用。但是，由于传统经济学意义上的社会资本存在着局部过密，或过度与政治权力相联系的问题，往往会对市场化进程的不断深入产生许多负面影响。如企业（特别是个别私营企业）的家族化管理，既不利于现代信用机制的建立，又严重地影响和制约了企业规模的扩大，现代企业制度在这种情况下很难建立；在农村中，家族势力的影响与复苏，不仅严重影响了公民意识和民主参与精神的有效形成，而且也制约了农村民主化进程。创新社会资本的培育方式，促进区域经济的发展，必须做好以下两点。第一，有效发挥传统社会资本的积极作用，科学改造和培育现有社会资本。用历史的眼光来审视，中国传统文化具有相当程度的开放性，既是一种兼容诸子百家的文化形态，又是一种在不断与外来文化撞击、冲突、交流和整合中获得生存和发展的文化形态。然而就经济文化而言，它既是一种具有生活能力、保持伦理与道德的秩序文化，又是一种依存于科学与技术的发达的进步文化，存在于社会秩序之间。因此，只有将本土的伦理道德与外来的科学技术整合在一起，才能形成良好的社会秩序，才能促进经济的发展。与此同时，在市场经济形成和发展的过程当中，需要创设良好的法治秩序。我国传统的社会制度不是构建这一秩序的障碍，在传统文化基础上建立的、植根于深厚道德基础的法治秩序才是市场经济需要的法治秩序。社会资本这一非正式制度理应成为法治的弥补，而在非正式制度基础上形成的正式制度，才能促进市场主体的有效运作，理顺人与人之间极其复杂的交易关系。因此，从传统社会资本中挖掘有价值的因素，进一步检讨和发展传统的非正式制度，在此基础上为构建全新的社会资本优势，无疑将发挥意义深远的作用。第二，积极利用制度创新，加速社会资本培育。非正式制度的变迁是一个极其缓慢而又渐进的过程，一方面，政府对非正式制度的投资应该主动、积极、有效，发挥其主体作用。其中包括对于意识形态教育的投资。科尔曼曾经指出"就有目的的行为而言，许多社会资本具有的公共物品特征是社会资本与其他形式资本最基本的差别。社会资本是影响个人行动能力以及生活质量的重要资源。因此，人们尽力创立这种资本。但是，创立社会资本的行动往往为行动者之外的人带来利益，因而，创立社会资本成为不符合行动者利益的行动"。必须依靠政府的有效介入，由政府主动提供并维护有效的社会资本。另一方面，就目前我国市场经济正在形成和不断完善的特殊背景而言，特别需要政治权力积极、有效和合法地介入，以此构建全新的社会资本，为社会资本的培育创设合适的制度环境。政治权力的有效参与，不仅赋予了新生社会关系的法律地位，而且为其创设了稳定的制度背景和有效的制度激励，与社会资本相得益彰，并可以运用法律手段和制度机制调节不同社会资本之间的冲突或矛盾。政治权力还可以借助自己的合法地位建构总体的社会资本。应该适度减少对区域经济体系内部自发社会经济秩序的管制、控制和压制，营造宽松与扩展的制度环境。政府应该促进公民社会的培育，在落实公民权利的前提下，切实维护公民权利，积极塑造公民意识和有效培育公民精神。只有有效结合传统非正式制度和社会资本各自的优势，通过积极创造和培育新的资本优势和制度优势，才能有效促进我国区域经济的持续发展和社会的全面进步。

三、区域经济治理结构与区域发展的内在关系

众所周知，在计划经济体制下，市场的力量被完全限制，尽管存在企业，但企业在很大程度上也是政府的行政附属机构。因此，计划经济体制下的政府可以说实现了对企业、市场的完全替代，这种替代反映出的是一种大一统的治理结构。当然，这种治理结构已经被证明是低效率甚至无效率的，它无助于政府组织功能的实现，也窒息了经济的内在活力，造成资源配置的低效率。因此，我国经济体制改革的一个重要思路就在于还权于企业，实现政企分开，还权于市场，让市场在资源配置中发挥基础性作用，以实现政府、企业、市场三类组织功能的新的排列组合，即新的政府治理结构。地方政府在转轨进程中的一个重要任务就是结合地方实际，创造性地进行政府治理结构的重构，促进治理结构的不断完善与优化，让市场、企业与政府在经济活动中各司其职，推动地方经济发展。

（一）区域经济治理结构决定了区域经济微观基础的活力

在发达的市场体系中，以价格机制为媒介，市场是由高度分工的商品市场、要素市场，包括具有活力的企业与独立的中介机构所组成的自组织。在分散决策机制下，市场以具有弹性的价格传达市场信息，通过要素的自由流动，促进分工的日益细化，最终使产品能够按消费者的偏好安排生产，实现资源的最佳配置。我国经济转轨之初市场极不发达，表现在：价格由于管制具有刚性，市场信息闭塞，经济要素不能自由流动；专业分工粗糙，产品不能满足生产、生活的需要。经济的转轨对区域经济治理的一个重大挑战在于减少对市场的干预与替代，增强市场的功能，发展经济不可或缺的市场，即完善价格形成机制，减少政府定价的范围，培育地方商品市场、要素市场，增强要素流动的自由度，培育各类中介组织，为市场流通提供完备的交易场所和服务。同样，在计划经济体制下，政府办企业、国有国营、政企合一，企业事实上是各级行政管理机构的附属物，是某种意义上的等级组织，这与市场经济体制下的企业应具有的特性相去甚远。因而，改革国有企业，不断催生新的企业，使企业以利润为目标，通过竞争组织要素分工，发掘要素与资源的经济价值，将社会资源配置到最能体现其价值的地方，实现资源的优化配置，也是地方政府的当务之急。所以，政府由对市场、企业的完全替代向培育市场、发展企业的转变，既是治理结构的优化，也是经济运行微观基础的重构，这将焕发经济体系中蕴藏着的活力，推进区域经济的发展。

（二）区域经济治理结构决定了区域经济运行中的制度成本

区域经济治理结构所折射的政府、企业与市场的互动与组合，在转轨条件下，是由全能政府向有限政府的转变，是市场从无到有的转变，是企业从无自生能力向具有自生能力的转变，这些转变与体制转轨同步，是计划体制向市场体制的制度变迁。也就是说，区域经济治理结构归根到底是动态的制度结构的反映。我们知道，在既定的制度安排结构下，经济运行中的制度成本也被确定。不同治理结构内生出不同的制度成本，制度成本与治理结构呈反向关系，完善的治理结构与经济运行中较低的制度成本相对应，当政府治理结构最优时，经济运行中的制度成本最小，而治理结构的不完善会导致制度成本的递增。因此，区域经济治理结构与区域发展的关系，以制度成本为媒介得以确定。治理结构趋优时，制度成本降低，受此激励，各经济主体能够低成本地追求并实现经济运行中潜在的经济机会，从而使区域经济创新活动活跃，经济要素流动速度加快，组合不断优化，资源得到高效配置，最终使经济增长接近潜在增长速度，推动区域快速发展；反之，治理结构恶化，制度成本大幅增加，制度成本的高昂使经济主体失去重组资源寻利的动机，资源的配置效率下降。在这种情况下，即使地区有丰富的资源和人力，区域发展也难以实现，会造成经济的停滞，甚至能引起负增长。可见，经济发展缓慢与不健全的治理结构密切相关，而较完善的治理结构会促进经济的发展，在区域发展上，完善的治理结构至关重要。

（三）区域经济治理结构决定了区域经济运行中的不确定性水平

经济运行中不确定性往往与信息不完全性或不对称性有关。在交易活动中，经济主体在处理、加工和储存信息方面能力不足，因而难以准确推断出交易方的交易动机，从而使风险直接转移到个人身上。这样，经济主体就会产生机会主义动机，通过不诚实或欺骗来达到更有利于自己的目的，如假冒伪劣、虚假广告等，这样就会破坏市场的正常运行，引起市场失灵，需要政府加以监管。另一类不确定性是由政府产生的，即政府制定的政策、法律缺乏稳定性、透明性，政府在解释、执行时随意性大而引起的不稳定性预期，即政府可以凭借自己的解释权、执行权来干预市场、企业所引起的不确定性。因此，政府应把市场能够解决的交由市场解决，企业能够完成的交由企业完成，自己主要监管市场，保证市场的正常竞争秩序；监管企业，防止垄断与过度竞争；提供市场或企业无力解决的公共产品，并协调各经济主体间的利益冲突，使政府的作用与其能力、功能相符。这样的治理结构，既能较好地降低市场本身带来的不确定性，也能抑制自身给经济运行带来的不确定性，给经济主体以稳定的预期，约束其机会主义行为，最终促进区域经济的繁荣。

（四）区域经济治理结构决定了区域经济主体的生产性行为的努力程度

区域经济主体的生产性行为决定着区域生产可能性边界的拓展。在区域经济中，如果政府与市场、企业的行为边界模糊，政府在管理资源、运用公共权力的过程中不以其自身功能为依据，而让权力进入市场与企业，使权力本身体现出其市场价值，那么，区域经济主体的生产性行为将被抑制，非生产性（分配性）努力将被激励，经济主体会通过寻租行为来获取利润。这样，权力的寻租行为与经济主体的寻利行为就紧密结合起来。显然，在区域经济运行中，如果对财富的分配性努力的激励程度强于对生产性努力的激励程度，那么，区域经济发展将难以持续。因此，治理结构的优化，将提高区域的生产性行为的努力程度，而治理结构的恶化会提高对社会分配性努力的激励。而在一个分配性努力得到极大激励的区域，经济是不可能快速发展的。

四、优化区域经济治理结构，促进区域经济发展

我国改革的渐进特征要求政府逐渐退出经济领域，在渐次退出的情况下，政府的行为及其边界不可能在短期内完全从计划经济的定位转向市场经济的定位。但在我国已经基本建立起社会主义市场经济的体制框架并努力完善市场经济体制的情况下，政府仍然过多地和不适当地干预市场、企业，就成为突出的问题。而且，当前区域经济运行中所表现出来的一个突出矛盾就是，由于政府参与配置资源而所得利益的强化使部分单位和个人成为既得利益者，他们力图将直接参与资源配置的行为合理化、长期化，这严重影响了我国区域经济的健康运行。因此，优化区域经济治理结构，必须先治理政府。

（一）切实转变政府职能，控制政府规模

政府职能转变是治理政府的重要一环。要切实解决政企不分，政府对市场直接干预过多、过深，而公共产品和服务又严重不足的状况，把政府经济工作的着力点转到创造与市场经济相适应的体制、政策和法律环境上来，转移到完善市场秩序、促进公平竞争上来，全面提高政府效率，形成市场机制更好发挥作用的条件，给投资者、创业者以稳定预期。在政府职能转变的同时应控制政府规模，因为在政府规模与市场规模之间存在着此消彼长的关系，只有缩小政府规模，才可能真正解决政府占有资源过多，政府干预面过大，市场空间和市场机制的调节范围被抵制的问题。否则，市场和竞争就不能得到充分发展，市场在资源配置中的基础性作用就难以真正实现。

（二）真正做到依法行政，规范政府行为

市场经济是法治经济。如果说公民在法律面前是法无明文规定即可为的话，那么，对政府机构和政府官员来说，则是法无授权就不可为。地方政府要树立依法行政的观念，真正做到依法办事，杜绝行政超越法律的现象。一方面，政府制定的各种条例、命令、规定要合法，其内容不能与现行的法律相抵触，在我国加入世贸组织的条件下，还要遵守我国政府加入世贸组织的各项承诺；另一方面，政府在依法行使社会经济管理职能时，要做到有法必依，执法必严，违法必究，坚决杜绝政府在社会经济管理活动中的任意处置权，克服主观随意性。同时，要建立起科学的政府决策机制，使政府行为科学化，改变政府任意根据自己的偏好和判断进行决策的现象。

（三）坚决约束政府自利倾向，建立服务型政府

建立社会主义市场经济体制，本质上是权力结构和利益格局不断调整变革的过程。在权力与利益的调整过程中，一些政府部门和官员往往打着政府干预解决市场失灵或保护国家利益之名来行谋取部门利益和个人利益之实，以权力介入经济生活，干预企业的经营活动，妨碍市场的运行。可见，政府自利的实质是政府官员的自利。因政府自利引致的权力干预经济，必然带来权力寻租问题，导致市场秩序混乱，经济活动凋零。同时，政府的自利倾向还使政府各部门产生"有利益的事争着管，无利的都不管"的行为，引起政府职能的越位与缺位。为促进区域经济发展，当前必须坚决约束政府自利的倾向，建立服务型政府。一是改革行政审批制度，割断权与利之间的联系；二是要打破行政垄断，防止以特权谋利，主要是在一些可以引入市场机制的公共物品的提供上，引入竞争机制；三是切实加强对权力的监督和制约，加大对以权谋私、损公肥私的官员的惩罚力度，从而使政府真正成为最广大人民利益的代表，做到没有私利，不与市场争权，不与企业争利。

第十四章 区域经济治理的路径选择

第一节 我国区域经济均衡发展的路径选择

随着我国经济总体规模的不断扩大，基于产业结构、技术创新的区域经济布局不断得到优化，并且以年均近 10% 的速度增长，已成为国民经济的重要支撑因素。而在此事件的背后，不同区域发展的差别化现象却越来越明显。即我们持续实施了一系列具有针对性的政策措施，比如，西部大开发战略的深入推进、东北老工业基地的全面振兴、中原崛起战略的适时实施以及以东部优先发展带动其他区域共同取得进步等，都先后取得了较为明显的政策效果。

一、金融危机前后我国区域经济格局的转变

（一）金融危机之前我国区域经济的发展格局

自 20 世纪 80 年代以来，我国经济的几何重心就开始了移动，移动方向为向南偏西，这个方向即为珠江三角洲地区，以这一地区为中心的南部沿海区域在 80 年代得到了前所未有的快速发展。而自 90 年代起，我国区域经济的几何重心继续快速向南移动，与此同时，移动的方向也由以前的向南偏西转向向南偏东，这个方向即为长江三角洲地区，该地区在 90 年代的经济增速和经济总量都得到了迅速的提高。而随着市场化改革的深入，我国东部沿海地区在社会进步和经济发展等方面都明显领先于其他地区。至此，该类地区已经进入工业化的中期或中后期阶段。尤其是在我国于 21 世纪初加入世界贸易组织以后，我国经济逐渐走入了世界经济的轨道，两者之间的联系越来越紧密。作为全球重要的制造业基地，我国的珠江三角洲地区和长江三角洲地区已成为国际制造供应链的重要组成部分。

在西部大开发战略、东北老工业基地振兴战略和中部崛起战略相继实施的同时，我国东南部沿海地区的各种要素投入成本全面上涨，经济增速也在诸多压力下逐步放缓，与之相对应的是，我国中西部地区和东北地区却后来居上，经济增幅逐渐加快。从 20 世纪末

开始，东部地区的京津冀地区和山东半岛城市群异军突起，其经济增速跃居珠三角和长三角两大区域之上；而中部地区的经济发展速度已经居于四大主流区域的首位。由此一来，在一快一慢的交错步伐下，我国区域间的经济增长差距开始放缓。

（二）金融危机条件下我国区域经济发展格局

1. 从宏观角度看

全球金融危机对我国东部地区的影响最为明显，我国东部地区（尤其是珠三角和长三角地区）因其具有明显的外向型经济特征，受到冲击的幅度最大，经济增长也因此呈现出下降的趋势，尤其面向美欧市场进行商品出口且相对依存度较高的地区，经济的下滑趋势更是明显。

2. 在政策方面

我国中西部地区和东北地区在近一段时间以来，持续受到中央政策的倾斜，大区域战略的部署和实施给这些地区带来了快速发展的契机。一个明显的事实就是，区域经济的优先发展需要大量的基础设施投入，这将进一步加快该类区域第二和第三产业的发展。而在产业组织方面，金融危机使我国产业梯度转移的步伐加快，规模明显增大，大量企业尤其资源密集型和劳动密集型的企业，为了最大限度地降低成本，正从东部地区向中西部地区进行产业战略转移，这极大地促进和带动了中西部地区的工业化与城市化进程。在这一过程中，相关地区的固定资产投资规模得到加强。

二、区域经济非均衡发展与金融危机之间的关联

（一）经济政策的滥用加重了区域经济发展的失衡

在区域经济发展失衡的条件下，尤其是在经济发展落后的地区，地方政府通常有运用宏观调控手段加速其经济增长的冲动，这为金融风险的产生和积累创造了条件，同时，这种干预在某些时候已成为一种普遍的策略。所有的政策指向中，由政府发起的投资行为成为带动地方经济的主要力量。然而在市场经济条件下，或者按照克鲁格曼的经济学理论，任何投资需求与经济增长都应通过私人投资来实现，以政府为代表的公共投资只能作为一种辅助性的手段加以实施，而任何以主体身份出现的形式都被视为对市场经济的背叛。如果单纯为了经济增长而不顾忌市场和社会的反应，试图通过扩大政府投资所带来的乘数效应维持和促进区域经济的良性增长，不但无法实现预期的目标，而且最后可能连最初的经济状态也无法维持。尤其在经济发展水平相对落后的地区，民间投资的匮乏和政府调控经济能力的制约，这一风险将最终演化成现实，危机的出现将无法避免。我国目前真实的情况恰恰如此——经济发展越是落后，政府对经济的干预就越明显，而这正将区域发展的非均衡性引向深入。

（二）区域经济非均衡发展使金融体系更加脆弱

根据金融学的风险理论，金融体系的脆弱性主要是由信息缺陷和金融主体的非理性行为造成的。区域经济发展的失衡降低了市场机制的效用，从而使信息缺陷得到加强，而这又将进一步导致主体非理性行为的发生。由此一来，金融体系的脆弱性就在所难免。在我国当前区域经济发展的脉络上，东部地区渴望继续保持其领先的经济地位，而以往经济相对落后的中西部地区和东北地区更具有强大的发展后劲。从一段时间的实践可以看出，在金融深化与创新和金融全球化理论的支撑下，地方政府乃至中央政府都渴望并最终采取了相关行动，而这极有可能导致多方面的金融风险甚至经济风险。

（三）区域格局失衡致使经济增长不可持续

受全球经济形势的影响，我国经济增长承受着巨大的压力。在这种情况下，如果不能增加国内的需求，即有效增加内需的数量，国民经济和区域经济的滞涨将难以避免。而这样的危险局面是一触即发的，一旦宏观经济出现异样波动，政府就极有可能因鞭长莫及而无能为力，作为区域经济主体的企业便有可能陷入经营困境。因此，这些企业大多存在创新意愿不强、创新能力不足的倾向，尤其在我国一些经济发展水平相对落后的地区，企业经营效益的好坏大多要自己找原因，而对自身存在的问题却自负地不愿过问，这又加重了这一风险发生的可能性和发生后的破坏力。

三、促进我国区域经济均衡发展的对策和建议

（一）建立有效的补偿机制

从国家层面来讲，促进我国区域经济均衡发展的主要对策之一，就是要加强宏观调控的方向和力度，适时改革和完善财政税收体系，将中央与地方的财权和事权进行明确划分，进一步加强对中西部和东北地区经济发展的引导和政策倾斜，加大对该类地区的资金投入和智力投入，同时要逐步建立起全国范围内的区域经济协调机制，对经济发展中出现的诸如地区经济垄断等现象要严厉查处，维护地区的经济和社会稳定。从区域之间的关系来讲，就是要做到统筹兼顾、抓大不放小，发展较快的省份要积极协助其他地区发展，并且在区域和流域之间，通过协商、谈判和合作等多种方式，建立起长效的经济补偿机制，避免因无序开发导致资源环境恶化和更为严重的后果。此外，区域本身的发展可以考虑将原本独立、但社会影响相对突出的邻近地区纳入发展规划，进行统一协调和统一管理。

（二）加快外来资本的培植

这次金融危机对我国的影响首先表现在进出口贸易上，国内产品的出口受到了明显的冲击。在这种情况下，各区域政府应该适时转变战略方向，重新制定相关政策，并对现有的政策进行有针对性的调整，比如加快生产方式的转变，将原有的劳动密集型和资源密集

型产业向技术密集型和自主创新型产业转变等。同时，区域经济的发展不能闭门造车，以往独立、松散的区域关联状态应该被相互之间的合作取代，使合作的可能多于竞争，区域政府在其中扮演的角色非常重要，该角色不但要充分重视自身资源的种类和数量、生态环境的承载能力，还要因地制宜，将区域经济发展和区域间的发展趋势进行统筹安排，实现区域经济社会持续健康发展。而在这一过程中，一味地抵制外来资本、单纯地扶持本地企业只能适得其反。所以，在对待外来资本的问题上，要在一开始就将外资进行根植化和本土化，将其与区域的长远发展联系起来，尤其对那些金融性资本和产业资本，对其采取有效措施加以控制是发展区域经济的又一良方。

（三）加强区域经济合作

在应对金融危机的过程中，各区域应最大限度地发挥其比较优势，以最高的经济效率参与市场竞争。为此，各区域政府之间要在区域经济共同发展的目标指引下，积极参与区域经济合作机制的建立和完善工作，以此来保证区域合作的矛盾和冲突能得到快速有效的解决。而在区域经济合作的组织形式选择方面，项目合作和市场机制有两种主要的运作形式，此外还可选择非政府组织的合作形式等；在区域经济合作的方式与手段的运用上，行政干预和市场化手段是两种截然不同的方式，两者可以分开进行，只选取其中一种，也可以将两者结合，合并使用。一个明显的趋势是，随着市场经济的不断深入，政府在区域合作中的地位和作用将逐渐削弱，取而代之的主体为市场。

在这场全球性的金融危机中，我国经济基本实现了平稳着陆，这与政策制定者长期以来高度重视区域经济的均衡发展有直接关系。因此，在金融危机的背景下，为了进一步巩固发展的成果，还应该始终走区域经济优先发展和均衡发展的道路，根据区域的特点确定相应的发展思路，并且在具体做法上要积极加大基础设施的投入力度，优化和调整产业结构，使经济发展和环境保护融为一体；同时，以科技普及和教育优先发展为契机，加强人才培养和科技成果的转化等，将金融危机对区域经济的非均衡破坏降到最低程度。

第二节 区域文化视域下的区域经济治理路径创新

作为经济社会的基础性构成，区域经济以空间为载体，具有空间差异性、相对独立性和整体关联性等特征，包括区域内的资源组成、产业分租、产品类型、技术水平、区域文化等要素，其中尤以区域文化对区域经济的影响最为深刻。区域文化指的是在特定的区域范围内，由特定群体创造出来的物质财富和精神财富的总和，是该区域社会经济和政治形态的外化。在区域文化和区域经济的关系上，两者相互影响、相互作用。区域经济能够决定和固化区域文化的发展形态、发展结构、类型和特质以及发展水平等，并为区域文化提供物质条件；区域文化能够推动或制约区域经济的发展，当区域特色文化渗透进区域经济中，又可以形成特色区域经济模式。作为一个空间概念，区域经济发展的影响因素有很多，区域文化就是其中的一个重要方面。本节将阐述区域文化的形成过程和相关概念的界定，然后分析区域文化对区域经济发展的影响，最后，基于区域文化视角给出区域经济的创新策略。

一、区域文化的形成与概念界定

（一）区域文化的形成

作为特定区域内思想意识的总和，区域文化的形成反映了历史发展的整体脉络和特定地区、特定人文历史境遇，也因此使该地区的人文特色得以定型，并与其他区域的文化特征相区分。区域文化是一个广义的概念，因其限于特定的历史文化和时代文化的时空条件，使之进一步分为地域文化和地方文化两种形态，这种划分能够体现出在国家形成过程中区域文化的历史进程。地域文化又因分布的广泛性和历史的沉积性而具有意识文化和地区文化的双重特征，地方文化则因传统意识的作用而具有地缘文化和民族文化的双重特征。一般而言，由于自然地理环境、人文社会环境和历史发展脉络的不同，形成的区域文化也都各具特色，并在此基础上，整个国家民族的文化也因此形成。在任何一个国家和地区，地理环境都存在较大的差异，并且在政治、经济和文化的不断演变过程中，各种文化群体和流派的交流与碰撞更加激烈，无论是碰撞的深度、广度还是频度都会出现一定程度的不一致，加之不同地区通过长期的积累形成的独特的但是不对称的文化心理积淀，都会对该地区的传统习俗、风土人情性格特色以及心理特征产生直接或间接的影响，并因此创造出风格各异、稳定成熟的文化成果。而经过长期的历史积淀和融合，相似或相同的文化特质就会在某些特殊的地理区域出现，该区域居民的语言习惯、艺术表现形式，以及生活习惯和道德观念、心理特征、性格特质和行为模式等，也就有了一致性的表现，这便是区域文化的雏形。

（二）地域文化的界定

区域文化首先表现为地域文化，而其中的意识形态主流，即意识文化是促成区域文化现象得以发生的主要构成要素，其功能在于以政策性手段为主，对区域文化进行意识形态方面的调控；地域文化的另一种表现形式为地区文化，也就是通常意义上的基于区域文化的政治行政区划，其功能在于通过体制性手段，对区域文化进行行政调控。此外，地域文化的内涵以社会体制为中心，并在意识文化和地区文化两者之间实施互动和补充，即便是作为其文化调控功能实现方式的政策性手段和体制性手段，也必须以政治需要为前提达成一致。因此，地域文化具有一定体制性的政治色彩。

（三）地方文化的界定

地区文化是使区域文化现象得以显现的构成要素，区域文化中的人文地理环境，即地缘文化扮演了重要的角色，其功能在于为区域文化的形成提供了必要的资源支撑；地区文化的另一个表现方面是民族文化，也就是所谓的区域文化的民族归属区分，它的功能在于为区域文化提供适时的生活导向。此外，地区文化的内涵在地缘文化与民族文化两者之间，会进行相互的融通甚至重合，而这种交融是以满足特定的地理条件和民族条件下人们的生存需要为前提的，因此，地方文化便具有了实存性的特征。

二、区域文化对区域经济的影响

（一）区域文化氛围调节区域经济意识

在我国传统文化的强大树荫下，我国不同区域产生了风格迥异的文化脉络，在此影响下，不同区域内人们的经济意识和经济行为也表现出了不同的特征，即区域文化的氛围对区域经济意识的形成和走向有一定的决定作用。如果区域文化的风格辛辣活泼，人们封闭内向，那么区域内的人际关系就表现为和谐的乡邦式的协作，这种模式使得当地的人们更多地注重具有本土特色产品的开发，而对外部世界却表现出了相对迟缓的反应，因此其市场开发程度低，相关的市场活动也会显得不够活跃，市场的发育水平和整个区域的经济发展会因此受限；如果区域文化的风格既端庄细腻，又灵活洒脱，则在此种文化风格的影响下，区域内的企业不但能够使其传统特色得以良好保存，还能在文化的积淀下孕育出适合时代发展的创新精神，技术设计、产品质量、市场开发等都能得到很好的重视，继而在此影响下，资金、技术、人才等区域经济发展所需的大量资源会聚集到该区域，这必将推动整个区域的经济发展。

（二）区域文化是区域经济发展的内在动力

在市场经济条件下，劳动生产率和生产能力都得到了极大的提高，而与此同时，经济社会也因此变成了矛盾的复合体，文化关怀显得十分缺乏。因此，有必要在发展区域经济的同时，注重区域文化对区域经济发展的作用。区域文化的建设一般通过社会群体的整体利益、理想意志、价值观念、道德水准、行为规范等来实现，因此，有利于形成适应经济社会发展的先进文化理念及文化环境，并以此支配人的行为，对纷繁的社会关系进行必要的调节，在为经济社会发展提供强大精神动力的同时，也使经济主体的主动性、积极性和创造性得以最大限度地发挥，继而使整个群体产生明显的创造力，促进社会的快速发展。文化建设通过对制度建构的指导，实现社会经济体制和政治体制的优化，以此为经济发展提供精神动力。此外，区域经济发展体制的建立和运行需要区域文化的指引和支撑，需要通过经济主体在价值观念上对制度的内在认同才能完成，而这一过程能够促进人的全面发展，也为经济的发展提供了强大的精神动力。

（三）区域文化是区域创新的源泉

优秀的区域文化通过长期的累积，以固有观念的形式存在于区域之中，对人们产生潜在但深远的影响，而这必然作用于区域经济的发展。这是因为任何优秀的区域文化都具有强大的向心力和凝聚力。当区域文化经过长期的发展，并被当地群众挖掘、整合、吸纳、定位和认可后就逐渐深入人心，成了一种协调群众关系的黏合剂与润滑剂，这种共同的文化背景使群体之间形成了共同的理想与价值观念，并在此基础上形成了一致行动。因此，广大干部群众就在精神领域高度地团结起来，以本地区的经济社会发展为共同目标（当然是理论上的）。此外，从理论上讲，优秀的区域文化能够创造出具有优秀精神的经济体。而在优秀的区域文化中，创新意识和价值观念对现代经济的主体——企业家的形成产生深远的基础性的影响。而事实是，只要区域文化得到合适的条件，就能转化为现代社会所必需的创新精神，而这种创新精神必将影响区域经济的整体性发展。

（四）区域特色文化形成区域特色经济

区域文化是以特定区域经济活动的各个环节为载体，从而产生了区域特色经济。而特色经济的理论基础是分工与优势理论，分工与优势理论把区域作为空间载体，一般涵盖了特色资源、特色产业、特色科技与特色经济区域等领域。区域经济体现了整体性、相互关联性、相对独立性以及空间差异性等特性，差异突出优势，优势产生特色。所以，从这个意义来讲，区域经济就是特色经济。当区域特色文化融入区域经济当中，通过资源优势而立足，就可产生具有特色的区域经济模式。多样化的区域文化作为区域经济发展的特色文化资源，而浓厚的文化资源的累积就能转变成推动区域经济发展的文化力量，进而提高区域竞争力。政府可以利用地域文化资源，举行多种具有地域特色的文化活动进行招商引资，使得文化能为经贸服务，从而促进经济发展。

三、基于文化视角的区域经济创新策略

（一）发掘区域文化中的经济价值观念

区域文化对区域经济发展的重大作用表现在其对当地居民的经济思想与价值理念发挥的主导功能。例如，我国早期发起的中小企业集群与那些已经作为区域经济发展优良典范的区域模式，其文化根源均是重功利和重工商的传统文化思想作用的结果。若想完全发挥区域文化中的经济思想与价值理念对人们经济活动的指引功能，就要求充分挖掘并推广区域文化中富含的经济思想与价值观念。而要实现这方面的作用，当地的文化宣传部门要发挥其作用，仔细研究挖掘本区域文化中蕴含的富有价值的经济思想与价值理念，并且利用各种宣传工具不断进行宣传，让它们成为人们心中稳固的思想价值观。

（二）通过比较优势发挥区域文化产业

区域经济的发展，需要遵循和重视具有区域比较优势文化的开发、分析和发挥。第一，要确定文化开发的必要性，即能够将其作为区域经济优先发展的产业，并进一步考察其是否能够带动相关产业的发展与升级。而实际上，任何区域内的文化资源配置都是不全面和不齐全的。因此，区域文化的全面发展受到较大制约，就为特色文化的发展提供了切实可

行的契机。第二，要考察和定位区域内文化产业的发展次序，对具有较强比较优势或较弱比较劣势的文化产业要考虑优先发展，并以对该文化的开发最大限度地带动区域文化禀赋的升级。第三，要注重文化产业的发展规模和速度，在产业发展过程中，其他的资源要素要以该产业为中心，全面帮扶文化产业升级。第四，要以时代发展为契机，适时升级文化产业的高度，适时调整产业发展的重点，使其在每一个发展阶段都能发挥文化的比较优势。第五，要加大对文化资源的开发力度，在提升传统文化产业的同时，加大对新兴文化产业的开发力度，最大限度地促进文化产业和相关产业的联动发展，最大限度地配置区域资源。

（三）加强本土文化和外来文化的融合

历史实践证明，任何国家和地区的发展都无法长期地依靠自身资源和能力。自改革开放以后，我国已经在政治、经济、文化等方面与很多国家建立了良好的外交关系，相互之间的交流越来越频繁，这对我国区域经济和区域文化的发展至关重要。而一段时间以来，包括可预见的未来，我国都已经且继续要面临来自各方文化的强大冲击，这种冲击作用于区域经济领域就会产生巨大的放大效应。因此，区域经济的发展既要保持自己的文化风格，又要选择和吸收外来的优秀文化，将本土的区域文化和外来文化相互协调和融合，使二者共同为区域经济的发展贡献力量。

（四）以特色文化带领特色经济

在区域经济长期发展过程中，要将区域文化作为基础，培育特色经济，使独特的区域经济发展水平得以提高。具体表现为，将区域文化的精髓融入经济领域，将区域的资源与经济优势相结合，然后科学地塑造出独特的区域经济形象；区域经济的发展要与区域文化特征相适应，发展富有区域特色的产品，形成具有区域特色和区域优势的特色产业，并将其打造成区域经济发展的主体，然后以这一主体为中心，调整和优化区域产业结构，建立起具有区域特色的经济格局。

按照传统经济学和管理学理论，区域经济的发展、区域产业的创新都要依赖于区域发展环境的培育，而"环境"又有内外之分，外部环境对区域经济发展来说相对不可控，而内部环境，尤其是区域文化因其根植于区域的内里之中，对区域经济的发展起到极强的导向作用。因此，区域政策的制定者和决策者要破除制约区域经济发展的陈规陋习，建立宽松、先进、有利的文化环境，以先进的文化理念创新区域经济发展的路径，弘扬区域文化中的经济价值观念，积极发挥区域文化的比较优势，加强本土文化与外来文化的融合，培育特色产业，以此来推动区域经济的健康有序发展。

第三节 区域经济增长与人力资本构成的关联性研究

区域经济是国民经济的重要支撑，在社会发展进程中扮演着重要角色。长期以来，我国区域经济的发展并不均衡，在资源占有、利益分配、人力资本等方面的表现尤为突出。其中，人力资本构成与区域经济增长之间的关联最为紧密，即人力资本的构成能够对我国区域经济的增长和协调发展产生重要的影响。因此，从这一角度出发，寻求区域经济增长、促进区域经济协调发展的思路和措施，有着十分重要的现实意义。但是，实际情况是，虽然通过优化人力资本结构能够促进区域经济的全面、协调和可持续发展，但是在"区域"的框架内，我国人力资本的构成并不合理，在人力资本配置和利用效率方面存在着短时间内难以解决的深层次问题。也就是说，若想通过优化人力资本的结构促进区域经济的发展，提升区域经济的增长空间，首先要结合区域人力资本的特点，实施有差别的人力资本规划。因为只有对人力资本的构成进行适当的调整，才能形成推动区域经济增长的动力。

一、我国区域经济增长的失衡状况

（一）资源供给和占有失衡

自改革开放以来，我国发展了一些具有地区特色的经济发展区，诸如深圳、长三角以及珠三角等地区，它们代表了东南沿海现代化经济发展水平，这些经济区对我国的国家经济增长有显著贡献，同时也消耗了国家大量资源，该经济发展区的迅猛发展，一方面要依靠地区性地理优势特别是改革开放的便捷性，另一方面在很大程度上也要借助能源的高投入与高消耗。与此同时，中西部地区在自然资源上优势明显，然而在经济发展过程中只是承担了能源与原材料供应的角色，其用在自身建设上的能源使用甚少。这种资源供给与占有失衡的状况必然会使得发达地区和欠发达地区的差距不断扩大。

（二）利益分配失衡

一直以来，东南沿海地区经济发展主要依赖于中西部地区丰富的自然资源储备，长期以来，中西部地区都根据国家计划把资源低价转移给东南经济发达地区，但是东南沿海地区却以市场价格将其产品销往中西部地区。该种不协调的利益分配机制必然会引发两个后果：就中西部地区来说，不但要面临资源高消耗而引发的过度使用忧患与原材料开发引发的生态破坏，同时还未在这种资源的原始消耗后获得东南沿海发达地区合理的经济利益分配；对东部沿海地区来讲，其经济的发展与经济效益迅猛增长的前提面临着危机与挑战，要在一定程度上担负中西部地区资源供应匮乏所引发的发展风险。

（三）人力资本投入失衡

人力资本是当前地区经济发展的主要推动力之一，人力资源的投入多寡将对我国区域经济发展水平与发展空间产生直接影响。而目前我国教育水平发展滞后，这严重制约了我国人才的发展，在当前这样的大背景下，在区域经济建设中非常容易出现人才流动的不均衡现象。具体表现为东南沿海聚集了一大批高素质的人才，高文化与高技术人才大量涌入这些地区。与此同时，这些地区的行业与企业在人员引进时仍然在提高人才标准，而中西部地区基于投资环境较差、产业结构较不合理、生活环境较差等原因，其人力资源投入力度不大，这就导致了东南沿海区域人才高消费乃至人才浪费，很多中西部地区急需人才的行业特别是高科技行业通常面临人才匮乏，这在很大程度上制约了中西部地区的经济发展速度和人力资本在区域经济中的显著作用。

二、人力资本构成对区域经济的影响

（一）人力资本影响区域竞争优势

人力资本对区域竞争优势的形成有重要影响，尤其体现在两个层面：首先，人力资本对区域产业的形成和发展有显著影响。从发达国家发展历程可以看出，通常一个国家的产业结构终将实现由劳动密集型产业转变为知识密集型产业，而在这个转变过程中，劳动者的受教育程度与知识结构直接关系到区域新技术的创新与运用，而人力资本质量与结构对区域经济发展结构的影响也极为深远。其次，人力资本对区域产业结构的升级优化有重要影响。由世界经济结构演变的发展趋势可以看出，科学技术进步对区域产业升级与优化起决定性作用，然而不管哪种技术进步，尤其是在技术扩散的过程当中，都与人的因素密不可分，因此人力资本是技术创新与进步的最终决定因素与载体。

（二）人力资本影响区域中心城市及城市群的形成

城市是区域经济发展进程中的物质运输交换、要素流动以及信息沟通的主要场所，就某一个区域而言，因为各个城市具有的辐射作用不尽相同，其中辐射范围最大的是该区域的中心城市，其在该区域发展进程当中担负了贸易中心、生产中心、服务中心、金融中心、科技中心以及信息中心等功能，而这些经济功能的产生与作用的发挥，都是以人力资本为基础的，国内外的区域发展实践表明，在区域的中心城市与城市群当中，其人力资本非常聚集，同时区域人力资本的数量与结构对区域中心城市与城市群的辐射范围产生了重要影响，最终影响区域的经济发展。

（三）人力资本影响区域经济可持续发展的实现

在传统的区域经济发展理论当中，由于其主要关注了物质资本，由此产生了仅依靠物质资本投入的经济增长理论，主要以提高国民生产总值与发展速度为目标，导致环境问题与社会公平问题成为区域发展的负担，在自然生态系统与社会经济系统的不断冲突当中，人类开始思考人与社会发展的关系，产生了人类与自然和谐相处的可持续发展理论，在该理论的影响下，经济发展方式发生了很大转变。而经济发展方式的不断转变，最终脱离不了对人力资本的不断投入。并且因为人力资本投入具有显著的外溢效应，能够使资本与土地等生产要素结合后，产生边际收益递增效应，这表明在投入等量资源的情况下，人力资本将会产生更大的效益，在产出一定的情况下，物质资本与自然资源的投入将会减少，最终会降低对自然资源的依赖性，进而为区域的可持续发展提供重要保证。

三、人力资本视角下区域经济增长的措施和建议

（一）提升人力资本水平

在区域创新体系中，人力资本占有极其重要的位置，尤其在扩大区域间的知识溢出方面发挥着非常重要的作用。在不断提高我国人力资本水平过程中需要做好以下几点：第一，要不断增加教育投资，注重全民素质教育，使得教育投资成为人力资本投资的核心内容，人力资本规模和受教育水平的时间长短成正相关，通常而言，受教育的时间越长，人力资本的存量相应也就越大，最终积累到一定规模就会引发质的飞跃。而人力资本素质的不断提高是技术创新与制度创新的原动力，是经济增长的持久保证。第二，尤其要重视人力资本的使用与配置。只有当高质量的人力资本被充分利用时，人力资本才会对经济的发展形成持久的推动力。当前，我国还未设立完备的人才配备机制，所以需要进一步深化改革，政府需要调整人力资本投资分配的方向，确保各区域人力资本投资的协调发展，建立一个公平、公正的人才配置机制。

（二）提高人力资本存量

人力资本对经济发展的重要推动作用，一方面受到人才数量多少的影响，另一方面也受到其使用环境、组织制度与激励机制有效程度的影响。所以应不断完善用人机制，改善人才所在的工作环境，不断调动人才的工作积极性，进而充分发挥人才在经济增长中的重要作用。与此同时，如果经济发展得很好一定会吸引高层次的人才，经济增长与人才增长构成了相辅相成的关系，这就意味着人力资本不但可以推动区域经济的发展，对自身发展也有重要作用，完善的人才发展模式和经济增长将会形成一种良性循环。

（三）完善教育投资机制

当前的财政收入和分配体制加剧了我国的教育资金投入不足的弊端。我国的国家教育资金的投入主要集中于省市重点学校，而区域教育资金的投入主要集中于区级的重点学校。我国政府教育资金的投入不均衡的现状，直接加剧了教育投资趋于两极化。理论和实践证明，国家要实现经济不断发展、培养与时俱进的人才，政府教育资金的投入必须遵循相应的法律与政策，确保地方教育资金的投入得到很好落实。与此同时，要不断发展职业教育，逐步建立职业教育体系。在发展职业教育时，要从市场角度出发，培育符合市场需求的技能型劳动者。而在发展职业教育时，要不断加大政策的支持力度，确保经费的投入。要组织形式多样的办学模式，不断优化整合资源，提高办学效率；多渠道开展职业教育，可以

将企业培训当作一种职业教育发展的重要方式。

（四）实现区域人力资本的共享

要不断加大各级政府的投入力度，确保社会保障体系的顺利建设。要进一步完善社会保障体系，不断加大覆盖范围，要让外来择业者也加入社会保障体系，从而处理好流动人口的社会保障问题，特别要加大政府投资力度，以确保社会保障体系的平稳运行。这不但可以提高居民的人力资本水平，还能推进社会与经济的稳步发展。除此之外，要建立区域人力资本的共享机制，设立人才流动库。要不断鼓励知识要素与技术要素的顺畅流动，加强企事业单位用人体制的改革，消除人才单位所有、部门所有以及地区所有等制度性障碍，尤其是要疏通党政机关人才、企业职业经理人、专业技术人才之间，公有制经济组织与非公有制经济组织间的以及各地区之间人才流动的渠道，最终推进人才合理有序地流动。

区域经济的增长需要诸多要素的协调作用，而人力资本在区域间的非均衡配置，将对其产生直接影响。虽然我国劳动力总量丰富，但人力资本的素质、质量和积累能力，在不同地区间存在较大的差异，尤其是中西部地区和东部地区相比，差距会更加明显。这种人力资本的非均衡性将对区域经济的增长、产业结构的调整和优化，乃至全社会的和谐发展产生深远影响。为此，需要制定相应的区域发展战略，促进人力资本合理和顺畅流动，加大对中西部地区的教育投入和政策倾斜。基于这样的忧思，本书对区域经济增长和人力资本构成的关联性问题进行了系统的分析。

第四节 高等教育与区域经济发展的互动性研究

高等教育在区域经济发展中扮演着重要的角色，它通过向区域内进行人力资本投资，实现为社会服务的目标，完成自身职能的提升。高等教育与区域经济之间存在天然的关联。高等教育通过人力资本和技术知识的形式，参与并推动着区域经济的发展和经济增长方式的转变，是知识驱动产业的典型表现；区域经济通过发展中出现的对知识的需求，为高等教育提供创新的动力和就业岗位。然而，在我国部分地区，高等教育和区域经济之间的关联性并不协调，严重阻碍了区域主体运行效率的提升。近年来，乃至今后的较长时期，高等教育参与区域经济和社会发展、区域经济为高等教育的深化提供广阔空间，将成为一个明显趋势，两者的有机结合必然能够促使教育体系和区域发展体系发生结构性变化，这种变化将直接指向区域社会的全面、协调和可持续发展。因此，地方政府和全社会应更加重视高等教育的建设，在强化其社会服务功能的同时，最大限度地为区域经济和区域社会的全面发展提供不竭的动力。

一、高等教育与区域经济良性互动的现实意义

（一）促进区域产业的升级和优化

高校在与区域经济的紧密互动中，能够发挥自身的资源优势，为当地的经济社会发展提供智力支持，并在对人才培养的针对性进行仔细分析的基础上，为当地输送人才，促进区域产业的升级和优化。尤其是在知识经济的大时代背景下，产业结构的优化和升级离不开人才和智力，而一个能够和区域经济进行良性互动的高等教育体系，能够将这一需求转变成现实，成为区域内产业发展的积极动力，促进区域经济的跨越式发展。

（二）增加高等教育的社会需求

在高等教育和区域经济的互动过程中，高等教育的社会需求能够得到显著增加，尤其在互动关系呈良性发展的区域，高等教育能够和区域内的产业进行有效结合，高等教育的优势和社会价值能实现释放：企业的技术难题需要破解时，可以向高校寻求帮助；企业在引进新的技术和设备时，能够通过高校为其提供的职业培训，提升企业的软实力；通过高校与企业之间长期稳定的合作关系，企业能够获得及时的管理咨询。在这一过程中，高校不但能在与区域经济的短期互动中得到相应的报酬和经费，还可以通过与区域经济的长期合作，争取到来自企业的横向课题经费，还会在资源共享的过程中，获得实验设备和人才培养方面的资金支持。

（三）降低结构性失业与选择性失业水平

区域经济对高等教育的作用，效果也非常明显。在两者互动程度较高的情况下，高校会在与区域内企业的长期合作中，对企业相关生产技术、操作流程、注意事项等进行针对性的学习。如此一来，高校的实践教学环节就得到了及时的补充，即在学生实习前或毕业前，根据专业特征进行针对性的集中培训，使高校的实践教学通过企业的配合，显现出真实理想的效果。此外，学生也能在逐渐融入企业相关岗位的过程中，将自身的能力和特质进行积极、全面的展现，这样能够更好地进行择业和就业。由此可见，高等教育在和区域经济的互动中，能够促使高校按照企业人才的需求模式合理设置人才培养方案，使人才的培养符合社会的发展需要和当地产业的需求，降低结构性失业与选择性失业水平。

二、高等教育与区域经济互动模式

（一）校企合作模式

区域经济的发展需要智力资本的支持，这就要求智力资本的基本载体——高等教育发挥服务社会的功能。这样一来，高等教育和区域经济之间就会产生紧密的结合和互动，校企合作就是其中的典型模式。在这一模式下，高校通过与特定企业建立长期、稳定的合作

关系，实现互惠互利、互助双赢，既有利于高校的人才培养，也有利于企业的业绩提升。因此，校企合作模式的建立，需要同时充分发挥高校和企业的资源优势，这不但符合企业发展的需要，也是高校人才培养的客观要求，并与高校的社会服务功能的发挥直接相关。

（二）产学研合作模式

在该合作模式下，进行科学研究、追求技术创新是主要的目标任务。其基本框架为，将区域内的高校、科研院所和企业结合起来，通过他们之间的内在联系和良性互动，提升高校的人才培养水平、科研院所的研发能力和企业的成果转化力度，并为区域经济的发展提供有价值的决策信息等。具体而言，其意义表现为以下方面：产学研合作是对高等教育资源的拓展，使其社会服务功能得到了更大程度的实现；对处于合作关系中的高校而言，是提高其办学水平的重要途径；在产学研的合作模式中，企业和科研院所参与社会分工的水平以及服务层次都会得到必要的提升；对区域经济的发展而言，产学研合作能够通过区域创新体系的建立和完善，增强区域竞争能力。

（三）多主体合作办学模式

作为一种新型的办学模式，多主体合作办学模式是在我国高等教育的发展进程中产生的，是精英教育向大众教育转变的必然产物。在该模式下，合作形式多以服务性合作为主，通过高校的特色专业和社会组织的合作实现，也即该模式为资源共享的一种，其中具有品牌优势的一方与具有品牌劣势、但具有其他优势的另一方产生合作关系，双方合作关系的进行始终以品牌产品为中心。

（四）产业群资源合作开发模式

在该模式下，要在区域内建立基于产业群的科技创新平台，并以此形成科技创新网络，提升区域的创新能力。为此，产业群应该从自身的情况出发，在不同的科技创新组建方式中进行选择，而高校可以为企业（产业）从事科技创新活动提供所需要的新知识、新技术和新思想，促进区域内产业群的科技创新和知识更新。除此之外，政府以及从事科技服务的中介机构等，要适时向产业群提供科学技术、知识技能等方面最新、最前沿的信息，有效避免科技创新活动中资源的重复，使创新的效率得到最大限度提升；与此同时，区域内的企业也应将科研成果和创新成果进行转化和推广，促进区域内教育资源的优化。

三、高等教育与区域经济良性互动的对策和建议

（一）实现区域资源的共享

根据经济学原理，合作双方（多方）只有实现真正意义上的资源共享，才能最大程度上提升合作体和合作参与方的效率，使合作达到帕累托（Pareto）有效状态。为此，在高等教育与区域经济的互动中，前者应将理论知识的学习和实践过程紧密结合，共同作用于

学生的培养，使学生既能了解并熟悉企业的实际生产模式及自身应该具备的实践技能，又能拉近学生培养、学生就业和企业培养要求之间的距离，达到资源共享的目的。此外，在这种资源共享的合作关系中，高校可以利用自身和企业之间教育资源和教育环境的差异，将理论教学和实践教学相结合，提高学生的学习兴趣和实践能力。

（二）使高等教育满足区域产业发展的需要

高等教育的目的之一就是为社会提供符合要求的人才，并使其与区域经济和国民经济的发展相适应。为此，高等院校应从当地的产业特征、资源禀赋、经济水平和社会进程等角度出发，在进行专业设置和人才培养方式规划时，应将其适应性、灵活性、应用性等特征考虑其中，创新人才培养模式，发挥高校的资源优势，将大学生的动手能力、创新能力和独立处事能力考虑其中；同时，要敞开校门、面向社会，进行科学和教学研究，为区域经济的发展提供必要的智力支撑。

（三）促进区域经济发展中的产业和科技创新

目前，我国相当一部分产业的整体发展水平还相对较低，创新能力有限，在与区域经济的互动中显得乏力。究其原因，主要表现在两个方面，一是企业的创新能力不够，二是区域间的知识流、人才流、技术流和信息服务流的质量与速度受限。按照区域经济学的观点，在发展区域经济的过程中，应充分认识到区域内高校和企业的重要作用，注重各层次专业技术人员的培养，使其成长为区域经济发展的中坚力量，为区域经济的发展创造更多更好的科技成果。

（四）促进高等教育生产力转变为经济效益

在高等教育和区域经济的良性互动中，单纯地运筹帷幄、纸上谈兵并不能提升区域的经济效益，只有对高等院校的人才资源进行开发利用，将这一优势转化为真实的科技实力，才能促进企业的发展和区域经济的创新和进步。因此，政府需要深入挖掘高等院校的潜在和隐性资源，使其在当地在职人员的培训、区域经济发展规划、社会和自然资源的开发与利用等方面贡献智力。比如，通过与县、市以及相关企业签订合作协议，为区域内的企业提供科技攻关、技术改造等方面的智力，或者通过具有地域特色的当地研究平台的搭建，为当地组织的战略规划、人力资源管理、财务管理等提供决策咨询服务，构建区域创新的新体系。

在良性互动模式中，区域经济和高等教育之间是双赢型关系。一方面，只有知识在区域经济中得到有效产出，高等教育的主体功能才能得到有效发挥，作用到区域经济上的影响力才能得到释放；而当两者之间的关系松散甚至各行其道时，互动发展的整体性、实效性和长效性便无从显现。此外，区域经济和高等教育之间制约关系和相互促进关系依然存在，因此，有必要明确高等教育服务于地方经济建设和社会发展的社会功能，加强学科专业建设，优化产业结构，促进区域经济的发展。

第五节 区域经济框架下区域物流与产业集群的关联性研究

自 20 世纪中叶以来，物流的发展极为迅速，经过半个多世纪的历程，区域性与整体性同在、自主性与外协性共存的新的物流发展模式已经得到了广泛的应用。在这一过程中，新物流发展模式对区域经济的影响越来越深刻。几乎与此同时，产业集群这一新的产业组织模式异军突起，在全世界范围内都获得了不同程度的成功，对世界经济、一国的国民经济以及区域经济的发展产生了积极的推动作用。而随着世界经济的快速发展和生产资料等各项资源在更广域的范围内流动，区域物流和产业集群之间的相通之处逐渐显现，这是因为，两者有共同的目标——为区域经济的发展服务；两者有共同的载体——地理上的区域范畴。此外，区域物流能够成为产业集群顺利运营的通道，产业集群也能够为区域物流的发展提供可供选择的发展模式。如何认识区域物流和产业集群在区域经济中的地位和作用，将直接关系到经济社会的发展水平。也就是说，作为区域经济发展的重要参与要素，区域物流体系的建立和产业集群的运行，都关乎区域经济的治理效果和治理效率。因此，综合利用两者之间的关联，共同促进区域经济的增长，实现区域物流能力的提升和产业集群的优化升级，具有十分重要的现实意义。本节以此为基础，首先分析了区域物流体系与产业集群之间的相互关系，然后讨论了依托产业集群发展区域物流的基本模式和具有的优势，最后给出了产业集群视角下区域物流的发展途径，旨在为区域经济的发展和区域物流、产业集群的运行提供一定的管理信息。

一、产业集群和区域物流的作用机制

（一）产业集群对区域物流的影响

区域物流对产业集群最直接的作用机制就是通过物流产业的整体性发展，最终形成物流集群，成为产业集群当中的一个直接参与者。这是因为物流产业是区域经济中的支撑性产业，而按照产业经济学的观点，具有这种特征的产业在特定的情况下能够形成空间上的集聚，即形成物流产业集群。这样一来，区域物流不但直接参与了区域经济的建设，还能为其他产业集群提供基础性发展支撑；此外，在区域物流的贯穿下，产业集群组成单元之间的关系会变得更加紧密，彼此之间的融合会更加深入，这明显会直接促进区域经济的发展。

由于物流产业的网络化特征（无论是物理上的还是地理上的）非常明显，因此对相应的硬件要求和信息管理要求相对较高，服务过程更加复杂，成本也就更高，只有通过规模经济和分工协作才能有效地降低成本和减少复杂性。而这些需求正是产业集群本身所具有的优势，并且能够很好地作用于物流体系。比如，产业集群的网络化能够促进运输和仓储的一体化，而其空间上的集聚效应也能使物流的各项成本有效降低，作为产业集群成立基础的信任和契约机制能够更好地实现物流体系的资金和信息的流动。此外，在成熟的产集群内部，往往能够自然地形成集运输、仓储、流通加工等为一体的综合物流体系。这些都说明产业集群能够对区域物流产生正面的积极影响。

（二）区域物流对产业集群的影响

在区域物流的联系下，产业集群之间的经济联系能够得到加强，而这种"关系资本"能够有效降低因"群间贸易"而产生的成本。这是因为，在运输成本和交易成本都处于高位时，难以实现跨区域的贸易往来。而在区域物流获得了较快的发展之后，区域之间的需求关联和成本关联得到了优化，外部规模经济效应也会得到及时的显现，这就为形成外部经济集聚提供了条件。而在区域物流的进一步作用下，经济增长的中心辐射作用将得以有效发挥，集群之间、区域之间的均衡发展得以最终实现。

在区域物流的发展过程当中，产业集群组成企业的运输成本和各项交易成本会明显降低，而基于网络关系的运行机制也能够将集群企业的向心力显著增强，使集群的离心力降到最低的限度；此外，随着科技的发展和社会的进步，区域物流不可或缺的交通运输网络和各项设施得到了不断完善，在这一过程中，竞争成本和生产成本也明显增加，这就使得一些企业为了"躲避"成本的挤压，不得不从产业集群的中心搬离，这样就使产业集群因规模过大而产生的压力得到释放，原集聚区域也在这一分化过程中得到了优化与提升。

二、依托产业集群发展区域物流的优势和基本模式

（一）依托产业集群发展区域物流的优势

依托产业集群发展区域物流具有以下优势：在产业集群发展的过程中，群内企业的关系也从分散逐渐变得集中，这不但能使区域内的公共设施、人才等生产要素得到整合，还能使区域物流获得丰富的要素资源，使其为区域经济服务的潜能得到发挥；当产业集群规模在地理和稳定性上得到进一步增强，区域内部的市场需求空间被进一步放大，市场对分工协作和专业化程度提出更高的要求，相应的产品和服务的潜在需求也相应增加，这就为区域物流的发展提供了相对成熟的外部环境；在产业集群的成熟期，其"群体效应""品牌效应"和"辐射效应"凸显，更加广阔的市场领域被不断开拓，而这也将使区域物流突破"区域"的概念，获得规模化、跨越式的发展。

（二）依托产业集群发展区域物流的基本模式

由于我国产业聚集的发展历程较短，表现形式较为简单和传统，多以高新技术开发区、经济技术开发区等为主。在这些特定的区域内，由于政策的引导，产业组织之间存在着不同的关联度。在关联度较强的产业聚集区域，区域物流多以供应链一体化为基本模式；相反，在关联度相对较弱的产业聚集区域，区域物流多以综合服务模式为主。这是因为，企业之间的关联较为松散，致使物流服务在时间、流向、流量和载体等方面存在较大的差异，难以实现紧密的前后关联，在这种情况下，产业组织对区域物流的综合服务能力就提出了

更高的要求。

三、集群视域下区域物流的发展途径

（一）营造良好的产业发展环境

为了促进区域经济的发展，将更多的区域资源进行高效利用，地方政府应综合考虑本区域的区位、交通等各项优势，通过相应措施进行扶持和维护，将区域物流的发展作为区域经济中的重要事项来抓，并以此来推动区域内形成新的产业组织形式和产业组织模式，加快区域产业创新、技术创新和服务创新的步伐。按照产业经济学的观点，任何国家或地区都无法通过对某个特定企业或产业的扶持，而使其获得和保持长久的竞争优势，即便其能够保证该企业或产业得到技术、资金和原材料方面的极大满足。也就是说，区域竞争优势的建立需要将其置于市场环境之中，唯有如此，才能在竞争中促进技术进步、产业创新和结构升级，而区域竞争优势也会在这一过程中形成。因此，需要营造良好的产业发展环境，通过区域物流的带动，使区域内的产业在结构和组织形式等方面获得必要的调整，并进一步促进区域经济的发展，形成一个全方位、多角度的区域发展模式。

（二）延伸区域物流的产业链条

在区域物流的发展初期，由于资金和社会资本的欠缺，难免会出现一些不利于区域物流发展的状况——物流企业提供的产品或服务的结构雷同，低水平的重复建设以及低层次的竞争模式等。这种情况的长时间维持将破坏区域物流体系甚至威胁区域经济的健康发展。为此，有关部门应站在战略的高度，从社会分工和资源整合的角度出发，延伸区域物流的产业链条，抓住物流的中间环节，向产业链双向扩展，完善和提升区域物流的服务功能。在这一过程中，还要不断放大物流企业的功能，因为，物流企业的规模越大，其所参与的产业链条也就越发达，也就会有更多的企业参与到物流产业的各个环节当中，使该产业的社会分工不断得到细化，创新活动不断得到增强。此外，为了对区域物流体系构建强有力的支撑，应以区域物流的规模化和集约化发展为目标，重点扶持一些具有良好发展前景的物流企业，并以其为中心、以资本为纽带、以市场为导向，组建起具有强大竞争优势的物流集团。一般情况下，较强的品牌是支撑某个企业（产业）、带动区域经济增长的重要因素。从这个意义上讲，只有形成了一定的品牌价值，区域物流才会变得完整而有意义，而这也需要物流产业链条的协同和配合。

（三）使区域物流与产业集群的发展相匹配

为了使区域物流能够得到良好的运转，需要根据其发展特点构建与之相匹配的产业集群。这种匹配应从以下几个方面进行：第一，结构匹配指的是区域物流系统结构的建立，要以产业集群的要求为依据，这样才能实现区域物流产业链条的双向延伸；第二，能量匹配指的是区域物流系统的发展要与区域产业集群的发展同步，并紧跟其扩散的脚步，唯有

如此，才能维护其服务对象，在更大的范围内推广其产品和服务的范围；第三，内容匹配指的是区域物流的发展要将为产业集群提供个性化、专业化的服务作为一个主要的出发点。这是因为区域物流和产业集群之间的整合需要两个系统之间的紧密连接，只有这样才能推动区域物流和产业集群以及区域经济的共同发展。

（四）构建基于产业集群的物流信息系统

从系统论的角度讲，任何系统的运行都离不开与外界环境之间进行物质、能量和信息的交换，因为任何一个系统都是一个更大的系统的一部分，区域物流系统也不例外。因此，要想实现其良性运转、与产业集群之间的紧密融合，快速、便捷、准确的信息渠道就成为其中的必需。而作为面向全行业的产业链管理系统，区域物流能够将各企业连接在一起，将"信息孤岛"变成一个"信息通道"，企业之间的合作也就因此变得高效。从这个角度讲，构建基于产业集群的物流信息系统具有非比寻常的意义，为此，需要在区域内沿着物流系统的节点方向建立并行传递的信息系统，以此来适应物流体系中不同企业之间频繁的信息交互。

社会发展到今天，竞争模式已经突破了终端产品和服务的限定，而向更为广泛的产业链条和区域范畴延伸。因此，作为区域产业供应链的建设基础，区域物流已成为区域经济发展中的关键因素，而区域物流的竞争力培育不但对区域产业集群的规模和结构产生深刻的影响，反过来，产业集群也会对区域物流的发展产生作用，在这一过程中，寻求区域经济框架下的两者之间的关联，并就此寻找促进区域经济发展的政策性和市场性的机制就显得尤为必要。

第十五章 中国特色区域经济新发展

第一节 我国区域经济曾经出现的发展模式

区域经济发展模式是经过长期实践形成的较为固定的区域经济发展的定式,是区域经济发展的实践经验在理论上的升华。它首先是一个空间概念,是指对特定区域在一定历史条件下的经济发展特征、经济发展过程及其内在机理的高度概括;其次是一个历史的概念,它将随着一个国家或者地区经济发展时期、区域发展战略、区域经济政策的变化而变化。改革开放以来,我国经济发展的区域性特征越来越显著,珠江三角洲、长江三角洲、环渤海等地区成为我国经济发展最快、最活跃的地区。各个地区发挥自己的特点和优势,充分利用各种有利因素,积极探索,勇于实践,形成了具有中国特色的区域经济发展模式。

一、东莞模式

东莞模式是我国区域经济最具有外向型特色的"外源性"模式,它是指在广东省的东莞地区,由东莞提供土地(已建成的标准厂房),中国内地提供劳动力,外商提供资金、技术、设备和管理,国外提供原材料进口和产品销售市场的区域经济发展模式。该模式的基本特征是依靠港澳台等外源性资本来发展"两头在外"的出口加工贸易工业,最突出的特点是外向性——以外资带动外贸。改革开放以来,东莞借助毗邻香港、澳门的地理优势,把握住改革开放的良好机遇,走外资企业加工再出口的发展路径,在实施外向带动战略的过程中,成功地承接了香港、深圳等地的产业转移,大力发展产业集群,加快城乡一体化进程,实现了从一个传统农业县向国内工业制造重镇的转变。然而,由于该模式过分依赖外资、外贸,这样不但难以带来先进的技术和产业升级,而且受国外市场波动的冲击很大。自金融危机发生以后,东莞以加工贸易转型升级为重点,以自主创新为动力,推进产业结构调整和产品转型升级,提升城市管理水平,提高市民素质,探索出一条"经济社会双转型"的新路子。当前,受国外市场需求萎靡、国内金融政策收紧、企业生产成本上升、人民币升值等因素影响,珠江三角洲的中小企业正在陷入新一轮的困境,"东莞模式"能否通过转型升级提升国际竞争力，从而挺过"制造业寒流"，正引起人们的广泛关注。

二、温州模式

温州模式是我国区域经济最具有民营化特色的"内源性"模式，它是指在浙江省东南部的温州地区，以家庭工业和专业化市场为主要方式发展非农产业，从而形成小商品（生产规模、技术含量和运输成本都较低的商品）、大市场（在全国建立的市场网络）的市场主导型和民营资本推动型的区域经济发展模式。该模式的基本特征是依靠本土企业面向国内外市场开展一般贸易和投资，最突出特点是"小政府、大市场"——经济形式家庭化、经营方式专业化、专业生产系列化、生产要素市场化、服务环节社会化，政府在其中扮演着"无为而治"的角色。20世纪90年代中期以后，温州模式进入制度、技术、市场和产品的全面创新阶段，创造了农村区域经济发展的神话，曾一度被认为是我国最具活力的区域经济发展模式。21世纪以来，在进一步扩大对外开放的大背景下，温州提出了"以民引外，民外合璧"战略，温州模式呈现出资本流动跨区域化、家族企业现代化、企业发展国际化、经济发展自律化等四大新特点，促进了温州市经济的飞速发展。然而，由于该模式是建立在家长制基础上的家庭工业发展形式，走的是民间资本自主推动的内生性发展路径，缺乏必要的监管和引导，容易导致决策独断专制、假冒伪劣横行、企业融资和产业升级困难。国际金融危机过后，融资难、用工荒、出口市场不稳定、劳动力成本上涨等严峻形势正考验着"温州模式"能否持续和创新。

三、泉州模式

泉州模式是我国区域经济介于"外源性"和"内源性"之间的"中间性"模式。泉州模式是在晋江模式的基础上扩展形成的，它是指在福建省的泉州地区，以外向型经济和股份合作制为主要形式，以侨资侨力为依托、国内外市场为导向、区域化专业化生产为构架、"小工厂大产值、小商品大市场、小洋货大创汇"为经营特色的区域经济发展模式。改革开放初期，泉州人因为成功地闯出一条以市场调节为主、外向型经济和股份合作经济等多种经济成分共同发展的具有侨乡特色的农村经济发展模式而名扬海内外。20世纪90年代中后期，泉州通过发展产业集群来推动企业朝规模化、集约化方向发展，形成区域化的"块状经济"格局，打造了"中国鞋都（晋江）""休闲服装名城（石狮）""建材之乡（南安）""石雕之乡（惠安）""芦柑之乡（永春）""乌龙茶之乡（安溪）""工艺陶瓷之乡（德化）"等众多国家级区域品牌，给泉州模式注入了新的内涵和生机。随着市场经济的深入发展，泉州模式在实践中逐渐成熟，形成了"发达的集群经济、特色的县域经济、活力的品牌经济、发展的创新经济和新型的文化经济"等新特点。由于泉州模式走的是依靠内资并引进侨资、侨汇来实现外资企业和本土企业互相融合的发展路径，因此，在国际金融危机导致外部需求大幅下降时，能够借助庞大的内需市场，较快地推动产业升级，有效抵御金融危机对经济的冲击。

四、苏南模式

苏南模式是由我国地方政府主导和公有资本推动相结合的区域经济发展模式，它是指在江苏省的苏州、无锡和常州等地区，由地方政府主导微观经济主体发展，依靠欧美和新加坡等外源性资本，实现乡镇企业、集体经济非农化发展的区域经济发展模式。该模式的主要特点有两个：一是通过发展集体所有制的乡镇企业，走先工业化再市场化的发展路径，集体经济在国民经济中占主导地位；二是乡镇政府主导乡镇企业的发展，地方政府超强干预经济运行。20世纪70年代以后，苏南地区凭借临近上海、苏州等地的区位优势和水、陆、海交通十分便利的条件，大力发展乡镇企业，使大量农村劳动力从土地的束缚中解放出来，创造了农村集体经济实现"离土不离乡、进厂不进城"快速发展的奇迹。然而，在苏南模式形成和发展过程中，政府扮演着生产者和投资者的角色，对经济实行超强干预，容易导致严重的平均主义和官员腐败。进入90年代中后期，苏南地区借助浦东大开发和国际产业转移的机会，通过产权体制改革，以国家级开发区为依托，走外向型经济的发展路子，为苏南模式注入了新的活力。虽然苏南模式也是以外资企业加工再出口为主的"外源性"模式，但与东莞模式相比，它投资环境优越，引进的外资技术含量高，能够及时推进外部导向型产业的结构调整和升级，有效缓解金融危机对企业的影响。

第二节 我国区域经济发展呈现的新亮点

中国区域发展的典型事实表明，改革开放以来中国经济空间格局的均衡性逐步提升，区域发展差距日益缩小，区域协调发展机制更加完善，同时大规模劳动力流动也重塑了区域比较优势，城市群和区域性大城市成为主要经济空间载体，但当前也存在区域发展分化引起的人口集聚空间失衡、部分省份"去工业化"和经济结构"服务业化"的产业空间不匹配问题，还面临日益频繁的外部冲击。为促进高质量区域协调发展，"十四五"时期中国应立足于要素集聚的客观规律，统筹好区域发展和人的发展，强化城市功能分工，引导劳动力就业空间均衡化，推进城市群和都市圈建设，培育新的区域增长空间，不断完善国内生产网络，壮大国内消费市场，促进国内国际市场双循环，增强区域发展韧性和内生动力。

一、概述

中国经济已从高速增长阶段转向高质量发展阶段，区域是经济发展的空间载体，经济发展方式的转变势必要求与之相对应的高质量区域发展格局。在国际形势日趋复杂、国内经济发展的空间结构发生新的变化、跨区域人口等要素流动更加频繁、区域比较优势重塑的"十四五"时期，如何更好地"推动形成优势互补高质量发展的区域经济布局"对实现经济高质量发展至关重要。

由于历史和地理等因素影响，各地区自然资源禀赋差异较大，经济基础也不尽相同，区域比较优势空间差异较大，不同发展阶段的区域面临的问题也不同，促进优势互补高质量的区域发展要立足于这一客观现实，准确认识哪些区域需要实现质量变革，哪些区域需更加注重效率变革，哪些区域的动力变革更为紧迫。伴随经济社会发展和技术创新，经济活动空间集聚更多地受到"第二自然"因素影响，空间集聚是推动地区经济增长的重要力量，但集聚的空间不均衡会引起区域发展差距过大，而促进"生产在地理上集中但生活水平趋同"，既可兼顾区域比较优势，也可实现劳动者福利均衡化。由于具有较好的产业基础和区位条件，中国东部沿海地区经济发展较快，产业集聚优势明显，尤其是高端制造业和现代化服务业的产业比较优势明显，经济优势也带动东部地区的要素回报率较高，进一步吸引劳动力流入。中西部和东北大部分地区资源型禀赋较高，但产业基础不如东部地区完善。因此，促进劳动力等要素自由流动不仅可以进一步放大东部地区集聚效应，而且也能实现人均意义上的"空间均衡"。

从区域发展来看，由于要素禀赋和经济成本因素影响，不可能所有区域都具有相同的经济总量规模，因而要素配置效应和回报率必然存在空间差异，经济密度较高的地区具有集聚要素的潜在优势，尤其是劳动力要素。在农业转移人口就地市民化仍面临较大挑战的现实条件下，东部地区流入地和中西部地区流出地的跨区域、季节性的大规模劳动力迁移改变了区域间劳动力供给结构，人口流动失衡的"空间锁定"将进一步加剧区域发展分化。这不仅不利于实现优势互补的区域协调发展，也不利于农业转移人口市民化，制约了"以人为核心"的城镇化进程。因此，促进高质量区域协调发展关键是要解决好作为经济发展空间载体的区域的经济与人的发展的匹配问题。

区域发展的不平衡不充分更多地体现为城市间发展不协调、城乡发展不平衡和农村发展不充分，区域发展的不平衡不充分将是"十四五"时期影响区域经济格局的重大问题。协调是发展平衡和不平衡的统一，区域协调发展主要指基本公共服务均等化，基础设施通达程度比较均衡，人民生活水平大体相当，这进一步表明区域协调发展最终目标是实现人口流动的空间均衡化，即理性迁移人口在不同区域所获得的流动净收益是相同的。从这个意义上看，通过引导人口等要素均衡化流动可以促进资源重新配置，而优化要素空间配置结构可以降低地区经济效率的空间差异，这种内生型"雁阵"增长模式有利于区域多路径内生动力的形成，因而区域高质量发展与区域协调发展二者并不矛盾，二者统一于本地要素配置结构优化，前者解决了区域发展效率的动力问题，后者则降低了区域发展差距，实现了区域发展机会公平。

二、优化经济空间格局的研究回顾

高质量的区域协调发展必然伴随着经济结构优化。这种优化不仅体现在要素在产业部门间的再配置，也体现在空间布局上。通过优化区域空间结构提升经济增长空间效率是加快区域均衡发展的重要举措。

（一）关于经济空间优化的几种代表性学说

一般而言，研究区域发展或解释经济空间优化的代表性理论学说主要有区位论、增长极理论、空间经济学、经济地理及演化经济地理学等。

以"农业圈层结构"为代表的农业区位论最早探索了如何优化经济空间结构。伴随工业不断发展，阿尔弗雷德·韦伯（Alfred Weber）随后建立了现代工业区位论，将运输费用、劳动力工资等成本因素看作决定工业区位的重要因素。沃尔特·克里斯泰勒（Walter Christaller）在《德国南部中心地原理》中阐述了动态的"空间理论和空间组织"，提出分别基于市场原则、交通原则和行政原则的中心地理论，即城市区位论，不同等级的城市提供不同数量和种类的产品，涵盖不同市场规模地区，中心地等级越高，则产品市场区范围越大，进一步拓展了中心地理论研究，建立市场区位理论，强调市场需求对产业区位体系的影响，认为产业区位选择受到最有利的生产中心、消费中心和供应中心等市场区（经济区）的影响，区位选择与纯利润紧密相关其将空间资源如何配置及解释经济集聚产生机理纳入现代区位论，重视空间异质性，强调要素不完全流动性及区际贸易对区域发展的影响。

面临现实世界中经济增长的空间不平衡问题，极化理论认为区域发展存在扩散和回流效应。以增长极理论等为代表的极化理论认为由于要素流动选择性、外部性影响以及市场不完全，扩散与回流效应存在空间分异，纯粹市场力量将导致区域差距扩大，经济增长趋异无法避免。循环累积因果理论和"中心—外围"理论进一步揭示了经济增长与差异是扩散与回流效应的动态演化过程，经验研究也认为经济增长与区域差距存在倒 U 型的长期关系，是一种典型的库兹涅茨现象。在"规模报酬递增""非完全竞争市场"及"冰山成本"等基本假设下，新经济地理学构建了"核心—边缘"模型来解释城市体系的形成机理及产业转移等经济现象，逐步形成了空间经济学的研究框架。经济发展是一个"创造性破坏"过程，演化经济地理学认为新技术或新的产业模式是促进区域发展的新动力，区域发展是推动区域产业不断演化来打破原有发展路径依赖的动态过程，而这种区域产业演化路径和区域新发展路径受到内生的要素禀赋结构、经济外部性和制度条件等多种因素影响。

国内学者对经济空间优化的研究主要起始于地域生产力布局，由于区域要素禀赋结构具有显著差异性和发展阶段性，在总结国土空间规划实践和区域发展经验的基础上，在提出区域发展和空间结构存在"点—轴系统"模式和"T"型结构，用以阐释东部沿海地区和长江沿岸作为发展轴线的空间战略，各个城市和县域范围又可集中资源建设具有地方比较优势的重点产业集聚区，形成内部嵌套的"点—轴系统"。随着中国经济改革深入推进，由政府主导的生产力布局理论逐步转变为"市场机制对资源配置起决定性作用"和"更好发挥政府作用"，在点、轴、网格的集聚经济基础上，经济发展的空间属性和市场化要素流动愈加重要，但政府对区域发展的协调作用也不可缺位，在吸收国内外研究的基础上，推动要素流动、产业转移和统筹跨区域发展成了优化经济空间发展格局的研究重点，并形成了系统的理论框架。

（二）对当前经济空间格局优化研究的文献综述

经济空间格局优化的具体路径主要通过产业或要素的空间再配置来提升经济增长效率和缩小地区发展差距，其本质是促进集聚效应的空间均衡化。而经济空间格局的变化也必然会对区域要素结构产生影响，高质量区域协调发展的本质进一步回归到了如何统筹区域发展和人的发展。

提升经济空间效率首先要基于区域比较优势来强化集聚效应。集聚是经济活动空间集中化，由于具有共享、匹配和学习三个微观机制，集聚经济可以显著地增强规模效应，促进产业关联，进而在空间上集聚更多的高效率企业和高技能劳动力。一方面，在市场经济条件下，要素倾向于流入回报率较高的地区，人口流动更受到工资、医疗、教育等公共服务、生态环境及制度成本等多种因素影响。从长期来看，历史上具有较高人力资本累积的城市具有显著的路径依赖，市场经济条件下城市间的人力资本空间分布会逐步向历史上的人力资本空间分布逐渐收敛，由于这些城市具有较高的人力资本回报率，将更多地吸引高技能人才流入。另一方面，经济规模较大的城市或地区还通过互补效应同时吸引异质性企业和劳动力，而无论是从经济效率还是个人福利水平来看，低技能劳动力和低效率企业也受益于与高技能劳动力、高效率企业的协同集聚，进而促进产业集群形成，区域经济效率也得以提升，上述研究都表明集聚是经济空间效率提高的必要保证。

集聚效应显著提高了经济效率，为促进区域均衡发展，经济空间优化还可通过提升要素流动均衡性来进一步促进形成多个集聚中心。已有研究表明，促进产业部门和区域间的要素再配置可以显著提高全要素生产率，但过度的要素集聚对经济效率和城市空间结构都会产生不利影响，要素结构与投入产出存在相对最优关系，经济集聚是有度的，当其超过产业结构所决定的相对城市规模后，拥挤效应会造成集聚有效性降低和规模不经济，加剧要素空间错配。因此需要促进人口流动均衡，通过投入产出关联抑或技术关联增强区域间联系，协调人口流出地和流入地的产业关系，增大集聚经济空间溢出效应影响范围，进而带动周边区域融入中心城市的产业网络，逐步实现经济空间结构由"单中心"向"多中心"空间结构转变，将大城市的"单中心"集聚优势逐步放大到"多中心"区域空间结构，这不仅可以降低人口过度集聚引起的成本效应，还可进一步降低产业集聚非均衡性引起的区域发展不协调，同时提高劳动者福利水平。

三、构建优势互补高质量区域经济布局的具体路径

实现经济高质量发展必须要解决"不平衡不充分"的区域发展问题。构建优势互补的高质量区域发展格局要尽快培育新的区域增长空间并增强"区域韧性"。

（一）准确把握要素集聚客观规律，引导就业空间均衡化，实现区域协调发展

提高要素配置效率是促进经济高质量发展的关键因素，与资本追求高回报率不同，人

口流动具有显著的异质性，避免区域发展分化首先就要解决人口流动的空间失衡问题。总体来看，劳动力从中小城市及农村向大城市流动是经济规律，追求高工资是驱动劳动力迁移的关键原因，但城市公共服务质量最终决定流动人口是否能留下，长期来看流动人口更倾向于选择教育、医疗等基础服务较高的城市。基于这样的认识，推进以人为本的城镇化应顺应人口流动规律，在引导人口流动时，除采取基本公共服务均等化等措施外，还应更加关注如何实现就业机会的空间均衡化，这更加有利于统筹区域和人的发展，应强化医疗、教育、环境等城市公共服务供给质量来提升高技能人才落户预期。促进城市群内医疗、教育等公共服务重点资源均衡化，加大次中心城市对高技能劳动力的吸引率。加强中心城市与周边城市交通基础设施共建和公共服务一体化，降低人口流动成本。统筹人口流入地、流出地配套政策，建立有序的人口迁徙制度，做好医疗、养老等转移接续工作，统筹城乡劳动力市场，深化农村土地改革，促进城乡融合发展，提高农业转移人口落户预期。

（二）强化城市功能分工，构建国内生产网络和壮大消费市场，逐步增强区域发展韧性

立足劳动力结构差异的比较优势，应积极完善国内生产网络来实现区域间发展协同，通过延伸产业链来带动就业，增强区域发展韧性。推进东部地区制造业产业链向中西部和东北地区延伸，提高中西部地区居民收入；在中西部地区重点规划好以区域中心城市为重点的都市圈建设，逐步优化本地劳动力结构。一方面在区域内部构建城市群内城市分工体系，统筹都市圈内产业空间布局优化，实现生产、生活和生态环境的融合发展，促进超大与特大城市的加工型制造业向中小城市转移，推动中小城市融入周边区域性中心城市的产业体系，壮大本地市场规模，吸引高技能劳动力回流，不断提升中小城市承接大城市制造业能力。对具有良好生态环境的中小城市，应立足于主体功能区规划，因地制宜地发展养老、旅游等健康服务业；交通区位条件较好的中小城市则可以承接符合本地工业比较优势的制造业。另一方面，区域中心大城市通常集聚了互补性更强的不同技能水平的劳动力，而且也是内需市场主要来源，具备发展研发、商务等生产性服务业和消费性服务业的潜在比较优势，应促进国内重点节点城市和"一带一路"建设对接，促进国内区域市场一体化，进一步发挥我国大城市人口消费规模优势，减轻全球经济波动和不确定冲击对国内发展的影响。

（三）培育新的区域增长空间，增强区域发展内生动力

高质量区域协调发展重点在于因地制宜地培育不同区域的增长极，这是提高经济增长空间均衡性的根本。当前中国工业进程不断深入发展，新技术革命发展迅速，在人力资本集聚较高的区域或城市，"十四五"期间应强化区域创新动能的培育，提前布局更多的战略新兴产业发展平台，促进原始基础创新、产业化应用及前沿技术探索融合发展。加快传统产业的智能化和数字化改造，加快研发应用型人才和资本等创新要素投入，不断拓宽产业互联网内涵，完善大数据等新技术应用标准，推进传统生产方式转变，形成新技术产业集群。在开放水平较高的区域，应借助"一带一路"建设平台，继续高质量推进对外贸易

和国内区域间贸易，在"十四五"时期进一步推进这些开放新高地的建设，不断完善与国际法制相接轨的便利化营商环境，健全竞争性市场机制，不断完善国际交易平台和服务业贸易规则，积极引进先进制造业核心技术，助力国内基础研发和高新技术制造业发展。对经济发展水平还不高的区域，应立足劳动力自由迁移的客观规律，通过引入新技术或拓展新模式来实现区域发展路径的转变，创新人才政策体系，吸引高技能人才回流。

第三节 我国区域经济发展形成的特色
——以特色小镇为例

我国区域经济在发展过程中形成了若干特色，本节仅以特色小镇为例对此特色加以说明。特色小镇依托区域特色产业发展，以推动区域经济为核心目的。近年来，特色小镇作为破解城乡二元机构及乡村振兴难题的重要突破口，逐渐成为国家重点关注的建设项目。在区域经济发展中开发特色小镇，有利于拉动区域经济增长、促进产业发展、破解城乡发展难题及促进区域经济可持续发展。但与此同时，特色小镇建设也暴露出诸多问题，具体表现为专业人才缺乏、同质化现象突出、项目质量良莠不齐及投融资缺乏科学性与有序性等，阻碍了其充分发挥对区域经济的带动作用。因此，政府及相关单位应通过建设复合型人才队伍、拓宽融资渠道及加强有效监督等措施，以全面提升特色小镇的开发质量与水平。

一、区域经济发展中特色小镇开发的意义

特色小镇是推动我国区域经济转型升级的新引擎，是助力我国供给侧改革、推动区域产业结构升级的新动力，更是兼顾文化传承和经济发展共存的新载体。推进特色小镇建设既符合现阶段我国经济发展规律，也符合当前我国既要金山银山、也要青山绿水的经济发展目标。特色小镇的开放包容性特点不仅对我国区域间的经济交流产生了影响，更有利于我国产业经济对外蓬勃发展。特色小镇对区域经济发展的具体影响主要体现为拉动区域经济快速增长、引导区域优势产业发展、实现区域经济可持续发展及振兴乡村经济、促进城乡经济一体化发展。因此，近年来，我国不断出台各类相关政策，加大对特色小镇的扶持力度，以期充分发挥特色小镇对区域经济的促进作用。

（一）带动区域经济增长

特色小镇建设可带动区域经济增长、提高区域发展质量。特色小镇对区域经济增长的贡献主要体现在产业集群效应、劳动力集聚效应及投资集聚效应。具体而言，首先，特色小镇依托于区域特色产业发展起来，以核心特色产业为中心建设起相关的产业集群。通过发挥特色支柱产业的辐射带动作用，延长产业链发展周边产业，从而在最大程度上发挥产业对区域经济的带动作用。其次，特色小镇的建设发展通过完善基础设施及公共服务等措施提高区域承载力，增加区域内吸引力，扩大区域劳动力规模，从而拉动区域内需求和消

费的增长。最后，我国政府对特色小镇的支持力度不断加大，近年来出台了各类融资、税收等相关产业扶持政策，从区域内外部吸引了众多投资。而投资与经济呈正相关关系，区域内投资资金规模扩大会直接刺激区域内经济发展，为区域经济注入强大的资金活力。

（二）促进区域优势产业发展

以区域内特色产业为发展支撑而展开的特色小镇建设是带动区域经济增长的新引擎，因此特色小镇的发展离不开强大的产业基础。特色小镇与区域经济发展两者互为前提，相互影响。现阶段，我国特色小镇主要以旅游业和文化产业为主，其次为农业服务产业和工业。发展旅游业和文化产业能够充分利用我国生态旅游资源及文化资源，也能促进我国传统文化传承与发展，同时也符合我国经济可持续发展的目标。而发展农业服务业与工业能够充分利用区域内农业与工业资源，在引入外部优质人才、发展规划及资金的基础上对区域农业及工业进行升级改造，延长农业与工业产业链，增加上下游农业与工业产值，引导区域工农业向现代化发展。根据区域特色产业建立起的特色小镇项目，因地制宜、因势利导，可充分发挥区域内产业资源优势，利用特色小镇的政策优势促进区域优势产业的发展。

（三）破解城乡发展难题

振兴乡村、缩小城乡差距是我国新时代经济发展工作的重中之重，我国政府不断采取经济优惠政策，促进城乡经济一体化发展。我国特色小镇一般建立在城乡区域相衔接的地方，地理位置较为优越，主要分布特征为距市区较近、交通便利。具体而言，约72%的特色小镇位于地级市60公里辐射范围内，约90%的特色小镇位于县级市30公里辐射范围内，约80%的特色小镇位于主要国道、省道30公里辐射范围内。综上所述，特色小镇作为沟通城市与乡村的重要沟通桥梁，既能利用城市便利的交通资源，也能充分利用乡村的产业、劳动力与土地资源，逐步成为平衡城乡发展的助力器。正是由于特色小镇独特的地理位置，才促使其成为乡村产业聚集的最优选择。政府及相关单位在充分利用国家政策与资源的基础之上，聚集新兴特色产业、培育乡村新业态，同步推进城市供给侧改革与振兴乡村，双管齐下加速实现城乡经济一体化发展。

（四）实现区域经济可持续发展

特色小镇的建设要符合高生态环保标准及具备宜居特点，要凸显区域经济特色并建立完整的产业链。因此，首先，各地在推进特色小镇建设过程中生态环保是底线，无论开展任何产业项目均不能破坏生态环境。在这条铁律的作用下，区域特色产业发展一般以绿色、可持续产业为主，颠覆了传统乡村粗放式的产业发展模式，为今后区域经济可持续发展奠定良好的产业基础。其次，特色小镇建设的核心在于"特色"二字，以区域特色产业为特色小镇的发展基础。这使得特色小镇在建设之初就将产业发展与区域经济特点紧密结合，能够极大地提高产业发展对区域发展条件的适应性，符合地区发展规律的产业势必能发展得更加持久。最后，特色小镇建设要求建立完整的产业链，完整产业链的建设需延长上下游产业，从而增强区域产业发展的持续性与竞争力。

二、高效生态经济区建设发展研究——以黄河三角洲为例

高标准建设特色产业园，发挥集聚功能，发展特色产业，是实现产业转型升级的有效举措。黄河三角洲高效生态经济区按照"规划引领、双轮驱动、产城一体、重点突破"的原则，出台一系列政策措施，加大了对高效生态特色产业园的扶持力度，取得显著成效。

（一）高效生态特色产业园发展现状

《黄河三角洲高效生态经济区发展规划》批复以来，依托区内多家省级以上经济（技术）开发区，各地按照生态、特色、高效的原则，积极推行"园中园"和"一区多园"发展模式，明确定位，科学布局，重点扶持。

1. 胜利经济开发区石油装备产业园

以石油装备制造、石油机械加工、石油工程技术服务、新能源等高新技术产业为主导，累计建设石油装备产业项目151个，产品涵盖石油勘探、钻井、采油、管道运输、专用设备等37个系列1500多个品种，9000米区域经济发展新探索山东省的实践超深钻机等多项产品填补国内空白，已形成集石油装备研发、制造、服务及内外贸于一体的完整产业体系。

2. 东营现代循环农业国际博览园

与中科院微生物所、海洋所、清华大学等7家高校院所建立合作关系，在食药用菌生产及生物医药制造、现代渔业、畜牧养殖等领域开展合作，重点实施了循环乳业、有机果蔬、食药用菌、设施渔业等主导产业项目。

3. 动力机械装备制造产业园

园区以潍柴重机为龙头，以颐杰鸿丰钢构、广渤海重工、坚龙不锈钢、瑞驰汽车等骨干企业为依托，重点发展高端装备制造、新能源汽车、节能环保等新兴产业，主导产业规模不断壮大。

（二）主要经验和做法

多年来，各地在推进高效生态特色产业园区的建设过程中，形成了诸多好的经验做法，可归总为"三个创新、三个注重"。

1. "三个创新"

理念创新：按照循环经济、低碳经济、节能环保的理念，规划上突出国际视野、国内一流，产业上突出高端定位、绿色发展，建设上突出基础设施、生态环保，积极探索产业转型升级、特色发展的新路子。方式创新：坚持市场化方向不动摇，引进社会资本合作共建设园区，加大对自来水、污水处理等基础设施的建设投入；坚持边招商、边建设，科学组织、并联推进，减轻园区后续运营压力；坚持招商引资与招才引智并重，产业招商与金融招商并重，有效缓解建设资金紧缺。管理创新：各园区提升效能，把优化投资环境摆上重要位置，打好"服务和环境牌"，确保客商招得进、留得下、住得安。如东营经济技术开发区进一步落实市级管理权限，建立项目"绿色通道"制度，再造审批流程，提升了项目审批效率。

2."三个注重"

（1）注重园区的科学规划

坚持高起点规划引领，按照特色发展、错位发展、集约发展的要求，进一步明确园区的目标定位、产业发展重点，加快优化空间布局。园区建设中严格按照规划要求，采取产业链带动、品牌带动、市场带动等适宜模式，做到一步到位、分步实施、滚动开发、有序发展，切实维护规划的指导性、严肃性和权威性。

（2）注重入园项目的发展质量

对入园企业严把"投资、规划、环保"三关，加强重点行业的准入与退出管理，确保企业清洁生产，绿色发展。加大对入园项目的政策、资金、土地倾斜力度，不断提高投资强度和土地集约化程度，促进产业集聚升级。工作中严格落实部门联动、现场办公制，实现"工作在一线开展、问题在一线解决、决策在一线落实"。

（3）注重基础设施的配套完善

坚持生态优先、基础设施先行，对园区道路、供电、供水、排水、绿化、居住等基础设施配套和公共服务设施实行统一规划、稳步建设，不断完善特色园区发展硬环境。同时，对入园项目的原材物料运输、工程施工。气体排放、垃圾处理等加强监管完善，切实提高交通、能源、绿化等方面对园区的支撑保障能力。

（三）存在的主要问题

在充分肯定发展成绩的同时，需要清醒地看到，对照国内外一流园区发展水平，黄河三角洲特色产业园无论在基础设施"硬件"上，还是在运营、管理、服务"软件"上，都还存在不少差距，阻碍了园区的长远健康发展。

1.要素制约比较突出

资金方面，金融机构贷款的速度和规模仍然偏紧，企业融资难度依然很大，项目投入明显放缓。土地方面，虽然各地在建设用地指标上对特色产业园做了重点倾斜，但由于新上项目较多，一些符合国家产业政策、具有较高科技水平的工业项目因土地指标紧张，迟迟难以开工建设。人才方面，高层次人才匮乏导致企业产品研发、市场开拓能力滞后，也是制约当前园区发展的"短板"。

2.高效生态项目不够多

入园项目中新兴产业及服务业所占比重较低，实现业务量太小，产业结构转型升级面临较大压力。从各园区目前的重点建设项目来看，高效生态经济特色还不明显，具有较强影响力和带动力的大项目、好项目不够多，项目质量和竞争力有待提高。另外，一些企业尚缺乏品牌意识、安全意识和长远观念，设备老化陈旧，缺乏技术创新，直接影响了产业的长远发展。

3.生态环境压力较大

一方面，由于传统产业结构的持续影响，"黄三角"工业类园区对资源开发利用相对粗放，产业能耗水平比较高；另一方面，该区域淡水资源相对贫乏，环境承载能力较低，生态环境十分脆弱。长期以来，各地过多注重园区内项目的开发建设，而对生态建设上重视不够、投入不足，相关配套建设落后于项目进度，可持续发展面临很大压力。

4.基础设施尚待完善

尽管这几年各地对园区基础设施建设的投入力度不断加大，但各园区的基础设施配套功能仍然普遍较弱，对园区发展的支撑带动能力还不够强。比如，山东黑牛产业园因起步较晚，一直面唯资金紧张、项目建设周期长等难题，基础设施建设尚处于低水平。另外，一些园区受周边生活配套设施不完善的影响，部分企业的新进员工流失率比较高。

（四）对策建议

加快推进特色产业园建设，是黄河三角洲高效生态经济区"出亮点、求突破"的一项重要内容。通过调研并参考省内外经验做法，为今后推动黄河三角洲特色产业园区发展提出以下建议。

1.继续坚持园区特色化发展道路

（1）突出园区的产业特色

以符合高效生态产业特色和发展定位为前提，以发展战略性新兴产业和集群化发展为导向，明确主导产业，优化产业布局，培育优势产业，集中精力资源推动协议项目快签约、签约项目快落地、在建项目快投产。

（2）强化园区的统筹发展

借鉴安徽苏滁现代产业园"注重规划、注重生态、国际标准"的先进理念，建立项目进园区调控机制，切实提高项目落户标准，确保项目落户过程中严格按照功能定位和产业规划落户园区。

（3）推进园区的管理创新

借鉴外地"政园企合作共建、成立股份公司合作共建、园中园合作共建"等多种模式，因地制宜，加快特色产业园运营管理体制机制创新，提升园区发展成效。

2.进一步加大招商引资力度

牢牢把握特色产业园"产业集聚区"的功能定位，立足现有产业优势、土地优势和资源优势，瞄准上下游及同类企业，大力宣传招商引资优惠政策，不断拉长、完善高效生态产业链条，形成产业集聚的规模效应，不断提升"黄三角"特色产业园的招商引资成效。建议在省级考核体系中加大对特色园区有关发展指标的考核比重，各地也应加快完善招商引资考核机制，强化责任落实，积极引进更多大项目落户园区，以大项目带动产业集聚，促进集群发展。

3.进一步提升园区基础设施配套能力

高度重视基础设施的平台和支撑作用，加大投入，加快园区整体基础设施和超市、金融网点、社区卫生中心等公共服务设施建设，不断完善园区配套功能，有效提升园区的承载力、吸引力和竞争力。认真梳理在基础设施方面的重点工程和项目，及时与有关部门、金融结构搞好对接，最大限度地争取、利用好各级扶持政策，不断提升园区基础设施建设水平。建议在全省区域发展专项资金中，明确安排一定比例用于特色园区基础设施和公共服务平台的扶持。

4.进一步强化科技创新支撑力

始终把企业的自主创新能力建设放在发展实体经济的重要位置，加强自主创新，不断增强科技对园区发展的支撑能力。一是完善以企业为主体的技术创新体系。充分发挥各级专项资金的引导作用，引导企业加强研发投入，加快科研平台建设，鼓励企业集成创新、引进消化吸收再创新，增强产业核心竞争力。二是加强科技人才培养、引进和使用工作。进一步完善服务网络、打造服务平台、优化创业环境，多渠道吸引高科技人才或人才团队到园区创业发展。

三、区域经济发展中提升特色小镇开发水平的具体路径

特色小镇项目作为国家重点发展项目，近年来得到政府的大量人力、物力投入然而，由于特色小镇在我国发展时间短，缺少可借鉴的经验，因此在发展过程中涌现出一些发展问题，使得特色小镇无法在最大程度上发挥出对区域经济的带动作用。因此，目前亟须根据特色小镇现有的发展问题，有针对性地探寻出提升特色小镇发展水平的具体路径，即培养人才、突出特色、加强监管、完善投融资四个方面，以进一步促进特色小镇与我国区域经济的融合发展。

（一）吸纳优秀开发经验并培养专业人才

现阶段，要从根本上提升特色小镇的开发水平，首先，要借鉴国内外先进的开发经验。具体来说，国内主要是借鉴东部发达地区特色小镇的开发经验。但在吸收国外特色小镇的建设经验时应取其精华、去其糟粕，充分考虑国外开发经验对国内地区的适应性。在此基础上充分吸纳国内外特色小镇建设的典型经验，着力提高特色小镇发展质量与开发水平。其次，政府及相关单位应加强特色小镇人才队伍的建设。一方面，我国应从现有政府及企业内吸纳优秀的特色小镇建设人才，通过完善薪酬制度、绩效考核制度加大对人才的吸引力，从区域内外部引进特色小镇建设所需的专业人才。另一方面，我国应加强对特色小镇专业人才的培养力度，对初具特色小镇开发建设素质的备选人才进行专业化培训，在日常培训中提高其专业素质与能力。因此，我国应通过吸收先进经验及加大专业人才培养力度，双管齐下，提高特色小镇开发建设的专业能力。

（二）突出特色产业支撑

特色小镇重在"特色"二字，然而，目前我国特色小镇发展却呈现出趋同化的趋势，各个地区都涌现出大同小异的特色小镇，从而失去了特色小镇发展的根本意义。因此，我国亟须从根本上解决特色小镇缺乏发展特色的问题，保证特色小镇与区域经济发展相适应。首先，突出特色小镇的特色产业支撑应准确定位特色小镇的特色支柱产业，从而明确特色小镇具体发展方向及职能定位。而要明确特色小镇发展特色，必须建立相关动态考核体系，用精准的目标和参数评估特色小镇建设是否符合规范，从而倒逼特色小镇建设产业支撑向规范化发展。其次，突出特色小镇的特色产业支撑还应明确特色小镇建设主体，推进特色

小镇的市场化改革。在充分利用政府优惠政策的基础之上，主要以市场主体为导向进行运作，遵循市场经济的运作规律。政府在特色小镇的开发过程中要将企业作为开发主体，提高特色小镇运营的市场化程度。只有在科学有序的竞争过程中，特色小镇开发才能逐渐探寻到某一区域独一无二的产业支撑。

（三）明确监管主体，建立动态考察体系

推进特色小镇项目在各地落地实施，完善特色小镇项目的建设质量与发展水平，首先应明确监管主体，厘清市场与政府在特色小镇建设过程中的主体责任与地位，将监督管理责任落实到位，既要充分利用市场规律，也要相应地充分利用政府的行政监管职能，从而在最大程度上发挥特色小镇对区域经济发展的带动作用。其次，政府及相关单位应制定和完善对特色小镇的投入产出动态评价体系，根据特色小镇的地理区域位置、特色产业投资回报比等数值，动态监测特色小镇的发展趋势。除此之外，政府还要立足于特色小镇的自然资源、地形地貌和历史文化资源，强化对特色小镇的人文发展的考评力度，在明确监督主体与完善监督考察体系的基础之上，对特色小镇的发展进行客观考量，从而把握特色小镇未来的发展趋势。

（四）完善对特色小镇投融资资金的管理与运用

目前，我国政府不断出台优惠政策，加大对特色小镇的扶持力度。正是因为国家对特色小镇的重视程度越来越大，才由此吸引了来自国内外的投资者对特色小镇项目不断加大投资。为促进我国特色小镇可持续发展，现阶段，政府亟须完善对特色小镇投融资资金的管理和运用机制与专业管理团队。首先，政府对特色小镇投融资资金的管理应立足于科学的资金统筹规划，提高对特色小镇资金运用的投入与产出的研究能力，对特色小镇投融资程序进行合理的安排与规划。同时，政府应对特色小镇投融资资金运营管理模式进行统一规范，提出具有针对性的融资策略，推动投融资规划有效落实、特色小镇建设运营工作有序进行，对特色小镇项目收益进行科学预测，最终在资金规划与运营、投入与收益、政府与市场、产业与区域发展间架起桥梁。政府只有全面提升对特色小镇的资金管理与运用水平，加快建立规范的资金管理机制，才能最大程度发挥特色小镇专项资金的效用。

第四节 未来中国特色区域经济发展的趋势展望

21 世纪以来，国际国内政治经济形势发生着深刻而复杂的变化，当今世界正处于新科技革命的前夜，一些重大科技领域显现出发生革命性突破的先兆。世界政治经济发展的新浪潮和科学技术革命的新突破，必将深刻影响我国区域经济发展的走势。从中国特色区域经济发展的趋势来看，未来我国区域经济发展将从"增长极发展"延伸到"增长轴发展"、从"陆地经济区"延伸到"海洋经济区"、从"城市群发展"走向"一体化发展"、从"行

政区经济"走向"经济区经济"。

一、从"增长极发展"延伸到"增长轴发展"

增长极理论认为，经济中心总是首先集中在少数条件较好的区位，成斑点状分布，这种经济中心称为区域增长极，经济增长通常是从特定的增长极（经济中心）开始集聚并得以高速发展，同时在这种集聚基础上又进一步向外围地区扩散，从而带动整个区域经济的发展。点轴开发理论认为，随着经济的发展，增长极（经济中心）逐渐增加，由于生产要素交换需要，增长极之间建立了相互联结的交通干线，产业和人口不断向交通干线集聚，使得增长极之间的交通干线连接地区逐渐成为经济增长轴。增长轴一旦形成，区域经济发展模式将实现增长极聚点突破与增长轴线性推进的完美结合，各种生产要素就会源源不断地向增长轴两侧集聚，这样又会产生新的增长极（点），从而促进区域经济长期、持续、高速发展。

从我国区域经济发展的进程来看，改革开放以后，我国区域经济形成了"经济特区—沿海开放城市—沿海经济开放区—沿边、沿江、沿线（铁路交通线）开放城市—内陆开放城市—综合配套改革试验区—城市群—经济带—经济区"这样一个从点到线、从线到面的多层次、宽领域、全方位的区域经济发展新路径。在我国区域发展总体战略和主体功能区战略的部署下，除北京和黑龙江两省（市）外，其余省（市区）都提出了不同的区域发展战略，都希望能够成为中国经济的新增长极。现阶段，在我国区域经济新版图中，分布着大大小小20多个城市群（城市带、城市圈、都市圈）和经济区（新区、试验区、经济带），它们将成为带动我国新一轮经济发展的新增长极。随着我国高速铁路网"四横四纵"完成布局和第二轮沿海地区开发战略揭开序幕，我国区域经济发展将从"增长极发展"延伸到"增长轴发展"。一是沿海经济增长轴发展。从我国已出台的区域发展规划来看，已经实现了对整个沿海地区的全覆盖（从广西北部湾经济区到辽宁沿海地区），将沿海地区零散的增长极点连成一条流畅的"金边"，构成了一条完整的沿海经济增长轴。二是高铁经济增长轴发展。随着我国高速铁路"四横四纵"网络的建成，京沪、京哈、沪深、京深"四纵"高速铁路将成为我国南北经济带的"黄金走廊"；青（岛）兰（州）、沪成、沪昆、徐（州）兰（州）"四横"高速铁路将成为我国连通东西部地区的"经济动脉"。一条条高速铁路将高铁沿线经过的一个个增长极串联起来，构成了一条条完整的高铁经济增长轴。

二、从"陆地经济区"延伸到"海洋经济区"

海洋是人类赖以生存发展的资源宝库，是世界贸易的重要通道，也是国际政治、经济、科技和军事竞争与合作的重要平台，在国民经济中发挥着越来越重要的作用。21世纪是"海洋世纪"，世界经济面临着陆地资源能源日益短缺的瓶颈约束，人们再次将目光转向海洋，如何开发利用潜力巨大的海洋资源，成为世界各国竞相探索的新课题。进入21世纪以来，世界上主要国家均把维护国家海洋权益、开发利用海洋资源、发展海洋经济、保护海洋环境列为本国重大发展战略。现阶段，在我国综合国力快速提升、科技迅速发展和海洋综合开发能力不断提高的新形势下，大力推进海洋国土开发、发展海洋经济具有十分重要的意义。

如今，在我国大陆海岸线上，从地处大西南的广西一路北上直到东北地区的辽宁，每个省（市区）都拥有与海洋有关的国家级层面的区域发展战略。随着我国海洋经济发展空间蓝图完成布局和第二轮沿海开发战略有序展开，我国区域经济发展将从"陆地经济区"延伸到"海洋经济区"。海洋经济区的发展，不仅要利用好"沿海"的区位优势，发挥好海洋作为对外开放和经济交往重要通道的功能，而且要充分利用好海洋资源，"深耕"海洋资源优势，把海洋作为新的发展空间，从"沿海"走向"深海"。

三、从"城市群发展"走向"一体化发展"

城市群（城市带、城市圈、都市圈）是指在特定的区域范围内集聚的若干个不同性质、不同类型、不同等级和不同规模的城市，是由核心城市（经济发达、辐射带动功能强的大、中型城市）和若干个周边城市（地理位置相近、经济联系密切）共同组成的相对完整、等级有序、功能互补的城市"联合体"。城市群的出现是一个历史过程，是生产力快速发展的产物，是城市发展到成熟阶段的最高空间组织形式。

随着交通网络的逐渐完善和城市规模的不断扩大，人口和产业大量向区域内的核心城市集聚，相邻城市之间的空间布局、城乡规划、产业分工和基础设施建设等相互影响和辐射，区域内城市之间的经济联系越来越紧密，最终形成了城市群。区域经济一体化是指地理位置相临近的两个或两个以上区域（国家），通过签订经济一体化文件或签署自由贸易协议等形式，以对内加强经济贸易合作、对外增强经济竞争为目的，取消各种贸易壁垒，实现生产要素自由流动，各种资源在更大空间和生产领域实现有效配置，实现优势互补、互相促进、自由贸易、共同发展的过程，它是区域经济发展到较高水平阶段，在区域经济合作基础上逐步形成的，经济一体化组织可以根据市场融合的程度，分为优惠贸易安排、自由贸易区、关税同盟、共同市场、经济同盟、完全经济一体化六种类型。

一方面，城市群发展成为我国推进城镇化的主体形态，在我国区域经济版图中，由南到北、由东到西逐步形成珠三角、海峡西岸、长三角、山东半岛、京津冀、辽中南、长江中游、中原、川渝和关中十大城市群。另一方面，"一体化经济"逐渐成为我国区域经济发展的重要载体，我国长江三角洲、泛（大）珠江三角洲、环渤海湾地区等跨区域一体化程度越来越高，武汉城市圈、长株潭城市群、皖江城市带、沈阳经济区、广西北部湾经济区、关中—天水经济区、成渝经济区、中原经济区等区域内的基础设施、市场体系、产业布局、基本公共服务、城乡规划、环境保护的一体化进程不断加快，珠三角地区的深莞惠、广佛肇、珠江中一体化进程取得重大进展，我国与邻国边境地区经济一体化取得初步成效。我国城市群之间的联系将更加紧密，城市群"同城化"步伐将不断加快，城市之间在经济、社会和自然生态环境等方面相互融合、互动互利、共同发展，实现区域经济发展从"城市群发展"走向"一体化发展"（空间规划、政策措施、城乡发展、基础设施、市场体系、产业布局、基本公共服务、生态环境一体化）。

四、从"行政区经济"走向"经济区经济"

行政区经济是由行政区划对区域经济发展的刚性制约而产生的一种经济现象，它以行政管理区域为基本空间单元来开展经济活动，具有封闭性、行政性和过渡性等特征。行政区经济是我国计划经济体制下的特殊产物，伴随着我国从传统计划经济体制向市场经济体制转型的全过程。在跨行政区协调机制缺失的情况下，一些地方政府为了形成"门类齐全"的独立经济体系，片面追求 GDP，利用行政手段对区域经济进行直接或间接干预，不顾区位实际情况，大规模开展基础设施建设，大规模发展结构雷同产业，大规模引进大型国企项目，不仅容易产生"地方保护主义"，而且容易诱发"地方恶性竞争"。行政区经济难以形成区域内统一的共同市场，无法实现在市场经济条件下地区间资源的有效配置和产业的合理布局，严重地阻碍了区域经济一体化发展。经济区的形成是区域经济发展到高级阶段（经济全球化）的产物，是在劳动地域分工基础上形成的不同层次和各具特色的地域经济单元，它是以中心城市为核心，以大中城市为依托，以产业发展为基础，以交通运输和商品流通为纽带，具有发达的内部经济联系，并在全国经济联系中担负某种专门职能的地域生产综合体。经济区一般是由经济中心（特大城市或城市群）、经济网络（交通网、物流网、信息网、金融网）和经济腹地（经济中心能够辐射到的地域范围）三个要素组成，它具有独立性、开放性、协调性、互利性等特点。

随着我国改革开放的不断深入，区域经济活动逐渐遵循市场经济规律跨越行政区限制在更大的空间范围内进行，国家从宏观战略层面批复了海峡西岸经济区、中原经济区、成渝经济区、关中—天水经济区等多个跨省级行政区的经济区，许多省级行政区内的经济区，如广西北部湾经济区、鄱阳湖生态经济区、黄河三角洲高效生态经济区、甘肃省循环经济区、沈阳经济区、山东半岛蓝色经济区等也都上升为国家战略。这些跨省级和地级行政区的经济区的快速发展，为突破限制生产要素自由流动的行政区体制机制性障碍、构建全国统一市场创造良好的环境。经济全球化和区域经济一体化仍然是世界经济发展的两大趋势，科学技术的创新，特别是运输、通信、信息、金融、电子商务技术的创新导致了投资贸易成本的大幅度降低，出现了全球范围内的信息、技术、产品、货币资本和人员的频繁交流，地球空间正在缩小，时间效应不断加强，投资全球化、贸易全球化、金融全球化、生产全球化和消费全球化等势不可当，在这样的大背景下，我国社会主义市场经济体制不断完善，我国经济版图中将逐渐形成辐射力、扩散力与竞争力越来越强的经济区，行政区经济将逐步退出历史舞台，我国区域经济发展将从"行政区经济"走向"经济区经济"。

参考文献

[1] 兰建平 . 跨越区域经济高质量发展 [M]. 杭州：浙江大学出版社 .2020.

[2] 黄育荣 . 区域经济模式创新与产业结构优化 [M]. 长春：吉林出版集团股份有限公司 .2020.

[3] 赵莉 . 物流产业与区域经济协调发展机理与评价研究 [M]. 北京：经济管理出版社 .2020.

[4] 安江林 . 区域增长极体系与跨国经济带建设 [M]. 北京：中国财政经济出版社 .2020.

[5] 张帅 . 区域经济均衡协调发展新论 [M]. 北京：中国商业出版社 .2020.

[6] 卢福财 . 区域产业发展与生态环境 [M]. 北京：经济科学出版社 .2020.

[7] 连玉明 . 区域治理 [M]. 北京：中国言实出版社 .2020.

[8] 刘洁，陈静娜 . 区域发展的经济理论与案例 [M]. 北京：海洋出版社 .2019.

[9] 安林丽，马世猛 . 技术创新与区域经济发展的关系研究 [M]. 长春：吉林大学出版社 .2019.

[10] 胡兴龙 ."一带一路"背景下中国区域经济发展研究[M].沈阳: 辽宁大学出版社 .2019.

[11] 陈福中 . 技术变化、产业结构演进与全球非平衡增长 [M]. 长春：吉林大学出版社 .2019.

[12] 杨上广，俞佳立 . 中国区域发展格局演化 [M]. 北京：中国书籍出版社 .2019.

[13] 郑长德，王英 . 要素集聚、产业结构与民族地区城市经济发展研究基于专业化、多样化视角 [M]. 北京：中国经济出版社 .2019.

[14] 郑新立 . 打造中国第四增长极：淮河生态经济带发展规划研究 [M]. 北京：中国市场出版社 .2019.

[15] 丁生喜 . 区域经济学通论 [M]. 北京：中国经济出版社 .2018.

[16] 靖学青 . 中国区域战略与上海转型发展 [M]. 上海：上海社会科学院出版社 .2018.

[17] 郭莹 . 我国区域经济协调发展理论与应用研究 [M]. 北京：中国书籍出版社 .2018.

[18] 王璐，王微 . 京津冀区域经济一体化发展研究 [M]. 成都: 电子科技大学出版社 .2018.

[19] 范红忠 . 中国城市经济转型发展 [M]. 武汉：华中科技大学出版社 .2018.

[20] 唐曙光 . 区域经济形势分析浅探 [M]. 北京：中国发展出版社 .2018.

[21] 王小鲁 . 中国增长与发展的路径选择 [M]. 北京：中国发展出版社 .2018.

[22] 蒋随，沈正平 . 俄罗斯经济潜力与产业发展 [M]. 北京：中国经济出版社 .2018.

[23] 李琰 . 区域物流产业发展策略分析 [M]. 北京：知识产权出版社 .2017.

[24] 方大春 . 区域经济学理论与方法 [M]. 上海：上海财经大学出版社 .2017.

[25] 邢俊，翟璇 . 柯海倩 . 区域经济治理 [M]. 成都：西南交通大学出版社 .2017.

[26] 朱移山，张慧 . 青海区域经济 [M]. 合肥：合肥工业大学出版社 .2017.

[27] 周鹏，赵东方 . 中国区域经济发展比较研究 [M]. 北京：中国经济出版社 .2017.

[28] 张学芳 . 新常态下区域经济转型发展研究 [M]. 天津：天津科学技术出版社 .2017.

[29] 张纪 . 基于产业视角的洛阳经济发展研究 [M]. 北京：中国经济出版社 .2017.

[30] 周敏 . 区域竞争中国式增长的微观基础 [M]. 合肥：安徽大学出版社 .2017.

[31] 唐丽君 . 区域经济发展研究 [M]. 成都：电子科技大学出版社 .2016.

[32] 刘凤祥 . 增长效率视角下区域经济发展方式变革 [M]. 北京：企业管理出版社 .2016.

[33] 陆向军，冷桥勋 . 生产性服务业发展与区域经济增长 [M]. 合肥：合肥工业大学出版社 .2016.

[34] 王传旭 . 王建民 . 区域人力资本与经济增长基于皖北振兴的实证研究 [M]. 合肥：合肥工业大学出版社 .2016.

[35] 李华 . 区域经济非平衡发展机制研究 [M]. 北京：光明日报出版社 .2016.

[36] 胡丽霞 . 区域经济与职业教育发展研究 [M]. 北京：中国经济出版社 .2016.

[37] 尚勇敏 . 绿色·创新·开放中国区域经济发展模式的转型 [M]. 上海：上海社会科学院出版社 .2016.

[38] 张保胜 . 区域经济协调发展中的技术收敛问题研究 [M]. 北京: 中国经济出版社 .2016.